*toeic.

TOEIC® Test 공식문제집

정답 및 해설

LC

TEST 1

1 (B)	2 (C)	3 (D)	4 (D)	5 (B)
6 (A)	7 (B)	8 (A)	9 (C)	10 (B)
11 (A)	12 (B)	13 (C)	14 (A)	15 (A)
16 (A)	17 (C)	18 (B)	19 (C)	20 (A)
21 (C)	22 (B)	23 (C)	24 (B)	25 (B)
26 (A)	27 (A)	28 (C)	29 (B)	30 (C)
31 (A)	32 (D)	33 (C)	34 (A)	35 (D)
36 (B)	37 (C)	38 (D)	39 (A)	40 (A)
41 (C)	42 (A)	43 (B)	44 (B)	45 (D)
46 (A)	47 (B)	48 (C)	49 (C)	50 (A)
51 (A)	52 (D)	53 (C)	54 (D)	55 (B)
56 (C)	57 (D)	58 (B)	59 (D)	60 (D)
61 (A)	62 (C)	63 (D)	64 (B)	65 (A)
66 (C)	67 (D)	68 (B)	69 (A)	70 (B)
71 (D)	72 (A)	73 (B)	74 (A)	75 (C)
76 (B)	77 (B)	78 (D)	79 (A)	80 (B)
81 (D)	82 (B)	83 (D)	84 (C)	85 (B)
86 (A)	87 (C)	88 (A)	89 (C)	90 (B)
91 (C)	92 (C)	93 (D)	94 (B)	95 (B)
96 (D)	97 (A)	98 (A)	99 (D)	100 (D)

PART 1

1 W-Br

(A) Cyclists are riding by a fountain.
(B) There's a park bench beside a path.
(C) A man is hanging a map on a sign.
(D) Workers are raking leaves into piles.

(A) 사람들이 분수 옆에서 자전거를 타고 있다.
(B) 길 옆에 공원 벤치가 있다.
(C) 남자가 표지판에 지도를 걸고 있다.
(D) 인부들이 나뭇잎을 긁어모아 쌓아올리고 있다.

어휘 cyclist 자전거 타는 사람 fountain 분수 path 길 hang 걸다 sign 표지판 rake A into piles A를 긁어모아 쌓아올리다

해설 2인 이상 등장 사진 – 실외 풍경 묘사
(A) 사진에 없는 명사를 이용한 오답. 사진에 분수(fountain)가 보이지 않으므로 오답.
(B) 정답. 공원 벤치(park bench)가 길 옆에(beside a path) 있으므로 정답.
(C) 동사 오답. 남자가 지도를 걸고 있는(is hanging a map) 모습이 아니므로 오답.
(D) 동사 오답. 나뭇잎을 긁어모아 쌓아올리는(are raking leaves into piles) 모습이 아니므로 오답.

2 W-Am

(A) She's drinking water from a glass.
(B) She's removing papers from a file.
(C) Potted plants are arranged on a desk.
(D) Some pictures have been hung next to a window.

(A) 여자가 컵으로 물을 마시고 있다.
(B) 여자가 파일에서 서류를 꺼내고 있다.
(C) 화분들이 책상 위에 배열되어 있다.
(D) 몇몇 그림들이 창문 옆에 걸려 있다.

어휘 remove 치우다, 꺼내다 potted plant 화분 arrange 배열하다

해설 1인 등장 사진 – 실내 사물의 상태 묘사
(A) 동사 오답. 여자가 물을 마시고 있는(is drinking water) 모습이 아니므로 오답.
(B) 동사 오답. 여자가 서류를 꺼내고 있는(is removing papers) 모습이 아니므로 오답.
(C) 정답. 화분들(potted plants)이 책상 위에 배열되어 있는(are arranged on a desk) 상태이므로 정답.
(D) 사진에 없는 명사를 이용한 오답. 사진에 창문(window)이 보이지 않으므로 오답.

3 W-Br

(A) The man is paying for his dinner.
(B) A server is taking food out of a container.
(C) Some windows are being cleaned.
(D) Some food is on display.

(A) 남자가 식사 비용을 지불하고 있다.
(B) 종업원이 용기에서 음식을 꺼내고 있다.
(C) 창문들을 닦고 있다.
(D) 음식이 진열되어 있다.

어휘 server 식당 종업원 container 용기, 그릇 on display 전시된, 진열된

해설 2인 이상 등장 사진 – 실내 사물의 상태 묘사
(A) 동사 오답. 남자가 식사 비용을 지불하고 있는(is paying for his dinner) 모습이 아니라 음식을 가리키고 있는(is pointing at some food) 모습이므로 오답.
(B) 동사 오답. 음식을 꺼내고 있는(is taking food out of) 모습이 아니므로 오답.
(C) 동사 오답. 창문(windows)을 닦고 있는(are being cleaned) 모습이 아니므로 오답.
(D) 정답. 음식(food)이 진열되어 있는(is on display) 상태이므로 정답.

4 M-Au

(A) A building is under construction.
(B) A street is being paved.
(C) Some cars are stopped at a traffic light.
(D) Some cars are parked side by side.

(A) 건물이 공사 중이다.
(B) 도로를 포장하고 있다.
(C) 몇몇 자동차들이 신호에 정차해 있다.
(D) 몇몇 자동차들이 나란히 주차되어 있다.

어휘 under construction 공사 중인 pave (도로를) 포장하다 traffic light 신호등 side by side 나란히

해설 사물 사진 – 실외 사물의 상태 묘사
(A) 동사 오답. 건물(a building)이 공사 중인(is under construction) 상태가 아니므로 오답.
(B) 동사 오답. 도로(a street)를 포장하고 있는(is being paved) 사람들의 모습이 보이지 않으므로 오답.
(C) 동사 오답. 차들이(cars) 신호등에 정차해 있는(are stopped at a traffic light) 모습이 아니므로 오답.
(D) 정답. 차들이(cars) 나란히 주차되어 있는(are parked side by side) 상태이므로 정답.

5 M-Cn

(A) Some equipment is being put in a crate.
(B) Some cords are lying across the top of a counter.
(C) A man is plugging a computer into a power outlet.
(D) A man is sliding a box under a workstation.

(A) 장비가 상자에 담겨지고 있다.
(B) 전깃줄이 작업대 상판을 가로질러 놓여 있다.
(C) 남자가 콘센트에 컴퓨터 플러그를 꽂고 있다.
(D) 남자가 작업대 아래로 상자를 미끄러뜨리고 있다.

어휘 equipment 장비 crate (운송용) 나무 상자 cord 선, 전깃줄 lie 놓여 있다 counter 조리대, 작업대 plug 플러그를 꽂다 power outlet 콘센트 slide 미끄러뜨리다 workstation 작업대

해설 1인 등장 사진 – 실내 사물의 상태 묘사
(A) 동사 오답. 장비(equipment)를 상자에 넣고 있는(is being put in a crate) 모습이 아니므로 오답.
(B) 정답. 전깃줄(cords)이 작업대 상판을 가로질러 놓여 있는(are lying across the top of a counter) 상태이므로 정답.
(C) 동사 오답. 남자가 컴퓨터 플러그를 꽂고 있는(is plugging a computer) 모습이 아니라 컴퓨터에서 작업하고 있는(is working at the computer) 모습이므로 오답.
(D) 동사 오답. 남자가 상자를 미끄러뜨리고 있는(is sliding a box) 모습이 아니므로 오답.

6 W-Am

(A) A stairway is divided by a handrail.
(B) A woman is leaning against a column.
(C) The people are walking up a staircase.
(D) Some photographs are being removed from a wall.

(A) 계단이 난간으로 분리되어 있다.
(B) 여자가 기둥에 기대고 있다.
(C) 사람들이 계단을 오르고 있다.
(D) 몇몇 사진들이 벽에서 떼어지고 있다.

어휘 stairway 계단(staircase) divide 나누다, 분리하다 handrail 난간 lean against ~에 기대다 column 기둥 remove 치우다

해설 2인 이상 등장 사진 – 실내 사물의 상태 묘사
(A) 정답. 계단(a stairway)이 난간으로 분리되어 있는(is divided by a handrail) 상태이므로 정답.
(B) 동사 오답. 여자가 기둥에 기대고 있는(is leaning against a column) 모습이 아니므로 오답.
(C) 동사 오답. 계단을 오르고 있는(are walking up a staircase) 모습이 아니라 계단 맨 위에 서 있는(are standing on the top of a staircase) 모습이므로 오답.
(D) 동사 오답. 사진들이(photographs)이 벽에서 떼어지고 있는(are being removed from a wall) 상태가 아니라 벽에 걸려 있는(are hung on a wall) 상태이므로 오답.

PART 2

7

W-Am Who is your immediate supervisor?
M-Au (A) OK, I'll go now.
(B) It's Ms. Tanaka.
(C) Instructions for the project.

당신 직속 상관이 누구예요?
(A) 알겠어요, 지금 갈게요.
(B) 다나카 씨예요.
(C) 프로젝트에 대한 지시사항이요.

어휘 immediate supervisor 직속 상관   instructions 지시사항

해설 직속 상관을 묻는 Who 의문문
(A) Yes/No 불가 오답. Who 의문문에는 Yes/No 응답이 불가능한데, OK도 일종의 Yes 응답이라고 볼 수 있으므로 오답.
(B) 정답. 직속 상관이 누구인지 묻는 질문에 Ms. Tanaka라는 사람 이름을 제시하고 있으므로 정답.
(C) 연상 단어 오답. 질문의 supervisor에서 연상 가능한 instructions를 이용한 오답.

8
W-Br Aren't you attending the managers' training session?
W-Am **(A) No, it was canceled.**
(B) The train arrives at noon.
(C) My manager.

관리자 교육에 참석하고 있는 거 아니었어요?
(A) 아뇨, 그건 취소됐어요.
(B) 기차는 정오에 도착해요.
(C) 제 부장님이요.

어휘 training session 교육   cancel 취소하다

해설 참석 여부를 묻는 부정의문문
(A) 정답. 교육에 참석하고 있지 않은 것에 대해 의아함을 나타내는 질문에 교육이 취소되었다고 응답하고 있으므로 정답.
(B) 유사 발음 오답. 질문의 training과 부분적으로 발음이 유사한 train을 이용한 오답.
(C) 단어 반복 오답. 질문의 manager를 반복 이용한 오답.

9
M-Au When will you finish editing the final draft of my article?
M-Cn (A) Yes, I think so.
(B) At the publisher's.
(C) By Friday evening.

제 기사의 최종 원고 편집을 언제 끝낼 거예요?
(A) 네, 저도 그렇게 생각해요.
(B) 출판사에서요.
(C) 금요일 저녁까지요.

어휘 edit 편집하다, 수정하다   final draft 최종 원고   article 기사   publisher 출판사

해설 교정을 끝내는 시점을 묻는 When 의문문
(A) Yes/No 불가 오답. When 의문문에는 Yes/No 응답이 불가능하기 때문에 오답.
(B) 질문과 상관없는 오답. 편집 장소를 묻는 Where 의문문에 어울리는 응답이므로 오답.
(C) 정답. 언제까지 편집을 끝낼 건지 묻는 질문에 by(~까지)를 이용해서 완료 시점을 알려주고 있으므로 정답.

10
W-Br Are you still receiving an error message on your computer screen?
M-Au (A) A used monitor.
(B) Yes, do you know why?
(C) I've returned mine.

컴퓨터 화면에 여전히 에러 메시지가 떠요?
(A) 중고 모니터예요.
(B) 네, 왜 그런지 아세요?
(C) 제 건 반품했어요.

어휘 used 중고의   return 돌려주다, 반품하다

해설 컴퓨터 이상 유무를 묻는 Be동사 의문문
(A) 연상 단어 오답. 질문의 computer screen에서 연상 가능한 monitor를 이용한 오답.
(B) 정답. 컴퓨터가 여전히 정상적으로 작동하지 않느냐고 묻는 질문에 그렇다고 대답하고 나서 왜 그런지 이유를 아느냐고 되묻고 있으므로 정답.
(C) 연상 단어 오답. 질문의 error에서 컴퓨터 제품에 이상이 있다고 생각하여 반품(return)을 연상하게 만드는 오답.

11
W-Am Will the seminar be a full day or a half day?
M-Cn **(A) I haven't received the schedule yet.**
(B) The third door on the left.
(C) Why was it moved?

세미나가 하루 종일이에요, 아니면 반나절 동안이에요?
(A) 아직 일정표를 받지 못했어요.
(B) 왼쪽에서 세 번째 문이에요.
(C) 그것이 왜 옮겨졌어요?

어휘 a full day 하루 종일   a half day 반나절   schedule 일정표

해설 세미나 일정을 묻는 조동사(Will) 의문문
(A) 정답. 세미나 일정을 묻는 질문에 아직 일정표를 받지 못해 자신도 모른다고 우회적으로 응답하고 있으므로 정답.
(B) 질문과 상관없는 오답. 장소를 묻는 Where 의문문에 어울리는 응답이므로 오답.
(C) 연상 단어 오답. 세미나 일정을 묻는 질문에서 일정과 관련하여 자주 등장하는 일정 변경을 연상하게 하여 일정이 변경된 이유를 묻는 응답으로 이어지는 오답.

12
W-Br Where's the nearest currency exchange office?
W-Am (A) Not currently.
(B) Right next to the mall.
(C) Would you like a receipt?

가장 가까운 환전소가 어디 있어요?
(A) 지금은 아니에요.
(B) 쇼핑몰 바로 옆에요.
(C) 영수증 드릴까요?

어휘 currency exchange office 환전소 currently 지금, 현재
receipt 영수증

해설 환전소 위치를 묻는 Where 의문문
(A) 유사 발음 오답. 질문의 currency와 부분적으로 발음이 유사한 currently를 이용한 오답.
(B) 정답. 환전소 위치를 묻는 질문에 쇼핑몰 바로 옆이라고 장소를 알려주고 있으므로 정답.
(C) 연상 단어 오답. 질문의 exchange에서 제품 교환을 연상하게 하여 그 상황에서 필요한 receipt를 이용한 오답.

13
M-Au Which file cabinet did you reorganize?
M-Cn (A) Sure, I can send it to you.
(B) In numerical order.
(C) The one by the window.

어떤 파일 보관함을 재정리했어요?
(A) 물론이죠, 그걸 보내드릴 수 있어요.
(B) 번호 순서대로요.
(C) 창문 옆에 있는 거요.

어휘 reorganize 재정리하다 in numerical order 번호 순서대로

해설 재정리한 사물함을 묻는 Which 의문문
(A) Yes/No 불가 오답. Which 의문문에는 Yes/No 응답이 불가능한데, Sure도 일종의 Yes 응답에 해당하므로 오답.
(B) 질문과 상관없는 오답. 어떻게 재정리했는지 정리 방식을 묻는 How 의문문에 어울리는 응답이므로 오답.
(C) 정답. 재정리한 사물함이 어떤 것인지를 묻는 질문에 창문 옆에 있는 것이라고 사물함의 위치를 말해주고 있으므로 정답. one은 질문의 file cabinet을 대신 받는 대명사이다.

14
W-Br How late should we schedule the interviews tomorrow?
W-Am (A) Well, my flight leaves at three o'clock.
(B) For the office assistant position.
(C) Yes, the view at night is beautiful.

내일 면접 일정을 얼마나 늦게 잡을까요?
(A) 글쎄요, 제 비행기는 세 시에 출발해요.
(B) 사무직이요.
(C) 네, 야경이 멋져요.

어휘 schedule 일정을 잡다 interview 면접 (시험) office assistant 사무직 직원 position (일자리, 직위) view 경관, 전망

해설 면접 일정을 묻는 How 의문문
(A) 정답. 면접 시간을 언제로 잡을지 묻는 질문에 자신의 비행기 출발 시간을 말해주며 이것을 고려해서 시간을 정하라는 뜻을 우회적으로 전달하는 정답.
(B) 연상 단어 오답. 질문의 interviews를 취업 면접으로 생각하여 면접이 필요한 position을 연상하게 만든 오답.
(C) Yes/No 불가·유사 발음 오답. How 의문문에는 Yes/No 응답이 불가능하고, 질문의 interview와 부분적으로 발음이 유사한 view를 이용한 오답.

15
M-Au Isn't the supermarket closed on Sundays?
W-Br (A) No, it's open every day.
(B) I live close by.
(C) From the top shelf.

그 슈퍼마켓은 일요일에는 문을 닫지 않아요?
(A) 아뇨, 매일 열어요.
(B) 저는 근처에 살아요.
(C) 선반 맨 위에서요.

어휘 close by ~근처에, 가까이에 shelf 선반

해설 슈퍼마켓 영업 시간을 확인하는 부정의문문
(A) 정답. 슈퍼마켓이 일요일에는 문을 닫지 않냐고 묻는 질문에 아니라고 대답하고 나서 매일 연다고 덧붙이고 있으므로 정답.
(B) 유사 발음·다의어 오답. 질문의 closed와 부분적으로 발음이 유사한 close를 이용한 오답. 질문의 closed는 '문이 닫힌'이라는 뜻이고, 보기의 close는 '가까이'라는 뜻이다.
(C) 연상 단어 오답. 질문의 supermarket에서 연상 가능한 shelf(진열 선반)를 이용한 오답.

16
W-Am Who was at the press conference?
M-Cn (A) Ricardo has the attendance sheet.
(B) Only once a quarter.
(C) A new product release.

기자회견에 누가 왔어요?
(A) 리카르도가 참석자 명단을 가지고 있어요.
(B) 분기에 한 번뿐이에요.
(C) 신제품 출시요.

어휘 press conference 기자회견 attendance sheet 참석자 명단 quarter 사분기 release 공개, 발표

해설 기자회견 참석자를 묻는 Who 의문문
(A) 정답. 기자회견에 누가 참석했는지를 묻는 질문에 참석자 명단을 가지고 있는 사람을 알려주며 그에게 물어보라는 뜻을 우회적으로 전달하므로 정답.
(B) 질문과 상관없는 오답. 기자회견이 얼마나 자주 열리는지 묻는 How often 의문문에 어울리는 응답이므로 오답.
(C) 질문과 상관없는 오답. 기자회견에서 다룬 주제가 무엇인지 묻는 What 의문문에 어울리는 응답이므로 오답.

17
M-Au Why are we moving the camera display?
W-Am (A) They like taking pictures.
(B) Near the main entrance.
(C) Doesn't it look better here?

우리가 왜 카메라 진열대를 옮기는 거예요?
(A) 그들은 사진 찍는 것을 좋아해요.
(B) 정문 근처로요.
(C) 여기가 더 나아 보이지 않아요?

어휘 display 전시, 진열 take a picture 사진 찍다 main entrance 정문

해설 이유를 묻는 Why 의문문
(A) 연상 단어 오답. 질문의 camera에서 연상 가능한 taking pictures(사진 찍기)를 이용한 오답.
(B) 질문과 상관없는 오답. 진열대를 어디로 옮길지를 묻는 Where 의문문에 어울리는 응답이므로 오답.
(C) 정답. 진열대 위치를 왜 옮기느냐는 질문에 새로 옮길 장소가 더 낫지 않냐고 반문하고 있으므로 정답.

18
M-Cn Let's look at some colors to paint the hotel lobby.
W-Br (A) A larger painting crew.
(B) **Sure, I'm free after lunch.**
(C) The front desk.

호텔 로비를 페인트칠하게 색상을 좀 살펴보죠.
(A) 더 큰 규모의 페인트칠 작업자들이요.
(B) **그래요, 저는 점심시간 이후에 시간이 나요.**
(C) 프런트 데스크요.

어휘 crew 작업반 free 한가한

해설 제안·요청의 평서문
(A) 유사 발음 오답. 평서문의 paint와 부분적으로 발음이 유사한 painting을 이용한 오답.
(B) 정답. 함께 페인트 색상을 살펴보자는 제안에 대해 Sure라고 승낙한 뒤에 가능한 시간을 제시하고 있으므로 정답.
(C) 연상 단어 오답. 평서문의 hotel에서 연상 가능한 front desk를 이용한 오답.

19
W-Am The food here isn't usually this salty.
M-Cn (A) The lunch special includes soup.
(B) It's not very crowded.
(C) **I wonder if there's a new chef.**

여기 음식이 평소에는 이렇게 짜지 않은데요.
(A) 점심 특선에는 수프가 포함돼요.
(B) 사람이 아주 많지는 않네요.
(C) **주방장이 새로 온 게 아닌가 싶네요.**

어휘 salty 짭짤한 crowded 붐비는 chef 주방장

해설 의견 제시의 평서문
(A) 연상 단어 오답. 대화가 이루어지는 장소가 식당이라는 것에서 lunch special을 연상하게 만드는 오답.
(B) 연상 단어 오답. 역시 식당이라는 장소에서 식당이 붐비는(crowded) 것을 연상하게 만드는 오답.
(C) 정답. 평소와 음식 맛이 다르다는 의견에 대해 주방장이 새로 바뀌어서 그럴지도 모른다고 간접적으로 동의하는 정답.

20
M-Au Shouldn't we take a staff poll next week?
W-Am (A) **We need a decision before then.**
(B) It already has.
(C) A revised work schedule.

다음 주에 직원 여론 조사를 해야 하지 않을까요?
(A) **그 전에 결정을 해야 해요.**
(B) 그건 벌써 됐어요.
(C) 수정된 근무 일정표요.

어휘 take a poll 여론 조사를 하다 staff (전체) 직원 decision 결정 revised 수정된

해설 제안·권유의 부정의문문
(A) 정답. 다음 주에 여론 조사를 통해 결정을 하자는 제안에 대해 그 전에 결정을 해야 한다고 간접적으로 제안을 거절하는 정답.
(B) 질문과 상관없는 오답. We로 묻는 질문에 It으로 응답하고 있으므로 오답.
(C) 연상 단어 오답. 질문의 staff에서 연상 가능한 work schedule을 이용한 오답.

21
W-Br Would you like a room on the first floor or one of the upper floors?
M-Au (A) It's just around the corner.
(B) I like the floor plan.
(C) **Either one is fine.**

1층에 있는 객실로 드릴까요, 아니면 더 위층의 객실로 드릴까요?
(A) 그것은 바로 모퉁이만 돌면 있어요.
(B) 평면도가 마음에 들어요.
(C) **어느 것이나 좋아요.**

어휘 upper floor 위층 floor plan 평면도

해설 객실의 층수를 묻는 선택의문문
(A) 질문과 상관없는 오답. 위치를 묻는 Where 의문문에 어울리는 응답이므로 오답.
(B) 단어 반복 오답. 질문의 like와 floor를 반복 사용한 오답.
(C) 정답. 둘 중 하나를 선택하라는 질문에 either를 이용해 어느 것이나 좋다고 응답하고 있으므로 정답. either는 선택의문문의 단골 정답.

22
M-Cn Don't forget to post this notice on the bulletin board.
W-Am (A) The post office in the city.
(B) **Don't worry, I won't.**
(C) I noticed that, too.

잊지 말고 이 공고를 게시판에 게시하세요.
(A) 시에 있는 우체국이요.
(B) **걱정 마세요, 잊지 않을게요.**
(C) 저도 그걸 눈치챘어요.

어휘 post 게시하다; 우편 notice 공고문; 알아차리다 bulletin board 게시판

해설 지시사항을 전달하는 명령문
(A) 단어 반복·다의어 오답. 명령문의 post를 반복 사용한 오답. 명령문의 post는 '게시하다'라는 뜻이고, 보기의 post는 '우편'이라는 뜻이다.
(B) 정답. 잊지 말고 공고를 게시하라는 명령문에 대해 걱정 말라고 응답하고 있으므로 정답. I won't 뒤에는 forget to post 이하가 생략되어 있다.
(C) 단어 반복·다의어 오답. 명령문의 notice를 반복 사용한 오답. 명령문의 notice는 '공고'라는 뜻이고, 보기의 notice는 '알아차리다'라는 뜻이다.

23
W-Br There were more people at the trade show this year, weren't there?
M-Au (A) An additional session.
　　　(B) No, I won't be able to come.
　　　(C) Yes, it was a big success.

올해 무역박람회에 사람들이 더 많았죠, 그렇지 않나요?
(A) 추가 시간이요.
(B) 아뇨, 저는 못 갈 것 같아요.
(C) 네, 대성공이었어요.

어휘 trade show 무역박람회 additional 추가의 session (특정 활동을 위한) 시간 success 성공(한 것)

해설 사실 확인을 위한 부가의문문
(A) 질문과 상관없는 오답. 질문에 어울리지 않는 응답을 하고 있으므로 오답.
(B) 질문과 상관없는 오답. 박람회에 참석할 것인지를 묻는 질문에 어울리는 응답이므로 오답.
(C) 정답. 올해 무역박람회에 사람들이 더 많이 참석했다는 사실을 확인하고자 하는 질문에 그렇다고 대답하고 대성공이었다고 덧붙이는 정답.

24
M-Cn I think the longer coat would be more practical.
W-Br (A) The men's section is upstairs.
　　　(B) Then that's the one I'll buy.
　　　(C) No, I can't wait any longer.

길이가 더 긴 코트가 더 실용적일 것 같은데요.
(A) 남성복 코너는 위층에 있어요.
(B) 그렇다면 저걸로 살게요.
(C) 아뇨, 저는 더 이상 기다릴 수 없어요.

어휘 practical 실용적인 section 부문, 구획 upstairs 위층에 not ... any longer 더 이상 ~않는

해설 의견 제시의 평서문
(A) 연상 단어 오답. 평서문의 coat에서 연상 가능한 men's section을 이용한 오답.
(B) 정답. 두 사람 앞에 놓인 코트가 아닌 다른 것을 선택할 것을 권유하는 말에 대해 의견을 받아들여 다른 것을 사겠다고 응답하고 있으므로 정답.
(C) 단어 반복 오답. 평서문의 longer를 반복 사용한 오답.

25
W-Am Do we need a standard-sized window or a custom-made one?
M-Cn (A) Yes, only for a small fee.
　　　(B) Here are the measurements.
　　　(C) Carlos said he would.

표준 규격의 창문이면 될까요, 아니면 주문 제작해야 할까요?
(A) 네, 소정의 수수료만 내면 돼요.
(B) 여기 규격표가 있어요.
(C) 카를로스가 하겠다고 했어요.

어휘 standard-sized 표준 규격의 custom-made 주문 제작한 fee 요금, 수수료 measurement 측정; 치수

해설 창문의 종류를 묻는 선택의문문
(A) Yes/No 불가 오답. or 선택문에는 Yes/No 응답이 불가능하므로 오답.
(B) 정답. 어느 쪽을 선택할지 묻는 질문에 대해 규격표를 보고 결정하자고 응답하고 있으므로 정답.
(C) 질문과 상관없는 오답. we로 묻는 질문에 대해 제3자인 Carlos로 응답하고 있으므로 오답.

26
W-Br How did you decide where to go on holiday?
M-Cn **(A) I researched places on the Internet.**
　　　(B) Usually by bus.
　　　(C) No, we're flying there.

휴일에 어디에 갈지를 어떻게 정했어요?
(A) 인터넷에서 장소들을 조사했어요.
(B) 주로 버스로요.
(C) 아뇨, 우리는 거기에 비행기 타고 갈 거예요.

어휘 research 조사하다 fly 비행기를 타다

해설 방법을 묻는 How 의문문
(A) 정답. 어떻게 결정했냐고 방법을 묻는 질문에 대해 인터넷에서 검색했다고 응답하고 있으므로 정답.
(B) 질문과 상관없는 오답. 교통 수단을 묻는 질문으로 착각할 경우 고를 수 있는 오답.
(C) Yes/No 불가 오답. How 의문문에는 Yes/No 응답이 불가능하므로 오답.

27
M-Au Why hasn't this order been filled yet?
W-Am **(A) It'll be ready to ship this afternoon.**
　　　(B) Yes, it is a large box.
　　　(C) Thanks, but that's enough.

이 주문이 왜 아직 처리되지 않았나요?
(A) 그건 오늘 오후에 배송 준비가 될 거예요.
(B) 네, 그건 대형 상자예요.
(C) 고맙지만, 그걸로 충분해요.

어휘 fill an order 주문을 이행[처리]하다　ship 운송하다, 배송하다

해설　이유를 묻는 Why 의문문

(A) 정답. 왜 아직 주문 처리가 되지 않았는지 이유를 묻는 질문에 대해 오늘 오후에 될 거라면서 지금 준비 중이라는 말을 간접적으로 전달하는 정답.
(B) Yes/No 불가 오답. Why 의문문에는 Yes/No 응답이 불가능하므로 오답.
(C) 질문과 상관없는 오답. 음식 등을 더 권할(Why don't you) 때 어울리는 응답이므로 오답.

28

M-Cn　We still need to put price labels on the new books.
W-Br　(A) The lines are really long.
　　　(B) The table costs sixty dollars.
　　　(C) Let me go and get them.

아직 새 책들에 가격표를 붙여야 하는 일이 있어요.
(A) 줄이 정말 길군요.
(B) 탁자 가격은 60달러예요.
(C) 제가 가서 가져올게요.

어휘　price label 가격표　line 줄

해설　도움을 요청하는 평서문

(A) 평서문과 상관없는 오답. 일거리가 아직 남아 있다는 상황에 적합하지 않은 응답이므로 오답.
(B) 연상 단어 오답. 평서문의 price labels에서 가격(sixty dollars)을 연상하도록 하는 오답.
(C) 정답. 새 책에 가격표를 붙이는 일이 아직 남아 있다는 말에 대해 자기가 가서 일거리들을 가지고 오겠다고 응답하고 있으므로 정답.

29

M-Au　You should present your research data at the next department meeting.
W-Br　(A) No, I didn't.
　　　(B) I'd be happy to.
　　　(C) In the database.

다음 부서 회의에서 조사한 것을 발표하세요.
(A) 아뇨, 전 하지 않았어요.
(B) 기꺼이요.
(C) 데이터베이스에요.

어휘　present 제출하다, 발표하다　department meeting 부서 회의

해설　가벼운 명령의 평서문

(A) 평서문과 상관없는 오답. 다음 회의에서 할 일을 지시하는 말에 대해 과거에 하지 않았다고 응답하고 있으므로 상황에 맞지 않는 오답.
(B) 정답. 회의에서 발표하라는 지시에 대해 기꺼이 하겠다고 응답하고 있으므로 정답.
(C) 유사 발음 오답. 평서문의 data와 부분적으로 발음이 유사한 database를 이용한 오답.

30

W-Am　It's time for a break, isn't it?
M-Au　(A) Well, they're too fragile to ship.
　　　(B) Some afternoon appointments.
　　　(C) Let's finish up this proposal.

이제 휴식 시간이죠, 그렇지 않아요?
(A) 그게, 그것들은 깨지기 쉬워서 배송할 수 없어요.
(B) 오후 약속들이요.
(C) 이 제안서만 마무리해요.

어휘　It's time for ~할 시간이다　break 휴식 시간　fragile 깨지기 쉬운　appointment 약속　finish up ~을 끝내다　proposal 제안(서)

해설　제안의 부가의문문

(A) 연상 단어 오답. 질문의 break에서 연상 가능한 fragile을 이용한 오답.
(B) 질문과 상관없는 오답. 휴식 시간이라는 말과 어울리지 않는 응답이므로 오답.
(C) 정답. 이제 휴식 시간이니 쉬자는 말에 대해 하던 일만 마무리하자고 응답하고 있으므로 정답.

31

M-Cn　Have you ever had the opportunity to travel to Singapore?
M-Au　(A) That's where I was born.
　　　(B) Some travel receipts are missing from the folder.
　　　(C) Yes, I'll have a little more, thanks.

싱가포르를 여행할 기회가 있었어요?
(A) 저는 거기서 태어났어요.
(B) 출장 영수증 몇 장이 폴더에서 빠져 있어요.
(C) 네, 좀 더 먹을게요, 고마워요.

어휘　receipt 영수증　missing 빠진, 없어진

해설　경험을 묻는 조동사(Have) 의문문

(A) 정답. 싱가포르를 여행한 경험이 있느냐는 질문에 대해 그곳에서 태어났다는 말로 긍정의 대답을 대신하고 있으므로 정답.
(B) 단어 반복 오답. 질문의 travel을 반복 사용한 오답.
(C) 질문과 상관없는 오답. 과거의 경험을 묻는 질문에 미래 시제로 응답하고 있으며, 의미상으로도 질문의 have는 조동사이지만 보기의 have는 '먹다, 마시다'라는 뜻의 본동사로 상황에 맞지 않는 오답이다.

PART 3

Questions 32 through 34 refer to the following conversation.

M-Cn: Hi, this is Neil Chen. ³²**I just made an online reservation at your hotel,** but when I saw the confirmation page, I realized that I'd made a mistake in the dates. ³³**Can I make a change?**

W-Am: I'll be happy to change your reservation provided we have a room available. Could you please give me your confirmation code?

M-Cn: Sure, it's VF732. I want the reservation for the following weekend—January tenth through twelfth. Will the price be the same?

W-Am: Let me see. Yes, we do have a room available for that weekend at the same rate, so I've changed your booking with us. ³⁴**You can expect an updated confirmation in your e-mail shortly.**

남: 안녕하세요, 저는 닐 첸입니다. 방금 그 호텔에 온라인 예약을 했는데, 예약 확인 페이지를 보고 날짜에 실수가 있었다는 걸 알았어요. 변경할 수 있을까요?
여: 이용할 수 있는 객실이 있다면 기꺼이 고객님의 예약을 변경해드리겠습니다. 예약 번호를 말씀해주시겠어요?
남: 네, VF732입니다. 그 다음 주말인 1월 10일부터 12일까지로 예약하고 싶습니다. 가격은 동일할까요?
여: 어디 볼게요. 네, 그 주말에 동일한 가격으로 이용 가능한 객실이 있어서, 고객님의 저희 호텔 예약을 변경했습니다. 곧 이메일로 수정된 예약 확인을 받아보실 수 있으실 거예요.

어휘: make a reservation 예약하다 confirmation 확인 realize 깨닫다 make a mistake 실수하다 make a change 변경하다 provided (만약) ~라면 following 그 다음의 rate 요금 booking 예약 shortly 곧

32
Where does the woman most likely work?
(A) At a restaurant
(B) At a ticket office
(C) At a bank
(D) At a hotel

여자는 어디에서 근무할 것 같은가?
(A) 식당
(B) 매표소
(C) 은행
(D) 호텔

해설 전체 내용 관련 – 여자의 직장
남자의 첫 번째 대사에서 방금 그 호텔에 온라인 예약을 했다(I just made an online reservation at your hotel)고 했다. 이를 통해 여자가 호텔에서 근무한다는 것을 알 수 있으므로 정답은 (D)이다.

33
Why is the man calling?
(A) To get directions
(B) To ask for a discount
(C) To change a reservation
(D) To check an address

남자가 전화한 이유는?
(A) 길안내를 받기 위해
(B) 할인을 요청하기 위해
(C) 예약을 변경하기 위해
(D) 주소를 확인하기 위해

해설 전체 내용 관련 – 남자가 전화를 건 이유
남자의 첫 번째 대사에서 예약에 실수가 있었다고 하면서 예약을 변경할 수 있는지(Can I make a change?) 묻고 있으므로 정답은 (C)이다.

34
What will the woman e-mail the man?
(A) A confirmation
(B) A discount code
(C) An application form
(D) A menu

여자가 남자에게 이메일로 보낼 것은?
(A) 예약 확인
(B) 할인 코드
(C) 신청서
(D) 메뉴

해설 세부사항 관련 – 여자가 이메일로 보낼 것
여자의 마지막 대사에서 곧 이메일로 수정된 예약 확인을 받을 수 있을 것이다(You can expect an updated confirmation in your e-mail shortly)라고 했으므로 정답은 (A)이다.

Questions 35 through 37 refer to the following conversation.

W-Br: Good morning, Mr. Lin. ³⁵**We have a package for you to pick up here at the Morseville post office.** You should have received a missed delivery card when we tried to deliver it a week ago.

M-Cn: I'm looking through my mail now, and ³⁶**I can't find any notice about a missed delivery.** I just got back from vacation.

W-Br: Oh, I see. Well, that shouldn't be a problem. ³⁷**Just be sure to bring along some form of photo identification when you come to pick your package up.**

여: 안녕하세요, 린 씨. 여기 모스빌 우체국에 수령하가실 소포가 있습니다. 저희가 1주일 전에 배송하려고 했을 때 부재로 인한 배송 미전달 통지서를 받으셨을 겁니다.

남:	지금 우편물을 살펴보고 있는데, 배송 미전달과 관련된 통지서는 찾을 수가 없네요. 제가 방금 휴가에서 돌아왔거든요.
여:	아, 알겠습니다. 그건 상관없을 겁니다. 소포를 수령하러 오실 때 반드시 사진이 있는 신분증만 가져 오시면 됩니다.

어휘	package 소포 pick up 찾으러[가지러] 가다 missed delivery (부재로 인한) 배송 미전달 look through 살펴[훑어]보다 mail 우편물 notice 통지, 공지 photo identification 사진이 있는 신분증

35
Who most likely is the woman?

(A) A florist
(B) A bus driver
(C) A travel agent
(D) A postal worker

여자는 누구일 것 같은가?
(A) 플로리스트
(B) 버스 운전사
(C) 여행사 직원
(D) 우체국 직원

해설 전체 내용 관련 – 여자의 직업
여자의 첫 번째 대사에서 여기 우체국에서 수령해 갈 소포가 있다(We have a package for you to pick up here at the Morseville post office)고 고객에게 알리고 있다. 이를 통해 여자가 우체국에서 근무한다는 것을 알 수 있으므로 정답은 (D)이다.

36
What does the man say he cannot find?

(A) A credit card
(B) A delivery notice
(C) A trip itinerary
(D) A revised invoice

남자는 무엇을 찾지 못하겠다고 말하는가?
(A) 신용카드
(B) 배송 통지서
(C) 여행 일정표
(D) 수정된 송장

해설 세부사항 관련 – 남자가 찾지 못하는 것
남자는 두 번째 대사에서 배송 미전달과 관련된 통지서를 찾을 수가 없다(I can't find any notice about a missed delivery)고 말하고 있으므로 정답은 (B)이다.

37
What does the woman ask the man to bring with him?

(A) Proof of payment
(B) An account number
(C) Photo identification
(D) Some packaging supplies

여자가 남자에게 가져오라고 요청하는 것은?
(A) 납입 증명서
(B) 계좌 번호
(C) 사진이 있는 신분증
(D) 포장에 필요한 용품

해설 세부사항 관련 – 여자가 요청하는 것
여자가 마지막 대사에서 소포를 수령하러 올 때 반드시 사진이 있는 신분증을 가져 오라(Just be sure to bring along some form of photo identification when you come to pick your package up)고 했으므로 정답은 (C)이다.

Questions 38 through 40 refer to the following conversation.

W-Am	Excuse me. I saw the flyer posted in the window of your gallery advertising art classes. ³⁸I wondered if I could sign up for the watercolor painting class on Tuesday evening.
M-Au	Sorry, ³⁹but the classroom is too small to accommodate more than a few people, and that class is already full.
W-Am	Oh, that's disappointing. Is there any chance you'll offer a second class?
M-Au	Yes, we're thinking about holding one on Wednesday night also. ⁴⁰Would you like me to put your name down on the waiting list?

여:	실례합니다. 미술 강좌를 광고하는 갤러리 창문에 붙은 전단지를 봤어요. 화요일 저녁에 하는 수채화 강좌를 신청할 수 있을까 해서요.
남:	죄송하지만, 강의실이 너무 작아서 몇 사람 이상은 수용할 수가 없어요, 그래서 그 강좌는 이미 다 찼어요.
여:	아, 그렇다니 실망이네요. 혹시 강좌를 한 번 더 열 가능성이 없을까요?
남:	네, 수요일 저녁에도 한 차례 여는 것에 대해서 생각하고 있어요. 대기 명단에 이름을 올려드릴까요?

어휘	flyer 광고 전단지 advertise 광고하다 sign up for ~을 신청하다 watercolor painting 수채화 accommodate 수용하다 disappointing 실망스러운 put down ~을 적어 두다 waiting list 대기 명단

38
What does the woman want to do at the art gallery?

(A) Display her paintings
(B) Interview an artist
(C) Apply for a job
(D) Register for a class

여자가 미술관에서 하고 싶어 하는 것은?
(A) 자신의 그림 전시하기
(B) 미술가와 인터뷰하기
(C) 일자리에 지원하기
(D) 강좌에 등록하기

해설 세부사항 관련 – 여자가 원하는 것

여자는 첫 번째 대사에서 수채화 강좌를 신청할 수 있는지(I wondered if I could sign up for the watercolor painting class on Tuesday evening) 묻고 있으므로 정답은 (D)이다.

▶▶ **Paraphrasing** 대화의 **sign up for** → 정답의 **register for**

39

What problem does the man mention?

(A) A room is not big enough.
(B) A director is not available.
(C) A signature is missing.
(D) A frame is broken.

남자가 언급하는 문제점은?
(A) 강의실이 충분히 크지 않다.
(B) 책임자를 만날 수 없다.
(C) 서명이 빠져 있다.
(D) 액자틀이 부서졌다.

해설 세부사항 관련 – 문제점

남자는 첫 번째 대사에서 강의실이 너무 작아서 많은 사람을 수용할 수 없다(but the classroom is too small to accommodate more than a few people)고 했으므로 정답은 (A)이다.

▶▶ **Paraphrasing** 대화의 **too small** → 정답의 **not big enough**

40

What does the man offer to do for the woman?

(A) Add her name to a list
(B) Print out a schedule
(C) Refund a deposit
(D) Contact a repair person

남자가 여자를 위해 해주겠다고 제안하는 것은?
(A) 명단에 여자의 이름 추가하기
(B) 일정표 출력하기
(C) 예약금 환불해주기
(D) 수리공에게 연락하기

해설 세부사항 관련 – 남자의 제안사항

남자는 마지막 대사에서 대기 명단에 이름을 올려주겠다(Would you like me to put your name down on the waiting list?)고 제안하고 있으므로 정답은 (A)이다.

▶▶ **Paraphrasing** 대화의 **put your name down on the waiting list** → 정답의 **add her name to a list**

Questions 41 through 43 refer to the following conversation.

M-Cn: Hi, Ms. Miller. **41It's Hector Diaz calling from Jackson Real Estate.** An apartment has just been listed that I think you might be interested in. It's a one-bedroom place that's available immediately. But best of all, it's near Fulbright Park.

W-Am: Near Fulbright Park? Oh, **42that's wonderful news. The park is very close to my office**—that's exactly what I'd hoped for.

M-Cn: Would you like to look at the apartment? **43We can get in to see it sometime tomorrow if you're free.**

W-Am: I'm busy in the morning, but **43the afternoon would be fine.** Let me write down where it is, and I can meet you there.

남: 안녕하세요, 밀러 씨. 잭슨 부동산 중개업소의 헥터 디아즈입니다. 고객님께서 관심을 가지실 것 같은 아파트가 막 목록에 올라왔습니다. 침실 하나짜리 집으로 바로 입주 가능합니다. 하지만 가장 좋은 것은 풀브라이트 공원 근처라는 겁니다.
여: 풀브라이트 공원 근처라고요? 아, 그거 반가운 소식이네요. 그 공원은 제 사무실에 아주 가깝거든요. 제가 원하는 게 바로 그거예요.
남: 아파트를 둘러 보시겠어요? 시간이 있으면 내일 저와 함께 들어가서 보실 수 있습니다.
여: 오전에는 바쁘지만, 오후에는 괜찮을 것 같아요. 장소를 적어둘게요, 그러면 거기서 만나면 되니까요.

어휘 real estate 부동산 (중개업) be interested in ~에 관심이 있다 immediately 바로, 즉시 close to ~에서 가까운 exactly 정확히, 꼭 write down 적어두다

41

What type of business does the man work for?

(A) An architecture firm
(B) A construction company
(C) A real estate agency
(D) A bank

남자가 종사하는 업종은?
(A) 건축 사무소
(B) 건설회사
(C) 부동산 중개업
(D) 은행

해설 전체 내용 관련 – 남자의 직업

남자는 첫 번째 대사에서 Jackson Real Estate(잭슨 부동산 중개업소)라는 자신의 사업체 이름을 언급하고 있는데, 이를 통해 남자가 부동산 중개업에 종사하고 있음을 알 수 있으므로 정답은 (C)이다.

42
Why is the woman pleased?
(A) An apartment is conveniently located.
(B) A job position is opening soon.
(C) Some funding has been approved.
(D) Some renovations have been completed.

여자가 기뻐하는 이유는?
(A) 아파트가 편리한 곳에 위치해 있어서
(B) 곧 일자리가 날 예정이어서
(C) 자금 신청이 승인되어서
(D) 보수공사가 완료되어서

해설 세부사항 관련 - 여자가 기뻐하는 이유
여자는 남자가 소개하는 아파트가 자신의 사무실에서 가깝다(that's wonderful news. The park is very close to my office)면서 기뻐하고 있는데, 이는 곧 출퇴근하기 편리한 위치라는 뜻이므로 정답은 (A)이다.

43
What does the woman plan to do tomorrow afternoon?
(A) Sign some documents
(B) View a property
(C) Attend a trade show
(D) Make a presentation

여자가 내일 오후에 하려고 계획하는 것은?
(A) 서류에 사인하기
(B) 건물 둘러보기
(C) 무역박람회에 참석하기
(D) 프레젠테이션하기

해설 세부사항 관련 - 여자가 하려는 일
내일 아파트를 보자(We can get in to see it sometime tomorrow)는 남자의 제안에 대해 여자가 오후에는 괜찮다(the afternoon would be fine)고 말하고 있으므로 정답은 (B)이다.

> **Paraphrasing** 대화의 **get in to see** → 정답의 **view**
> 대화의 **an apartment** → 정답의 **a property**

Questions 44 through 46 refer to the following conversation.

M-Au Ms. Kim, I've finished setting up the tables so it looks like we're all ready to open the café at eight o'clock. Is there anything else you'd like me to do?

W-Br Yes. Someone from the city maintenance department called yesterday and told me that ⁴⁴a crew will be repairing the pavement right outside the café today. ⁴⁵I'm worried that customers won't know we're open, and we can't afford to lose the business.

M-Au Well, ⁴⁶why don't I put a sign out front that tells customers we're open and that they can come in through the side entrance?

남: 김 사장님, 테이블 셋팅을 끝냈으니 8시에 카페를 열 준비가 다 된 것 같군요. 뭐 제가 할 일이 더 있을까요?
여: 네. 어제 시 관리부에서 전화해서 작업반이 오늘 카페 바로 바깥의 보도를 보수할 거라고 했어요. 손님들이 우리가 영업하는 줄 모를까 봐 걱정이에요. 우리가 장사를 손해볼 처지가 아니잖아요.
남: 앞에 표지판을 내걸어서 손님들에게 우리가 영업 중이고 옆문을 통해서 들어올 수 있다고 알려주면 어떨까요?

어휘 set up 세우다, 마련하다 maintenance department 관리부 crew 작업반 pavement 보도, 인도 lose business 장사를 손해보다, 손님을 놓치다 put out (눈에 띄는 곳에) 내놓다 sign 표지판 come in through ~을 통해 들어가다 entrance 입구

44
What does the woman say will happen today?
(A) An inspection will take place.
(B) Repair work will begin.
(C) A private party will be held.
(D) Some equipment will be installed.

여자는 오늘 무슨 일이 있을 거라고 말하는가?
(A) 점검이 있을 것이다.
(B) 보수공사가 시작될 것이다.
(C) 비공개 파티가 열릴 것이다.
(D) 장비가 설치될 것이다.

해설 세부사항 관련 - 오늘 일어날 일
여자는 작업반이 오늘 카페 바깥 보도를 보수할 것(a crew will be repairing the pavement right outside the café today)이라는 소식을 전하고 있으므로 정답은 (B)이다.

45
What is the woman worried about?
(A) Delayed deliveries
(B) Power interruptions
(C) Paying extra fees
(D) Losing customers

여자가 걱정하는 것은?
(A) 배달 지연
(B) 정전
(C) 추가 요금 지불
(D) 손님을 잃는 것

해설 세부사항 관련 - 여자의 걱정거리
여자는 손님들이 카페가 영업하는 줄 모를까 봐 걱정이라(I'm worried that customers won't know we're open, and we can't afford to lose the business)고 했으므로 정답은 (D)이다.

> **Paraphrasing** 대화의 **lose the business** → 정답의 **lose customers**

46

What does the man offer to do?

(A) Put out a sign
(B) Call some customers
(C) Extend business hours
(D) Pick up some supplies

남자가 하겠다고 제안하는 것은?

(A) 표지판 내걸기
(B) 손님들에게 전화하기
(C) 영업시간 연장하기
(D) 물품 가지러 가기

해설 세부사항 관련 - 남자의 제안사항

남자의 마지막 대사에서 why don't I...?는 '내가 ~하면 어떨까?'라는 제안을 나타낸다. 밖에 표지판을 내걸면 어떨까(why don't I put a sign out front)라고 제안하고 있으므로 정답은 (A)이다.

Questions 47 through 49 refer to the following conversation with three speakers.

W-Am ⁴⁸Thank you for taking me to that wonderful concert. ⁴⁷It was a nice way to celebrate the merger of our companies.

M-Cn We knew you'd enjoy it. That string quartet performs all over the world.

W-Am I'm not surprised… So, my flight doesn't leave until noon. ⁴⁹Should I come by your office in the morning to finish up the paperwork?

M-Cn Oh, Ms. Yamada is handling that.

W-Br Yes, I am. I'll be in the office by eight in the morning, so ⁴⁹you can stop by anytime after that. There are only a few final documents to sign.

여1: 그렇게 훌륭한 콘서트에 데려가 줘서 고마워요. 우리 회사 합병을 축하하는 멋진 방식이었어요.
남: 당신이 좋아할 줄 알았어요. 그 현악 4중주단은 전 세계에서 공연하거든요.
여1: 당연히 그렇겠죠… 그런데 제 비행기 출발 시간은 정오 지나야 출발해요. 오전에 당신 사무실에 들러서 서류 작업을 마무리할까요?
남: 아, 그건 야마다 씨가 처리할 거예요.
여2: 네, 제가 할 거예요. 저는 아침 8시까지 출근할 예정이니, 그 이후에 언제라도 들르시면 돼요. 몇 가지 최종 서류에 사인만 하면 돼요.

어휘 celebrate 축하하다 merger 합병 string quartet 현악 4중주단 perform 공연하다 come by ~에 잠깐 들르다(stop by) paperwork 서류 (작업) handle 처리하다 final 최종의 document 서류, 문서

47

What are the speakers celebrating?

(A) An increase in sales
(B) A company merger
(C) A product launch
(D) A job promotion

화자들이 축하하고 있는 것은?

(A) 매출 증가
(B) 회사 합병
(C) 제품 출시
(D) 승진

해설 세부사항 관련 - 화자들이 축하하는 것

첫 대사에서 여자가 콘서트에 대해 회사의 합병을 축하하는 멋진 방식이었다(It was a nice way to celebrate the merger of our companies)고 말하고 있으므로 정답은 (B)이다.

48

What does the man imply when he says, "That string quartet performs all over the world"?

(A) He will be seeing the show again in another country.
(B) A music group is often mistaken for a different one.
(C) Some musicians are very accomplished.
(D) Some tickets are difficult to find.

남자가 "그 현악 4중주단은 전 세계에서 공연하거든요"라고 말한 의도는 무엇인가?

(A) 그 공연을 다른 나라에서 또 관람할 것이다.
(B) 한 악단을 다른 악단과 착각하는 일이 종종 있다.
(C) 몇몇 음악가들은 매우 기량이 뛰어나다.
(D) 어떤 표들은 구하기가 어렵다.

해설 화자의 의도 파악 - 전 세계에서 공연한다는 말의 의미

앞에서 여자가 그렇게 훌륭한 콘서트에 데려다 줘서 고맙다(Thank you for taking me to that wonderful concert)고 하자 남자가 좋아할 줄 알았다면서 덧붙인 말이다. 따라서 여자가 wonderful concert라고 한 말을 뒷받침하는 내용으로 공연을 한 현악 4중주단이 매우 뛰어난 음악가들이라는 의미이므로 정답은 (C)이다.

▶▶ Paraphrasing 대화의 string quartet → 정답의 musicians

49

What do the women agree to do in the morning?

(A) Arrange a press conference
(B) Test some equipment
(C) Complete some paperwork
(D) Present a proposal

여자들이 오전에 하기로 동의한 것은?

(A) 기자회견 준비
(B) 장비 시험
(C) 서류 작업 완료
(D) 제안서 발표

TEST 1 13

해설 세부사항 관련 – 여자가 동의한 사항

첫 번째 여자가 남자에게 함께 서류 작업을 마무리하자(Should I come by your office in the morning to finish up the paperwork?)고 제안하자, 그 일은 두 번째 여자가 처리할 것이라고 했고, 두 번째 여자 역시 이에 동의하면서 오전 8시 이후에 언제라도 들르라(you can stop by anytime after that)고 했으므로 정답은 (C)이다.

▶ **Paraphrasing** 대화의 **finish up** → 정답의 **complete**

Questions 50 through 52 refer to the following conversation.

W-Am ⁵⁰**I don't know how I'm going to get through all the résumés** that were submitted for the accountant positions we advertised. We received several hundred applications for three positions!

M-Au That is a lot of applications. ⁵¹**I can help you review some of them. Why don't I take half of them?**

W-Am That would be great! I don't have hard copies of them, though. The files are all saved on my computer.

M-Au Okay. ⁵²**Do you think you can print the ones you want me to work on?** I prefer to read through them on paper.

여: 우리가 광고한 회계사직에 제출된 이력서를 어떻게 다 봐야 할지 모르겠어요. 세 자리에 수백 통의 지원서가 접수되었거든요!
남: 지원서가 많군요. 제가 그 중 일부를 검토하는 것을 도와줄 수 있을 것 같은데요. 제가 절반을 가져가면 어떨까요?
여: 그래 주시면 정말 고맙죠! 그런데 출력된 것으로는 없는데요. 파일은 모두 제 컴퓨터에 저장되어 있거든요.
남: 알았어요. 제가 작업해주기를 바라는 것들을 출력해 줄 수 있을까요? 저는 서류로 검토하는 게 더 좋거든요.

어휘 get through (일 등을) 끝내다 accountant 회계사 position (일)자리, 직위 application 지원서 review 검토하다 hard copy 출력된 자료 read through ~을 쭉 읽다

50
What are the speakers trying to do?
(A) Organize a filing system
(B) Review some résumés
(C) Schedule a training session
(D) Revise a budget

화자들이 하려고 하는 것은?
(A) 파일 시스템 정리하기
(B) 이력서 검토하기
(C) 교육 일정 잡기
(D) 예산 수정하기

해설 세부사항 관련 – 화자들이 하려는 일

여자가 첫 대사에서 이력서가 너무 많아서 어떻게 다 봐야 할지 모르겠다(I don't know how I'm going to get through all the résumés)고 하자 남자가 도와주겠다고 제안하고 일을 어떻게 분담할지 논의하고 있으므로 정답은 (B)이다.

▶ **Paraphrasing** 대화의 **get through** → 정답의 **review**

51
What does the man suggest?
(A) Dividing some work
(B) Clarifying a procedure
(C) Moving a deadline
(D) Placing an advertisement

남자가 제안하는 것은?
(A) 업무 분담하기
(B) 절차 분명히 하기
(C) 마감 기한 옮기기
(D) 광고하기

해설 세부사항 관련 – 남자의 제안사항

남자가 여자에게 이력서 검토하는 일을 도와주겠다고 하면서 절반을 달라고(I can help you review some of them. Why don't I take half of them?) 했으므로 정답은 (A)이다.

52
What does the man ask the woman to do?
(A) Edit a journal article
(B) Develop a Web design
(C) Send a résumé
(D) Print some documents

남자가 여자에게 해달라고 요청하는 것은?
(A) 학술 논문 편집
(B) 웹디자인 개발
(C) 이력서 전송
(D) 서류 출력

해설 세부사항 관련 – 남자의 요청사항

남자가 마지막 대사에서 여자에게 자기가 검토할 이력서를 출력해 달라(Do you think you can print the ones you want me to work on?)고 요청하고 있으므로 정답은 (D)이다.

Questions 53 through 55 refer to the following conversation.

M-Cn Hi, Rita. Thanks for taking a look at my car to see if it needs any work. I'd like to list it for sale by the end of the week ⁵³**because I need to buy a larger car.**

W-Am Well, ⁵⁴**I think buyers'll really like the car because the exterior has been well maintained.** However, I can see a few holes in the cloth on the front seat. I'd certainly recommend having that repaired.

14

M-Cn Okay. Do you know if it'll cost a lot to have new fabric put on the seat?

W-Am I have a friend who does that kind of work, and he's very affordable. **⁵⁵I'll look for his card,** so you can call him for an estimate.

남: 안녕하세요, 리타. 뭔가 정비가 필요하지는 않은지 제 차를 살펴봐주셔서 감사해요. 제가 더 큰 차를 사야 해서 금요일까지 그것을 매물로 내놓고 싶거든요.
여: 차량 외부가 잘 관리되어 있어서 구매자들이 아주 좋아할 것 같아요. 그런데 앞좌석 천에 구멍이 몇 개 보이던데요. 그건 꼭 수선하시는 게 좋을 것 같아요.
남: 알겠습니다. 좌석에 새로 천을 씌우는 데 비용이 많이 들까요?
여: 그런 작업을 하는 친구가 있는데, 아주 저렴한 비용에 해요. 그 친구 명함을 찾아볼 테니, 전화해서 견적을 물어보세요.

| 어휘 | take a look at ~을 살펴보다 for sale 팔려고 내놓은 exterior 외부, 외관 maintain 관리하다 hole 구멍 cloth 천, 직물(fabric) certainly 꼭, 반드시 affordable (가격이) 알맞은 estimate 견적 |

53
Why is the man selling his car?
(A) He will be getting a car from his company.
(B) He plans to take public transportation.
(C) He needs a bigger vehicle.
(D) He is moving overseas.

남자가 차를 팔려고 하는 이유는?
(A) 회사로부터 차를 받을 예정이어서
(B) 대중교통을 이용할 계획이어서
(C) 더 큰 차량이 필요해서
(D) 해외로 이주할 예정이어서

해설 세부사항 관련 – 남자가 차를 팔려는 이유
남자는 첫 번째 대사에서 더 큰 차를 사야 해서(because I need to buy a larger car) 현재의 차를 팔려고 한다고 했으므로 정답은 (C)이다.

▶▶ Paraphrasing 대화의 a larger car
→ 정답의 a bigger vehicle

54
According to the woman, why will buyers like the car?
(A) It is fuel efficient.
(B) It has all new tires.
(C) The model is very popular now.
(D) The outside is in good condition.

여자에 따르면, 구매자들이 이 차를 좋아할 만한 이유는?
(A) 연비가 좋아서
(B) 타이어가 모두 새 것이어서
(C) 현재 매우 인기있는 모델이어서
(D) 외관 상태가 좋아서

해설 세부사항 관련 – 구매자들이 차를 좋아할 만한 이유
여자는 차량 외부가 잘 관리되어 있어서 구매자들이 좋아할 것 같다(I think buyers'll really like the car because the exterior has been well maintained)고 했으므로 정답은 (D)이다.

▶▶ Paraphrasing 대화의 the exterior → 정답의 the outside
대화의 well maintained → 정답의 in good condition

55
What will the woman most likely do next?
(A) Visit her friend
(B) Find a business card
(C) Check a catalog
(D) Measure some fabric

여자는 다음에 무엇을 할 것 같은가?
(A) 친구 방문하기
(B) 명함 찾기
(C) 카탈로그 확인하기
(D) 천 치수 재기

해설 세부사항 관련 – 여자가 다음에 할 행동
여자는 마지막 대사에서 친구의 명함을 찾아보겠다(I'll look for his card)고 했으므로 정답은 (B)이다.

▶▶ Paraphrasing 대화의 look for his card
→ 정답의 find a business card

Questions 56 through 58 refer to the following conversation.

M-Au Hi, I'm calling from Burke Country Tours. **⁵⁶We're interested in having some T-shirts made for our customers** and I saw your advertisement in the newspaper. Could you give me some information about your quantities and prices?

W-Br Certainly. Shirts are eight dollars each, but **⁵⁷if you order a lot of them—that is, more than fifty—you'll get a fifteen percent discount off of the total price.**

M-Au That price seems reasonable. So, we'd like to get our company logo printed on the shirts. Is that hard to do?

W-Br No, it's actually really easy. **⁵⁸Just go to our Web site, upload the image of your logo, and then place your order.**

남: 안녕하세요, 버크 컨트리 여행사입니다. 저희 고객들을 위해 티셔츠를 좀 맞출까 하는데 신문에서 귀사 광고를 봤습니다. 수량과 가격에 대해 좀 알려주시겠습니까?
여: 물론이죠. 셔츠는 벌당 8달러지만, 50벌 이상 대량으로 주문하시면 전체 가격에서 15퍼센트 할인받으세요.
남: 그 가격이면 적당한 것 같군요. 그리고 저희 회사 로고를 셔츠에 프린트하고 싶은데요. 그건 어려울까요?
여: 아뇨, 사실상 정말 간단해요. 저희 웹 사이트에 가셔서 귀사의 로고 이미지를 올리고 나서 주문하시면 돼요.

어휘 be interested in ~에 관심이 있다 advertisement 광고 quantity 수량 certainly 그럼요, 물론이지요. that is 즉 reasonable 적정한, 합당한 upload 업로드하다 place one's[an] order 주문하다

56
What does the man want to purchase?
(A) Company stationery
(B) Advertising space in a newspaper
(C) Promotional clothing
(D) Web site design tools

남자가 구입하고 싶어 하는 것은?
(A) 회사 문구류
(B) 신문 광고란
(C) 홍보용 의류
(D) 웹 사이트 디자인 도구

해설 세부사항 관련 – 남자가 구입하고 싶어 하는 것
남자는 첫 번째 대사에서 고객들을 위해 옷을 맞추고 싶다(We're interested in having some T-shirts made for our customers)고 하고 있는데, 티셔츠에 회사 로고를 넣는다(we'd like to get our company logo printed on the shirts)는 것으로 보아 홍보용 티셔츠임을 알 수 있으므로 정답은 (C)이다.

57
How can the man receive a discount?
(A) By referring potential customers
(B) By signing up for a newsletter
(C) By paying in advance
(D) By placing a large order

남자가 할인을 받을 수 있는 방법은?
(A) 잠재 고객을 소개해서
(B) 소식지를 신청해서
(C) 비용을 미리 지불해서
(D) 대량 주문해서

해설 세부사항 관련 – 남자가 할인을 받을 수 있는 방법
여자는 첫 번째 대사에서 50벌 이상 대량 주문하면 15퍼센트 할인을 받게 된다(if you order a lot of them—that is, more than fifty—you'll get a fifteen percent discount off of the total price)고 했으므로 정답은 (D)이다.

▶ Paraphrasing 대화의 order a lot
→ 정답의 place a large order

58
What does the woman tell the man to do?
(A) Speak with a manager
(B) Visit a Web site
(C) Make an appointment
(D) Request a sample

여자가 남자에게 하라고 말하는 것은?
(A) 매니저와 얘기하기
(B) 웹 사이트 방문하기
(C) 약속 정하기
(D) 샘플 요청하기

해설 세부사항 관련 – 여자의 지시사항
여자가 마지막 대사에서 웹 사이트에 가서 주문하라(Just go to our Web site, upload the image of your logo, and then place your order)고 했으므로 정답은 (B)이다.

Questions 59 through 61 refer to the following conversation with three speakers.

W-Am Sorry to bother you, but I'm wondering if either of you remember someone named James Pullman? [59]He worked here at the newspaper a few months ago.

M-Au That name doesn't sound familiar. Why?

W-Am Someone from Colby Media called today. James applied for a job there, and he listed our newspaper agency as his last place of employment. [60,61]They asked for a recommendation, but I never actually worked with him.

M-Cn James Pullman? I remember James. He was one of our staff photographers for about a year. He was very talented.

W-Am Well, would you mind providing the recommendation then?

M-Cn Sure, I'd be happy to, but I wish he had contacted one of us directly. That's the usual procedure.

여: 귀찮게 해서 죄송하지만, 두 분 중에서 제임스 풀만이라는 사람을 기억하시는 분이 있으신가 해서요. 그는 몇 달 전에 여기 신문사에서 일했어요.
남1: 그런 이름은 못 들어본 것 같은데요. 왜 그러시죠?
여: 오늘 콜비 미디어에서 전화가 왔어요. 제임스가 그곳 일자리에 지원했는데, 우리 신문사를 그의 최종 직장으로 기재했대요. 그들이 추천서를 요청했는데, 저는 실은 그와 일한 적이 없어요.
남2: 제임스 풀만이요? 저는 제임스를 기억해요. 그는 1년 정도 우리 회사의 전속 사진사였어요. 아주 유능했죠.
여: 그럼 추천서를 써주시겠어요?
남2: 물론이죠, 기꺼이 할게요, 그런데 그가 우리에게 직접 연락했더라면 좋았을 텐데요. 그게 일반적인 절차잖아요.

어휘 bother 귀찮게 하다 familiar 익숙한, 친숙한 apply for ~에 지원하다 employment 고용 recommendation 추천(서) staff photographer 직원으로 일하는 전속 사진사 talented 재능 있는 directly 직접 usual 보통의 procedure 절차

59

Where do the speakers work?
(A) At a radio station
(B) At a recording studio
(C) At an electronics manufacturer
(D) At a newspaper

화자들이 근무하는 곳은?
(A) 라디오 방송국
(B) 녹음실
(C) 전자제품 제조공장
(D) 신문사

해설 전체 내용 관련 – 화자들의 직장

여자의 첫 번째 대사에서 제임스라는 사람이 여기 신문사에서 일했다(He worked here at the newspaper a few months ago)고 했는데, 이어지는 대화를 통해 제임스가 화자들의 직장 동료였다는 것을 알 수 있으므로 정답은 (D)이다.

60

Why did Colby Media contact the speakers' workplace?
(A) To offer a training workshop
(B) To promote some new products
(C) To request some photographs
(D) To ask for a reference

콜비 미디어가 화자들의 직장에 연락한 이유는?
(A) 교육 워크숍을 제안하기 위해
(B) 신제품을 홍보하기 위해
(C) 사진을 요청하기 위해
(D) 추천서를 요청하기 위해

해설 세부사항 관련 – 화자들에게 연락한 이유

여자는 두 번째 대사에서 콜비 미디어가 전화해서 제임스의 추천서를 요청했다(They asked for a recommendation)고 했으므로 정답은 (D)이다.

▶ Paraphrasing 대화의 **recommendation**
→ 정답의 **reference**

61

What does the woman imply when she says, "I never actually worked with him"?
(A) She cannot fulfill a request.
(B) She would prefer to work alone.
(C) She is surprised a colleague is leaving.
(D) She is disappointed with an assignment.

여자가 "저는 실은 그와 일한 적이 없어요"라고 말한 의도는 무엇인가?
(A) 요청에 응할 수 없다.
(B) 혼자 일하는 것을 더 좋아하는 편이다.
(C) 동료가 퇴사할 거라는 소식에 놀라고 있다.
(D) 업무에 대해 실망스러워 하고 있다.

해설 화자의 의도 파악 – 함께 일한 적이 없다는 말의 의미

여자는 바로 앞에서 제임스가 지원한 회사에서 추천서를 요청했다(They asked for a recommendation)는 소식을 전한 뒤 이 말을 덧붙이고 있다. 따라서 자신은 제임스와 일한 적이 없어서 그의 추천서를 써달라는 요청에 응할 수 없다는 의미이므로 정답은 (A)이다.

Questions 62 through 64 refer to the following conversation and menu.

M-Au Excuse me, are you ready to order lunch, or are you waiting for someone else to arrive?

W-Am Oh, I'm ready to order. I'm eating alone— **62I'm preparing for a meeting this afternoon, and I need somewhere quiet to work.**

M-Au Of course. What would you like?

W-Am **63I'm interested in the daily special.** Can you tell me what it is?

M-Au Today it's a small cheese pizza and a beverage.

W-Am Oh, **63I think that's what I'll get.** And by the way, since I'll be working on my laptop here, **64can I have the password for the restaurant's wireless Internet?**

M-Au Sure, **64it's on the back of the menu.**

남: 실례합니다, 점심 주문하시겠습니까, 아니면 누가 오시기를 기다리고 계시나요?
여: 아, 주문할게요. 혼자 먹을 거거든요. 오늘 오후에 할 회의를 준비 중이라서 조용히 일할 곳이 필요해서요.
남: 네, 뭘 드시겠습니까?
여: 오늘의 요리로 하고 싶은데요. 뭔지 알려주시겠어요?
남: 오늘은 스몰 사이즈 치즈 피자와 음료입니다.
여: 아, 그걸로 하면 될 것 같네요. 그리고 참, 여기서 제 노트북으로 일을 할 거라서 식당 무선 인터넷 비밀번호를 알 수 있을까요?
남: 물론이죠, 메뉴판 뒤에 적혀 있습니다.

어휘 alone 혼자 daily special (매일 달라지는) 오늘의 요리
beverage 음료 by the way 그런데 wireless 무선의

LUNCH MENU
Roast Chicken $9.99
Salad $5.00
Vegetable Soup $3.50
63Daily Special (ask server) $6.99

점심 메뉴
구운 닭고기   9.99달러
샐러드   5달러
야채 수프   3.5 달러
오늘의 요리(종업원에게 문의) 6.99달러

62

Why does the woman say she is at the restaurant?

(A) To celebrate a contract
(B) To evaluate a business
(C) To prepare for a meeting
(D) To interview for a job

여자가 식당에 온 이유로 언급한 것은?
(A) 계약을 축하하기 위해
(B) 업체를 평가하기 위해
(C) 회의를 준비하기 위해
(D) 일자리 면접을 보기 위해

해설 세부사항 관련 – 여자가 식당에 온 이유
여자는 첫 번째 대사에서 회의를 준비하는 중이라서 조용히 일할 곳이 필요하다(I'm preparing for a meeting this afternoon, and I need somewhere quiet to work)고 했으므로 정답은 (C)이다.

63

Look at the graphic. How much will the woman pay for her menu item?

(A) $9.99
(B) $5.00
(C) $3.50
(D) $6.99

시각정보에 의하면, 여자는 선택한 메뉴에 대해서 얼마를 지불하겠는가?
(A) 9.99달러
(B) 5달러
(C) 3.5달러
(D) 6.99달러

해설 시각정보 연계 – 여자가 지불할 금액
여자는 오늘의 요리에 대해서 묻고(I'm interested in the daily special) 나서 그걸로 하겠다(I think that's what I'll get)고 했으므로 여자가 선택한 메뉴는 오늘의 요리이다. 메뉴판에 오늘의 요리 가격이 6.99달러라고 나와 있으므로 정답은 (D)이다.

64

What does the man say is on the back of the menu?

(A) A dessert list
(B) A password
(C) A Web site address
(D) Nutrition information

남자가 메뉴판 뒤에 있다고 말한 것은?
(A) 디저트 목록
(B) 비밀번호
(C) 웹 사이트 주소
(D) 영양 정보

해설 세부사항 관련 – 메뉴판 뒤에 있는 내용
여자가 식당 무선 인터넷 비밀번호를 묻고(can I have the password for the restaurant's wireless Internet?) 남자가 메뉴판 뒤에 있다(it's on the back of the menu)고 답하고 있으므로 정답은 (B)이다.

Questions 65 through 67 refer to the following conversation and magazine cover.

W-Br Let's talk about November's cover. **65This month's issue is about trends in smartphone technology,** and we've selected our cover photo for that. Now, which stories should be mentioned on the cover?

M-Au Reiko is working on a story about teaching people how to develop their own applications for smartphones.

W-Br Oh, that's a good angle. But do you think that's cover-page material?

M-Au It's got an educational theme, and she's interviewed people from many age groups for the story. **66I think it'll attract a lot of readers who don't normally buy our magazine.**

W-Br Good point. **67Let's put Reiko's headline just below the cover photo.** Any ideas for which stories to put on the sides of the center photo?

여: 11월 표지에 대해서 얘기해 보죠. 이번 달 잡지 내용이 스마트폰 기술 동향에 대한 것이어서 우리는 그에 맞게 표지 사진을 선정했어요. 자, 어떤 기사들을 표지에서 언급할까요?

남: 레이코가 사람들에게 자신만의 스마트폰 앱을 개발하는 방법을 알려주는 것에 대한 기사 작업을 하고 있어요.

여: 아, 그거 좋은 관점이네요. 그런데 그게 표지를 장식할 소재가 될까요?

남: 교육적인 주제라서 그녀가 기사를 위해 여러 연령대의 사람들을 인터뷰했어요. 그래서 평소에는 우리 잡지를 구입하지 않는 많은 독자들을 끌어들일 거라고 생각해요.

여: 일리 있는 말이에요. 표지 사진 바로 아래에 레이코의 기사 제목을 넣도록 하죠. 중앙에 있는 사진 옆면에 넣을 기사에 대한 아이디어 있어요?

어휘 cover 표지 issue (신문·잡지의) 호 trend 동향, 경향 select 선정하다 mention 언급하다 application 응용 프로그램, 앱 angle 각도, 관점 educational 교육적인 age group 연령대 attract 끌어모으다 normally 보통

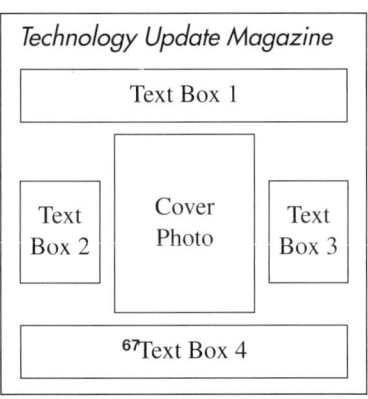

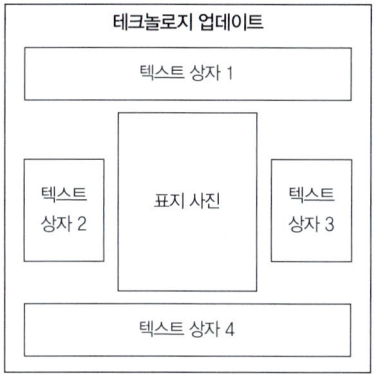

65
According to the woman, what is the topic of this month's issue?

(A) Mobile phone technology
(B) Computer training classes
(C) Improving photography skills
(D) Online self-publishing tips

여자에 따르면, 이번 달 잡지의 주제는?
(A) 휴대전화 기술
(B) 컴퓨터 교육 강좌
(C) 사진 기술 향상시키기
(D) 인터넷 자가 출판 관련 조언

해설 세부사항 관련 – 이번 달 잡지의 주제
여자의 첫 번째 대사에서 이번 호는 스마트폰 기술 동향에 대한 것이다(This month's issue is about trends in smartphone technology)라고 했으므로 정답은 (A)이다.

▶ Paraphrasing 대화의 smartphone → 정답의 mobile phone

66
According to the man, why should Reiko's story be included on the cover?

(A) Reiko is a famous writer.
(B) The photos are colorful.
(C) The topic could attract new readers.
(D) The story is time-sensitive.

남자에 따르면, 레이코의 기사가 표지에 들어가야 하는 이유는?
(A) 레이코가 유명한 기자여서
(B) 사진이 다채로워서
(C) 주제가 새로운 독자들을 끌어모을 수도 있어서
(D) 기사가 시기에 민감한 것이라서

해설 세부사항 관련 – 표지 기사로 선정되어야 하는 이유
남자는 두 번째 대사에서 레이코의 기사가 평소에는 이 잡지를 사지 않는 많은 독자들을 끌어모을 것이다(I think it'll attract a lot of readers who don't normally buy our magazine)라고 했으므로 정답은 (C)이다.

67
Look at the graphic. Where will the title of Reiko's story be?

(A) In text box 1
(B) In text box 2
(C) In text box 3
(D) In text box 4

시각정보에 의하면, 레이코의 기사 제목이 위치할 곳은?
(A) 텍스트 상자 1
(B) 텍스트 상자 2
(C) 텍스트 상자 3
(D) 텍스트 상자 4

해설 시각정보 연계 – 기사 제목 위치
여자가 마지막 대사에서 표지 사진 바로 아래에 레이코의 기사 제목을 넣자(Let's put Reiko's headline just below the cover photo)고 했는데, 표지를 보면 표지 사진 아래에 해당하는 것은 텍스트 상자 4이므로 정답은 (D)이다.

Questions 68 through 70 refer to the following conversation and floor plan.

M-Cn: Excuse me. I bought some camping supplies earlier this year, and **68I was sure the store I bought them from was right here**.

W-Br: Well, our store's just been at this location for a couple of months. **69The one that was here before—Amir's Outdoor Equipment—moved right next door. This shop was just too small for them.**

M-Cn: Thanks. The owner, Amir, is such a great guy—I can always trust his recommendations. I'm hoping to buy a tent from him today.

W-Br: Well, **70I know that today is his day off.** But his daughter manages the store when he's not there. I'm sure she'll help you find what you're looking for.

남: 실례합니다. 올해 초에 캠핑 용품을 구입했는데, 제가 그것들을 구입한 가게가 틀림없이 여기가 맞는 것 같아서요.
여: 저희 가게는 이곳에 생긴 지 두세 달밖에 안 됐습니다. 전에 이곳에 있던 가게인 아미르 아웃도어 장비는 바로 옆집으로 옮겼어요. 저희 가게는 그것들을 취급하기에는 장소가 너무 작기도 했고요.
남: 감사합니다. 주인인 아미르 씨가 정말 좋은 분이셔서, 항상 그분이 추천해 주시는 것들은 신뢰할 수 있거든요. 오늘 거기서 텐트를 사고 싶어서요.
여: 오늘은 그분이 쉬는 날이라고 알고 있는데요. 하지만 그분이 안 계실 때는 따님이 가게를 관리해요. 그녀가 손님이 구하고 있는 것을 찾는 걸 도와드릴 거예요.

어휘 supplies 용품 earlier 이전에, 일찍이 location 장소 owner 주인 trust 신뢰하다 recommendation 추천 day off 쉬는 날

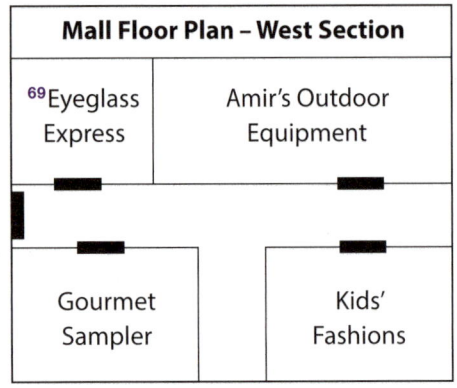

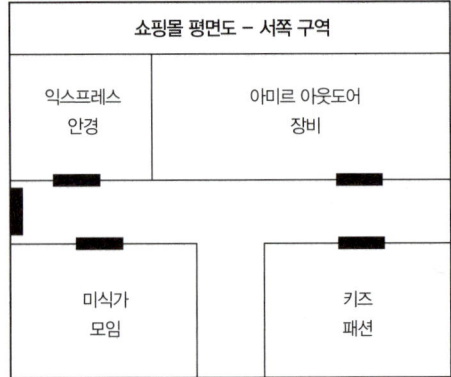

68
What does the man ask the woman about?

(A) The amount of a refund
(B) The location of a store
(C) The date of a delivery
(D) The name of a business owner

남자가 여자에게 질문하는 내용은?
(A) 환불 금액
(B) 가게 위치
(C) 배송 일자
(D) 업체 주인 이름

해설 세부사항 관련 – 남자의 질문 내용
남자는 첫 번째 대사에서 자신이 캠핑 용품을 구입한 곳이 여기가 맞는 것 같다 (I was sure the store I bought them from was right here)고 했는데, 이는 자신이 가게 위치를 제대로 알고 있는지 확인하고자 하는 질문이므로 정답은 (B)이다.

69
Look at the graphic. Where does the woman work?

(A) Eyeglass Express
(B) Amir's Outdoor Equipment
(C) Gourmet Sampler
(D) Kids' Fashions

시각정보에 의하면, 여자가 근무하는 곳은?
(A) 익스프레스 안경
(B) 아미르 아웃도어 장비
(C) 미식가 모임
(D) 키즈 패션

해설 시각정보 연계 – 여자의 직장 위치
여자의 첫 번째 대사 The one that was here before—Amir's Outdoor Equipment—moved right next door. This shop was just too small for them에서 여자가 근무하는 곳은 아미르 아웃도어 장비 옆이므로 익스프레스 안경이다. 따라서 정답은 (A)이다.

70
What does the woman say about Amir?

(A) He is moving abroad.
(B) He is not working today.
(C) He is starting a new job soon.
(D) He is hiring an assistant.

여자가 아미르 씨에 대해 말한 내용은?
(A) 해외로 이주할 것이다.
(B) 오늘 근무하지 않는다.
(C) 곧 새로운 일을 시작할 것이다.
(D) 조수를 채용할 것이다.

해설 세부사항 관련 – 아미르 씨에 대한 언급
여자는 마지막 대사에서 오늘은 아미르 씨가 쉬는 날이라고 알고 있다(I know that today is his day off)고 했으므로 정답은 (B)이다.

▶ **Paraphrasing** 대화의 **his day off** → 정답의 **not working**

PART 4

Questions 71 through 73 refer to the following telephone message.

W-Am Hello, Mr. Dario. **71**I'm calling from Leroy's Cake Shop about the cake you ordered. **72**I'm really sorry but we've made a mistake. We used the wrong filling for the cake—instead of blueberries, we put raspberries in it. **73**You have two choices. If you don't mind the different ingredients, we'll give you this cake for free. Or, if you still want the cake with blueberry filling, we'll offer you a thirty percent discount and bake you a new cake by tomorrow. **73**Please let us know what you decide.

안녕하세요, 다리오 씨. 르로이 케이크 숍에서 주문하신 케이크와 관련해서 전화드립니다. 정말 죄송하지만 저희가 실수를 했습니다. 저희가 케이크 속 재료를 잘못 사용해서 블루베리 대신 라즈베리를 집어 넣었습니다. 고객님께는 두 가지 선택권이 있으신데요. 재료가 달라도 상관없으면, 이 케이크를 무료로 드리겠습니다. 아니면, 여전히 블루베리를 넣은 케이크를 원하실 경우, 30퍼센트 할인을 해드리고 내일까지 새로 케이크를 만들어 드리겠습니다. 어떤 결정을 하시는지 알려주시기 바랍니다.

어휘 make a mistake 실수하다 filling (파이 등 음식의) 소, 속 ingredient (요리) 재료 for free 무료로 bake (음식을) 굽다

71
Where does the caller work?
(A) At a farm
(B) At a department store
(C) At a restaurant
(D) At a bakery

전화 건 사람이 일하는 곳은?
(A) 농장
(B) 백화점
(C) 식당
(D) 제과점

해설 전체 내용 관련 – 발신자의 근무 장소
메시지 처음에 자신이 일하는 곳이 Leroy's Cake Shop이라고 밝히고 있으며, 전화 건 용건이 케이크 주문 때문이라고 했으므로 전화 건 여자는 빵을 만드는 제과점에서 일하고 있음을 알 수 있다. 정답은 (D)이다.

72
What problem does the caller describe?
(A) An order was not filled correctly.
(B) An appliance is not working properly.
(C) A shipment has been lost.
(D) An account has been closed.

전화 건 사람이 설명하는 문제점은?
(A) 주문을 올바로 처리하지 못했다.
(B) 가전제품이 제대로 작동하지 않는다.
(C) 배송 물품이 분실되었다.
(D) 계좌가 해지되었다.

해설 세부사항 관련 – 문제점
여자는 케이크 속 재료를 잘못 사용하는 실수가 있었다(I'm really sorry but we've made a mistake. We used the wrong filling for the cake)면서 사과하고 있으므로 정답은 (A)이다.

▶ Paraphrasing 담화의 **we've made a mistake**
→ 정답의 **An order was not filled correctly.**

73
What is the listener asked to do?
(A) Consult an expert
(B) Indicate a preference
(C) Contact another vendor
(D) Pay an additional fee

청자에게 해달라고 요청하는 것은?
(A) 전문가와 상의하기
(B) 선호하는 것 표현하기
(C) 다른 판매업체에 연락하기
(D) 추가 요금 지불하기

해설 세부사항 관련 – 요청사항
여자는 청자에게 두 가지 선택권이 있다(You have two choices)면서 선택할 수 있는 사항들을 설명한 뒤 어떤 결정을 할지 알려 달라(Please let us know what you decide)고 했으므로 정답은 (B)이다.

Questions 74 through 76 refer to the following announcement.

M-Au **74 I'd like to introduce our new branch manager, Ms. Susan Lee.** One of Ms. Lee's priorities is to secure our position as the leading bank in our community. **75 She hopes to accomplish this by providing affordable loans to local businesses to help them grow. 76 I know you'd all like to find out more. We only have the room until two o'clock,** but Ms. Lee will be starting work here full time on Monday, so you can contact her any time after that.

우리 신임 지점장 수잔 리 씨를 소개하고자 합니다. 리 씨의 최우선 업무 중 하나는 우리 지역사회의 선두적인 은행으로서의 우리 자리를 지키는 것입니다. 그녀는 지역 사업체들에게 저렴한 이자율의 대출을 제공하여 그들이 성장하도록 돕는 것을 통해서 이를 성취하기를 바라고 있습니다. 여러분 모두 궁금한 것이 더 많으리라는 것을 알고 있습니다. 우리는 2시까지만 장소를 사용할 수 있지만, 리 씨는 월요일부터 이곳에서 정식 근무를 시작하므로, 그 이후에는 언제라도 그녀에게 연락하실 수 있습니다.

어휘 branch manager 지점장 priority 우선 사항 secure 지키다, 보장하다 position 위치, 자리 leading 선두적인 accomplish 성취하다 affordable 가격이 알맞은 loan 대출(금) find out 알아내다

74
What is the purpose of the announcement?
(A) To introduce an employee
(B) To ask for volunteers
(C) To name an award winner
(D) To organize a client visit

발표문의 목적은?
(A) 직원을 소개하기 위해
(B) 자원봉사자들을 요청하기 위해
(C) 수상자를 호명하기 위해
(D) 고객 방문에 대비하기 위해

해설 전체 내용 관련 – 담화의 목적
담화 서두에서 신임 지점장을 소개하겠다(I'd like to introduce our new branch manager, Ms. Susan Lee)고 한 뒤 신임 지점장에 대한 내용이 이어지고 있으므로 정답은 (A)이다.

75
What does Ms. Lee plan to do?
(A) Open an overseas branch
(B) Promote some staff
(C) Lend money to local businesses
(D) Join a banking association

리 씨가 하려고 계획하는 것은?
(A) 해외 지점 개설
(B) 직원 승진
(C) 지역 사업체에 대출
(D) 은행 협회 가입

해설 세부사항 관련 – 리 씨가 계획하는 것
리 씨가 은행의 선두 자리를 지키기 위해 지역 사업체들에 저렴한 이자율의 대출을 제공하는 방법을 이용할 것(She hopes to accomplish this by providing affordable loans to local businesses to help them grow)이라고 했으므로 정답은 (C)이다.

76
What does the speaker imply when he says, "We only have the room until two o'clock"?
(A) The listeners must finish their task quickly.
(B) There is not enough time for questions.
(C) There has been a scheduling error.
(D) The listeners should arrive on time.

화자가 "우리는 2시까지만 장소를 사용할 수 있습니다"라고 말한 의도는 무엇인가?
(A) 청자들이 그들의 업무를 신속하게 끝내야 한다.
(B) 질문을 받을 시간이 충분하지 않다.
(C) 일정상 착오가 있었다.
(D) 청자들이 제시간에 도착해야 한다.

해설 화자의 의도 파악 – 2시까지만 장소를 사용할 수 있다는 말의 의미
화자는 여러분 모두 궁금한 것이 더 많다는 것을 알고 있다(I know you'd all like to find out more)고 말한 뒤 이 말을 덧붙이고 있다. 즉 궁금해서 질문하고 싶은 것이 많겠지만 시간상 질문을 받을 여유가 없다는 뜻이므로 정답은 (B)이다.

Questions 77 through 79 refer to the following talk.

W-Br **77As the director of the city's parks department, I'd like to thank** all of you for volunteering to plant flowers today here in Bailey's Park. I'd like to point out that the flowers you'll be planting were selected specifically because **78they are known to attract a lot of butterflies. 79The parks department has provided enough shovels and rakes for everyone,** so please grab one and let's get to work!

시립 공원국 책임자로서, 오늘 이곳 베일리즈 공원에서 꽃을 심는 자원봉사를 해주시는 데 대해 여러분 모두에게 감사드리고 싶습니다. 여러분께서 심게 되실 꽃들은 나비를 많이 끌어들이는 것으로 알려져 있어 특별히 선정되었다는 점을 알려드리고자 합니다. 공원국에서 모든 분께 나눠 드릴 만큼 삽과 갈퀴를 충분히 제공했으니, 하나씩 잡으시고 일을 시작하죠!

어휘 director 책임자 volunteer 자원봉사로 하다 plant 심다 point out 지적하다 select 선정되다 specifically 특별히 attract 끌어들이다 shovel 삽 rake 갈퀴 grab 잡다, 쥐다

77
Who most likely is the speaker?
(A) A flower shop owner
(B) A city employee
(C) A landscape architect
(D) A construction worker

화자는 누구일 것 같은가?
(A) 꽃가게 주인
(B) 시 공무원
(C) 조경사
(D) 건설 인부

해설 전체 내용 관련 – 화자의 직업
화자는 담화 맨 처음에 자신을 시립 공원국 책임자(As the director of the city's parks department)라고 밝히고 있으므로 정답은 (B)이다.

78
What does the speaker say about butterflies?
(A) They have declined in number recently.
(B) They can be viewed in an indoor exhibit.
(C) They are protected by park regulations.
(D) They will be drawn to the flowers.

화자가 나비에 대해 말한 내용은?
(A) 최근에 수가 감소했다.
(B) 실내 전시실에서 관람할 수 있다.
(C) 공원 법규로 보호받는다.
(D) 꽃에 모여들 것이다.

해설 세부사항 관련 – 나비에 대한 화자의 언급
화자는 오늘 심을 꽃들이 나비를 많이 끌어들이는 것으로 알려져 있다(they are known to attract a lot of butterflies)고 했으므로 정답은 (D)이다.

▶▶ Paraphrasing 담화의 **attract** → 정답의 **draw**

79
What has been provided for the listeners?
(A) Some tools
(B) Some bird food
(C) A picnic lunch
(D) A map of the park

청자들에게 제공된 것은?
(A) 도구
(B) 새 모이
(C) 점심 도시락
(D) 공원 지도

해설 세부사항 관련 - 청자들에게 제공된 것
공원국에서 청자들에게 삽과 갈퀴를 제공했다(The parks department has provided enough shovels and rakes for everyone)고 했으므로 정답은 (A)이다.

▶▶ Paraphrasing 담화의 shovels and rakes → 정답의 tools

Questions 80 through 82 refer to the following announcement.

> M-Cn ⁸⁰**Attention Blackstone Railways passengers!** ⁸¹**We have just installed a new automated ticketing system**. The ticketing machines are located near the main entrance. The touch screens are quick and easy to use ⁸⁰**when purchasing your train tickets**. And, for your convenience, ⁸²**instructions on how to use the system are now available in a variety of languages, including English, Spanish, French, and Mandarin**. If you need assistance with the ticketing machines, a Blackstone Railways representative can assist you.
>
> 블랙스톤 철도 승객 여러분께 알립니다! 저희는 최근에 새로운 자동 발권 시스템을 설치했습니다. 발권기는 정문 근처에 있습니다. 기차표를 구입하실 때 터치스크린을 빠르고 쉽게 이용하실 수 있습니다. 또한 여러분의 편의를 위하여, 시스템 사용법에 관한 설명을 현재 영어, 스페인어, 프랑스어, 중국어를 비롯한 여러 언어로 이용하실 수 있습니다. 발권기에 도움이 필요하실 경우, 블랙스톤 철도 직원이 도와드리겠습니다.
>
> 어휘 install 설치하다 automated 자동화된 ticketing 매표, 발권 be located (~에) 위치해 있다 main entrance 정문 for one's convenience ~의 편의를 위해서 instructions 설명, 지시 including ~을 포함해서 Mandarin (표준) 중국어 assistance 도움 (v. assist 돕다) representative 직원

80
Where most likely is this announcement being made?
(A) At an airport
(B) At a train station
(C) At a shopping center
(D) At an amusement park

안내방송이 나올 만한 장소는 어디인가?
(A) 공항
(B) 기차역
(C) 쇼핑 센터
(D) 놀이공원

해설 전체 내용 관련 - 안내방송 장소
안내방송 맨 처음에 Blackstone Railways passengers에서 철도 승객들을 대상으로 하는 것임을 알 수 있다. 혹시 이 부분을 놓쳤다 하더라도 뒤에서 기차표를 구입(when purchasing your train tickets)한다는 내용이 나오므로 배경이 기차역임을 알 수 있다. 따라서 정답은 (B)이다.

81
What does the speaker say is now available?
(A) An expanded cafeteria
(B) A renovated waiting area
(C) Complimentary Internet access
(D) Automated ticketing machines

화자가 지금 이용 가능하다고 말한 것은?
(A) 확장된 구내식당
(B) 개조된 대합실
(C) 무료 인터넷 접속
(D) 자동 발권기

해설 세부사항 관련 - 지금 이용 가능한 것
최근에 새로운 자동 발권 시스템을 설치했다(We have just installed a new automated ticketing system)고 하면서 자동 발권기(ticketing machines) 이용을 권장하고 있으므로 정답은 (D)이다.

▶▶ Paraphrasing 담화의 automated ticketing system → 정답의 Automated ticketing machines

82
What is mentioned about the user instructions?
(A) They are available on the Web site.
(B) They are offered in different languages.
(C) They are written on each ticket.
(D) They can be found inside the merchandise packaging.

사용 설명서에 대해 언급된 것은?
(A) 웹 사이트에서 이용할 수 있다.
(B) 여러 언어로 제공된다.
(C) 모든 표에 적혀 있다.
(D) 상품 포장 안에서 찾을 수 있다.

해설 세부사항 관련 - 사용 설명서에 대한 언급
시스템 사용법에 관한 설명은 영어, 스페인어, 프랑스어, 중국어를 비롯한 여러 언어로 이용할 수 있다(instructions on how to use the system are now available in a variety of languages, including English, Spanish, French, and Mandarin)고 했으므로 정답은 (B)이다.

▶▶ Paraphrasing 담화의 are now available in a variety of languages → 정답의 are offered in different languages

Questions 83 through 85 refer to the following broadcast.

M-Au In business news, **83one of the world's largest manufacturers of aircraft engines,** Quick Star, has been contracted to supply engines for the new SW20 airplane. In order to be able to produce the large number of engines required by the contract, **84Quick Star is planning to open another manufacturing plant at the beginning of September.** The new factory will be located in the city of Laxton. In a press conference earlier this morning, the mayor of Laxton expressed his enthusiasm for the opening of the facility, **85asserting that it will bring an estimated three hundred skilled jobs to the community.**

경제 뉴스입니다. 세계 최대의 항공기 엔진 제조업체 중 하나인 퀵 스타 사가 신형 SW20 항공기에 엔진을 납품하기로 계약을 체결했습니다. 계약에서 요구되는 대량의 엔진을 생산할 수 있도록 하기 위해, 퀵 스타 사는 9월 초에 생산 공장을 한 곳 더 열 계획입니다. 새로운 공장은 랙스턴 시에 위치할 예정입니다. 오늘 오전에 열린 기자회견에서, 랙스턴 시장은 이 시설 개장에 대해 열의를 보이며, 그로 인해 지역사회에 약 300개의 숙련직 일자리가 생길 것으로 예상된다고 주장했습니다.

어휘 manufacturer 제조자, 생산 회사 aircraft 항공기 contract 계약(하다) supply 공급하다 in order to do ~하기 위해 manufacturing plant 제조[생산] 공장 be located in ~에 위치하다 press conference 기자회견 mayor 시장 enthusiasm 열정, 열의 facility 시설 assert 주장하다 estimated 추측의 skilled 숙련된

83
What does the business produce?
(A) Lightbulbs
(B) Portable radios
(C) Automobile tires
(D) Airplane engines

이 업체가 생산하는 것은?
(A) 전구
(B) 휴대용 라디오
(C) 자동차 타이어
(D) 항공기 엔진

해설 세부사항 관련 - 업체의 생산 품목
첫 문장에서 퀵 스타 사를 세계 최대의 항공기 엔진 제조업체 중 하나(one of the world's largest manufacturers of aircraft engines)라고 소개하고 있으므로 정답은 (D)이다.

▶▶ Paraphrasing 담화의 aircraft → 정답의 airplane

84
According to the speaker, what will the business do in September?
(A) Implement a recycling program
(B) Launch an advertising campaign
(C) Open a new manufacturing plant
(D) Raise the salary of its employees

화자에 따르면, 이 업체가 9월에 할 예정인 것은?
(A) 재활용 프로그램 도입
(B) 광고 개시
(C) 새로운 생산 공장 개장
(D) 직원 급여 인상

해설 세부사항 관련 - 업체가 9월에 하려는 일
대량 생산을 위해 퀵 스타 사는 9월 초에 생산 공장을 하나 더 열 계획(Quick Star is planning to open another manufacturing plant at the beginning of September)이라고 했으므로 정답은 (C)이다.

85
What does the mayor anticipate will happen in Laxton?
(A) More traffic laws will be passed.
(B) Employment opportunities will increase.
(C) An energy policy will be revised.
(D) Public transportation services will improve.

시장이 랙스턴에서 있을 것으로 예상하는 것은?
(A) 더 많은 교통법규가 통과될 것이다.
(B) 고용 기회가 늘어날 것이다.
(C) 에너지 정책이 수정될 것이다.
(D) 대중교통 서비스가 개선될 것이다.

해설 세부사항 관련 - 랙스턴 시장이 예상하는 것
마지막 문장에서 시장은 약 300개의 일자리가 생길 것으로 예상된다(asserting that it will bring an estimated three hundred skilled jobs to the community)고 했는데, 이는 고용 기회가 늘어날 것이라는 말이므로 정답은 (B)이다.

▶▶ Paraphrasing 담화의 jobs
→ 정답의 employment opportunities

Questions 86 through 88 refer to the following instructions.

W-Am **86We've talked about the minor repairs and upgrades you will be making at the museum.** Now, let's turn our attention to the work you'll do monitoring the thermostats in each gallery. Environmental control is extremely important to the museum. If the temperature and humidity are not kept very stable, **87paintings, books, and sculptures can be damaged.** Of course, that's the last thing we want. Now, **88your work checklists say that you only need to check each thermostat** once a shift, but **I look at least twice a shift**, especially in the summer. You'd be surprised by how quickly things change.

지금까지 우리는 여러분이 박물관에서 하게 될 소소한 보수작업 및 개선작업에 대해서 얘기했습니다. 이제, 각 갤러리의 온도 조절 장치를 점검하는 작업으로 화제를 바꿔 보죠. 환경 조절은 박물관에 대단히 중요합니다. 온도와 습도가 매우 안정적으로 유지되지 않으면, 그림과 도서, 조각품이 손상될 수 있으니까요. 물론, 그건 우리가 절대 바라지 않는 상황이지만요. 자, 여러분의 작업 점검표에는 교대근무 중에 한 번만 모든 온도 조절 장치를 점검하면 된다고 나와 있지만, 저는 교대근무 중에 최소한 두 번은 살펴봅니다. 특히 여름철에요. 환경이 얼마나 빨리 변하는지에 여러분은 깜짝 놀라실 겁니다.

어휘 minor 작은, 가벼운 repair 보수작업 turn one's attention to ~로 주의를 돌리다 thermostat 온도 조절 장치 environmental 환경의 control 조절, 통제 extremely 대단히 humidity 습도 stable 안정적인 sculpture 조각품 damaged 손상된 checklist 점검표 shift 교대근무 at least 최소한 especially 특히

86
What type of work are listeners training for?
(A) Maintenance
(B) Manufacturing
(C) Research
(D) Sales

청자들은 어떤 직무에 대해 교육을 받고 있는가?
(A) 관리
(B) 제조
(C) 연구
(D) 판매

해설 전체 내용 관련 – 청자의 직업
첫 문장에서 화자는 청자들이 박물관에서 보수 및 개선 작업을 하게 된다(the minor repairs and upgrades you will be making at the museum)고 했고, 이어서 박물관의 온도와 습도를 조절하는 관리 업무도 맡게 될 것임을 알 수 있으므로 정답은 (A)이다.

87
What problem is the speaker hoping to avoid?
(A) High energy costs
(B) Long lines for the elevators
(C) Damage to artwork
(D) Noise in the galleries

화자가 피하고 싶어 하는 문제는?
(A) 높은 에너지 비용
(B) 엘리베이터의 긴 줄
(C) 미술품의 손상
(D) 미술관의 소음

해설 세부사항 관련 – 화자가 피하고 싶어 하는 문제
화자는 온도 및 습도가 일정하게 유지되지 않으면 그림, 도서, 조각 같은 미술품이 손상될 수 있는데 이는 절대 바라지 않는 상황이라고(paintings, books, and sculptures can be damaged. Of course, that's the last thing we want) 했으므로 정답은 (C)이다.

▶ Paraphrasing 담화의 paintings, books, and sculptures → 정답의 artwork

88
What does the speaker imply when she says, "I look at least twice a shift"?
(A) Listeners should follow her recommendation.
(B) Listeners should sign up for more shifts.
(C) She has already checked some equipment.
(D) She will be conducting surprise inspections.

화자가 "저는 교대근무 중에 최소한 두 번은 살펴봅니다"라고 말한 의도는 무엇인가?
(A) 청자들은 그녀의 권고를 따라야 한다.
(B) 청자들은 더 많은 교대근무를 신청해야 한다.
(C) 장비를 이미 점검했다.
(D) 불시 점검을 할 것이다.

해설 화자의 의도 파악 – 교대근무 중 최소한 두 번은 살펴본다는 말의 의미
화자는 바로 앞 문장에서 작업 점검표에는 교대근무 중에 한 번만 점검하면 된다고 나와 있다(your work checklists say that you only need to check each thermostat once a shift)고 하고 나서 자신은 최소한 두 번은 살펴본다고 덧붙이고 있다. 이는 작업 점검표가 아닌 자신의 권고를 따르라는 지시사항이라고 볼 수 있으므로 정답은 (A)이다.

Questions 89 through 91 refer to the following telephone message.

W-Br Hi, Franklin, it's Saleisha. I just took a look at our taxi company's online ratings, and the results were pretty disappointing. Customers had complaints about a variety of things, **89but apparently the biggest issue seems to be that our drivers just aren't very friendly.** Remember, everyone can see our ratings online. **90If we want to keep our company in the market, we need to address this.** **91So I have an idea—why don't we start giving a bonus to our taxi drivers who consistently receive high customer ratings?** We could select a top-performing employee each month. I think it'd be worth a try.

안녕하세요, 프랭클린, 저 샐리샤예요. 방금 우리 택시 회사의 인터넷 평가를 살펴봤는데, 결과가 매우 실망스러웠어요. 고객들이 여러가지 것들에 대해 불만을 제기했는데, 가장 큰 문제는 우리 기사들이 별로 친절하지 않다는 점인 것 같아요. 모든 사람이 인터넷에서 우리에 대한 평가를 볼 수 있다는 사실을 기억하셔야 해요. 시장에서 우리 회사의 입지를 지키려면, 이 문제를 해결해야 해요. 그래서 제게 한 가지 생각이 있어요. 지속적으로 높은 고객 평가를 받는 우리 회사 택시 기사들에게 보너스를 주는 걸 시작하면 어떨까요? 매달 최우수 실적의 직원을 선정할 수도 있고요. 저는 시도해볼 만하다고 생각해요.

어휘 rating 순위, 평가 disappointing 실망스러운 complaint 불평, 불만 apparently 보아 하니 issue 문제 address (문제를) 해결하다 consistently 지속적으로 top-performing 최고 실적의 worth a try 시도해볼 만한

89
What aspect of the taxi business did most customers comment on?

(A) Speed of service
(B) Cleanliness of vehicles
(C) Employee friendliness
(D) Driver safety

대다수 고객들은 택시 회사의 어떤 면에 대해 평가를 했는가?
(A) 서비스 속도
(B) 차량 청결 상태
(C) 직원 친절도
(D) 안전 운행

해설 세부사항 관련 – 택시 회사에 대한 대다수 고객들의 평가
화자는 고객 불만사항 중 가장 큰 문제는 기사들이 별로 친절하지 않다는 점인 것 같다(but apparently the biggest issue seems to be that our drivers just aren't very friendly)고 했으므로 정답은 (C)이다.

90
What does the speaker mean when she says, "everyone can see our ratings online"?

(A) She is happy some information is easy to find.
(B) She is concerned about the company's reputation.
(C) She wants the company Web site to be fixed.
(D) She is sure there is no need to collect additional feedback.

화자가 "모든 사람이 인터넷에서 우리에 대한 평가를 볼 수 있어요"라고 말한 의도는 무엇인가?
(A) 일부 정보는 찾기가 쉬워서 좋다.
(B) 회사의 평판에 대해 걱정스럽다.
(C) 회사 웹 사이트를 개선하기를 원한다.
(D) 추가 의견을 수렴할 필요가 전혀 없다고 확신한다.

해설 화자의 의도 파악 – 인터넷에서 평가를 볼 수 있다는 말의 의미
화자는 이 말을 하고 나서 시장에서 회사의 입지를 지키려면 이 문제를 해결해야 한다(If we want to keep our company in the market, we need to address this)고 덧붙이고 있다. 즉 부정적인 인터넷 평가로 인해 회사의 평판이 나빠질까 봐 걱정하고 있는 것이므로 정답은 (B)이다.

91
What does the speaker suggest?

(A) Hiring additional drivers
(B) Modifying a schedule
(C) Starting a bonus program
(D) Upgrading some vehicles

화자가 제안하는 것은 무엇인가?
(A) 추가로 기사 더 채용하기
(B) 일정 조정하기
(C) 보너스 프로그램 시작하기
(D) 일부 차량 개선하기

해설 세부사항 관련 – 화자의 제안사항
화자는 지속적으로 높은 평가를 받는 기사들에게 보너스를 주는 제도를 시작하면 어떻겠냐(So I have an idea—why don't we start giving a bonus to our taxi drivers who consistently receive high customer ratings?)고 제안하고 있으므로 정답은 (C)이다.

Questions 92 through 94 refer to the following excerpt from a workshop.

W-Am **92Welcome to this workshop on developing a business plan.** Let's start with a simple explanation of what that is. A business plan is a statement that describes your goals and how you plan to achieve them. **93A well-written business plan makes a good impression, and this is important for getting financial support from people willing to invest in your company.** Now before we look at some examples of effective business plans, **94I'd like to go around and have each of you share your prior work experience with the group.** Now who would like to begin?

사업 계획서 작성에 대한 워크숍에 오신 걸 환영합니다. 그것이 무엇인지에 대한 간단한 설명으로 시작해보겠습니다. 사업 계획서란 여러분의 목표와 그것들을 어떻게 달성할 계획인지를 설명하는 문서입니다. 잘 쓰여진 사업 계획서는 좋은 인상을 주며, 이는 여러분의 회사에 투자할 의향이 있는 사람들로부터 경제적 지원을 얻는 데 중요합니다. 이제 효과적인 사업 계획서들의 몇몇 예를 살펴보기 전에, 한 명씩 돌아가면서 여러분의 과거 업무 경험을 여기 모인 분들에게 공유했으면 합니다. 자 누가 먼저 시작하시겠어요?

어휘 business plan 사업 계획(서) explanation 설명 statement 성명(서), 진술(서) describe 설명하다 achieve 달성하다 financial support 경제적 지원 willing to do 기꺼이 ~할 용의가 있는 invest 투자하다 effective 효과적인 go around (묶이) 골고루 돌아가다 prior 이전의

92
What is the topic of the workshop?

(A) Applying for a job
(B) Making effective presentations
(C) Creating a business plan
(D) Designing advertisements

워크숍의 주제는?
(A) 일자리 지원하기
(B) 효과적인 프레젠테이션 하기
(C) 사업 계획서 작성하기
(D) 광고 디자인하기

해설 전체 내용 관련 – 워크숍의 주제
화자는 첫 문장에서 사업 계획서 작성에 관한 워크숍(this workshop on developing a business plan)이라고 워크숍의 주제를 직접적으로 소개하고 있으므로 정답은 (C)이다.

93
According to the speaker, why is it important to make a good first impression?
(A) To attract new customers
(B) To keep listeners' attention
(C) To gain a manager's respect
(D) To get investors' support

화자에 따르면, 좋은 첫인상을 주는 것이 중요한 이유는?
(A) 새로운 고객들을 끌어모으기 위해
(B) 청자들의 주의를 계속 끌기 위해
(C) 관리자의 존경을 얻기 위해
(D) 투자자들의 지원을 얻기 위해

해설 세부사항 관련 – 좋은 첫인상을 주는 것이 중요한 이유
화자는 잘 쓰여진 사업 계획서가 주는 좋은 인상은 투자자들로부터 경제적 지원을 얻는 데 중요하다(A well-written business plan makes a good impression, and this is important for getting financial support from people willing to invest in your company)고 했으므로 정답은 (D)이다.

▶ Paraphrasing   담화의 **people willing to invest**
→ 정답의 **investors**

94
What does the speaker ask members of the group to do?
(A) Work together in teams
(B) Describe past work experience
(C) Give a demonstration
(D) Make a list of questions

화자가 사람들에게 하라고 요청하는 것은?
(A) 팀을 이루어 함께 일하기
(B) 과거 업무 경험에 대해 말하기
(C) 시연하기
(D) 질문 목록 작성하기

해설 세부사항 관련 – 화자의 요청사항
화자는 끝부분에서 각자 자신의 업무 경험에 대해 얘기해보라(I'd like to go around and have each of you share your prior work experience with the group)고 했으므로 정답은 (B)이다.

▶ Paraphrasing   담화의 **share your prior work experience**
→ 정답의 **Describe past work experience**

Questions 95 through 97 refer to the following telephone message and schedule.

M-Au Hi Leon, it's Hiroshi. I know you were planning to come with me to the yoga class at the fitness center, but I just checked the Web site, and I see the class is canceled today. ⁹⁵**There's another class at the same time, so I'm going to take that one instead.** Do you still want to come? And afterwards, ⁹⁶**I'm meeting a couple of our coworkers at Reynold's Café to see a jazz group perform**—they're supposed to be excellent. Let me know if you'd like to join us, and ⁹⁷**I'll make a reservation for you.** The group has won several awards, so I expect it'll be crowded. Talk to you later.

안녕하세요, 레온, 저 히로시예요. 헬스클럽의 요가 강습에 저랑 같이 갈 계획이셨잖아요. 그런데 방금 웹 사이트를 확인해보니 오늘 강습이 취소됐네요. 같은 시간에 다른 강습이 있어서, 저는 대신에 그걸 들으려고 해요. 그래도 같이 가시겠어요? 그리고 그 후에, 레이놀즈 카페에서 동료 두세 명을 만나 재즈 그룹 공연을 보려고 해요. 매우 뛰어난 그룹이라고 해요. 우리와 함께 가시고 싶으시면 알려주세요, 제가 예약해드릴게요. 그 그룹은 수상 경력이 몇 차례 있어서, 사람들이 꽤 몰릴 것 같아요. 나중에 통화해요.

어휘 cancel 취소하다 afterwards 나중에, 그 뒤에 coworker 동료 perform 공연하다 be supposed to do ~인 것으로 여겨지다, ~라고 한다 make a reservation 예약하다 win an award 상을 타다 crowded 붐비는

Fitness Center Schedule		
	Exercise Room 1	Exercise Room 2
5:30 P.M.	Weight lifting	
6:30 P.M.	~~Yoga~~ [canceled]	⁹⁵Indoor cycling
7:30 P.M.	Dance workout	Core strengthening

헬스클럽 일정		
	제1 운동실	제2 운동실
오후 5시 30분	웨이트 리프팅	
오후 6시 30분	~~요가~~ [취소]	실내 자전거 타기
오후 7시 30분	댄스 강습	코어 강화운동

95
Look at the graphic. Which class does the speaker plan to take?

(A) Weight lifting
(B) Indoor cycling
(C) Dance workout
(D) Core strengthening

시각정보에 의하면, 화자가 참여할 계획인 강습은?
(A) 웨이트 리프팅
(B) 실내 자전거 타기
(C) 댄스 강습
(D) 코어 강화운동

해설　시각정보 연계 - 화자가 참여하려는 강습
화자는 원래 요가 강습에 참여할 계획이었지만, 요가 강습이 취소되었다고 하면서 대신에 같은 시간에 있는 다른 강습에 가려고 한다(There's another class at the same time, so I'm going to take that one instead)고 했다. 헬스클럽 일정표를 보면 요가 강습과 같은 시간에 있는 강습은 실내 자전거 타기이므로 정답은 (B)이다.

96
Why is the speaker going to Reynold's Café?

(A) It is conveniently located.
(B) It has outdoor seating.
(C) The food is delicious.
(D) A musical group is performing.

화자가 레이놀즈 카페에 가려는 이유는?
(A) 위치가 편리해서
(B) 야외 좌석이 있어서
(C) 음식이 맛있어서
(D) 한 악단이 공연을 해서

해설　세부사항 관련 - 화자가 레이놀즈 카페에 가는 이유
화자는 레이놀즈 카페에서 동료들을 만나 재즈 그룹 공연을 보려고 한다(I'm meeting a couple of our coworkers at Reynold's Café to see a jazz group perform)고 했으므로 정답은 (D)이다.

> ▸ Paraphrasing　담화의 **a jazz group**
> → 정답의 **a musical group**

97
What does the speaker offer to do?

(A) Make a reservation
(B) Give a friend a ride
(C) Pay for a meal
(D) Respond to an e-mail

화자가 하겠다고 제안하는 것은?
(A) 예약하기
(B) 친구를 차에 태워주기
(C) 식사 비용 내기
(D) 이메일에 답장하기

해설　세부사항 관련 - 화자의 제안사항
화자는 청자가 공연을 함께 볼 의향이 있으면, 예약해주겠다(I'll make a reservation for you)고 했으므로 정답은 (A)이다.

Questions 98 through 100 refer to the following excerpt from a meeting and graph.

M-Cn Now, let's go over the sales data for ⁹⁸**our new dishwashers**. After we ran our Internet ad campaign in July, we saw an increase in sales in all provinces. However, I think that ⁹⁹**our best-performing market for this dishwasher** has even more potential than what we predicted. So, I suggest we start direct-mail advertising there next week to reach people who might not have seen our ad online. ¹⁰⁰**Helen from the marketing department is here to present some information about the mailing campaign.**

자, 우리 신제품 식기세척기의 매출 자료를 검토해봅시다. 7월에 인터넷 광고를 한 이후에, 모든 지역에서 매출이 증가했습니다. 하지만 이 식기세척기에 대해 최고의 실적을 올리는 시장은 우리가 예상했던 것보다 훨씬 더 큰 잠재력이 있다고 생각합니다. 그래서 인터넷에서 우리 광고를 보지 못했을 수도 있는 사람들에게 접근하기 위해 다음 주에 그 지역에서 DM 광고를 시작할 것을 제안합니다. 마케팅부의 헬렌이 우편 발송 광고에 대한 정보를 알려주기 위해 와 계십니다.

어휘　go over 검토하다　sales 매출　dishwasher 식기세척기　run an ad 광고를 내다　province 지방, 지역　best-performing 최고의 실적을 내는　potential 가능성, 잠재력　predict 예상하다　direct-mail advertising 다이렉트 메일(DM) 광고 (우편을 통해 고객에게 광고를 직접 전달하는 방식)　present 보여주다, 제시하다　mailing 우편 발송

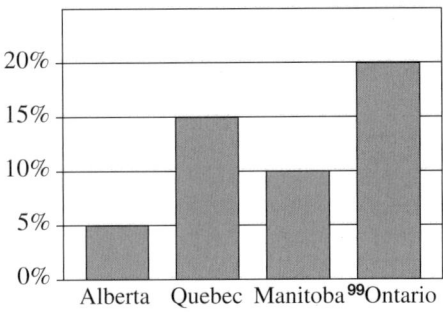

28

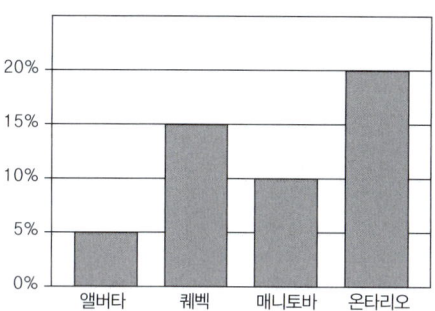

매출 증가

98
What kind of products does the speaker's company sell?

(A) Kitchen appliances
(B) Camping supplies
(C) Men's clothing
(D) Used cars

화자의 회사는 어떤 종류의 제품을 판매하는가?
(A) 주방 가전제품
(B) 캠핑용품
(C) 남성 의류
(D) 중고차

해설 세부사항 관련 – 화자의 회사에서 판매하는 제품의 종류

첫 문장의 our new dishwashers(우리 신제품 식기세척기)라는 언급에서 화자의 회사는 식기세척기를 비롯한 주방 가전제품을 판매하는 회사임을 알 수 있으므로 정답은 (A)이다.

▶▶ Paraphrasing 담화의 dishwashers
→ 정답의 Kitchen appliances

99
Look at the graphic. In which province will the company begin a direct-mail advertising campaign?

(A) Alberta
(B) Quebec
(C) Manitoba
(D) Ontario

시각정보에 의하면, 회사는 어느 지역에서 DM 광고를 시작하겠는가?
(A) 앨버타
(B) 퀘벡
(C) 매니토바
(D) 온타리오

해설 시각정보 연계 – DM 광고를 시작할 지역

화자는 I suggest we start direct-mail advertising there next week(다음 주에 그 지역에서 DM 광고를 시작하겠다)고 했는데, 여기서 there는 앞에서 언급한 our best-performing market for this dishwasher(이 식기세척기에 대해 최고의 실적을 올리는 시장)을 가리킨다. 매출표를 보면 가장 실적이 좋은 지역은 온타리오이므로 정답은 (D)이다.

100
What will the listeners most likely do next?

(A) Try out a product
(B) Tour a showroom
(C) Arrange some displays
(D) Watch a presentation

청자들은 다음에 무엇을 할 것 같은가?
(A) 제품 테스트해보기
(B) 전시실 관람하기
(C) 전시 준비하기
(D) 발표 보기

해설 세부사항 관련 – 청자들이 다음에 할 행동

마지막 문장에서 마케팅부 직원이 우편 발송 광고에 대한 정보를 알려준다(Helen from the marketing department is here to present some information about the mailing campaign)고 했으므로 정답은 그 직원의 발표를 본다는 (D)이다.

TEST 2

1 (C)	2 (D)	3 (B)	4 (C)	5 (B)
6 (A)	7 (B)	8 (A)	9 (B)	10 (C)
11 (A)	12 (C)	13 (C)	14 (A)	15 (B)
16 (B)	17 (B)	18 (A)	19 (C)	20 (C)
21 (A)	22 (B)	23 (A)	24 (A)	25 (B)
26 (B)	27 (B)	28 (C)	29 (B)	30 (A)
31 (C)	32 (C)	33 (D)	34 (B)	35 (A)
36 (C)	37 (C)	38 (B)	39 (A)	40 (D)
41 (A)	42 (C)	43 (B)	44 (A)	45 (D)
46 (B)	47 (D)	48 (C)	49 (A)	50 (B)
51 (C)	52 (D)	53 (C)	54 (B)	55 (C)
56 (D)	57 (C)	58 (B)	59 (B)	60 (A)
61 (C)	62 (D)	63 (B)	64 (A)	65 (C)
66 (D)	67 (A)	68 (C)	69 (B)	70 (A)
71 (A)	72 (D)	73 (B)	74 (B)	75 (C)
76 (D)	77 (B)	78 (A)	79 (C)	80 (D)
81 (B)	82 (B)	83 (D)	84 (A)	85 (C)
86 (D)	87 (B)	88 (A)	89 (B)	90 (D)
91 (C)	92 (A)	93 (B)	94 (A)	95 (C)
96 (C)	97 (A)	98 (C)	99 (D)	100 (A)

PART 1

1 M-Cn

(A) She's folding a piece of paper.
(B) She's smelling flowers in a garden.
(C) **She's holding a book in her hands.**
(D) She's closing up a box.

(A) 여자가 종이를 접고 있다.
(B) 여자가 정원에서 꽃 냄음을 맡고 있다.
(C) **여자가 손에 책을 들고 있다.**
(D) 여자가 상자를 닫고 있다.

어휘 fold 접다 hold 쥐다, 들다 close up 닫다

해설 1인 등장 사진 – 인물의 동작 묘사
(A) 동사 오답. 여자가 종이를 접고 있는(is folding a piece of paper) 모습이 아니므로 오답.
(B) 동사 오답. 여자가 꽃 냄음을 맡고 있는(is smelling flowers) 모습이 아니므로 오답.
(C) 정답. 여자가 손에 책을 들고 있는(is holding a book in her hands) 모습이므로 정답.
(D) 동사 오답. 여자가 상자를 닫고 있는(is closing up a box) 모습이 아니므로 오답.

2 M-Au

(A) He's looking at a picture.
(B) She's opening her handbag.
(C) They're fixing a railing.
(D) **They're walking down some steps.**

(A) 남자가 그림을 바라보고 있다.
(B) 여자가 자신의 핸드백을 열고 있다.
(C) 사람들이 난간을 수리하고 있다.
(D) **사람들이 계단을 내려가고 있다.**

어휘 fix 수리하다 railing 난간 steps 계단

해설 2인 이상 등장 사진 – 인물의 동작 묘사
(A) 동사 오답. 남자가 그림을 바라보고 있는(is looking at a picture) 모습이 아니므로 오답.
(B) 동사 오답. 여자가 핸드백을 열고 있는(is opening her handbag) 모습이 아니므로 오답.
(C) 동사 오답. 두 사람이 난간을 수리하고 있는(are fixing a railing) 모습이 아니므로 오답.
(D) 정답. 두 사람이 계단을 내려가고 있는(are walking down some steps) 모습이므로 정답.

3 W-Am

(A) One of the men is taking off his backpack.
(B) **One of the men is reading a brochure.**
(C) Some people are assembling a table.
(D) Some people are rearranging chairs.

(A) 남자들 중 한 명이 배낭을 벗고 있다.
(B) **남자들 중 한 명이 소책자를 읽고 있다.**
(C) 몇몇 사람들이 탁자를 조립하고 있다.
(D) 몇몇 사람들이 의자를 다시 배열하고 있다.

어휘 take off (옷 등을) 벗다 backpack 배낭 brochure (안내용) 소책자 assemble 조립하다; 모으다 rearrange 재배열하다

해설 2인 이상 등장 사진 – 인물의 동작 묘사
(A) 동사 오답. 사진에 배낭을 벗고 있는(is taking off his backpack) 사람이 보이지 않으므로 오답.
(B) 정답. 남자들 중 한 명이 소책자를 읽고 있는(is reading a brochure) 모습이므로 정답.
(C) 동사 오답. 사람들이 탁자를 조립하고 있는(are assembling a table) 모습이 아니라 탁자 주위에 모여 있는(are assembled around a table) 모습이므로 오답.
(D) 동사 오답. 사람들이 의자를 다시 배열하고 있는(are rearranging chairs) 모습이 아니므로 오답.

4 W-Br

(A) A server is setting up an umbrella.
(B) A sign is being carried across a walkway.
(C) Cars have been parked in the shade.
(D) Customers are seated at a café.

(A) 종업원이 파라솔을 설치하고 있다.
(B) 표지판이 보도를 가로질러 운반되고 있다.
(C) 자동차들이 그늘에 주차되어 있다.
(D) 손님들이 카페에 앉아 있다.

어휘 set up 설치하다 walkway 보도, 통로 in the shade 그늘에 be seated at ~에 앉다, 앉아 있다

해설 사물 사진 – 실외 사물의 상태 묘사
(A) 사진에 없는 명사를 이용한 오답. 사진에 종업원(a server)의 모습이 보이지 않으므로 오답.
(B) 동사 오답. 표지판(a sign)을 운반하는(is being carried) 동작을 하는 사람이 보이지 않으므로 오답.
(C) 정답. 자동차들(cars)이 그늘에 주차되어 있는(have been parked in the shade) 상태이므로 정답.
(D) 사진에 없는 명사를 이용한 오답. 사진에 손님들(customers)의 모습이 보이지 않으므로 오답.

5 M-Au

(A) A drawer has been pulled open.
(B) Files are being stored on shelves.
(C) A monitor is being mounted on a wall.
(D) A light has been hung from the ceiling.

(A) 서랍이 당겨져서 열려 있다.
(B) 파일들이 책장 선반에 보관되어 있다.
(C) 모니터가 벽에 설치되고 있다.
(D) 전등이 천장에 매달려 있다.

어휘 drawer 서랍 pull open 당겨서 열다 store 보관하다 shelf 책장 선반 mount 설치하다 light 전등 ceiling 천장

해설 사물 사진 – 실내 사물의 상태 묘사
(A) 동사 오답. 책장 아래 서랍(a drawer)처럼 보이는 것이 열려 있는(has been pulled open) 상태가 아니므로 오답.
(B) 정답. 파일들(files)이 책장 선반에 보관되어 있는(are being stored on shelves) 상태이므로 정답.
(C) 동사 오답. 모니터(a monitor)를 벽에 설치하는(is being mounted on a wall) 동작을 하는 사람이 보이지 않으므로 오답.

(D) 동사 오답. 전등(a light)이 천장에 매달려 있는(has been hung from the ceiling) 상태가 아니라 책상 위에 놓여 있는(is placed on the desk) 상태이므로 오답.

6 W-Am

(A) A man is standing near a construction site.
(B) A worker is climbing a ladder.
(C) A row of trees has been planted alongside a fence.
(D) Vehicles are transporting materials to a building.

(A) 남자가 공사장 근처에 서 있다.
(B) 작업 인부가 사다리를 올라가고 있다.
(C) 울타리를 따라 나무들이 일렬로 나란히 심어져 있다.
(D) 차량들이 건물로 자재를 운송하고 있다.

어휘 construction site 공사장 ladder 사다리 row 열, 줄 alongside ~옆에, 나란히 fence 울타리 vehicle 차량 transport 운송하다 material 재료, 자재

해설 1인 등장 사진 – 인물의 동작 묘사
(A) 정답. 남자가 공사장 근처에 서 있는(is standing near a construction site) 모습이므로 정답.
(B) 동사 오답. 남자가 사다리를 올라가고 있는(is climbing a ladder) 모습이 아니므로 오답.
(C) 사진에 없는 명사를 이용한 오답. 사진에 나무 한 그루(a tree)만 보이고 일렬로 나란히 있는 나무들(a row of trees)의 모습이 보이지 않으므로 오답.
(D) 사진에 없는 명사를 이용한 오답. 사진에 차량들(vehicles)의 모습이 보이지 않으므로 오답.

PART 2

7

M-Au Where can I find the most recent sales data?
W-Br (A) The store's having a sale.
(B) It's on my computer.
(C) No, not recently.

가장 최근의 매출 자료를 어디서 찾을 수 있어요?
(A) 그 가게는 세일을 하고 있어요.
(B) 제 컴퓨터에 있어요.
(C) 아뇨, 최근에는 아니에요.

어휘 recent 최근의 sales 매출 have a sale 세일하다 recently 최근에

해설 매출 자료가 있는 곳을 묻는 Where 의문문
(A) 유사 발음 오답. 질문의 sales(매출)와 부분적으로 발음이 유사한 sale(세일, 할인)을 이용한 오답.
(B) 정답. 매출 자료가 어디 있는지 묻는 질문에 자신의 컴퓨터에 들어 있다고 알려주고 있으므로 정답.
(C) Yes/No 불가·파생어 오답. Where 의문문은 Yes/No 응답이 불가능하고, 질문의 recent의 부사형인 recently를 이용한 오답.

8
M-Au When is the next performance of the City Dance Troupe?
W-Am (A) This Saturday at eight P.M.
(B) It was better than the last one.
(C) It hasn't yet.

시립 무용단의 다음 공연은 언제인가요?
(A) 이번 주 토요일 저녁 8시요.
(B) 지난번보다 좋았어요.
(C) 아직 안 했어요.

어휘 performance 공연 troupe 공연단
해설 무용단의 공연 일자를 묻는 When 의문문
(A) 정답. 무용단의 다음 공연이 언제인지를 묻는 질문에 요일과 시간을 구체적으로 알려주고 있으므로 정답.
(B) 질문과 상관없는 오답. 공연이 어땠느냐는 How 의문문에 어울리는 응답이므로 오답.
(C) 질문과 상관없는 오답. 다음 공연 날짜를 물었는데, 과거에 해당하는 현재완료 시제로 답하고 있으므로 오답.

9
W-Br Let's plan our camping trip tonight.
M-Au (A) I had a relaxing vacation.
(B) OK, I'm free after six.
(C) A tent and a sleeping bag.

오늘 밤에 우리 캠핑 여행의 계획을 세워 보자.
(A) 나는 편안한 휴가를 보냈어.
(B) 좋아, 나는 여섯 시 이후에 시간이 돼.
(C) 텐트와 침낭이야.

어휘 relaxing 느긋한, 편안한 free 시간이 나는, 한가한 sleeping bag 침낭
해설 제안·요청의 평서문
(A) 연상 단어 오답. 평서문의 camping trip에서 연상 가능한 vacation을 이용한 오답.
(B) 정답. 함께 캠핑 계획을 세우자는 제안에 OK라고 수락하며 자신이 가능한 시간대를 제시하고 있으므로 정답.
(C) 연상 단어 오답. 평서문의 camping에서 연상 가능한 tent와 sleeping bag을 이용한 오답.

10
M-Cn Isn't the client visit this month?
W-Br (A) It's in the supply cabinet.
(B) A newer version.
(C) Pablo's in charge of that.

고객이 이번 달에 방문하지 않나요?
(A) 그건 비품 캐비닛 안에 있어요.
(B) 더 새로운 버전이요.
(C) 파블로가 그 일을 담당하고 있어요.

어휘 supply 비품 version (이전 것과 약간 다른) 버전 be in charge of ~을 담당하다
해설 사실 여부를 확인하는 부정의문문
(A) 질문과 상관없는 오답. 물건이 있는 장소를 묻는 Where 의문문에 어울리는 응답이므로 오답.
(B) 질문과 상관없는 오답. 고객 방문 여부와 전혀 상관없는 응답이므로 오답.
(C) 정답. 고객이 이번 달에 방문하는 게 맞는지 확인하는 질문에 Yes라는 응답을 생략하고 담당자의 이름을 바로 언급하고 있으므로 정답.

11
W-Am Why are you transferring to the San Francisco branch?
M-Cn (A) To be closer to my family.
(B) Probably in February.
(C) Yes, it's been open for a while.

왜 샌프란시스코 지점으로 옮기시는 거예요?
(A) 가족들과 더 가까이 있으려고요.
(B) 아마도 2월에요.
(C) 네, 그건 문을 연 지 좀 됐어요.

어휘 transfer 이동하다, 전근 가다 branch 지점 close to ~에 가까운
해설 전근 이유를 묻는 Why 의문문
(A) 정답. 전근 가는 이유를 묻는 질문에 가족과 같이 있기 위해서라고 목적을 뜻하는 to부정사를 이용해 응답하고 있으므로 정답.
(B) 질문과 상관없는 오답. 전근 가는 시기를 묻는 When 의문문에 어울리는 응답이므로 오답.
(C) Yes/No 불가·연상 단어 오답. Why 의문문에는 Yes/No 응답이 불가능하고, branch에서 연상 가능한 단어 open을 이용한 오답.

12
W-Br Do you have any hotel rooms available for tonight?
M-Au (A) They're due soon.
(B) Almost every room has one.
(C) We've just had a cancellation!

오늘 밤에 이용 가능한 호텔 객실이 있나요?
(A) 그것들은 조만간 제출해야 돼요.
(B) 거의 모든 객실에 하나씩 있어요.
(C) 방금 예약 취소된 게 하나 있네요!

어휘 available 이용할 수 있는　due (제출) 기한이 된　cancellation 취소
해설 이용 가능한 호텔 객실이 있는지 묻는 일반동사 의문문
(A) 질문과 상관없는 오답. 이용 가능한 호텔 객실이 있는지 묻는 질문과 상관없는 응답이므로 오답.
(B) 단어 반복 오답. 질문에 나온 room(s)과 동사 have를 반복 이용한 오답.
(C) 정답. 이용 가능한 호텔 객실이 있는지 묻는 질문에 방금 하나가 예약 취소되었다는 말로 가능하다는 Yes 응답을 대신하고 있으므로 정답.

13

M-Cn　Would you like me to arrange a shuttle to the airport?
W-Am　(A) That flower arrangement is lovely.
　　　(B) Thanks, but I'll drive myself there.
　　　(C) A glass of water would be great.

공항까지 셔틀 버스를 준비해 드릴까요?
(A) 저 꽃꽂이가 아름답네요.
(B) 감사하지만, 제가 직접 운전해갈 거예요.
(C) 물 한 잔 주시면 감사하겠어요.

어휘 arrange 마련하다　shuttle 셔틀 버스[기차]　flower arrangement 꽃꽂이　lovely 아름다운
해설 제안을 나타내는 의문문
(A) 파생어 오답. 질문의 arrange의 명사형인 arrangement를 이용한 오답.
(B) 정답. 셔틀 버스를 준비해 주겠다는 제안에 고맙지만 됐다고 사양하는 표현 Thanks, but을 이용해 직접 운전해갈 것이라고 응답하고 있으므로 정답.
(C) 단어 반복 오답. 질문의 would를 반복 이용한 오답.

14

M-Au　Does Marta know that we've made a lunch reservation for one o'clock?
W-Br　**(A) Yes, I sent her an e-mail about it.**
　　　(B) The Town Plaza Café.
　　　(C) It's served with a side salad.

우리가 한 시로 점심식사 예약을 한 걸 마르타가 알고 있어요?
(A) 네, 그녀에게 그에 관해 이메일을 보냈어요.
(B) 타운 플라자 카페요.
(C) 사이드 샐러드와 함께 나와요.

어휘 make a lunch reservation 점심식사 예약을 하다　be served with (음식을) ~와 함께 내놓다　side salad (주요리에 따라 나오는) 사이드 샐러드
해설 제3자가 알고 있는지 여부를 묻는 일반동사 의문문
(A) 정답. 마르타라는 제3자가 대화를 나누는 두 사람이 예약한 내용을 알고 있느냐고 묻는 질문에 Yes라는 긍정의 대답과 함께 이메일로 알렸다고 덧붙이고 있으므로 정답.
(B) 질문과 상관없는 오답. 점심식사 예약 장소를 묻는 Where 의문문에 어울리는 응답이므로 오답.
(C) 연상 단어 오답. 질문의 lunch에서 연상 가능한 side salad를 이용한 오답.

15

M-Cn　Who should I contact to rent an office in this building?
W-Br　(A) Yes, I'll update my contact list.
　　　(B) You can call Mr. Yamamoto.
　　　(C) The one in the financial center.

이 건물의 사무실을 임대하려면 누구에게 연락해야 하나요?
(A) 네, 제가 연락처 목록을 업데이트할게요.
(B) 야마모토 씨에게 연락하면 돼요.
(C) 파이낸셜 센터에 있는 것이요.

어휘 contact 연락하다　rent 임대하다　contact list 연락처 목록
해설 연락해야 할 대상을 묻는 Who 의문문
(A) Yes/No 불가 · 단어 반복 오답. Who 의문문에는 Yes/No 응답이 불가능하고, contact을 반복 사용한 오답.
(B) 정답. 사무실 임대와 관련해서 누구에게 연락해야 하는지 묻는 질문에 야마모토 씨라는 사람의 이름을 알려주고 있으므로 정답.
(C) 연상 단어 오답. 질문의 building에서 연상 가능한 financial center를 이용한 오답.

16

W-Am　What did you think of my presentation?
M-Cn　(A) No, not this time.
　　　(B) I was at another meeting.
　　　(C) Twenty pages long.

제 프레젠테이션이 어땠나요?
(A) 아뇨, 이번에는 아니에요.
(B) 전 다른 회의에 참석했어요.
(C) 20페이지 길이에요.

어휘 What do you think of A? A에 대해 어떻게 생각하세요?　meeting 회의
해설 의견을 묻는 What 의문문
(A) Yes/No 불가 오답. What 의문문에는 Yes/No 응답이 불가능하기 때문에 오답.
(B) 정답. 자신의 프레젠테이션이 어땠는지 묻는 질문에 다른 회의에 참석했다는 응답으로, 상대방의 프레젠테이션을 보지 못했다는 말을 대신하고 있으므로 정답.
(C) 질문과 상관없는 오답. 프레젠테이션 자료의 길이를 묻는 How long 의문문에 어울리는 응답이므로 오답.

17

M-Au　When will our Internet service be working again?
W-Am　(A) No, I don't use it often.
　　　(B) It should be fixed by noon.
　　　(C) Over by the copier.

우리 인터넷이 언제 다시 작동되나요?
(A) 아뇨, 저는 그걸 자주 이용하지 않아요.
(B) 정오까지는 고쳐질 거예요.
(C) 저쪽 복사기 옆에요.

어휘 work 작동되다　fix 고치다　copier 복사기

해설 인터넷이 언제 다시 작동되는지 묻는 When 의문문
(A) Yes/No 불가 오답. When 의문문에는 Yes/No 응답이 불가능하기 때문에 오답.
(B) 정답. 인터넷이 언제 다시 작동되는지 묻는 질문에 정오(noon)라는 시간으로 응답하고 있으므로 정답.
(C) 질문과 상관없는 오답. 장소를 묻는 Where 의문문에 어울리는 응답이므로 오답.

18
M-Au　Have you finished the draft of the report yet?
M-Cn　**(A) I had a conference call all morning.**
　　　(B) Ms. Yang is a reporter.
　　　(C) Thanks, I can wait.

보고서 초안을 끝냈나요?
(A) 오전 내내 전화 회의가 있었어요.
(B) 양 씨는 기자예요.
(C) 고마워요, 기다릴게요.

어휘 draft 원고, 초안　conference call 전화 회의　reporter 기자

해설 보고서 초안을 끝냈는지 묻는 조동사(Have) 의문문
(A) 정답. 보고서 초안을 끝냈느냐고 묻는 질문에 오전 내내 전화 회의가 있었다는 말로 아직 끝내지 못했다는 부정의 응답을 대신하고 있으므로 정답.
(B) 파생어 오답. 질문에 나오는 report의 파생어 reporter를 이용한 오답.
(C) 질문과 상관없는 오답. 보고서 작성에 도움을 주겠다는 제안에 어울리는 응답이므로 오답.

19
W-Br　You didn't leave your mobile phone on the train, did you?
M-Au　(A) It's 555-0126.
　　　(B) A ticket to Amsterdam.
　　　(C) No, I have it right here.

기차에 휴대 전화를 놓고 내린 건 아니죠, 그렇죠?
(A) 555-0126번이에요.
(B) 암스테르담행 표요.
(C) 아뇨, 바로 여기에 가지고 있어요.

어휘 mobile phone 휴대 전화

해설 휴대 전화를 가지고 있는지 확인하는 부가의문문
(A) 연상 단어 오답. 질문의 mobile phone에서 연상 가능한 전화번호를 이용한 오답.
(B) 연상 단어 오답. 질문의 train에서 연상 가능한 ticket을 이용한 오답.
(C) 정답. 기차에 휴대 전화를 놓고 내리지 않았는지 확인하는 질문에 아니(No)라고 응답하고 여기 가지고 있다고 덧붙이고 있으므로 정답.

20
M-Cn　Could you please replace the tires on my car?
W-Br　(A) He's retiring in May.
　　　(B) That's a very nice place.
　　　(C) Yes, we could do it this afternoon.

제 차 타이어를 교체해 주시겠습니까?
(A) 그는 5월에 은퇴해요.
(B) 그곳은 매우 멋진 장소예요.
(C) 네, 저희가 오늘 오후에 할 수 있을 것 같습니다.

어휘 replace 교체하다　retire 은퇴하다

해설 부탁·요청의 의문문
(A) 유사 발음 오답. 질문의 tires와 부분적으로 발음이 유사한 retiring을 이용한 오답.
(B) 유사 발음 오답. 질문의 replace와 부분적으로 발음이 유사한 place를 이용한 오답.
(C) 정답. 타이어를 교체해 달라는 요청에 Yes라고 수락한 뒤, 오늘 오후에 작업이 가능하다고 덧붙이고 있으므로 정답.

21
W-Am　What time should we expect the keynote speaker to arrive?
W-Br　**(A) She'll be here by nine.**
　　　(B) Yes, I was invited.
　　　(C) In the lobby.

기조 연설자는 몇 시쯤 도착할까요?
(A) 9시까지는 도착할 거예요.
(B) 네, 저는 초대받았어요.
(C) 로비에서요.

어휘 expect 예상하다, 기대하다　keynote speaker 기조 연설자

해설 도착 시간을 묻는 What 의문문
(A) 정답. 기조 연설자가 몇 시에 도착할 것인지를 묻는 질문에 9시까지는(by nine)이라고 시각으로 답하고 있으므로 정답.
(B) Yes/No 불가 오답. What 의문문에는 Yes/No 응답이 불가능하기 때문에 오답.
(C) 질문과 상관없는 오답. 장소를 묻는 Where 의문문에 어울리는 응답이므로 오답.

22
M-Cn　Did you hear the news about the merger?
W-Am　(A) A small construction firm.
　　　(B) No, was it announced?
　　　(C) He's a department head.

합병과 관련된 소식 들었어요?
(A) 작은 건설회사요.
(B) 아뇨, 그게 발표됐어요?
(C) 그는 부서장이에요.

어휘 merger 합병 construction firm 건설회사 announce 발표하다, 알리다 department head 부서장

해설 합병 소식을 들었는지 묻는 일반동사 의문문
(A) 연상 단어 오답. 질문의 merger에서 연상 가능한 firm을 이용한 오답.
(B) 정답. 합병 소식을 들었는지 묻는 질문에 못 들었다(No)고 답한 뒤, 그런 발표가 있었냐고 되묻고 있으므로 정답.
(C) 질문과 상관없는 오답. 신분이나 직업을 묻는 Who 의문문에 어울리는 응답이므로 오답.

23
W-Br Does our budget include funding for one assistant or two?
M-Au **(A) I didn't know we were hiring anyone.**
(B) At the reception desk.
(C) It was paid for in cash.

우리 예산에 포함된 자금이 보조원 한 명분인가요, 아니면 두 명분인가요?
(A) 저는 우리가 누군가를 채용할 것이라는 것도 몰랐어요.
(B) 접수처에서요.
(C) 그건 현금으로 지불되었어요.

어휘 budget 예산 funding 자금 (제공) assistant 조수, 보조원 hire 채용하다 reception desk 접수처 pay in cash 현금으로 지불하다

해설 선택사항을 묻는 선택의문문
(A) 정답. 예산상 보조원을 한 명 채용할 수 있는지, 아니면 두 명 채용할 수 있는지를 묻는 질문에 자신은 보조원 채용 계획조차 몰랐다고 두 가지 선택사항 외에 제3의 응답을 하고 있으므로 정답.
(B) 연상 단어 오답. 질문의 assistant에서 연상 가능한 reception desk를 이용한 오답.
(C) 연상 단어 오답. 질문의 budget이나 funding에서 돈(money)을 떠올려 현금으로(in cash) 지불하는 것을 연상하게 만든 오답.

24
W-Am That Indian restaurant is big enough for our annual party.
M-Au **(A) They don't have a private dining room.**
(B) A direct flight to India.
(C) Can I get you some more rice?

그 인도 식당은 우리 연례 파티를 할 만큼 충분히 커요.
(A) 그곳에는 개별 식사실이 없어요.
(B) 인도행 직항편이요.
(C) 밥을 더 갖다 드릴까요?

어휘 annual 연례의 private 사적인, (특정 개인·집단) 전용의 dining room 식사실 direct flight 직항편 rice 쌀, 밥

해설 정보를 제공하는 평서문
(A) 정답. 인도 식당에서 연례 파티를 하자는 우회적인 제안에 대해 개별 식사실이 없다는 이유를 들어 역시 우회적으로 반대 의견을 제시하고 있으므로 정답.
(B) 파생어 오답. 평서문에 나오는 Indian의 파생어 India를 이용한 오답.
(C) 연상 단어 오답. 평서문의 Indian restaurant에서 연상 가능한 rice를 이용한 오답.

25
M-Cn Is there a computer available to use while mine is being repaired?
W-Br (A) Isn't it in two hours?
(B) Michael's not using his today.
(C) Some updated software.

제 컴퓨터를 수리할 동안 사용할 수 있는 컴퓨터가 있나요?
(A) 그건 두 시간 후 아닌가요?
(B) 마이클이 오늘 자신의 컴퓨터를 사용하지 않아요.
(C) 업데이트한 몇몇 소프트웨어 프로그램이요.

어휘 repair 수리하다 update 업데이트하다

해설 사용할 수 있는 컴퓨터가 있는지 묻는 Be동사 의문문
(A) 연상 단어 오답. 질문의 컴퓨터를 수리한다는 것에서 수리에 걸리는 시간(in two hours)을 연상하게 만든 오답.
(B) 정답. 자신이 사용할 수 있는 컴퓨터, 즉 남는 컴퓨터가 있느냐는 질문에 마이클이 사용하지 않는다는 응답으로 그의 것을 쓰면 된다는 말을 간접적으로 전하고 있으므로 정답.
(C) 연상 단어 오답. 질문의 computer에서 연상 가능한 software를 이용한 오답.

26
W-Am Will you prepare handouts or a slide show for your workshop?
M-Au (A) Just the new sales director.
(B) I plan to do both.
(C) It starts at three o'clock.

워크숍을 위해 인쇄물을 준비할 거예요, 아니면 슬라이드 쇼를 준비할 거예요?
(A) 신임 영업 이사만요.
(B) 둘 다 준비할 계획이에요.
(C) 3시에 시작해요.

어휘 handout 인쇄물, 유인물 slide show 슬라이드 쇼 sales director 영업 이사

해설 워크숍 준비 선택사항을 묻는 선택의문문
(A) 질문과 상관없는 오답. 사람 중에서 선택하는 의문문에 어울리는 응답이므로 오답.
(B) 정답. 인쇄물과 슬라이드 쇼 중 어느 것을 준비할 것인지를 묻는 질문에 둘 다(both) 하겠다고 응답하고 있으므로 정답. to do에서 do는 동사 prepare를 대신하는 것이다.
(C) 연상 단어 오답. 질문의 workshop에서 워크숍 시작 시간을 연상하게 만드는 오답.

27
M-Cn The meeting's in Busan, isn't it?
W-Am (A) It isn't a company I've heard of.
(B) Yes—I hope we can participate by phone.
(C) The attendance sheet.

회의가 부산에서 열리죠, 그렇지 않아요?
(A) 그건 들어본 적 없는 회사인데요.
(B) 네, 우리는 전화로 참여할 수 있으면 좋겠어요.
(C) 참석자 명단이요.

어휘 hear of ~에 대해 듣다　participate 참석하다, 참여하다
attendance sheet 참석자가 적힌 종이

해설 회의 장소를 확인하는 부가의문문
(A) 연상 단어 오답. 질문의 meeting에서 연상 가능한 company를 이용한 오답.
(B) 정답. 회의 장소가 부산이 맞냐는 질문에 그렇다(Yes)고 대답한 뒤, 전화로 참여하면 좋겠다, 즉 그곳까지 가고 싶지 않다는 뜻을 내비치고 있으므로 정답.
(C) 연상 단어 오답. 질문의 meeting에서 연상 가능한 attendance(참석자)를 이용한 오답.

28

W-Br Can you give me a tour of the property on Thursday?
M-Cn (A) An empty corner lot.
(B) Leave the door open.
(C) Let me check my calendar.

목요일에 건물 구경을 시켜주실 수 있을까요?
(A) 모퉁이에 비어 있는 땅이에요.
(B) 문을 열어 두세요.
(C) 제 일정표를 확인해볼게요.

어휘 give a tour 구경을 시켜주다　property 부동산, 건물　corner lot 모퉁이 대지　calendar 일정표

해설 부탁·요청의 의문문
(A) 연상 단어 오답. 질문의 property에서 연상 가능한 corner lot을 이용한 오답.
(B) 질문과 상관없는 오답. 건물 구경을 시켜줄 수 있냐는 질문과 전혀 상관없는 응답이므로 오답.
(C) 정답. 특정한 요일에 건물 구경을 시켜줄 수 있냐는 요청에 긍정이나 부정의 확실한 대답 대신 먼저 일정을 확인해보겠다고 응답하고 있으므로 정답.

29

W-Br How many days do we have to organize the convention?
M-Au (A) There are three hundred brochures.
(B) Don't worry, it's later than last year.
(C) We'll choose the cheapest one.

우리가 컨벤션을 준비할 수 있는 날이 며칠이나 있어요?
(A) 300부의 안내책자가 있어요.
(B) 걱정 말아요, 작년보다 날짜가 더 늦으니까요.
(C) 우리는 가장 저렴한 것을 선택할 거예요.

어휘 organize 준비하다　convention 컨벤션, 회의　brochure 안내책자, 소책자

해설 컨벤션 준비 기간을 묻는 How many 의문문
(A) 연상 단어 오답. 질문의 How many에서 연상 가능한 숫자 three hundred를 이용한 오답.
(B) 정답. 컨벤션 준비 날짜를 묻는 질문에 기간이 너무 촉박하지 않은지 하는 걱정이 담겨 있는데, 걱정 말라고 하면서 컨벤션 날짜까지 여유가 있음을 간접적으로 전달하고 있으므로 정답.
(C) 질문과 상관없는 오답. 여럿 중에 무엇을 선택할 것인지를 묻는 질문에 어울리는 응답이므로 오답.

30

W-Am I don't think we can afford to start the store renovations yet.
M-Cn (A) That's not what Susan said.
(B) Yes, it's attracting more customers.
(C) The product display areas.

우리는 아직 가게 보수를 시작할 여유는 없는 것 같아요.
(A) 수잔은 그렇게 말하진 않던데요.
(B) 네, 점점 더 많은 손님들을 끌어모으고 있어요.
(C) 제품 전시장이요.

어휘 afford ~을 할 (시간적·금전적) 여유가 있다　renovation 수리, 보수
attract 끌어모으다　display area 전시장

해설 의견 제시의 평서문
(A) 정답. 아직 가게 보수를 시작할 여유가 없는 것 같다는 말에 가게와 관련이 있어 보이는 제3자(Susan)를 언급하며 다른 의견을 제시하고 있으므로 정답.
(B) 연상 단어 오답. 평서문의 store에서 손님을 끌어모은다는 것을 연상하게 만든 오답.
(C) 연상 단어 오답. 평서문의 store에서 연상 가능한 product display(제품 전시)를 이용한 오답.

31

M-Au We've met these clients before, haven't we?
W-Am (A) Sure, I'd be happy to.
(B) Actually, we shipped them already.
(C) The manager is new, though.

우리는 전에 이 고객들을 만난 적이 있어요, 그렇지 않아요?
(A) 물론이죠, 기꺼이 할게요.
(B) 실은 우리는 이미 그것들을 배송했어요.
(C) 하지만 매니저는 새로운 사람이에요.

어휘 actually 사실은　ship 배송하다　though (문장 끝에서) 그렇지만, 하지만

해설 고객들을 만난 적이 있는지 확인하는 부가의문문
(A) 질문과 상관없는 오답. 앞으로 고객을 만나라는 요청에 어울리는 응답이므로 오답.
(B) 단어 반복 오답. 부가의문문의 주어 we를 반복 사용한 오답.
(C) 정답. 이 고객들을 만난 적이 있지 않은지 확인하는 질문에 하지만 매니저는 새로운 사람이라는 말로 매니저를 제외한 다른 고객들은 만난 적이 있다는 긍정의 대답을 대신하고 있으므로 정답.

PART 3

Questions 32 through 34 refer to the following conversation.

> W-Am Hi Kenji, **32you weren't at the restaurant staff meeting** today so I wanted to let you know that **33all the servers will be getting new uniforms next month**.
>
> M-Au OK, should I go to a specific store to buy one or will the restaurant supply them?
>
> W-Am I'm going to order black T-shirts with our restaurant logo from a supplier here in town, and I'll take care of the cost. **34I just need to know your size** so I can complete the order.
>
> M-Au I usually wear a medium. Thanks!

여: 안녕하세요, 겐지, 오늘 식당 직원 회의에 참석하지 않으셔서 다음 달부터 모든 종업원이 새로운 유니폼을 입게 된다는 소식을 알려드리고 싶어서요.
남: 알겠어요, 제가 정해진 매장에 가서 유니폼을 사야 하나요, 아니면 식당에서 유니폼을 지급해 주나요?
여: 제가 여기 시내에 있는 공급업체에 식당 로고가 있는 검정색 티셔츠를 주문할 예정이고, 비용은 제가 처리할 거예요. 제가 주문을 다 마칠 수 있도록 사이즈만 알려 주시면 돼요.
남: 저는 보통 미디엄 사이즈를 입어요. 고마워요!

어휘 staff meeting 직원 회의 server (식당) 종업원 specific 특정한 supplier 공급자, 공급업체 take care of ~을 처리하다 complete 끝마치다; 작성하다

32
Where do the speakers work?
(A) At a department store
(B) At a pharmacy
(C) At a restaurant
(D) At a dry cleaner

화자들이 근무하는 곳은 어디인가?
(A) 백화점
(B) 약국
(C) 식당
(D) 세탁소

해설 전체 내용 관련 – 화자들의 직장
여자의 첫 번째 대사에서 겐지 씨가 식당 직원 회의에 참석하지 않았다(you weren't at the restaurant staff meeting)는 언급을 통해 화자들이 식당에서 근무하고 있음을 알 수 있으므로 (C)가 정답이다.

33
What change does the woman mention?
(A) Employees will have to wear ID badges.
(B) Credit cards will now be accepted.
(C) Work shifts will be more flexible.
(D) Staff will receive different uniforms.

여자가 언급하는 변경사항은 무엇인가?
(A) 직원들이 사원증을 착용해야 한다.
(B) 이제 신용카드도 받는다.
(C) 근무 교대가 더 탄력적이 된다.
(D) 직원들이 달라진 유니폼을 받게 된다.

해설 세부사항 관련 – 여자가 언급하는 변경사항
여자는 첫 번째 대사에서 다음 달부터 모든 종업원이 새로운 유니폼을 입게 된다(all the servers will be getting new uniforms next month)는 소식을 알리고 있으며, 이어지는 대화에서 식당에서 직원들에게 유니폼을 지급한다는 것을 알 수 있으므로 (D)가 정답이다.

34
What does the woman need to know?
(A) The name of a bank
(B) The size of some clothing
(C) The day of a delivery
(D) The color of an item

여자가 알아야 하는 것은 무엇인가?
(A) 은행 이름
(B) 옷 치수
(C) 배송일
(D) 물품의 색상

해설 세부사항 관련 – 여자가 알아야 하는 것
여자의 마지막 대사에서 남자의 사이즈를 알아야 한다(I just need to know your size)고 했는데, 이는 유니폼의 사이즈를 말하므로 (B)가 정답이다.

Questions 35 through 37 refer to the following conversation with three speakers.

> W-Br Thanks, Frank and Ming, for coming by on such short notice. I just met with our chief financial officer and **35we need to reduce our company's costs**. Our home appliances are selling well, but production costs are still too high.
>
> M-Au Hmm... **36what about outsourcing some operations?** If we hire someone else to do things like warehousing and delivery, it could cut down on our expenses. What do you think, Ming?
>
> M-Cn I agree, Frank. It sounds like something we should consider. Tell you what... **37I can research some companies and put together a list of names for Thursday.** Then we can start compiling some numbers.

여: 프랭크 그리고 밍, 급하게 연락했는데도 와줘서 고마워요. 방금 우리 회사 최고 재무 책임자를 만났는데 회사 경비를 줄여야 해서요. 우리 회사 가전제품이 판매가 잘되고 있기는 한데, 생산비가 여전히 너무 높아요.

TEST 2 37

남1: 흠… 일부 작업을 외부에 위탁하는 게 어때요? 창고 관리나 배송 같은 일을 외주를 준다면, 비용을 줄일 수 있을 텐데요. 어떻게 생각해요, 밍?

남2: 동의해요, 프랭크. 우리가 고려해볼 만한 사항 같군요. 있잖아요… 제가 목요일까지 업체들을 조사해서 명단을 작성할게요. 그리고 나서 통계를 모으기 시작할 수 있겠군요.

| 어휘 | come by 들르다 on such short notice 급하게 연락했는데 chief financial officer 최고 재무 책임자 home appliance 가전제품 production cost 생산비 outsource 외부에 위탁하다 operation 사업, 영업 warehousing 창고 관리 delivery 배송 cut down on ~을 줄이다 expense 비용, 경비 Tell you what (제안하려고 할 때) 있잖아요, 저기 말이죠 put together 준비하다, 작성하다 compile 편집하다, 모으다 |

35
What does the woman want to do?
(A) Reduce the cost of operations
(B) Organize a team-building event
(C) Open a second warehouse
(D) Try an advertising strategy

여자는 무엇을 하기를 원하는가?
(A) 운영 비용 줄이기
(B) 팀워크 구축을 위한 행사 준비하기
(C) 제2창고 개설하기
(D) 광고 전략 시도해보기

해설 세부사항 관련 – 여자가 원하는 것
여자는 첫 대사에서 회사 경비를 줄여야 한다(we need to reduce our company's costs)고 했는데, 이것이 바로 여자가 개선하기를 원하는 문제점이므로 (A)가 정답이다.

▶ Paraphrasing 대화의 our company's costs
→ 정답의 the cost of operations

36
What solution does Frank propose?
(A) Hosting a business seminar
(B) Reducing overtime hours
(C) Hiring an outside company
(D) Promoting a product on television

프랭크가 제안한 해결책은 무엇인가?
(A) 비즈니스 세미나 개최하기
(B) 초과근무 시간 줄이기
(C) 외주 업체 활용하기
(D) 텔레비전에 제품 홍보하기

해설 세부사항 관련 – 프랭크가 제안한 해결책
남자들이 서로를 부르는 호칭에서 첫 번째 남자가 프랭크임을 알 수 있는데, 그가 일부 작업을 외부에 위탁하는 게 어떠냐(what about outsourcing some operations?)고 제안하고 있으므로 (C)가 정답이다.

▶ Paraphrasing 대화의 outsource some operations
→ 정답의 hire an outside company

37
What will Ming prepare for Thursday?
(A) Some corrected numbers
(B) Some meeting notes
(C) A list of companies
(D) A floor plan

밍이 목요일까지 준비할 것은 무엇인가?
(A) 수정된 통계 자료
(B) 회의록
(C) 회사 명단
(D) 평면도

해설 세부사항 관련 – 밍이 목요일까지 준비할 것
밍은 두 번째 남자인데, 그가 목요일까지 업체들을 조사해서 명단을 작성하겠다(I can research some companies and put together a list of names for Thursday)고 했으므로 (C)가 정답이다.

Questions 38 through 40 refer to the following conversation.

M-Au Hello, I saw an advertisement for your boat tours. Are there any at the end of September?

W-Am Absolutely! ³⁸They're actually crowded at that time of year because it's the last of the nice weather.

M-Au Well, I'm glad I called early, then. I'd like to reserve two seats.

W-Am Uh… ³⁹all our reservations are done through our Web site. ⁴⁰Look for the calendar on the left-hand side. You can't miss it. Then you just choose the date you want.

남: 안녕하세요, 보트 투어 광고를 봤는데요. 9월 말에도 있나요?
여: 그럼요! 마지막으로 날씨가 좋을 때 실은 일 년 중 그때에 사람들이 몰립니다.
남: 그렇다니 제가 일찍 전화해서 다행이네요. 두 자리를 예약하고 싶습니다.
여: 어… 저희의 모든 예약은 웹 사이트를 통해 이루어집니다. 왼편에서 일정표를 찾아보세요. 바로 보일 거예요. 그리고 나서 원하시는 날짜를 선택하시기만 하면 됩니다.

| 어휘 | advertisement 광고 absolutely 그럼, 물론이지 crowded 붐비는 reserve 예약하다 (n. reservation 예약) on the left-hand side 왼편에 miss 놓치다 |

38
What does the woman say about tours in September?
(A) They are held on weekends only.
(B) They are very popular.
(C) Their price will be increased.
(D) They have live music.

여자는 9월 투어에 대해 뭐라고 말하는가?
(A) 주말에만 있다.
(B) 매우 인기있다.
(C) 가격이 오를 것이다.
(D) 라이브 뮤직이 있다.

해설 세부사항 관련 – 9월 투어에 대한 여자의 언급

남자가 9월에도 투어가 있냐고 묻자 여자가 날씨가 좋아서 사람들이 몰리는 때이다(They're actually crowded at that time of year because it's the last of the nice weather)라고 답하고 있으므로 (B)가 정답이다.

> ▶▶ Paraphrasing 대화의 crowded → 정답의 very popular

39
What does the woman tell the man to do?

(A) Make an online reservation
(B) View a brochure
(C) Provide photo identification
(D) Read some reviews

여자는 남자에게 무엇을 하라고 말하는가?
(A) 온라인으로 예약하기
(B) 안내책자 보기
(C) 사진이 있는 신분증 제시하기
(D) 후기 읽기

해설 세부사항 관련 – 여자의 지시사항

남자가 투어 예약을 하고 싶다고 하자 여자는 모든 예약은 웹 사이트를 통해 이루어진다(all our reservations are done through our Web site)고 말하고 웹 사이트에서 예약하는 방법을 설명하고 있다. 따라서 (A)가 정답이다.

> ▶▶ Paraphrasing 대화의 reservations are done through our Web site
> → 정답의 Make an online reservation

40
What does the woman imply when she says, "You can't miss it"?

(A) The tour is highly rated.
(B) A map should be used.
(C) The man must arrive on time.
(D) A calendar is easy to find.

여자가 "바로 보일 거예요"라고 말한 의도는 무엇인가?
(A) 투어는 높은 평가를 받고 있다.
(B) 지도를 사용해야 한다.
(C) 남자는 제시간에 도착해야 한다.
(D) 일정표가 찾기 쉽다.

해설 화자의 의도 파악 – 바로 보일 거라고 말한 의도

여자는 웹 사이트 왼편에서 일정표를 찾으라(Look for the calendar on the left-hand side)고 말한 뒤 이 말을 덧붙이고 있다. You can't miss it은 '그걸 못 보고 놓칠 리 없다'라는 뜻으로, 즉 그만큼 찾기 쉽다는 의미이다. 여기서 it이 가리키는 것은 일정표(calendar)이므로 (D)가 정답이다.

Questions 41 through 43 refer to the following conversation.

W-Br Akira, **41do you have time to send an e-mail to the staff this afternoon?** I'd do it myself but the Board of Trustees meeting starts in ten minutes, and **42I'm presenting the opening report**.

M-Cn No problem at all. What would you like the memo to say?

W-Br **43The entire law office will close early on Friday, at three P.M.** Some contractors are coming in to paint the conference room and lobby walls.

M-Cn OK, I'll get that out right away.

여: 아키라, 오늘 오후에 직원들에게 이메일을 보낼 시간이 있어요? 제가 직접 하려고 했는데 이사회 회의가 10분 후에 시작하고, 제가 회의 처음에 보고서를 발표할 예정이라서요.
남: 전혀 어렵지 않아요. 회람에 뭐라고 쓰실 건데요?
여: 법률 사무소 전체가 금요일 오후 세 시에 일찍 문을 닫을 거예요. 협력업체에서 와서 회의실과 로비 벽을 페인트칠할 거라서요.
남: 알겠어요, 그 내용을 바로 전송할게요.

어휘 staff 전 직원 Board of Trustees 이사회 present 발표하다 opening 시작, 서두 memo 회람 entire 전체의 close 문을 닫다 contractor (계약을 맺고 일을 하는) 도급업자

41
What does the woman ask the man to do?

(A) Send an e-mail
(B) Revise a report
(C) Schedule a repair
(D) Hang a painting

여자는 남자에게 무엇을 해달라고 요청하는가?
(A) 이메일 보내기
(B) 보고서 수정하기
(C) 보수 일정 잡기
(D) 그림 걸기

해설 세부사항 관련 – 여자의 요청사항

여자는 첫 대사에서 남자에게 직원들에게 이메일을 보낼 시간이 있느냐(do you have time to send an e-mail to the staff this afternoon?)고 묻고 있는데, 이는 직원들에게 이메일을 보내달라는 요청을 돌려 말한 것이므로 (A)가 정답이다.

42
Why is the woman unable to complete the task?

(A) She has a computer problem.
(B) She has to consult with a coworker.
(C) She has to give a presentation.
(D) She has a business trip.

여자는 왜 업무를 완수할 수 없는가?
(A) 컴퓨터에 문제가 있어서
(B) 동료와 상의를 해야 해서
(C) 발표를 해야 해서
(D) 출장이 있어서

해설 세부사항 관련 – 여자가 업무를 완수할 수 없는 이유
여자는 곧 있을 회의에서 발표를 해야 한다(I'm presenting the opening report)고 자신이 직접 이메일을 보내지 못하는 이유를 설명하고 있다. 따라서 (C)가 정답이다.

43
What will happen on Friday afternoon?
(A) Some furniture will be installed.
(B) Some walls will be painted.
(C) A conference will begin.
(D) A luncheon will take place.

금요일 오후에 있을 일은 무엇인가?
(A) 가구가 들어올 것이다.
(B) 벽에 페인트칠을 할 것이다.
(C) 회의가 시작될 것이다.
(D) 오찬이 있을 것이다.

해설 세부사항 관련 – 금요일 오후에 있을 일
여자는 금요일 오후에 회의실과 로비 벽에 페인트칠을 해서 사무실 문을 일찍 닫을 것이다(The entire law office will close early on Friday, at three P.M. Some contractors are coming in to paint the conference room and lobby walls)라고 했으므로 (B)가 정답이다.

Questions 44 through 46 refer to the following conversation.

M-Au Hi, it's Jeff from Personnel calling. **44I'll be conducting the preliminary interviews for the project manager position in your division.** Is there anything specific you want the candidates to be able to do?

W-Am Well, I know you ask about their education credentials and work experience. But **45I really need someone who can travel as part of this position.**

M-Au Yes, **45I see frequent international and domestic travel in the job requirements.** OK? I won't invite anyone for a second interview who isn't interested in that.

W-Am Exactly. Oh, by the way, **46don't forget that I'll be out the week of July sixth on holiday.** Please don't schedule suitable candidates to interview with me during that time.

남 안녕하세요, 인사부 제프입니다. 그 부서의 프로젝트 매니저 자리에 대해 예비 면접을 진행하려고 하는데요. 뭐 특별히 지원자가 할 수 있기를 바라시는 거 있으십니까?

여 학력이나 경력에 대해서는 제프 씨가 질문을 하실 테고요. 그런데 이 직무의 일환으로 출장을 갈 수 있는 사람이 정말로 필요해요.

남 네, 직무 요건에 잦은 국내외 출장이 있군요. 됐나요? 그럴 의향이 없는 사람은 누구도 2차 면접에 오르지 못할 겁니다.

여 바로 그 말이에요. 아, 그런데 제가 7월 6일 주에 휴가로 자리를 비우게 될 거라는 걸 기억해 주세요. 그 기간 동안에는 적합한 지원자가 저와 면접을 하는 일정을 잡지 말아 주세요.

어휘 personnel 인사부 conduct an interview 면접을 진행하다 preliminary 예비의 position (일)자리, 직위 division 부서, 국 specific 특정한 candidate 지원자 credential 자격 증명 frequent 잦은 domestic 국내의 job requirements 직무 요건 schedule 일정을 잡다 suitable 적합한

44
What are the speakers discussing?
(A) Interviewing job applicants
(B) Making promotion decisions
(C) Preparing for an urgent project
(D) Attracting international clients

화자들은 무엇에 대해서 논의하고 있는가?
(A) 구직자 면접
(B) 승진 결정
(C) 긴급한 프로젝트 준비
(D) 해외 고객 유치

해설 전체 내용 관련 – 화자들의 논의 사항
남자의 첫 번째 대사에서 프로젝트 매니저 자리에 대해 예비 면접을 진행하려고 한다(I'll be conducting the preliminary interviews for the project manager position in your division)고 전화 건 용건을 밝히고 있고, 이어지는 대화에서 면접에서 고려할 사항들에 관해 얘기를 나누고 있으므로 (A)가 정답이다.

▶▶ Paraphrasing 대화의 candidates → 정답의 job applicants

45
What does the woman say staff should be able to do?
(A) Work on weekends
(B) Handle multiple accounts
(C) Speak a foreign language
(D) Travel frequently

여자는 직원이 무엇을 할 수 있어야 한다고 말하는가?
(A) 주말 근무
(B) 많은 고객 관리
(C) 외국어 구사
(D) 잦은 출장

해설 세부사항 관련 – 직원이 할 수 있어야 하는 일
지원자에게 특별히 바라는 것이 있느냐는 질문에 여자는 출장을 갈 수 있는 사람이 필요하다(I really need someone who can travel as part of this position)고 했고, 이에 대해 남자도 직무 요건에 잦은 국내외 출장이 있다(I see frequent international and domestic travel in the job requirements)고 답하고 있으므로 (D)가 정답이다.

46
What does the woman remind the man about?
(A) Her letter of recommendation
(B) Her upcoming vacation
(C) A limited budget
(D) A contract deadline

여자는 남자에게 무엇에 대해 상기시키는가?
(A) 자신의 추천서
(B) 곧 있을 자신의 휴가
(C) 제한된 예산
(D) 계약 마감기한

해설 세부사항 관련 - 여자가 상기시키는 것
여자는 자신이 휴가로 자리를 비우게 될 거라는 걸 기억해 달라(don't forget that I'll be out the week of July sixth on holiday)고 말하고 있으므로 (B)가 정답이다.

▶ Paraphrasing   대화의 holiday → 정답의 vacation

Questions 47 through 49 refer to the following conversation.

M-Cn: Hi, ⁴⁷**I need some help with this mobile phone that I bought at your shop.** Whenever I make a call, I can hear the person on the other end, but that person can't hear me.

W-Br: Hmm. It sounds like there might be something wrong with the microphone. ⁴⁸**Have you dropped the phone recently?**

M-Cn: No, I haven't. In fact, I just bought it yesterday!

W-Br: Sometimes there's a manufacturing defect. Let me take a look at your phone to see if that's the case. If it is, then ⁴⁹**we can give you a brand-new one at no cost.**

남: 안녕하세요, 이 가게에서 구입한 이 휴대전화와 관련해서 도움이 필요해요. 전화를 걸 때마다, 저는 상대방의 소리가 들리는데 그 사람은 제 소리가 들리지 않는다고 합니다.
여: 흠. 마이크에 이상이 있는 것 같군요. 최근에 전화를 떨어뜨린 적이 있으신가요?
남: 아뇨, 없어요. 실은 바로 어제 샀거든요!
여: 가끔 제조상 결함이 있기도 해요. 이것도 그런 경우인지 알아보기 위해 전화를 좀 살펴볼게요. 만약 그럴 경우, 무료로 새 제품을 드리겠습니다.

어휘 mobile phone 휴대전화 make a call 전화를 하다 on the other end 상대편의 drop 떨어뜨리다 recently 최근에 manufacturing defect 제조상 결함 take a look at ~을 살펴보다 brand-new 신품의 at no cost 무료로

47
What is the man's problem?
(A) He cannot find a file.
(B) He is late for an appointment.
(C) His workplace is very noisy.
(D) His phone is not working properly.

남자의 문제는 무엇인가?
(A) 파일을 찾을 수 없다.
(B) 약속에 늦었다.
(C) 직장이 너무 시끄럽다.
(D) 휴대전화가 제대로 작동하지 않는다.

해설 세부사항 관련 - 남자의 문제점
남자는 첫 번째 대사에서 휴대전화와 관련해서 도움이 필요하다(I need some help with this mobile phone that I bought at your shop)면서 전화를 걸면 상대방이 자신의 소리를 듣지 못한다는 문제점에 대해서 말하고 있다. 따라서 휴대전화가 제대로 작동하지 않는다는 것이 문제이므로 (D)가 정답이다.

48
What does the woman ask the man about?
(A) Who he is trying to contact
(B) When he made a purchase
(C) Whether he damaged a device
(D) What the model number of an item is

여자는 남자에게 무엇에 대해 물어보는가?
(A) 그가 누구에게 연락하려고 하는지
(B) 그가 언제 구입했는지
(C) 그가 기기를 망가뜨렸는지
(D) 제품의 모델 번호가 무엇인지

해설 세부사항 관련 - 여자가 물어보는 사항
여자는 휴대전화의 문제점에 대해 듣고 남자에게 전화를 떨어뜨린 적이 있는지(Have you dropped the phone recently?) 묻고 있다. 이는 남자가 실수로 휴대전화를 망가뜨린 건 아닌지 알아보기 위함이므로 (C)가 정답이다.

▶ Paraphrasing   대화의 drop the phone
                  → 정답의 damage a device

49
What does the woman offer to do?
(A) Provide a replacement
(B) Give a discount
(C) Call a supervisor
(D) Check a storage room

여자는 무엇을 해주겠다고 제안하는가?
(A) 교체품 제공하기
(B) 할인해주기
(C) 관리자에게 전화하기
(D) 창고 확인하기

해설 세부사항 관련 - 여자의 제안사항
여자는 마지막 대사에서 제조상 결함일 경우 무료로 새 제품을 주겠다(we can give you a brand-new one at no cost)고 했으므로 (A)가 정답이다.

> ▸ Paraphrasing 대화의 give → 정답의 provide /
> 대화의 a brand-new one → 정답의 a replacement

Questions 50 through 52 refer to the following conversation.

W-Am Hello. I've read great reviews of your bakery. You're famous for your strawberry muffins, right? I'd like to try one.

M-Cn Sorry, ⁵⁰**we have strawberry muffins only when fresh strawberries are in season.** Would you like to try an almond muffin instead?

W-Am Sure, and, by any chance, ⁵¹**do you offer catering?** I'm expecting some clients at the office early Tuesday morning, and I'd like to have some food available.

M-Cn We don't do formal catering, but if you're in the neighborhood, ⁵²**I can bring your order to your office.**

W-Am Great, thanks. We're around the corner from here. How about a dozen assorted muffins? Here's the address.

여: 안녕하세요. 이곳 베이커리에 대해 좋은 평가를 읽었어요. 스트로베리 머핀으로 유명하시죠? 하나 맛보고 싶은데요.
남: 죄송하지만, 스트로베리 머핀은 신선한 딸기가 나오는 계절에만 있습니다. 대신에 아몬드 머핀을 맛보시겠어요?
여: 그럴게요, 그런데 혹시 케이터링 서비스도 제공하시나요? 화요일 아침 일찍 사무실에서 고객들을 만나기로 되어 있는데, 음식이 좀 있었으면 해서요.
남: 정식으로 케이터링 서비스를 하지는 않지만, 근처이면 주문하신 걸 사무실로 가져다 드릴 수는 있습니다.
여: 잘됐네요, 감사합니다. 우리 사무실은 여기서 아주 가까워요. 12개짜리 머핀 모음은 어떤가요? 이게 주소예요.

어휘 review 평가 in season 제철인 by any chance 혹시 catering (행사 등에) 음식 공급 formal 정식의 neighborhood 근처, 인근 around the corner (모퉁이만 돌면 있을 정도로) 아주 가까운 assorted 여러가지의

50
Why is a product unavailable?
(A) A machine part is broken.
(B) An ingredient is not in season.
(C) A shipment was delayed.
(D) A manufacturer went out of business.

상품을 구할 수 없는 이유는 무엇인가?
(A) 기계 부품이 고장 나서
(B) 재료가 제철이 아니어서
(C) 배송이 지연되어서
(D) 제조사가 폐업해서

해설 세부사항 관련 - 상품을 구할 수 없는 이유
여자가 스트로베리 머핀을 맛보고 싶다고 하자 남자는 스트로베리 머핀은 신선한 딸기가 나오는 계절에만 있다(we have strawberry muffins only when fresh strawberries are in season)면서 대신에 다른 머핀을 권하고 있다. 즉 딸기가 제철이 아니어서 스트로베리 머핀을 먹을 수 없는 것이므로 (B)가 정답이다.

> ▸ Paraphrasing 대화의 strawberry muffins → 문제의 a product /
> 대화의 fresh strawberries → 정답의 an ingredient

51
What does the woman inquire about?
(A) The date of an event
(B) The recipe for some baked goods
(C) The availability of a catering service
(D) The location of a business meeting

여자는 무엇에 대해서 문의하고 있는가?
(A) 행사 날짜
(B) 몇몇 제과의 조리법
(C) 케이터링 서비스 이용 가능성
(D) 업무 회의 장소

해설 세부사항 관련 - 여자의 문의사항
여자는 케이터링 서비스도 제공하는지(do you offer catering?) 묻고 있으므로 (C)가 정답이다.

52
What will the man most likely do on Tuesday?
(A) Change a display
(B) Buy some supplies
(C) Close a shop early
(D) Make a delivery

남자는 화요일에 무엇을 할 것 같은가?
(A) 진열 바꾸기
(B) 용품 구입하기
(C) 가게 문 일찍 닫기
(D) 배달하기

해설 세부사항 관련 - 남자가 화요일에 할 일
여자가 화요일에 케이터링 서비스가 필요하다고 하자 남자는 주문한 걸 사무실로 가져다 줄 수는 있다(I can bring your order to your office)고 했으므로 (D)가 정답이다.

> ▸ Paraphrasing 대화의 bring your order to your office → 정답의 make a delivery

Questions 53 through 55 refer to the following conversation.

W-Br: Good afternoon, ⁵³you've reached customer service at the Oxbridge Water Company. How can I help you?

M-Au: Hi, ⁵⁴I just received my water bill and it's much higher than usual. I think it's because last month one of the pipes in my house broke—my whole ground floor was flooded. ⁵⁴I shouldn't have to pay the full amount, should I?

W-Br: ⁵⁵If you can send us a receipt for any repair work related to the leak, it's possible we can reduce the charges. If you're ready, I can give you the address to send that to.

53
Where does the woman most likely work?
(A) At a bank
(B) At a home goods store
(C) At a utility company
(D) At an apartment management agency

54
Why is the man calling?
(A) To open an account
(B) To request a fee reduction
(C) To cancel an inspection
(D) To reserve some materials

55
What does the woman ask the man to send?
(A) A copy of a warranty
(B) A completed survey
(C) A receipt for a repair
(D) A deposit payment

Questions 56 through 58 refer to the following conversation.

M-Cn: Hi, Molly. How was your trip to meet with Xavier Retailers?

W-Br: Oh hi, Bryan. It went really well. The retailer really liked our women's footwear line, and ⁵⁶they've decided to place an order with us for their department stores nationwide, so it's much bigger than we expected.

M-Cn: Wow, congratulations!

W-Br: Thanks! Of course, I know you did most of the market analysis. ⁵⁷It really helped me convince the client to carry our footwear.

M-Cn: Don't worry—it was my pleasure. Oh, just so you know, ⁵⁸there's been a policy change and the receipts from trips can be submitted electronically.

W-Br: Thanks. I'll take care of that this week.

여:	아, 안녕하세요, 브라이언. 정말 잘됐어요. 그 업체는 우리 여성화 제품을 정말 마음에 들어 했고, 전국에 있는 백화점 매장들에 대해서 우리에게 주문을 하기로 결정해서, 우리가 예상했던 것보다 훨씬 규모가 커요.
남:	와, 축하해요!
여:	고마워요! 물론, 당신이 시장 분석 작업 대부분을 했지만요. 그 덕분에 고객들이 우리 회사 신발을 취급하도록 설득하는 데 정말 도움이 되었어요.
남:	별말씀을요, 제가 더 좋았죠. 아, 참고로 말하자면, 규정이 변경되어서 출장 영수증은 이메일로 제출할 수 있어요.
여:	고마워요, 이번 주에 처리할게요.

어휘	retailer 소매업자, 소매상 footwear 신발류 place an order 주문하다 nationwide 전국적인 analysis 분석 convince 설득하다 carry (가게에서 품목을) 취급하다 submit 제출하다 electronically 컴퓨터로 take care of ~을 처리하다

56
What has the woman recently accomplished?
(A) She designed a new line of shoes.
(B) She founded an organization.
(C) She advanced to an executive position.
(D) She secured a large order from a client.

여자가 최근에 성취한 것은 무엇인가?
(A) 신상품 신발을 디자인했다.
(B) 단체를 설립했다.
(C) 임원으로 승진했다.
(D) 고객으로부터 대량 주문을 땄다.

해설 세부사항 관련 – 여자가 최근에 성취한 것
여자는 회사의 고객인 업체가 주문을 하기로 결정했고 주문 규모가 예상보다 훨씬 크다(they've decided to place an order with us for their department stores nationwide, so it's much bigger than we expected)고 했으므로 (D)가 정답이다.

57
What does the woman mean when she says, "I know you did most of the market analysis"?
(A) She looks forward to reading a report.
(B) She wants to take on a new task.
(C) She is thankful for the man's help.
(D) She needs some advice from the man.

여자가 "당신이 시장 분석 작업 대부분을 했지만요"라고 말한 의도는 무엇인가?
(A) 보고서를 읽기를 기대하고 있다.
(B) 새로운 업무를 맡고 싶어 한다.
(C) 남자의 도움에 대해 고맙게 생각한다.
(D) 남자의 조언을 필요로 한다.

해설 화자의 의도 파악 – 시장 분석 작업 대부분을 했다는 말의 의미
여자는 대량 주문을 땄다는 것을 축하한다는 남자의 말에 대해 이렇게 말하고 나서 그것이 고객에게 회사 제품을 취급하도록 설득하는 데 도움이 되었다(It really helped me convince the client to carry our footwear)고 덧붙이고 있다. 즉 자신이 대량 주문을 따도록 남자가 시장 분석 작업을 통해 도와준 것에 대해 고마움을 나타내고자 하는 의도이므로 (C)가 정답이다.

58
What policy change does the man tell the woman about?
(A) How to book flights
(B) How to submit receipts
(C) How to enter data
(D) How to pay vendors

남자는 여자에게 무엇에 관한 규정 변경에 대해서 말하는가?
(A) 항공편 예약하는 방법
(B) 영수증 제출하는 방법
(C) 자료 입력하는 방법
(D) 판매업체에 돈을 지불하는 방법

해설 세부사항 관련 – 남자가 말하는 규정 변경 내용
남자는 규정이 변경되어서 출장 영수증은 이메일로 제출할 수 있다(there's been a policy change and the receipts from trips can be submitted electronically)고 말하고 있으므로 (B)가 정답이다.

Questions 59 through 61 refer to the following conversation.

M-Au	Good morning, Jee-Eun. ⁵⁹**How's it going with the brochures for the Sports and Medicine Expo in July?** I'm really eager to see what the public thinks about our company's new exercise equipment.
W-Am	Actually, not well. ⁶⁰**I printed a few yesterday, and for some reason the ink won't dry!** I tried different types of photo paper and tested different printer settings, but no matter what I do... the ink smears when I touch it.
M-Au	Strange. Well, since we're not in a hurry, ⁶¹**why don't we just get the brochures printed at a place that specializes in this sort of thing?** I want to make sure they look great.

남:	안녕하세요, 지은. 7월의 스포츠 및 의학 엑스포에 쓸 홍보책자는 어떻게 돼가고 있어요? 대중들이 우리 회사의 새로운 운동기구에 대해서 어떻게 생각하는지 정말 알고 싶어요.
여:	실은, 잘 안 되고 있어요. 어제 몇 부를 인쇄했는데, 무슨 이유인지 잉크가 마르지 않아요! 다른 종류의 사진 용지를 써보고 다른 인쇄 설정을 테스트해봤지만, 어떻게 해도… 만질 때마다 잉크가 번져요.
남:	이상하군요. 급한 건 아니니까, 홍보책자 인쇄를 이런 일을 전문으로 하는 곳에 맡기는 게 어떨까요? 반드시 홍보책자가 근사하게 보이도록 하고 싶거든요.

어휘	brochure 홍보[안내]책자 be eager to do 간절히 ~하고 싶어 하다 the public 일반 대중 equipment 장비, 기구 printer setting 인쇄 설정 smear (잉크가) 번지다 be in a hurry 급하다 specialize in ~을 전문으로 하다 make sure 반드시 ~하도록 하다

59

What is the company planning to do in July?

(A) Announce a new president
(B) Participate in a product exhibition
(C) Hold a company picnic
(D) Buy some printing equipment

회사가 7월에 하려고 계획하고 있는 것은 무엇인가?
(A) 신임 회장 발표
(B) 제품 박람회 참여
(C) 회사 야유회 개최
(D) 인쇄 장비 구입

해설 세부사항 관련 – 회사가 7월에 하려고 하는 것

남자의 첫 번째 대사에서 7월에 있을 엑스포에 쓸 홍보책자가 어떻게 되어 가고 있는지(How's it going with the brochures for the Sports and Medicine Expo in July?) 묻고 있으므로 회사가 이 엑스포에 참여할 계획임을 알 수 있다. 따라서 (B)가 정답이다.

▶▶ Paraphrasing 대화의 expo → 정답의 product exhibition

60

What problem does the woman mention?

(A) A document is not printing correctly.
(B) Some expenses have not been approved.
(C) Some inventory is not selling well.
(D) An invitation was not received.

여자는 어떤 문제점을 언급하고 있는가?
(A) 문서가 제대로 인쇄되지 않고 있다.
(B) 일부 비용이 승인되지 않았다.
(C) 일부 재고의 판매가 잘 되지 않고 있다.
(D) 초대장을 받지 못했다.

해설 세부사항 관련 – 여자가 언급한 문제점

여자는 홍보책자를 인쇄했는데 잉크가 마르지 않는다(I printed a few yesterday, and for some reason the ink won't dry!)는 문제점에 대해서 말하고 있으므로 (A)가 정답이다.

61

What does the man suggest?

(A) Writing some new product descriptions
(B) Rearranging some photographs
(C) Getting consumer feedback
(D) Using a professional service

남자가 제안하는 것은 무엇인가?
(A) 일부 제품 설명을 새로 작성하기
(B) 일부 사진 재배열하기
(C) 소비자 의견 듣기
(D) 전문적인 서비스 이용하기

해설 세부사항 관련 – 남자의 제안사항

남자는 마지막 대사에서 홍보책자 인쇄를 전문 업체에 맡기자(why don't we just get the brochures printed at a place that specializes in this sort of thing?)고 제안하고 있으므로 (D)가 정답이다.

▶▶ Paraphrasing 대화의 specialize in → 정답의 professional

Questions 62 through 64 refer to the following conversation and floor plan.

M-Cn Hi. ⁶²**I'm one of the new interns here at Manzi Technology.** I'm here for the orientation session at nine o'clock.

W-Br OK. I just need you to sign in, and I'll find your name tag. What's your name?

M-Cn Richard Edwards.

W-Br Oh, there's a Rhonda Edwards in our public relations department. Are you related to her?

M-Cn Yes, ⁶³**she's my older sister. Actually, she's the one who told me about this internship.** She thought I'd really enjoy working here during my break from university.

W-Br I'm sure you will. Well, welcome to Manzi. Here's your name tag. ⁶⁴**Orientation is upstairs. It's the first room on your left when you get to the top of the staircase.**

M-Cn Thank you.

남 안녕하세요. 저는 여기 만지 테크놀로지 사의 신입 인턴입니다. 9시에 있는 오리엔테이션 때문에 왔습니다.
여 알겠어요. 서명만 하시면 돼요, 그리고 명찰을 찾아드릴게요. 성함이 어떻게 되나요?
남 리처드 에드워즈입니다.
여 아, 우리 홍보부서에 론다 에드워즈라고 있는데요. 그녀와 친척이세요?
남 네, 제 누나입니다. 실은 누나가 이 인턴직에 대해 말해 줬거든요. 제가 대학을 휴학하는 동안 여기서 일하는 걸 정말 좋아할 것 같대요.
여 분명히 그럴 거예요. 자, 만지 사에 오신 걸 환영합니다. 여기 명찰이 있습니다. 오리엔테이션은 위층에서 있습니다. 계단 꼭대기에 도착하셔서 왼편 첫 번째 방입니다.
남 감사합니다.

어휘 intern 인턴, 수습사원 sign in 서명하다 name tag 명찰 public relations department 홍보부 be related to ~와 관련이 있다, ~와 친척 관계이다 internship 인턴직 break 중단, 휴지 기간 upstairs 위층에 staircase 계단

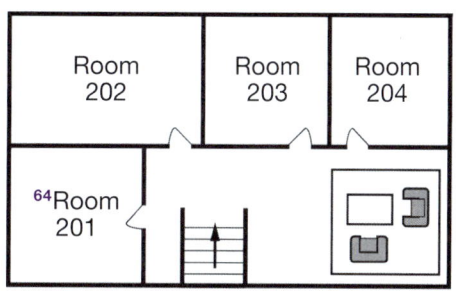

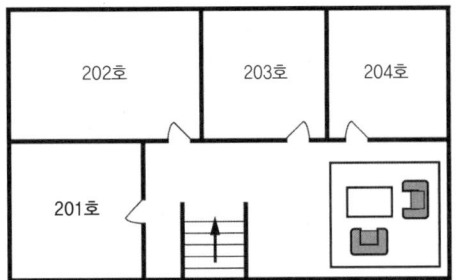

62

Why is the man at Manzi Technology?

(A) To lead a workshop
(B) To pick up an application form
(C) To have an interview
(D) To start an internship

남자가 만지 테크놀로지 사에 온 이유는 무엇인가?
(A) 워크숍을 진행하기 위해
(B) 지원서를 가져가기 위해
(C) 면접을 보기 위해
(D) 인턴직을 시작하기 위해

해설 세부사항 관련 – 남자가 만지 테크놀로지 사에 온 이유

남자가 첫 번째 대사에서 자신을 만지 테크놀로지 사의 신입 인턴(I'm one of the new interns here at Manzi Technology)이라고 소개하고 있으므로 (D)가 정답이다.

63

How did the man learn about Manzi Technology?

(A) From a university professor
(B) From a family member
(C) From a career fair
(D) From an online advertisement

남자는 어떻게 만지 테크놀로지 사에 대해 알게 되었는가?
(A) 대학 교수를 통해
(B) 가족을 통해
(C) 취업 박람회를 통해
(D) 인터넷 광고를 통해

해설 세부사항 관련 – 남자가 만지 테크놀로지 사에 대해 알게 된 경위

남자는 누나가 이 회사의 인턴직에 대해 말해 줬다(she's my older sister. Actually, she's the one who told me about this internship)고 했으므로 (B)가 정답이다.

▶ Paraphrasing 대화의 older sister → 정답의 family member

64

Look at the graphic. Which room will the man go to next?

(A) 201
(B) 202
(C) 203
(D) 204

시각정보에 의하면, 남자는 다음에 어떤 방에 가겠는가?
(A) 201호
(B) 202호
(C) 203호
(D) 204호

해설 시각정보 연계 – 남자가 다음에 갈 방

여자는 마지막 대사에서 남자에게 오리엔테이션이 열리는 장소를 알려 주고 있는데, 계단을 올라가서 위층 왼편 첫 번째 방(It's the first room on your left when you get to the top of the staircase)이라고 말한다. 평면도를 보면 계단을 올라와서 왼편 첫 번째 방에 해당하는 것은 201호이므로 (A)가 정답이다.

Questions 65 through 67 refer to the following conversation and graph.

W-Br Hi, Mr. Polk. Thanks for meeting with me.

M-Au Sure. It's a pleasure. So, ⁶⁵you're writing an article for *Forge Ahead Magazine*?

W-Br Yes, ⁶⁵the piece is about how your car manufacturing plant dramatically changed the way it produces cars. Could you tell me about what you did?

M-Au Certainly. Many factory employees are told to never stop the production line—no matter what. ⁶⁶Recently I took the opposite approach. Whenever we found a defect, anyone could stop the assembly line and address the problem immediately.

W-Br ⁶⁶And this transition improved your quality control?

M-Au Exactly. In fact, look at this production chart. You'll see that, ⁶⁷compared to other factories, cars from this one have far fewer defects.

여: 안녕하세요, 포크 씨. 만나주셔서 감사합니다.
남: 별말씀을요. 제가 영광입니다. 자, 〈포지 어헤드〉 지에 기사를 쓰고 계신다고요?
여: 네, 포크 씨의 자동차 생산 공장이 어떻게 자동차를 생산하는 방식을 극적으로 변화시켰는지에 대한 기사입니다. 어떻게 하셨는지 말씀해주시겠어요?
남: 물론이죠. 대다수 공장 직원들은 절대 생산 라인을 멈추지 말라는 지시를 받습니다, 무슨 일이 있더라도요. 최근에 저는 정반대의 접근법을 택했습니다. 결함을 발견할 때마다, 누구라도 조립 라인을 멈추고 즉시 문제를 해결할 수 있도록요.
여: 그리고 그런 변화가 품질 관리를 개선시켰고요?
남: 바로 그겁니다. 실제로 이 생산 차트를 보세요. 다른 공장들과 비교하여, 이 공장의 자동차들에 결함이 훨씬 적다는 게 보이실 겁니다.

어휘 article 기사 piece (신문·잡지에 실리는 한 편의) 기사, 글 manufacturing plant 생산 공장 dramatically 극적으로 employee 직원 production line 생산 라인(assembly line) no matter what 무슨 일이 있더라도 opposite 정반대의 approach 접근법 defect 결함 address (문제를) 해결하다 immediately 즉시 transition 이행, 변화 quality control 품질 관리 compared to ~와 비교하여

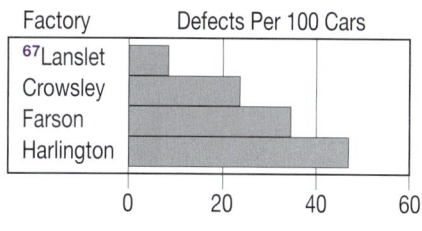

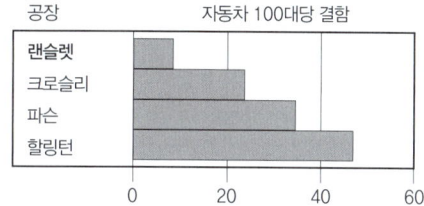

65

Why is the woman meeting with the man?

(A) To select conference participants
(B) To finalize an agreement
(C) To research a news article
(D) To purchase an automobile

여자가 남자를 만나고 있는 이유는 무엇인가?
(A) 회의 참가자를 선정하기 위해
(B) 계약을 확정짓기 위해
(C) 뉴스 기사를 취재하기 위해
(D) 자동차를 구입하기 위해

해설 전체 내용 관련 – 여자가 남자를 만나는 이유

여자가 잡지의 기사를 쓰고 있다(you're writing an article)는 남자의 언급에 이어, 여자가 남자의 자동차 생산 공장에 관한 기사(the piece is about how your car manufacturing plant dramatically changed the way it produces cars)라고 말하고 있다. 따라서 여자는 기사를 취재하기 위해 남자를 만나고 있음을 알 수 있으므로 (C)가 정답이다.

66

What happened recently at Mr. Polk's factory?

(A) Better equipment was installed.
(B) Additional employees were hired.
(C) An office was renovated.
(D) A production process was improved.

포크 씨의 공장에 최근에 있었던 일은 무엇인가?
(A) 더 좋은 장비가 설치되었다.
(B) 추가로 직원들이 채용되었다.
(C) 사무실 개조 공사를 했다.
(D) 생산 과정이 개선되었다.

해설 세부사항 관련 – 포크 씨의 공장에 최근에 있었던 일

포크 씨는 기존과 정반대되는 생산 방식을 도입했다(Recently I took the opposite approach)고 했고, 이런 생산 방식의 변화로 품질 관리가 향상되었다(And this transition improved your quality control?)는 여자의 언급이 있으므로 (D)가 정답이다.

67

Look at the graphic. Which factory does Mr. Polk most likely manage?

(A) Lanslet
(B) Crowsley
(C) Farson
(D) Harlington

시각정보에 의하면, 포크 씨는 어느 공장을 관리하는 것 같은가?
(A) 랜슬렛
(B) 크로슬리
(C) 파슨
(D) 할링턴

해설 시각정보 연계 – 포크 씨가 관리하는 공장

포크 씨의 마지막 대사에서 다른 공장들과 비교하여 자신의 공장에서 만든 자동차들에 결함이 훨씬 적다(compared to other factories, cars from this one have far fewer defects)고 했는데, 차트에서 불량률이 가장 적은 공장은 랜슬렛이므로 (A)가 정답이다.

Questions 68 through 70 refer to the following conversation and contract.

W-Am Hello, it's Helen from your lawyer's office calling to make sure you received the contract we sent over.

M-Au Hi, yes, and I had time to look it over. **68There's actually a spelling error on the second line; it should be Milt, M-I-L-T, Industries, not M-A-L-T.**

W-Am Oh, I'll have that corrected. Did you notice anything else?

M-Au Well, I just received the building inspection report, and **69we learned that the electrical wiring is over fifteen years old. We're worried about having access to enough power to run all our computers and servers.**

W-Am That's a problem. **70I'll talk to the sellers about covering the cost of upgrading the electricity.**

여: 안녕하세요, 저는 고객님의 담당 법률 사무소의 헬렌인데 저희가 보내드린 계약서를 받으셨는지 확인하고자 전화드립니다.
남: 안녕하세요, 네, 그리고 제가 검토해 봤는데요. 실은 두 번째 줄에 철자 오류가 있더군요. 밀트, M-I-L-T 인더스트리즈예요, M-A-L-T가 아니고요.
여: 아, 수정하라고 하겠습니다. 그밖에 다른 것도 발견하셨나요?
남: 방금 건물 점검 보고서를 받았는데, 전기 배선이 15년이 넘었다는 것을 알게 됐어요. 우리 컴퓨터와 서버 모두를 가동시키기에 충분한 전력을 이용할 수 있을지 걱정스럽습니다.
여: 그건 문제군요. 전기 배선 개선 비용을 대는 것과 관련해서 매도인과 얘기해보겠습니다.

어휘 | contract 계약(서) look over 검토하다 spelling error 철자 오류 correct 수정하다 notice 발견하다 inspection 점검 electrical wiring 전기 배선 have access to ~에 접근[접속]하다 run 작동시키다 cover (경비를) 대다 electricity 전기

**CONTRACT OF SALE
for a COMMERCIAL building**

Location: 1420 Pine Drive
⁶⁸Buyer: Malt Industries
Seller: Stampard Group

상업용 건물 매매 계약서	
위치:	1420 파인 드라이브
매수인:	몰트 인더스트리즈
매도인:	스탬파드 그룹

68
Look at the graphic. According to the man, which information is incorrect?
(A) The type of property
(B) The address
(C) The buyer's name
(D) The seller's name

시각정보에서, 남자의 말에 따르면 어떤 정보가 맞지 않는가?
(A) 건물 유형
(B) 주소
(C) 매수인의 이름
(D) 매도인의 이름

해설 | 시각정보 연계 – 시각정보에서 틀린 정보
남자는 계약서에서 철자 오류를 지적하며 MALT가 아니라 MILT라고(There's actually a spelling error on the second line; it should be Milt, M-I-L-T, Industries, not M-A-L-T) 했는데, 계약서에서 이것은 매수인(Buyer)의 이름에 해당하므로 (C)가 정답이다.

69
What does the man say he is worried about?
(A) The proximity of a highway
(B) The condition of an electrical system
(C) The cost of interior decorating
(D) The lack of parking space

남자는 무엇이 걱정스럽다고 말하는가?
(A) 고속도로에 근접해 있음
(B) 전기 시스템의 상태
(C) 실내 장식 비용
(D) 주차 공간 부족

해설 | 세부사항 관련 – 남자의 우려사항
남자는 전기 배선이 오래 되어 충분한 전력을 이용할 수 있을지 걱정스럽다(we learned that the electrical wiring is over fifteen years old. We're worried about having access to enough power to run all our computers and servers)고 했으므로 (B)가 정답이다.

▸▸ Paraphrasing 대화의 **electrical wiring** → 정답의 **electrical system**

70
What does the woman offer to do?
(A) Negotiate with a seller
(B) Show an alternate property
(C) Study some regulations
(D) Contact a construction company

여자는 무엇을 하겠다고 제안하는가?
(A) 매도인과 협의
(B) 대체할 다른 건물 소개
(C) 규정 조사
(D) 건설회사에 연락하기

해설 | 세부사항 관련 – 여자의 제안사항
여자는 마지막 대사에서 매도인이 전기 배선 비용을 대도록 얘기해보겠다(I'll talk to the sellers about covering the cost of upgrading the electricity)고 하고 있으므로 (A)가 정답이다.

▸▸ Paraphrasing 대화의 **talk to** → 정답의 **negotiate with**

PART 4

Questions 71 through 73 refer to the following excerpt from a meeting.

M-Cn Before we end this meeting, ⁷¹**I'd like to take a minute to recognize Janet Kalasky.** She's led our department's marketing efforts for the past five years and has shown a tremendous amount of dedication to the company. ⁷²**Recently, Janet has been focusing on the displays that advertise our new line of smart phones** for our booth at next week's trade show. The displays are very impressive, and ⁷³**I suggest that you drop by the staff lounge after this meeting to have a look at them.** But first, ⁷¹**let's have a round of applause to thank Janet for her work and dedication.**

이 회의를 끝내기 전에, 재닛 컬라스키 씨의 공로를 치하하는 시간을 잠깐 갖고자 합니다. 그녀는 지난 5년간 우리 부서의 마케팅 활동을 이끌면서 회사에 지대한 헌신을 보여주었습니다. 최근에 재닛은 다음 주에 있을 무역 박람회에서 우리 전시 부스에 쓸, 우리 회사 스마트폰 신제품을 광고하는 전시물에 주력해왔습니다. 전시물이 매우 인상적인데, 이 회의가 끝난 후 직원 휴게실에 잠깐 들러 한번 둘러보시기 바랍니다. 하지만 먼저, 그녀의 공로와 헌신에 대해 재닛에게 감사하기 위해 큰 박수를 보내 줍시다.

어휘 recognize (공로를) 인정하다 tremendous 굉장한, 엄청난 dedication 전념, 헌신 focus on ~에 주력하다, 초점을 맞추다 display 전시, 진열 advertise 광고하다 trade show 무역 박람회 impressive 인상적인 drop by 잠깐 들르다 staff lounge 직원 휴게실 have a look at ~을 한번 둘러보다 a round of applause 한 차례의 박수

71
What is the purpose of the announcement?
(A) To acknowledge a coworker
(B) To introduce a guest
(C) To explain a department policy
(D) To discuss sales techniques

발표의 목적은 무엇인가?
(A) 동료에게 감사를 표하기 위해
(B) 손님을 소개하기 위해
(C) 부서 정책을 설명하기 위해
(D) 판매 기법에 대해 논의하기 위해

해설 전체 내용 관련 – 발표의 목적
화자는 첫 문장에서 재닛 컬라스키 씨의 공로를 치하하는 시간을 갖겠다(I'd like to take a minute to recognize Janet Kalasky)고 하고 나서, 동료인 재닛이 이룬 성과를 소개하고 마지막에 다시 한 번 재닛에게 감사의 박수를 보내자(let's have a round of applause to thank Janet for her work and dedication)고 하고 있으므로 (A)가 정답이다.

▶▶ **Paraphrasing** 담화의 recognize, thank
→ 정답의 acknowledge

72
What has Janet Kalasky been working on recently?
(A) Finalizing a conference agenda
(B) Developing mobile phone software
(C) Updating training manuals
(D) Creating promotional displays

재닛 컬라스키 씨는 최근에 무슨 일을 해왔는가?
(A) 회의 안건 마무리짓기
(B) 휴대 전화용 프로그램 개발하기
(C) 교육 지침 업데이트하기
(D) 홍보 전시물 제작하기

해설 세부사항 관련 – 재닛 컬라스키 씨가 최근에 한 일
화자는 재닛이 최근에 회사 신제품 스마트폰을 광고하는 전시물 제작에 주력해왔다(Recently, Janet has been focusing on the displays that advertise our new line of smart phones)고 했으므로 (D)가 정답이다.

▶▶ **Paraphrasing** 담화의 displays that advertise
→ 정답의 promotional displays

73
Where does the speaker encourage the listeners to go?
(A) To the security desk
(B) To the employee lounge
(C) To a training session
(D) To a trade show

화자는 청자들에게 어디로 갈 것을 권장하는가?
(A) 보안 데스크
(B) 직원 휴게실
(C) 교육 과정
(D) 무역 박람회

해설 세부사항 관련 – 화자가 청자들에게 가도록 권장하는 곳
화자는 청자들에게 직원 휴게실에 들를 것을 권하고(I suggest that you drop by the staff lounge after this meeting to have a look at them) 있으므로 (B)가 정답이다.

▶▶ **Paraphrasing** 담화의 staff lounge
→ 정답의 employee lounge

Questions 74 through 76 refer to the following news report.

M-Au This is Harold Rosen, with WKRN News, **74reporting from the newly opened Bradford Opera House.** **75The building is ultramodern,** and when plans for its construction were announced, locals expressed their concern about it. It's located right next to historic city hall, the oldest building in the city. But so far, residents who have visited seem to like it. In spite of its modern look, those who have been inside are impressed. The atrium is beautifully decorated, the theater is equipped with a state-of-the-art sound system, and, of course, the music program is spectacular. **76The schedule for this season's performances can be found on the WKRN Web site.**

저는 WKRN 뉴스의 해롤드 로젠이며, 최근에 개장한 브랫포드 오페라 하우스에 나와 있습니다. 초현대적인 이 건물은, 건설 계획이 발표되었을 때, 지역민들이 그에 대해 우려를 표했습니다. 이것은 이 도시에서 가장 오래된 건물인 유서 깊은 시청 바로 옆에 위치해 있습니다. 하지만 지금까지는 이곳을 다녀간 주민들은 이 건물을 마음에 들어 하는 것처럼 보입니다. 현대적인 외관에도 불구하고, 내부에 들어가본 사람들은 깊은 인상을 받게 됩니다. 아트리움은 아름답게 장식되어 있고, 극장에는 최신식 음향 시스템이 갖춰져 있으며, 물론 음악 프로그램도 훌륭합니다. 이번 시즌 공연 일정은 WKRN 웹 사이트에서 찾아보실 수 있습니다.

> **어휘** newly 최근에, 새로 ultramodern 초현대적인 local 지역의; 지역민 concern 우려 located (~에) 위치한 historic 역사적으로 중요한 so far 지금까지 resident 주민 in spite of ~에도 불구하고 impressed 깊은 인상을 받은 atrium 아트리움 decorated 장식된 be equipped with ~을 갖추고 있다 state-of-the-art 최신의 spectacular 웅장한, 장대한 performance 공연

74
Where is the speaker reporting from?
(A) A movie theater
(B) An opera house
(C) A shopping mall
(D) A convention center

화자가 보도를 전하는 곳은 어디인가?
(A) 영화관
(B) 오페라 하우스
(C) 쇼핑몰
(D) 컨벤션 센터

> **해설** 전체 내용 관련 – 화자가 있는 장소
> 화자가 첫 문장에서 새로 개장한 오페라 하우스에서 보도를 전하고 있다(reporting from the newly opened Bradford Opera House)고 말하고 있으므로 (B)가 정답이다.

75
What does the speaker imply when he says, "It's located right next to historic city hall, the oldest building in the city"?
(A) An old building needs to be repaired.
(B) A historic landmark is worth visiting.
(C) A new building contrasts with older ones.
(D) A building is not difficult to get to.

화자가 "이것은 이 도시에서 가장 오래된 건물인 유서 깊은 시청 바로 옆에 위치해 있습니다"라고 말한 의도는 무엇인가?
(A) 오래된 건물에 수리가 필요하다.
(B) 역사적으로 중요한 건물은 방문할 가치가 있다.
(C) 새로운 건물이 더 오래된 건물과 대조를 이룬다.
(D) 건물이 찾아가기에 어렵지 않다.

> **해설** 화자의 의도 파악 – 이 도시에서 가장 오래된 건물 바로 옆에 위치해 있다는 말의 의미
> 화자는 앞에서 오페라 하우스가 초현대적이다(The building is ultramodern)라고 하고 나서, 이 말을 덧붙이고 있다. 이는 초현대적인 오페라 하우스가 도시에서 가장 오래된 시청 바로 옆에 있다는 것이 서로 대조적이라는 의미이므로 (C)가 정답이다.

76
What can the listeners do on a Web site?
(A) Purchase event merchandise
(B) Read reviews
(C) Register for a newsletter
(D) View a performance schedule

청자들이 웹 사이트에서 할 수 있는 것은 무엇인가?
(A) 행사 상품 구입하기
(B) 평가 읽기
(C) 소식지 신청하기
(D) 공연 일정 보기

> **해설**
> 화자는 마지막 문장에서 이번 시즌 공연 일정을 방송사 웹 사이트에서 찾아볼 수 있다(The schedule for this season's performances can be found on the WKRN Web site)고 했으므로 (D)가 정답이다.

Questions 77 through 79 refer to the following telephone message.

> W-Br Hi, my name is Tomoko. **77**I saw an advertisement for your motorcycle, and I'm interested in purchasing it. **78**But I have a concern about the price. It's a little high considering it's a few years old. Could you lower the price by two hundred dollars? I also read in the ad that you'd be willing to drop the motorcycle off at the buyer's house, but I live an hour away so I don't want to make you drive too far. **79**My friend and I can come pick it up on Saturday, if you accept my offer. Give me a call back tonight at 555-0108. Thanks.

안녕하세요, 제 이름은 토모코입니다. 오토바이를 광고하신 것을 보았는데, 구입하고 싶어요. 그런데 가격이 좀 걸립니다. 연식이 몇 년 되었다는 점을 감안할 때 다소 높은 것 같아서요. 가격을 200달러 정도 낮춰주실 수 있을까요? 또 광고에는 오토바이를 구매자의 집까지 가져다 주실 의향이 있으시다고 나와 있는데, 제가 한 시간 거리에 살고 있어서 그렇게 멀리까지 운전을 하시도록 하고 싶지는 않습니다. 만약 제 제의를 수락하신다면, 제가 토요일에 친구와 함께 가지러 갈 수 있습니다. 오늘 밤에 555-0108번으로 연락주세요. 감사합니다.

> **어휘** advertisement 광고(ad) motorcycle 오토바이 considering ~을 고려하면 lower 낮추다 be willing to do ~할 의향이 있다 drop off ~을 갖다 주다 pick up ~을 가지러 가다

77
Why is the speaker calling?
(A) To report an accident
(B) To inquire about an advertisement
(C) To point out a mistake
(D) To give driving directions

화자가 전화를 건 이유는 무엇인가?
(A) 사고를 신고하기 위해
(B) 광고에 대해 문의하기 위해
(C) 실수를 지적하기 위해
(D) 운전해서 오는 길을 알려주기 위해

해설　전체 내용 관련 – 화자가 전화를 건 이유

화자는 청자가 낸 오토바이 광고를 보고 구입하고 싶다(I saw an advertisement for your motorcycle, and I'm interested in purchasing it)는 의사를 밝힌 뒤, 가격을 낮춰줄 수 있는지 묻고 있다. 따라서 오토바이 광고에 대해 문의하기 위해 전화를 걸었음을 알 수 있으므로 (B)가 정답이다.

78
What does the speaker say she is concerned about?

(A) A selling price
(B) The cost of a delivery
(C) An application requirement
(D) The time of an event

화자는 무엇이 걱정스럽다고 말하는가?

(A) 판매 가격
(B) 배송비
(C) 지원 요건
(D) 행사 시기

해설　세부사항 관련 – 화자가 걱정하는 것

화자는 가격이 좀 걸린다고 하면서 연식에 비해 다소 높다(But I have a concern about the price. It's a little high considering it's a few years old)고 말하고 있으므로 (A)가 정답이다.

79
What does the speaker offer to do?

(A) Test a product
(B) E-mail a contract
(C) Pick up an item
(D) Provide a photograph

화자는 무엇을 하겠다고 제안하는가?

(A) 제품 테스트하기
(B) 이메일로 계약서 보내기
(C) 물품 가지러 가기
(D) 사진 제공하기

해설　세부사항 관련 – 화자의 제안사항

화자는 청자가 오토바이를 가져다 주는 대신 자신이 친구와 함께 가지러 가겠다(My friend and I can come pick it up on Saturday)고 제안하고 있으므로 (C)가 정답이다.

Questions 80 through 82 refer to the following announcement.

W-Am　OK everyone, **80**this concludes our training on advanced hairstyling techniques. We hope you learned how combining products and tools can help you create new and exciting hairstyles for your clients. You'll notice on the way out that **I placed some surveys by the door. 82**And let me remind you that there are only a few openings left for our upcoming workshop on hair coloring, so be sure to sign up soon if you're interested. Have a great afternoon!

자, 여러분, 이것으로 고급 헤어스타일링 기술에 관한 교육을 마치겠습니다. 제품과 도구를 함께 사용하는 것이 고객의 헤어스타일을 새롭고 멋지게 만드는 데 어떤 도움이 될 수 있는지 아셨기를 바랍니다. 나가시면서 제가 문 옆에 둔 설문지를 보시게 될 겁니다. 그리고 다시 한번 알려드리지만 곧 있을 헤어 컬러링에 관한 워크숍에 남아 있는 자리가 몇 되지 않으니, 관심 있으시면 반드시 서둘러 신청하세요. 좋은 오후 시간 보내세요!

어휘　conclude 끝내다, 마치다　advanced 선진의, 고급의　hairstyling 머리 손질　combine 결합하다　notice 알아차리다　on the way out 나가는 길에　place 놓다, 두다　remind 상기시키다　opening 빈 자리　upcoming 곧 있을　hair coloring 머리 염색　sign up 등록하다, 신청하다

80
Who most likely are the listeners?

(A) Marketing specialists
(B) Fashion models
(C) Interior designers
(D) Hairstylists

청자들은 누구일 것 같은가?

(A) 마케팅 전문가
(B) 패션 모델
(C) 인테리어 디자이너
(D) 미용사

해설　전체 내용 관련 – 청자들의 신분

화자가 첫 문장에서 헤어스타일링에 관한 교육을 마치겠다(this concludes our training on advanced hairstyling techniques)고 한 뒤, (고객을 위해 (for your clients) 멋진 헤어스타일을 만드는 방법을 아셨기를 바란다고 덧붙이는 것에서 청자들의 직업이 미용사임을 알 수 있으므로 (D)가 정답이다.

81
What does the speaker imply when she says, "I placed some surveys by the door"?

(A) Her documents are missing.
(B) She hopes to receive feedback.
(C) Participants should depart promptly.
(D) A task has already been completed.

화자가 "제가 문 옆에 설문지를 두었습니다"라고 말한 의도는 무엇인가?

(A) 그녀의 서류가 없어졌다.
(B) 피드백을 받기를 원한다.
(C) 참가자들은 신속히 출발해야 한다.
(D) 업무를 이미 완수했다.

해설 화자의 의도 파악 – 설문지를 두었다는 말의 의미

워크숍을 끝내면서 참석자들에게 설문지를 두었다고 말하는 것은 참석자들이 설문지를 작성하여 워크숍에 대한 피드백을 주기를 원한다는 의미이므로 (B)가 정답이다.

82

What does the speaker remind the listeners about?

(A) Contacting clients
(B) Signing up for a workshop
(C) Submitting a personal profile
(D) Taking a brochure

화자는 청자들에게 무엇에 대해 상기시키는가?
(A) 고객들에게 연락하기
(B) 워크숍 신청하기
(C) 개인 신상 정보 제출하기
(D) 안내책자 가져가기

해설 세부사항 관련 – 화자가 청자들에게 상기시키는 것

화자는 곧 있을 워크숍의 남아 있는 빈 자리가 몇 되지 않으니 서둘러 신청하라(And let me remind you that there are only a few openings left for our upcoming workshop on hair coloring, so be sure to sign up soon if you're interested)고 하고 있으므로 (B)가 정답이다.

Questions 83 through 85 refer to the following broadcast.

> W-Br Thanks for listening to KQSP Radio. ⁸³**Remember to tune in next Saturday evening for our tenth anniversary celebration.** We'll be playing the top ten songs of the past decade, selected by you, the listeners. ⁸⁴**There's still time to vote for your favorite song.** You can do that by sending a text message to 5143. The songs with the most votes will be played during our show next Saturday evening. And coming up after a short break, we've got a live in-studio interview with pop singer Ezra Ortiz. ⁸⁵**He'll be telling us about his upcoming world tour.**
>
> KQSP 라디오를 청취해 주셔서 감사합니다. 다음 주 토요일 저녁에 우리의 10주년 축하방송을 꼭 청취해 주세요. 청취자 여러분들이 선정하신, 지난 10년 동안의 최고 인기 10곡을 들려드릴 예정입니다. 여러분이 가장 좋아하시는 곡에 투표할 시간은 아직 있습니다. 5143번으로 문자메시지를 보내주시면 됩니다. 가장 많은 표를 얻은 곡은 다음 주 토요일 저녁 방송 동안 들려드리겠습니다. 잠깐 쉬고 돌아올 때는, 팝 싱어 에즈러 오티즈 씨와 스튜디오에서 생방송으로 인터뷰가 마련되어 있습니다. 그가 곧 있을 월드 투어에 대해서 말씀해주실 겁니다.
>
> 어휘 tune in (라디오 등을) 청취하다 anniversary 기념일 celebration 축하[기념] 행사 decade 10년 select 선정하다 vote 투표하다; 표 break 쉬는 시간 upcoming 곧 있을 예정인

83

According to the speaker, what will happen next Saturday?

(A) A recording session
(B) A fund-raising dinner
(C) A grand opening
(D) An anniversary celebration

화자에 따르면, 다음 주 토요일에 무슨 일이 있을 예정인가?
(A) 녹음 시간
(B) 기금 모금 만찬
(C) 성대한 개장
(D) 기념일 축하 행사

해설 세부사항 관련 – 다음 주 토요일에 있을 일

화자는 방송 서두에 다음 주 토요일에 10주년을 축하하는 행사(Remember to tune in next Saturday evening for our tenth anniversary celebration)가 있을 것이라고 했으므로 (D)가 정답이다.

84

What does the speaker tell the listeners they can do?

(A) Vote for their favorite songs
(B) Take a quiz
(C) Post questions
(D) Donate money to the radio station

화자는 청자들이 무엇을 할 수 있다고 말하는가?
(A) 가장 좋아하는 곡에 투표하기
(B) 퀴즈에 참여하기
(C) 질문 올리기
(D) 라디오 방송국에 기부하기

해설 세부사항 관련 – 화자가 청자들이 할 수 있는 일로 언급한 것

화자는 여러분이 가장 좋아하시는 곡에 투표할 시간은 아직 있다(There's still time to vote for your favorite song)고 했으므로 (A)가 정답이다.

85

What will Ezra Ortiz be discussing next?

(A) His song-writing process
(B) The release of a new song
(C) An upcoming tour
(D) Music programs in schools

에즈러 오티즈 씨가 다음에 언급할 내용은 무엇인가?
(A) 자신의 곡 만드는 과정
(B) 신곡 발표
(C) 곧 있을 투어 공연
(D) 학교 음악 프로그램

해설 세부사항 관련 – 에즈러 오티즈 씨가 다음에 언급할 내용

화자는 마지막 문장에서 에즈러 오티즈 씨가 곧 있을 월드 투어에 관해서 말할 것(He'll be telling us about his upcoming world tour)이라고 했으므로 (C)가 정답이다.

Questions 86 through 88 refer to the following telephone message.

M-Cn Hello, I'm calling from Mahmud's Printers about the business cards your company recently ordered from my printing shop. That's a very big order. So I wanted to talk with you before going through with it. Of course, ⁸⁷I'll send you an example of the card before we print so many, but ⁸⁶please call me back to confirm the number. Oh, and ⁸⁸regarding the color scheme. I don't have the exact pale yellow you want for your logo, so I had to change that. I do have a similar hue, though—I hope you like it. Thanks!

안녕하세요. 귀사에서 최근에 저희 인쇄소에 주문하신 명함과 관련하여 마흐무즈 인쇄소에서 전화드립니다. 아주 대량 주문을 해주셨는데요. 그래서 주문을 진행하기 전에 상의를 드리고 싶어서요. 물론, 그렇게 많은 양을 인쇄하기 전에 카드 견본을 보내드리겠지만, 회신 전화를 주셔서 수량을 확인해주시기 바랍니다. 아, 그리고 색상 배합에 관한 것인데요. 귀사의 로고 색상으로 원하시는 옅은 노란색에 정확히 맞는 것이 없어서, 변경을 해야 했습니다. 하지만 비슷한 색상이기는 합니다. 마음에 드시기를 바랍니다. 감사합니다!

어휘 business card 명함 printing shop 인쇄소 a big order 대량 주문 go through with ~을 진행하다, 완수하다 confirm 확인하다 regarding ~에 관해서 color scheme 색상 배합 exact 정확한 pale yellow 옅은 노랑 hue 빛깔, 색조 though (문장 끝에서) 하지만, 그렇지만

86
What does the speaker imply when he says, "That's a very big order"?

(A) He cannot fill an order in time.
(B) He will charge more than usual.
(C) He needs a favor from the listener.
(D) He thinks a request may be incorrect.

화자가 "아주 대량 주문을 해주셨습니다"라고 말한 의도는?
(A) 제시간에 주문을 처리할 수 없다.
(B) 평소보다 더 많은 요금이 청구될 것이다.
(C) 청자에게 부탁이 있다.
(D) 요청이 틀릴 수도 있다고 생각한다.

해설 화자의 의도 파악 – 아주 대량 주문을 해주셨다는 말의 의미

화자는 이렇게 말하고 나서, 주문을 진행하기 전에 상의하기를 원한다고 하면서 회신 전화를 통해 수량을 확인해 달라(please call me back to confirm the number)고 요청하고 있다. 이를 통해 주문 수량이 너무 많아서 혹시 수량이 잘못 전달된 것이 아닌지 화자가 의심하고 있음을 알 수 있으므로 (D)가 정답이다.

87
What will the speaker send the listener?

(A) A signed paper
(B) A product sample
(C) A color printer
(D) A catalog

화자는 청자에게 무엇을 보낼 것인가?
(A) 서명한 서류
(B) 제품 견본
(C) 컬러 인쇄기
(D) 카탈로그

해설 세부사항 관련 – 화자가 청자에게 보낼 것

화자는 많은 양을 인쇄하기 전에 카드 견본을 보내겠다(I'll send you an example of the card before we print so many)고 했으므로 (B)가 정답이다.

▶▶ Paraphrasing 담화의 an example of the card
→ 정답의 a product sample

88
What does the speaker say he has changed?

(A) The color of a design
(B) The placement of some information
(C) The time of an appointment
(D) The location of a sign

화자는 무엇을 변경했다고 말하는가?
(A) 디자인의 색상
(B) 일부 정보의 배치
(C) 약속 시간
(D) 서명의 위치

해설 세부사항 관련 – 화자가 변경한 것

화자는 청자가 원하는 색상과 딱 맞는 것이 없어서 색상 배합을 변경했다(regarding the color scheme. I don't have the exact pale yellow you want for your logo, so I had to change that)고 말하고 있으므로 (A)가 정답이다.

▶▶ Paraphrasing 담화의 color scheme
→ 정답의 color of a design

Questions 89 through 91 refer to the following announcement.

M-Au Hello, I'm the director of the Human Resources Department, and ⁸⁹I'm here to announce a new system for keeping track of your work hours. Instead of scanning employee ID cards at the Security Desk, we have instituted an online system for reporting when you arrive and leave work.

90Talk to your Human Resources representative during their office hours to get more detailed information about this new process. You'll be glad to know that the new system, which will be fully operational by the beginning of next week, **91**will allow the Payroll Department to send out paychecks faster.

안녕하세요, 저는 인사부 부장이고, 이 자리에서 여러분의 근무 시간을 기록하는 새로운 시스템에 대해 알려드리고자 합니다. 보안 데스크에서 직원 신분증을 스캔하는 대신에, 여러분의 출퇴근 시간을 기록하는 온라인 시스템을 도입했습니다. 이 새로운 절차에 대해 더 상세한 정보를 원하시면 근무 시간 동안 인사부 직원에게 말씀하시기 바랍니다. 반가운 소식은 새로운 시스템이 다음 주 초에 완전히 가동 준비가 갖춰질 예정이며, 그로 인해 경리부에서 급여를 더 빨리 발송할 수 있게 될 것이라는 것입니다.

어휘 Human Resources Department 인사부 announce 발표하다, 알리다 keep track of ~을 기록하다, 추적하다 scan (스캐너로) 스캔하다 institute 도입하다 representative 담당 직원 detailed 상세한 fully 완전히 operational 가동 준비가 갖춰진 payroll department 급여 지급 부서, 경리부 paycheck 급여

89

What is the announcement mainly about?
(A) Finishing a team project
(B) Reporting work hours
(C) Issuing ID badges
(D) Hiring more workers

발표의 주된 내용은 무엇인가?
(A) 팀 프로젝트 완료
(B) 근무 시간 기록
(C) 사원증 발급
(D) 더 많은 직원 채용

해설 전체 내용 관련 – 발표의 주된 내용
화자는 서두에서 근무 시간을 기록하는 새로운 시스템에 대해 알리고자 한다(I'm here to announce a new system for keeping track of your work hours)고 발표의 목적을 밝히고 나서, 이 시스템에 대해서 설명하고 있으므로 (B)가 정답이다.

▶ Paraphrasing 담화의 **keep track of** → 정답의 **report**

90

According to the speaker, how can employees get more information?
(A) By watching a video
(B) By reading a file
(C) By filling out a form
(D) By speaking with a representative

화자에 따르면, 직원들은 어떻게 더 많은 정보를 얻을 수 있는가?
(A) 영상을 시청해서
(B) 파일을 읽어서
(C) 서식을 작성해서
(D) 직원과 얘기해서

해설 세부사항 관련 – 직원들이 더 많은 정보를 얻을 수 있는 방법
화자는 새로운 절차에 대해 더 자세히 알고 싶으면 인사부 직원과 얘기하라(Talk to your Human Resources representative during their office hours to get more detailed information about this new process)고 하고 있으므로 (D)가 정답이다.

▶ Paraphrasing 담화의 **talk to** → 정답의 **speak with**

91

What is an advantage of the new system?
(A) Company sales will increase.
(B) Computer security will improve.
(C) Staff will be paid more quickly.
(D) Project timelines will be updated electronically.

새로운 시스템의 장점은 무엇인가?
(A) 회사 매출이 증가할 것이다.
(B) 컴퓨터 보안이 향상될 것이다.
(C) 직원들이 더 빨리 급여를 받게 될 것이다.
(D) 프로젝트 일정표가 온라인상에서 업데이트될 것이다.

해설 세부사항 관련 – 새로운 시스템의 장점
화자는 마지막 문장에서 새로운 시스템이 가동되면 경리부에서 급여를 더 빨리 발송할 수 있게 될 것(will allow the Payroll Department to send out paychecks faster)이라고 했으므로 (C)가 정답이다.

Questions 92 through 94 refer to the following excerpt from a meeting.

W-Br **92**Thanks for coming to this product development meeting. As you know, we've recently reduced the amount of packaging we use for our Tucker Treats snack bags, in order to be more eco-friendly. But **93**customers aren't happy because our new packaging now offers smaller quantities of Tucker Treats at their original prices, which means they're paying more for less food. Our president, Young-Soo Lee, has approved changing the size of the packaging to offer larger quantities of snacks at the original prices. So, **94**your next task is to come up with a new package design to hold the larger quantities, while still using less plastic.

이번 제품 개발 회의에 와주셔서 감사합니다. 여러분도 아시다시피, 우리 회사는 더 친환경적이고자 최근에 터커 트리츠 과자 봉지에 사용하는 포장재의 양을 줄였습니다. 하지만 고객들은 현재 우리의 새로운 포장이 원래 가격에 더 적은 양의 터커 트리츠를 제공한다는, 즉 더 적은 양의 식품에 더 많은 돈을 지불한다는 이유로 불만스러워하고 있습니다. 이용수 회장님은 원래 가격에 더 많은 양의 과자를 제공하도록 포장 크기를 변경하는 것을 승인했습니다. 따라서 여러분의 다음 업무는 여전히 비닐을 덜 사용하면서도 더 많은 양을 담을 수 있는 새로운 포장 디자인을 개발하는 것입니다.

어휘 packaging 포장(재) eco-friendly 친환경적인 quantity 수량 original 원래의 approve 승인하다 come up with ~을 생각해내다 hold 수용하다 plastic 비닐의

92

What department does the speaker most likely work in?

(A) Product Development
(B) Advertising
(C) Legal Affairs
(D) Finance

화자는 어느 부서에서 근무할 것 같은가?

(A) 제품 개발
(B) 홍보
(C) 법무
(D) 재무

해설 전체 내용 관련 – 화자가 근무하는 부서

제품 개발 회의에 와줘서 감사하다(Thanks for coming to this product development meeting)는 첫 문장에서 화자가 제품 개발과 관련된 부서에서 일하고 있음을 알 수 있으므로 (A)가 정답이다.

93

What are customers' complaints about Tucker Treats?

(A) The ingredient list is inaccurate.
(B) The food amount has decreased.
(C) The packaging is hard to open.
(D) The new flavor does not taste good.

터커 트리츠에 대한 고객들의 불만사항은 무엇인가?

(A) 원료 목록이 부정확하다.
(B) 식품의 양이 줄어들었다.
(C) 포장을 열기 어렵다.
(D) 새로운 향의 맛이 좋지 않다.

해설 세부사항 관련 – 터커 트리츠에 대한 고객들의 불만사항

고객들은 새로운 포장 때문에 같은 가격에 양이 줄었다는 이유로 불만스러워 한다(customers aren't happy because our new packaging now offers smaller quantities of Tucker Treats at their original prices)고 했으므로 (B)가 정답이다.

▶▶ **Paraphrasing** 담화의 smaller quantities → 정답의 The food amount has decreased.

94

What task does the speaker assign to the listeners?

(A) Creating some designs
(B) Conducting market research
(C) Demonstrating a procedure
(D) Finding potential vendors

화자는 청자들에게 어떤 업무를 맡기는가?

(A) 디자인 개발
(B) 시장 조사 실시
(C) 과정 시연
(D) 잠재 판매처 발굴

해설 세부사항 관련 – 화자가 청자들에게 맡긴 업무

화자는 마지막 문장에서 청자들에게 새로운 포장 디자인 개발 업무를 지시하고(your next task is to come up with a new package design to hold the larger quantities, while still using less plastic) 있으므로 (A)가 정답이다.

▶▶ **Paraphrasing** 담화의 come up with → 정답의 create

Questions 95 through 97 refer to the following telephone message and keys.

W-Am Hi Elizabeth, it's Becca. Thanks a lot for agreeing to water my plants and get the mail at my jewelry store while I'm in Singapore. **95This is my first buying trip, and I'm excited about finding new materials for my jewelry.** I left the keys in an envelope under your door. **96The key to my store is the longest one with the square top,** and the smallest one is for the mailbox. **97I e-mailed instructions about caring for each of the plants.** Don't worry, though—I only have a few. Thanks again for your help, and see you next week.

안녕, 엘리자베스, 나 베카야. 내가 싱가포르에 있는 동안 우리집 식물에 물을 주고 내 장신구 가게에 오는 우편물을 받아주겠다고 해줘서 정말 고마워. 이번이 내 첫 번째 구매 출장이라, 내 장신구에 쓸 새로운 재료를 찾는 일에 들떠 있어. 너희 집 현관 아래에 있는 봉투에 열쇠를 넣어 두었어. 가게 열쇠는 위가 네모난 가장 긴 것이고, 가장 작은 것은 우편함 열쇠야. 각각의 식물을 돌보는 것에 관한 설명은 이메일로 보냈어. 하지만 걱정 마, 몇 개 안 되니까. 도와줘서 다시 한 번 고맙고, 다음 주에 보자.

어휘 water 물을 주다 jewelry 보석, 장신구 buying trip 구매를 위해 가는 출장 material 재료 envelope 봉투 square 정사각형 (모양의) mailbox 우편함 instructions 지침, 설명서 care for ~을 돌보다

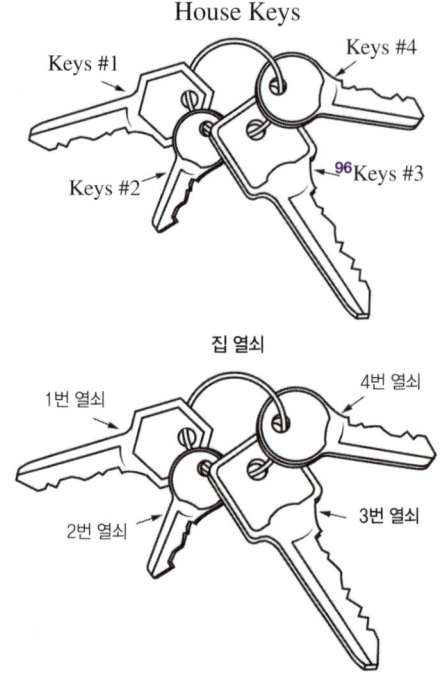

95
Why is the speaker traveling to Singapore?
(A) To see family
(B) To go sightseeing
(C) To purchase supplies
(D) To meet overseas clients

화자가 싱가포르에 여행을 간 이유는 무엇인가?
(A) 가족을 만나기 위해
(B) 관광하기 위해
(C) 물품을 구입하기 위해
(D) 해외 고객들을 만나기 위해

해설 세부사항 관련 - 화자가 싱가포르에 여행을 간 이유
화자는 이번이 첫 번째 구매 출장이라, 장신구에 쓸 재료를 찾는 일에 들떠 있다(This is my first buying trip, and I'm excited about finding new materials for my jewelry)고 하고 있다. 화자의 장신구 가게에 사용할 물품을 구입하기 위해 간 것이므로 (C)가 정답이다.

▶ Paraphrasing   담화의 buy → 정답의 purchase /
                  담화의 materials → 정답의 supplies

96
Look at the graphic. Which key is for the store?
(A) Key #1
(B) Key #2
(C) Key #3
(D) Key #4

시각정보에 의하면, 어떤 것이 가게 열쇠인가?
(A) 1번 열쇠
(B) 2번 열쇠
(C) 3번 열쇠
(D) 4번 열쇠

해설 시각정보 연계 - 가게 열쇠
화자는 가게 열쇠는 위가 네모난 가장 긴 열쇠(The key to my store is the longest one with the square top)라고 했는데, 열쇠 꾸러미에서 이에 해당하는 것은 3번 열쇠이므로 (C)가 정답이다.

97
What did the speaker send in an e-mail?
(A) Special care instructions
(B) A travel itinerary
(C) Store blueprints
(D) A technology article

화자는 이메일로 무엇을 보냈는가?
(A) 특별 관리에 대한 설명
(B) 여행 일정표
(C) 가게 청사진
(D) 기술 관련 기사

해설 세부사항 관련 - 화자가 이메일로 보낸 것
화자는 각각의 식물을 돌보는 것에 관한 설명을 이메일로 보냈다(I e-mailed instructions about caring for each of the plants)고 했으므로 (A)가 정답이다.

Questions 98 through 100 refer to the following announcement and coupon.

M-Cn Next week marks the beginning of our holiday clearance sale here at Sarma's Department Store. Now, since this is such an important event, **98I'll be asking each of you to work an extra shift or two over the course of the week.** We really need a total team effort in order to make this sale a success. This is the coupon that'll be printed in local newspapers. **99You'll notice that we're offering the largest discount on the merchandise that, truthfully, has not been selling very well this season.** We'll be actively promoting it to reduce our inventory and **100make room for the new merchandise that we'll be receiving in April.**

다음 주에 이곳 사르마 백화점에서 휴일 맞이 재고정리 세일을 시작합니다. 자, 이는 매우 중요한 행사이므로, 여러분 모두 다음 주 동안 한두 차례의 추가 근무를 해주시기를 바랍니다. 이 세일을 성공적으로 만들기 위해서 전 팀원의 노력이 절실히 필요합니다. 이것은 지역 신문에 실릴 쿠폰입니다. 솔직하게 말해서 이번 시즌에 그다지 잘 팔리지 않았던 상품에 대해 최대 할인을 제공하고 있다는 것을 알게 되실 겁니다. 우리는 재고를 줄이고 4월에 받게 될 신상품들을 놓을 공간을 만들기 위해 적극적으로 홍보를 진행할 것입니다.

어휘 mark ~을 기념하다 clearance sale 재고정리 세일 extra 추가의 shift 교대 근무 over the course of ~동안 total 전체의 local 지역의 merchandise 상품 truthfully 솔직하게 actively 적극적으로 promote 홍보하다 reduce 줄이다 inventory 재고(품) make room 공간을 만들다

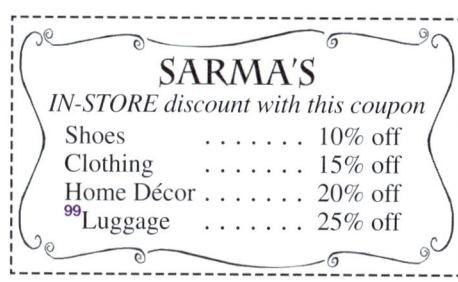

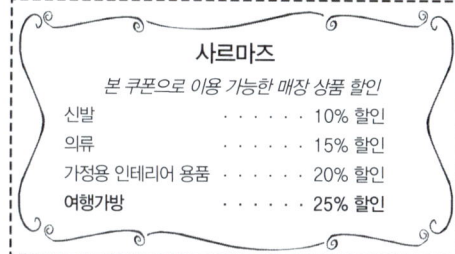

98
What does the speaker ask the listeners to do?

(A) Take inventory
(B) Decorate the store
(C) Work extra hours
(D) Hand out coupons

화자는 청자들에게 무엇을 해달라고 요청하는가?
(A) 재고 조사
(B) 매장 장식
(C) 추가 근무
(D) 쿠폰 배포

해설 세부사항 관련 – 화자의 요청사항

화자는 청자들에게 세일 기간 동안 추가 근무를 해줄 것을 요청하고(I'll be asking each of you to work an extra shift or two over the course of the week) 있으므로 (C)가 정답이다.

▶ Paraphrasing 담화의 extra shift → 정답의 extra hours

99
Look at the graphic. According to the speaker, what merchandise has not sold well?

(A) Shoes
(B) Clothing
(C) Home décor
(D) Luggage

시각정보에서, 화자에 따르면 어떤 상품이 잘 팔리지 않았는가?
(A) 신발
(B) 의류
(C) 가정용 인테리어 용품
(D) 여행가방

해설 시각정보 연계 – 잘 팔리지 않은 상품

화자는 이번 시즌에 잘 팔리지 않은 상품에 대해 최대 할인을 제공한다(You'll notice that we're offering the largest discount on the merchandise that, truthfully, has not been selling very well this season)고 했는데, 쿠폰에서 할인을 가장 많이 해주는 품목이 여행가방이므로 이것이 판매가 부진했던 상품임을 알 수 있다. 따라서 (D)가 정답이다.

100
According to the speaker, what will happen in April?

(A) New merchandise will be arriving.
(B) A store department will be expanded.
(C) A Web site will be improved.
(D) Employee work schedules will change.

화자에 따르면, 4월에 무슨 일이 있겠는가?
(A) 신상품이 도착한다.
(B) 가게 매장이 확장된다.
(C) 웹 사이트가 개선된다.
(D) 직원 근무 일정이 변경된다.

해설 세부사항 관련 – 4월에 일어날 일

화자는 마지막 문장에서 4월에 들어올 신상품을 위해 공간을 만들어야 한다(make room for the new merchandise that we'll be receiving in April)고 했으므로 (A)가 정답이다.

TEST 3

1 (B)	2 (A)	3 (C)	4 (D)	5 (A)
6 (D)	7 (C)	8 (A)	9 (B)	10 (A)
11 (B)	12 (B)	13 (C)	14 (D)	15 (C)
16 (A)	17 (D)	18 (B)	19 (D)	20 (A)
21 (C)	22 (B)	23 (A)	24 (D)	25 (A)
26 (A)	27 (C)	28 (C)	29 (D)	30 (B)
31 (C)	32 (B)	33 (C)	34 (D)	35 (A)
36 (D)	37 (B)	38 (A)	39 (D)	40 (C)
41 (B)	42 (B)	43 (B)	44 (C)	45 (D)
46 (B)	47 (D)	48 (B)	49 (C)	50 (B)
51 (C)	52 (A)	53 (D)	54 (C)	55 (B)
56 (B)	57 (C)	58 (D)	59 (D)	60 (A)
61 (B)	62 (D)	63 (C)	64 (A)	65 (B)
66 (D)	67 (A)	68 (D)	69 (B)	70 (C)
71 (A)	72 (B)	73 (D)	74 (B)	75 (B)
76 (A)	77 (D)	78 (B)	79 (C)	80 (A)
81 (B)	82 (C)	83 (C)	84 (B)	85 (A)
86 (B)	87 (D)	88 (A)	89 (C)	90 (D)
91 (A)	92 (A)	93 (B)	94 (C)	95 (C)
96 (D)	97 (D)	98 (C)	99 (A)	100 (A)

PART 1

1 W-Br

(A) She's arranging jewelry on a display rack.
(B) She's trying on bracelets.
(C) She's removing a dress from a hanger.
(D) She's paying for some merchandise.

(A) 여자가 진열대에 보석을 정리하고 있다.
(B) 여자가 팔찌를 착용해 보고 있다.
(C) 여자가 옷걸이에서 옷을 내리고 있다.
(D) 여자가 물건값을 지불하고 있다.

어휘 arrange jewelry 보석을 정리하다   display rack 진열대   try on ~을 입어[착용해] 보다   bracelet 팔찌   remove 치우다   hanger 옷걸이   merchandise 물건, 상품

해설 1인 등장 사진 – 사람의 동작 묘사
(A) 동사 오답. 여자가 진열대에 보석을 정리하는(is arranging jewelry) 모습이 아니므로 오답.
(B) 정답. 여자가 팔찌를 착용해 보는(is trying on bracelets) 모습이므로 정답.
(C) 동사 오답. 여자가 옷걸이에서 옷을 내리는(is removing a dress from a hanger) 모습이 아니므로 오답.
(D) 동사 오답. 여자가 물건값을 지불하는(is paying for some merchandise) 모습이 아니므로 오답.

2 M-Au

(A) She's working at a desk.
(B) She's moving some chairs.
(C) She's looking out a window.
(D) She's organizing books on a shelf.

(A) 여자가 책상에서 일하고 있다.
(B) 여자가 의자를 옮기고 있다.
(C) 여자가 창밖을 내다보고 있다.
(D) 여자가 책장에 책을 정리하고 있다.

어휘 look out a window 창밖을 내다보다   organize 정리하다   shelf 책장, 선반

해설 1인 등장 사진 – 사람의 동작 묘사
(A) 정답. 여자가 책상에서 일하는(is working at a desk) 모습이므로 정답.
(B) 동사 오답. 여자가 의자를 옮기는(is moving some chairs) 모습이 아니므로 오답.
(C) 동사 오답. 여자가 창밖을 내다보는(is looking out a window) 모습이 아니므로 오답.
(D) 동사 오답. 여자가 책장에 책을 정리하는(is organizing books on a shelf) 모습이 아니므로 오답.

3 W-Br

(A) He's repairing a fence.
(B) He's sweeping the stairs.
(C) He's carrying a bicycle.
(D) He's sitting in the park.

(A) 남자가 울타리를 수리하고 있다.
(B) 남자가 계단을 청소하고 있다.
(C) 남자가 자전거를 나르고 있다.
(D) 남자가 공원에 앉아 있다.

어휘 repair 수리하다   sweep 쓸다, 청소하다   stairs 계단   carry 나르다

해설 1인 등장 사진 – 사람의 동작 묘사
(A) 동사 오답. 남자가 울타리를 수리하는(is repairing a fence) 모습이 아니므로 오답.
(B) 동사 오답. 남자가 계단을 청소하는(is sweeping the stairs) 모습이 아니므로 오답.
(C) 정답. 남자가 자전거를 나르는(is carrying a bicycle) 모습이므로 정답.
(D) 동사 오답. 남자가 공원에 앉아 있는(is sitting in the park) 모습이 아니므로 오답.

4 M-Cn

(A) One of the men is leaving a building.
(B) One of the men is pointing at a computer screen.
(C) One of the men is putting on a security badge.
(D) One of the men is standing at a counter.

(A) 남자들 중 한 명이 건물을 떠나고 있다.
(B) 남자들 중 한 명이 컴퓨터 화면을 가리키고 있다.
(C) 남자들 중 한 명이 보안 배지를 달고 있다.
(D) 남자들 중 한 명이 카운터에 서 있다.

어휘 leave 떠나다　point at ~을 가리키다　put on ~을 입다　security badge 보안 배지　counter 길고 좁은 테이블이나 표면

해설 2인 이상 등장 사진 – 사람의 동작 묘사
(A) 동사 오답. 남자들 중 한 명이 건물을 떠나는(is leaving a building) 모습이 아니므로 오답.
(B) 동사 오답. 남자들 중 한 명이 컴퓨터 화면을 가리키는(is pointing at a computer screen) 모습이 아니므로 오답.
(C) 동사 오답. 남자들 중 한 명이 보안 배지를 달고 있는(is putting on a security badge) 모습이 아니므로 오답.
(D) 정답. 남자들 중 한 명이 카운터에 서 있는(is standing at a counter) 모습이므로 정답.

5 W-Am

(A) Some trees are shading a walkway.
(B) Some grass is being cut.
(C) Some road signs are being installed.
(D) Some branches are being cleared from a street.

(A) 나무들이 보도에 그늘을 드리우고 있다.
(B) 잔디가 깎여지고 있다.
(C) 도로 표지판들이 설치되고 있다.
(D) 나뭇가지들이 도로에서 치워지고 있다.

어휘 shade 그늘지게 하다　walkway 보도　road sign 도로 표지판　install 설치하다　branch 나뭇가지　clear 치우다

해설 사물 사진 – 다양한 실외 사물의 상태 묘사
(A) 정답. 나무(trees)가 보도에 그늘을 드리우는(are shading a walkway) 모습이므로 정답.
(B) 동사 오답. 잔디(grass)가 깎여지는(is being cut) 모습이 아니므로 오답.
(C) 사진에 없는 명사를 이용한 오답. 사진에 설치되고 있는 도로 표지판(some road signs being installed)이 보이지 않으므로 오답.
(D) 동사 오답. 나뭇가지(branches)가 도로에서 치워지는(are being cleared from a street) 모습이 아니므로 오답.

6 M-Au

(A) One of the women is searching through her backpack.
(B) Some people are approaching a bench.
(C) Flowerpots have been hung above a patio.
(D) Information has been posted near an entrance.

(A) 여자들 중 한 명이 배낭을 뒤지고 있다.
(B) 몇몇 사람들이 벤치로 다가가고 있다.
(C) 화분들이 테라스 위에 걸려 있다.
(D) 안내문이 입구 근처에 게시되어 있다.

어휘 search through ~을 뒤지다　approach 다가오다　flowerpot 화분　hang 걸다　patio 안뜰, 테라스　post 게시하다　entrance 입구

해설 2인 이상 등장 사진 – 사람의 동작 묘사
(A) 동사 오답. 여자들 중 한 명(one of the women)이 배낭을 뒤지는(is searching through her backpack) 모습이 아니므로 오답.
(B) 동사 오답. 사람들(some people)이 벤치로 다가가는(are approaching a bench) 모습이 아니므로 오답.
(C) 동사 오답. 화분들(flowerpots)이 테라스 위에 걸려 있는(have been hung above a patio) 모습이 아니므로 오답.
(D) 정답. 안내문(information)이 입구 근처에 게시되어 있는(has been posted near an entrance) 모습이므로 정답.

PART 2

7

W-Am How many boxes of toner did we order?
M-Au (A) Put them on the bookshelf.
　　　(B) An online catalog.
　　　(C) At least three or four.

토너는 몇 박스 주문했나요?
(A) 책꽂이에 놓아 주세요.
(B) 온라인 카탈로그요.
(C) 적어도 3개나 4개요.

어휘 bookshelf 책장

해설 수량을 묻는 How many 의문문
(A) 질문과 상관없는 오답. 주문한 토너를 어디에 놓을지를 묻는 Where 의문문에 가능한 응답이므로 오답.
(B) 질문과 상관없는 오답. 토너를 주문한 방법을 묻는 How 의문문에 가능한 응답이므로 오답.
(C) 정답. 토너를 몇 개 주문했는지 묻는 질문에 3개나 4개(three or four)라며 구체적인 수를 제시하고 있으므로 정답.

8
M-Cn What should employees bring to the training session?
M-Au (A) Just a pencil and some paper.
(B) Not if it's busy.
(C) Early in the morning.

직원들은 교육에 무엇을 가져가야 하나요?
(A) 연필과 종이요.
(B) 통화 중이라면 안 되고요.
(C) 아침 일찍이요.

어휘 employee 직원 training session 교육

해설 교육에 가져가야 할 물건을 묻는 What 의문문
(A) 정답. 교육에 가져가야 할 물건을 묻는 질문에 연필과 종이(a pencil and some paper)라는 구체적인 물건을 제시하고 있으므로 정답.
(B) 연상 단어 오답. 질문의 employees에서 연상 가능한 형용사 busy를 이용한 오답.
(C) 질문과 상관없는 오답. 교육 시작 시점을 묻는 When 의문문에 대한 응답이므로 오답.

9
W-Br Where is the cafeteria?
W-Am (A) Sure, let's go.
(B) It's on the second floor.
(C) After eight o'clock.

구내식당은 어디에 있나요?
(A) 물론이죠, 가시죠.
(B) 2층에 있어요.
(C) 8시 이후요.

어휘 cafeteria 구내식당 second floor 2층

해설 구내식당의 위치를 묻는 Where 의문문
(A) 연상 단어 오답. 질문의 cafeteria에서 연상 가능한 동사 go를 이용한 오답.
(B) 정답. 구내식당이 어디에 있는지 묻는 질문에 2층에(on the second floor)라고 구체적인 장소를 제시하고 있으므로 정답.
(C) 연상 단어 오답. 질문의 cafeteria에서 영업 시작 상황을 연상한 후, 8시 이후(After eight o'clock)라고 한 단계 더 연상하고 있으므로 오답.

10
M-Au When will the sales projections be finished?
M-Cn (A) In about an hour.
(B) It's on sale all week.
(C) In the movie theater.

예상 매출액은 언제 결정될까요?
(A) 약 한 시간 후에요.
(B) 일주일 내내 할인 판매해요.
(C) 영화관에서요.

어휘 sales projections 예상 매출액 finish 끝내다, 마치다 on sale 할인 판매의 movie theater 영화관

해설 예상 매출액 결정 시점을 묻는 When 의문문
(A) 정답. 예상 매출액 결정 시점을 묻는 질문에 약 한 시간 후(in about an hour)라는 구체적인 시점을 제시하고 있으므로 정답.
(B) 유사 발음 오답. 질문의 sales(판매)와 발음이 유사한 on sale(할인 판매)을 이용한 오답.
(C) 연상 단어 오답. 질문의 projections에서 연상 가능한 movie theater를 이용한 오답.

11
W-Br Oh no, it's starting to rain.
M-Cn (A) A few miles from the office.
(B) There's an umbrella in the closet.
(C) It leaves from platform five.

오 이런, 비가 내리기 시작하네요.
(A) 사무실에서 몇 마일 떨어진 곳에 있어요.
(B) 벽장에 우산이 있어요.
(C) 5번 플랫폼에서 떠나요.

어휘 closet 옷장, 벽장 leave 떠나다

해설 사실/정보 전달의 평서문
(A) 평서문과 상관없는 오답. 비가 오기 시작한다는 말에 사무실에서 몇 마일 떨어진 곳에 있다(A few miles from the office)며 상황에 적합하지 않은 응답을 하고 있으므로 오답.
(B) 정답. 비가 내리기 시작한다는 말에 옷장에 우산이 있다(There's an umbrella in the closet)라는 응답을 하고 있으므로 정답.
(C) 연상 단어 오답. 질문의 starting에서 train을 연상한 후, 5번 플랫폼에서 떠난다(It leaves from platform five)고 한 단계 더 연상하고 있으므로 오답.

12
W-Am Who do I call if there's a problem?
W-Br (A) That's a good idea.
(B) The department manager.
(C) Try after lunch.

문제가 생기면 누구에게 전화해야 하나요?
(A) 좋은 생각이에요.
(B) 부서장이요.
(C) 점심 식사 후에 시도해 보세요.

어휘 department manager 부서장

해설 전화를 걸어야 하는 대상을 묻는 Who 의문문
(A) 질문과 상관없는 오답. 누구에게 전화해야 하나는 질문에 좋은 생각이에요(That's a good idea)라며 논리적으로 맞지 않는 응답을 하고 있으므로 오답.
(B) 정답. 전화를 걸어야 하는 대상을 묻는 질문에 부서장(department manager)이라는 구체적인 대상을 제시하고 있으므로 정답.
(C) 질문과 상관없는 오답. 전화를 거는 시점을 묻는 When 의문문에 가능한 응답이므로 오답.

13

M-Au Let's try that new restaurant on the corner.
M-Cn (A) Yes, she already ordered.
(B) No, it's not too far.
(C) But I had Italian food yesterday.

길 모퉁이에 새로 생긴 식당에 가서 먹어 보죠.
(A) 네, 그녀는 벌써 주문했어요.
(B) 아니요, 그리 멀지는 않아요.
(C) 전 어제도 이탈리아 음식 먹었는데요.

어휘 on the corner 길 모퉁이에   already 벌써, 이미   order 주문하다
far 먼

해설 의견 제시의 평서문
(A) 연상 단어 오답. 질문의 restaurant에서 연상 가능한 already ordered를 이용한 오답.
(B) 평서문과 상관없는 오답. 새로 생긴 식당에 가서 먹어 보자는 말에, 그리 멀지는 않다(It's not too far)라며 논리적으로 맞지 않는 응답을 하고 있으므로 오답.
(C) 정답. 새로 생긴 식당에 가서 먹어 보자는 말에 어제도 이탈리아 음식을 먹었다(I had Italian food yesterday)는 우회적인 표현을 통해 부정적인 응답을 하고 있으므로 정답.

14

W-Am Should we work on the brochure or start with the Web site first?
M-Au (A) I found my job online.
(B) Either one is fine with me.
(C) In mid-January.

소책자 작업을 해야 할까요, 아니면 웹 사이트를 먼저 시작해야 할까요?
(A) 온라인상에서 제 직업을 찾았어요.
(B) 저는 어느 것이든 좋아요.
(C) 1월 중순에요.

어휘 brochure 소책자, 팸플릿   either one (둘 중의) 어느 하나
mid-January 1월 중순

해설 구를 연결한 선택의문문
(A) 질문과 상관없는 오답. 소책자 작업을 할지 웹 사이트 작업을 할지 묻는 질문에 온라인상에서 직업을 찾았다(I found my job online)며 논리적으로 맞지 않는 응답을 하고 있으므로 오답.
(B) 정답. 소책자 작업을 할지 웹 사이트 작업을 할지 묻는 질문에 어느 것이든 좋다(Either one is fine with me)고 응답하고 있으므로 정답.
(C) 질문과 상관없는 오답. 시점을 묻는 When 의문문에 가능한 응답이므로 오답.

15

M-Cn What time are we having the safety drill?
W-Am (A) Yeah, I've completed it.
(B) At the hardware store.
(C) It's scheduled for ten A.M.

안전교육 훈련은 몇 시에 하나요?
(A) 그래요, 저는 다 완성했어요.
(B) 철물점에서요.
(C) 오전 10시로 예정되어 있어요.

어휘 safety drill 안전 훈련   hardware store 철물점

해설 훈련 시작 시간을 묻는 What time 의문문
(A) Yes/No 불가 오답. What time 의문문은 Yes/No 응답이 불가능하기 때문에 오답.
(B) 연상 단어 오답. 질문의 drill에서 연상 가능한 hardware store를 이용한 오답.
(C) 정답. 안전교육 훈련 시작 시간을 묻는 질문에 오전 10시로 예정되어 있다(It's scheduled for ten A.M.)고 구체적인 시간을 제시하고 있으므로 정답.

16

M-Au Would you like to speak at the annual meeting?
W-Br **(A) Oh, I'd love to do that.**
(B) He wasn't at the meeting.
(C) There's no annual fee.

연례 회의에서 연설을 좀 해 주시겠어요?
(A) 오, 그러고 싶네요.
(B) 그는 회의에 참석하지 않았어요.
(C) 연회비는 없어요.

어휘 annual meeting 연례 회의   annual fee 연회비

해설 부탁/요청의 의문문
(A) 정답. 연설을 해달라는 요청에 그러고 싶다(I'd love to do that)고 응답을 하고 있으므로 정답.
(B) 단어 반복 오답. 질문의 meeting을 반복 이용한 오답.
(C) 단어 반복 오답. 질문의 annual을 반복 이용한 오답.

17

M-Au Is there a place to get coffee at the train station?
W-Am (A) Ten dollars per person.
(B) I've never been there before.
(C) The express to Berlin.

기차역에 커피를 마실 만한 장소가 있나요?
(A) 1인당 10달러요.
(B) 전 거기에 한 번도 가본 적이 없어요.
(C) 베를린행 급행열차요.

어휘 per person 1인당   express 급행 열차[버스]

해설 커피 마실 만한 장소 유무를 확인하는 Be동사 의문문
(A) 질문과 상관없는 오답. 커피의 값을 물어보는 How much 의문문에 가능한 응답이므로 오답.
(B) 정답. 커피를 마실 만한 장소가 있느냐는 질문에 거기에 한 번도 가본 적 없다(I've never been there before)라는 우회적인 응답을 통해 모른다는 것을 나타내고 있으므로 정답.
(C) 연상 단어 오답. 질문의 train station에서 연상 가능한 express를 이용한 오답.

18

M-Cn Why is the conference room so cold?
W-Br (A) Probably at the end of the hallway.
(B) I think it's comfortable.
(C) At a doctor's appointment.

회의실이 왜 이렇게 추워요?
(A) 아마도 복도 끝에요.
(B) 전 쾌적한 것 같아요.
(C) 병원 진료예약에서요.

어휘 conference room 회의실 at the end of ~의 끝에 hallway 복도 comfortable 쾌적한 doctor's appointment 병원 진료예약

해설 회의실이 추운 이유를 묻는 Why 의문문
(A) 질문과 상관없는 오답. 회의실의 위치를 물어보는 Where 의문에 가능한 응답이므로 오답.
(B) 정답. 왜 회의실이 추운지를 묻는 질문에 쾌적한 것 같다(I think it's comfortable)는 우회적인 표현으로 반대되는 의견을 제시하고 있으므로 정답.
(C) 연상 단어 오답. 질문의 cold(추운)에서 cold(감기)를 연상한 후, 병원 진료예약(a doctor's appointment)이라고 한 단계 더 연상하고 있으므로 오답.

19

W-Am Melissa gave the contract to her clients already, didn't she?
M-Cn (A) Please contact me.
(B) Yes, she just did.
(C) I'm almost ready.

멜리사가 계약서를 고객에게 전달했죠, 그렇죠?
(A) 저에게 연락 주세요.
(B) 네, 그녀가 방금 했어요.
(C) 준비가 거의 다 되었어요.

어휘 contract 계약서 client 고객 contact 연락하다

해설 계약서 전달 여부를 확인하는 부가의문문
(A) 유사 발음 오답. 질문의 contract와 발음이 유사한 contact를 이용한 오답.
(B) 정답. 계약서를 고객에게 전달했냐는 질문에 Yes라고 긍정적으로 응답한 후, 그녀가 방금 했다(she just did)며 상황에 적합한 부연 설명을 하고 있으므로 정답.
(C) 유사 발음 오답. 질문의 already와 발음이 유사한 ready를 이용한 오답.

20

W-Br Who updated the employee handbook?
W-Am (A) We decided not to change it.
(B) At the bookstore.
(C) There are thirty-two employees.

누가 직원 편람을 업데이트했나요?
(A) 수정하지 않기로 했어요.
(B) 서점에서요.
(C) 직원이 서른 두 명 있어요.

어휘 update 업데이트하다 handbook 편람 bookstore 서점

해설 업데이트한 직원이 누구인지 묻는 Who 의문문
(A) 정답. 누가 직원 편람을 업데이트했는지 묻는 질문에 수정하지 않기로 했다 (We decided not to change it)는 우회적인 표현으로 응답하고 있으므로 정답.
(B) 유사 발음 오답. 질문의 handbook과 부분적으로 발음이 유사한 bookstore를 이용한 오답.
(C) 유사 발음 오답. 질문의 employee와 발음이 유사한 employees를 이용한 오답.

21

M-Cn I appreciate all your hard work.
W-Br (A) They certainly are.
(B) No, the data should arrive soon.
(C) Dion did a lot of it.

여러분의 노고에 감사해요.
(A) 그들은 분명히 그래요.
(B) 아니요, 데이터가 곧 도착할 거예요.
(C) 디온이 많은 부분을 했어요.

어휘 appreciate 감사하다 hard work 노고 certainly 분명히 arrive 도착하다

해설 사실/정보 전달의 평서문
(A) 평서문과 상관없는 오답. 여러분의 노고에 감사한다는 말에 그들은 분명히 그래요(They certainly are)라며 상황에 적합하지 않은 응답을 하고 있으므로 오답.
(B) 평서문과 상관없는 오답. 여러분의 노고에 감사한다는 말에 No라고 말한 후, 데이터가 곧 도착할 거다(the data should arrive soon)라며 상황에 적합하지 않은 응답을 하고 있으므로 오답.
(C) 정답. 여러분의 노고에 감사한다는 말에 디온이 많은 부분을 했다(Dion did a lot of it)고 응답하고 있으므로 정답.

22

M-Au Do we have your medical history forms on file?
W-Am (A) I like historical films.
(B) No, this is my first visit.
(C) For a complete physical.

우리가 당신의 병력 기록을 파일로 가지고 있나요?
(A) 전 역사 영화를 좋아해요.
(B) 아니요, 처음 방문하는 거예요.
(C) 종합 건강 진단을 위해서요.

어휘 medical history 병력 historical film 역사 영화 complete physical 종합 건강 진단

해설 병력 기록 소유 여부를 확인하는 의문문
(A) 유사 발음 오답. 질문의 history와 부분적으로 발음이 유사한 historical을 이용한 오답.
(B) 정답. 병력 기록을 파일로 가지고 있냐는 질문에 No라는 부정적인 응답을 한 후, 첫 방문이다(this is my first visit)라며 상황에 적합한 부연 설명을 하고 있으므로 정답.
(C) 연상 단어 오답. 질문의 medical에서 연상 가능한 physical을 이용한 오답.

23

M-Cn　Why did Ms. Kearns request maintenance service?
M-Au　(A) Because her refrigerator isn't working.
　　　(B) You'll have to get permission.
　　　(C) Tomorrow afternoon.

컨즈 씨가 왜 유지보수 서비스를 요청했나요?
(A) 그녀의 냉장고가 고장 나섰요.
(B) 당신은 허가를 받아야 할 거예요.
(C) 내일 오후예요.

어휘 request 요청하다　maintenance 유지보수　refrigerator 냉장고　work 작동하다　get permission 허가를 받다

해설 유지보수 서비스 요청 이유를 묻는 Why 의문문
(A) 정답. 컨즈 씨가 유지보수 서비스를 요청한 이유를 묻는 질문에 냉장고가 고장 났기 때문(Because her refrigerator isn't working)이라는 구체적인 이유를 제시하고 있으므로 정답.
(B) 질문과 상관없는 오답. Ms. Kearns로 물었는데 당신이 허가를 받아야 한다(You'll have to get permission)고 응답하고 있으므로 오답.
(C) 질문과 상관없는 오답. 유지보수 서비스를 요청한 시점을 묻는 When 의문문에 가능한 응답이므로 오답.

24

M-Cn　How have customers responded to our latest tablet computer?
W-Br　(A) Have you suggested that?
　　　(B) OK, you can use mine.
　　　(C) So far the reviews are excellent.

최신 태블릿 컴퓨터에 대한 고객의 반응은 어떤가요?
(A) 제안해 보았나요?
(B) 좋아요, 제 것을 쓰세요.
(C) 지금까지의 평가는 우수해요.

어휘 customer 고객　respond to ~에 대해 반응을 보이다　latest 최신의　suggest 제안하다　so far 지금까지　review 평가

해설 제품에 대한 고객의 반응을 묻는 How 의문문
(A) 질문과 상관없는 오답. 태블릿 컴퓨터에 대한 고객의 반응을 묻는 질문에 제안해 보았나(Have you suggested that?)며 논리적으로 맞지 않는 응답을 하고 있으므로 오답.
(B) 연상 단어 오답. 질문의 tablet computer에서 연상 가능한 use를 이용한 오답.
(C) 정답. 태블릿 컴퓨터에 대한 고객의 반응을 묻는 질문에 지금까지의 평가는 우수하다(So far the reviews are excellent)고 응답하고 있으므로 정답.

25

M-Au　Doesn't the product need to be tested again?
W-Am　**(A) It was approved for production last week.**
　　　(B) The interview is on Tuesday.
　　　(C) A new line of cookware.

그 제품은 테스트를 다시 할 필요가 있지 않나요?
(A) 지난 주에 생산 승인 받았어요.
(B) 화요일에 면접이 있어요.
(C) 조리기구의 새로운 종류예요.

어휘 product 생산품, 제품　approve 승인하다　production line (상품의) 종류[계열]　cookware 조리기구

해설 재테스트 여부를 확인하는 부정의문문
(A) 정답. 제품의 재테스트 필요 여부를 확인하는 질문에 지난주에 생산 승인을 받았다(It was approved for production last week)라는 우회적인 표현을 통해 재테스트를 할 필요가 없음을 나타내고 있으므로 정답.
(B) 질문과 상관없는 오답. 제품의 재테스트 필요 여부를 확인하는 질문에 화요일에 면접이 있다(The interview is on Tuesday)며 논리적으로 맞지 않는 응답을 하고 있으므로 오답.
(C) 연상 단어 오답. 질문의 product에서 연상 가능한 명사 line을 이용한 오답.

26

W-Br　Did you have trouble accessing your digital photos?
M-Cn　**(A) Yes, can you help me?**
　　　(B) With a better camera.
　　　(C) I saw them in a magazine.

디지털 사진을 이용하는 데 문제가 있었나요?
(A) 네, 좀 도와주시겠어요?
(B) 더 나은 카메라를 가지고요.
(C) 잡지에서 그것들을 보았어요.

어휘 have trouble ~ing ~하는 데 문제가 있다　access 접근하다, 이용하다　magazine 잡지

해설 디지털 사진 이용 시 문제 여부를 확인하는 의문문
(A) 정답. 디지털 사진 이용에 문제가 있는지 확인하는 질문에 Yes라는 긍정적인 대답을 한 후, 좀 도와주겠냐(can you help me?)며 상황에 적합한 요청을 하고 있으므로 정답.
(B) 연상 단어 오답. 질문의 photos에서 연상 가능한 명사 camera를 이용한 오답.
(C) 연상 단어 오답. 질문의 photos에서 연상 가능한 명사 magazine을 이용한 오답.

27

W-Am　Are you going to buy a house or rent an apartment when you relocate?
W-Br　(A) Yes, many good locations.
　　　(B) A real estate agent.
　　　(C) Have you seen the house prices?

이사할 때, 주택을 구입할 건가요, 아니면 아파트를 임차할 건가요?
(A) 네, 위치가 좋은 장소들이 많네요.
(B) 부동산 중개인이요.
(C) 주택 가격을 알아본 적 있나요?

어휘 rent 임차하다　relocate 이사하다, 이전하다　location 위치　real estate agent 부동산 중개인

해설 구를 연결한 선택의문문
(A) Yes/No 불가 오답. 선택의문문에는 Yes/No 응답이 불가능하기 때문에 오답.
(B) 연상 단어 오답. 질문의 rent에서 연상 가능한 명사 real estate agent를 이용한 오답.
(C) 정답. 주택을 구입할지 아파트를 임차할지 묻는 질문에 주택 가격을 알아본 적 있냐(Have you seen the house prices?)고 되물어 관련된 정보를 얻고자 하므로 정답.

28

W-Am Ming, would you take minutes at the team meeting?
M-Cn (A) What sport do you play?
(B) Isn't it longer than that?
(C) Sure, would you send me a reminder?

밍, 팀 미팅에서 회의록을 작성해 줄래요?
(A) 어떤 운동을 하세요?
(B) 그보다 더 오래 걸리지 않나요?
(C) 물론이죠, 상기시켜 주시겠어요?

어휘 take minutes 회의록을 작성하다 reminder 상기시키는 것

해설 부탁/요청의 의문문
(A) 연상 단어 오답. 질문의 team에서 연상 가능한 명사 sport를 이용한 오답.
(B) 연상 단어 오답. 질문의 minutes에서 시간을 연상한 후, 그보다 더 오래 걸리지 않겠냐(Isn't it longer than that?)고 한 단계 더 연상하고 있으므로 오답.
(C) 정답. 회의록 작성을 요청하는 질문에 Sure라는 긍정적인 응답을 한 후, 상기시켜 주겠냐(would you send me a reminder?)며 상황에 적합한 요청을 하고 있으므로 정답.

29

W-Br This battery is rechargeable, right?
M-Au (A) Three yellow cables.
(B) Let me read the packaging.
(C) No, in the left drawer.

이 배터리 재충전 가능한 거죠, 그렇죠?
(A) 노란 전선 3줄이요.
(B) 포장을 읽어 볼게요.
(C) 아니요, 왼쪽 서랍에요.

어휘 rechargeable 재충전 가능한 cable 전선 packaging 포장, 포장재 drawer 서랍

해설 재충전 가능 여부를 확인하는 부가의문문
(A) 질문과 상관없는 오답. 배터리 재충전 가능 여부를 확인하는 질문에 노란 전선 3줄(Three yellow cables)이라며 논리적으로 맞지 않는 응답을 하고 있으므로 오답.
(B) 정답. 배터리 재충전 가능 여부를 확인하는 질문에 포장을 읽어 보겠다(Let me read the packaging)는 우회적인 표현을 통해 확인해 보겠다고 하고 있으므로 정답.
(C) 연상 단어 오답. 질문의 right에서 연상 가능한 left를 이용한 오답.

30

M-Cn Isn't Professor Heller giving a speech at the event?
W-Am (A) No, I'm going to a class.
(B) Yes, he's the keynote speaker.
(C) It was a fantastic talk.

헬러 교수님이 행사에서 연설을 하시지 않나요?
(A) 아니요, 전 수업에 가는 중이에요.
(B) 네, 기조 연설을 하실 거예요.
(C) 아주 훌륭한 연설이었어요.

어휘 give a speech 연설을 하다 keynote speaker 기조 연설자 talk 연설

해설 사실 여부를 확인하는 부정의문문
(A) 연상 단어 오답. 질문의 professor에서 연상 가능한 명사 class를 이용한 오답.
(B) 정답. 헬러 교수님이 연설을 하지 않느냐는 질문에 Yes라며 긍정적으로 응답한 후, 기조 연설을 할 거다(he's the keynote speaker)라며 상황에 적합한 부연 설명을 하고 있으므로 정답.
(C) 질문과 상관없는 오답. 헬러 교수님이 연설을 하지 않느냐는 질문에 아주 훌륭한 연설이었다(It was a fantastic talk)며 논리적으로 맞지 않는 응답을 하고 있으므로 오답.

31

W-Br Has the floor tile for the lobby been delivered yet?
M-Au (A) He works at the front desk.
(B) Just put it right there.
(C) It was the wrong color.

로비 바닥 타일이 벌써 배송되었나요?
(A) 그는 프런트 데스크에서 근무해요.
(B) 그냥 거기에 두세요.
(C) 색상이 잘못 왔어요.

어휘 deliver 배송하다, 배달하다 yet 벌써 put 놓다

해설 배송 여부를 확인하는 조동사(Have) 의문문
(A) 연상 단어 오답. 질문의 lobby에서 연상 가능한 명사 front desk를 이용한 오답.
(B) 연상 단어 오답. 질문의 delivered에서 연상 가능한 명사 put을 이용한 오답.
(C) 정답. 로비 바닥 타일이 배송되었냐는 질문에 색상이 잘못 왔다(It was the wrong color)고 우회적인 표현으로 응답하고 있으므로 정답.

PART 3

Questions 32 through 34 refer to the following conversation.

> W-Am: Hello, and thank you for calling Teresa's. How can I help you?
>
> M-Au: Hi, ³²,³³**I'd like to make a dinner reservation for five people at seven thirty tonight.** My name's Ian Branson.
>
> W-Am: Hmm, I can seat you in the dining room at that time, or, if you don't mind waiting until eight o'clock, we can put you outside on the patio. Which would you prefer?
>
> M-Au: Oh, in that case we'll wait. ³⁴**The weather has been so great this week, I'd prefer to sit outside.**
>
> 여: 안녕하세요, 테레사스에 전화 주셔서 감사합니다. 무엇을 도와 드릴까요?
>
> 남: 안녕하세요, 오늘 저녁 7시 30분에 5명의 저녁 식사 자리를 예약하려고요. 제 이름은 이안 브랜슨이에요.
>
> 여: 음, 그 시간엔 식당 안에 자리를 잡아 드릴 수 있어요, 아니면, 8시까지 기다리실 수 있으면 건물 바깥쪽 테라스에 자리를 마련해 드릴 수 있어요. 어디가 더 좋으시겠어요?
>
> 남: 아, 그렇다면 기다릴게요. 이번 주 날씨가 좋아서 밖에 앉고 싶네요.
>
> 어휘 make a reservation 예약을 하다   if you don't mind ~ing ~하는 것이 괜찮으시다면   wait 기다리다   outside 밖에, 바깥에   patio 뜰, 테라스   prefer 선호하다   in that case 그렇다면   weather 날씨

32

Where does the woman most likely work?

(A) At a theater
(B) At a restaurant
(C) At a gardening store
(D) At a convention center

여자는 어디에서 근무할 것 같은가?

(A) 극장
(B) 식당
(C) 원예용품 가게
(D) 컨벤션 센터

해설 전체 내용 관련 – 여자의 근무지

남자의 첫 번째 대사에서 여자에게 오늘 저녁 7시 30분 5명의 저녁 식사 자리를 예약하고 싶다(I'd like to make a dinner reservation for five people at seven thirty tonight)고 했다. 이를 통해 여자가 식당에서 근무한다는 것을 알 수 있으므로 정답은 (B)이다.

33

Why is the man calling?

(A) To apply for a job
(B) To file a complaint
(C) To make a reservation
(D) To inquire about prices

남자가 전화한 이유는?

(A) 일자리에 지원을 하기 위해
(B) 불만을 제기하기 위해
(C) 예약을 하기 위해
(D) 가격에 대해 문의하기 위해

해설 전체 내용 관련 – 남자가 전화를 건 이유

남자의 첫 번째 대사에서 여자에게 오늘 저녁 7시 30분 5명의 저녁 식사 자리를 예약하고 싶다(I'd like to make a dinner reservation for five people at seven thirty tonight)고 했으므로 정답은 (C)이다.

34

What is the man willing to wait for?

(A) A meeting with a manager
(B) A monthly sale
(C) A Web site relaunch
(D) A preferred location

남자는 무엇을 기꺼이 기다리는가?

(A) 매니저와의 미팅
(B) 이달의 할인
(C) 웹 사이트 재오픈
(D) 선호하는 장소

해설 세부사항 관련 – 남자가 기다리는 것

남자의 마지막 대사에서 이번 주 날씨가 좋아서 밖에 앉고 싶다(The weather has been so great this week, I'd prefer to sit outside)고 했으므로 정답은 (D)이다.

Questions 35 through 37 refer to the following conversation.

> M-Cn: Jin-Sook, ³⁶**do you know how to get to Reynolds Square in the city center?** ³⁵**I'm meeting a friend of mine there this evening.**
>
> W-Br: I think ³⁶**there's a bus, but it makes a lot of stops.** You know, actually, I have to drive to the city center. I'm going to run some errands after work.
>
> M-Cn: Oh, OK, thanks, I appreciate it. That makes things a whole lot easier. ³⁷**You leave the office around five o'clock, right?**
>
> W-Br: ³⁷**Yes, that's right.**

TEST 3 **65**

남:	진숙, 시내 중심가에 있는 레이놀즈 광장에 가는 방법 아세요? 제가 오늘 저녁 거기서 친구를 만나거든요.
여:	버스가 있는 것 같아요, 그런데 여러 정거장에 정차하네요. 저기, 사실, 제가 시내 중심가로 자동차를 운전해서 가야 해요. 퇴근 후 몇 가지 심부름할 게 있거든요.
남:	아, 그래요, 고마워요, 그렇게 해 주시면 감사하죠. 그러면 일이 정말 수월해지죠. 5시쯤 사무실에서 출발하시죠, 그렇죠?
여:	네, 맞아요.
어휘	city center 시내 중심가 make a stop 정차하다 run some errands 심부름을 하다 after work 퇴근 후 appreciate 감사하다 leave 출발하다, 떠나다

35

What is the man planning to do?

(A) See a friend
(B) Meet with some clients
(C) Purchase a bus pass
(D) Find a recipe

남자는 무엇을 하려고 하는가?
(A) 친구 만나기
(B) 고객들과 만나기
(C) 버스 승차권 구매
(D) 요리법 찾기

해설 세부사항 관련 – 남자가 하려고 하는 것
남자의 첫 번째 대사에서 오늘 저녁 거기서 친구를 만난다(I'm meeting a friend of mine there this evening)고 했으므로 정답은 (A)이다.

36

Why does the woman say, "I have to drive to the city center"?

(A) To express frustration with her schedule
(B) To suggest a meeting place
(C) To decline the man's invitation
(D) To offer the man a ride

여자는 왜 "제가 시내 중심가로 자동차를 운전해서 가야 해요."라고 말하는가?
(A) 자신의 스케줄에 대한 불만을 토로하기 위해
(B) 회의 장소를 제안하기 위해
(C) 남자의 초대를 거절하기 위해
(D) 남자를 차에 태워 주기 위해

해설 세부사항 관련 – 자동차를 운전해서 가야 한다는 말의 의미
남자가 첫 번째 대사에서 시내 중심가에 있는 레이놀즈 광장에 가는 방법을 아는지(do you know how to get to Reynolds Square in the city center?) 물어보자, 버스는 있는데 여러 정거장에 정차한다(there's a bus, but it makes a lot of stops)고 여자가 말했다. 이는 자신도 같은 방향으로 가야 하니 남자를 자신의 차에 태워 주겠다는 의미이므로 정답은 (D)이다.

37

What does the woman confirm?

(A) A meeting location
(B) A departure time
(C) The number of travelers
(D) The length of an event

여자는 무엇을 확인해 주는가?
(A) 회의 장소
(B) 출발 시간
(C) 여행객 수
(D) 행사 기간

해설 세부사항 관련 – 여자가 확인해 주는 것
남자의 두 번째 대사에서 여자에게 5시쯤 사무실에서 출발하느냐(You leave the office around five o'clock, right?)고 출발 시간을 물어보았고 이에 여자가 맞다(Yes, that's right)고 확인해 주고 있으므로 정답은 (B)이다.

▶▶ Paraphrasing 대화의 leave → 정답의 departure

Questions 38 through 40 refer to the following conversation.

M-Cn	Hello, ³⁸I'm calling because my three P.M. flight to Mumbai was canceled. I'd like to check what other options you have.
W-Am	Sure. Let me take a look.
M-Cn	I'd like to depart today, if possible.
W-Am	It looks like the only seat available is on the same flight tomorrow—at three P.M.
M-Cn	Hmm... that's too late. ³⁹I'm traveling to a conference, and I need to get there sooner. I know Indian Airways has a flight at eleven P.M. Can you put me on that one?
W-Am	Unfortunately, I can't book you with another carrier. However, ⁴⁰I could give you a full refund so you can book that flight directly with them.
M-Cn	That sounds good. ⁴⁰I'll take the refund.

남:	안녕하세요, 오후 3시 뭄바이행 비행편이 취소되어서 전화했습니다. 다른 선택사항이 있는지 확인하고 싶어요.
여:	네, 확인해 보겠습니다.
남:	가능하다면 오늘 출발하고 싶습니다.
여:	지금 유일하게 남은 자리는 내일 오후 3시 동일 비행편이네요.
남:	음… 그건 너무 늦네요. 회의 참석차 가는 거라 더 빨리 도착해야 하거든요. 인도 항공에 오후 11시 비행편이 있는 걸로 알고 있는데요. 그 비행편을 예약해 주실 수 있나요?
여:	안타깝지만, 다른 항공사 예약은 해 드릴 수가 없습니다. 그렇지만 전액 환불이 가능하니까 그 항공사에 직접 예약하실 수 있습니다.
남:	그게 좋겠네요. 환불해 주세요.

어휘	take a look 확인해 보다 depart 출발하다 if possible 가능하다면 available 이용할 수 있는 travel 여행하다 conference 회의 airways 항공사 book 예약하다 carrier 항공사 a full refund 전액 환불

38

What problem is the man calling about?

(A) A flight cancellation
(B) A computer malfunction
(C) A billing error
(D) Lost luggage

남자는 어떤 문제로 전화를 하는가?

(A) 비행편 취소
(B) 컴퓨터 고장
(C) 청구서상의 오류
(D) 분실 수하물

해설 전체 내용 관련 – 남자가 언급하는 문제점

남자의 첫 번째 대사에서 오후 3시 뭄바이행 비행편이 취소되어서 전화했다(I'm calling because my three P.M. flight to Mumbai was canceled)고 했으므로 정답은 (A)이다.

39

What event is the man planning to attend?

(A) A training session
(B) A conference
(C) A grand opening
(D) A musical performance

남자는 어떠한 행사에 참석하려 하는가?

(A) 교육 과정
(B) 회의
(C) 개업식
(D) 음악 공연

해설 세부사항 관련 – 남자가 참석하려는 행사

남자가 세 번째 대사에서 회의 참석차 가는 거다(I'm traveling to a conference)라고 했으므로 정답은 (B)이다.

40

What will the woman probably do next?

(A) Schedule a repair
(B) Check a receipt
(C) Issue a refund
(D) Make an announcement

여자는 다음에 무엇을 할 것 같은가?

(A) 수리 일정 잡기
(B) 영수증 확인
(C) 환불금 지급
(D) 안내 방송

해설 세부사항 관련 – 여자의 다음 행동

여자가 마지막 대사에서 남자에게 전액 환불이 가능하니 그 항공사에 직접 예약할 수 있다(I could give you a full refund so you can book that flight directly with them)고 했다. 이에 대해 남자가 여자에게 환불해 달라(I'll take the refund)고 했으므로 정답은 (C)이다.

Questions 41 through 43 refer to the following conversation.

M-Au **41Nadia, since you work for me in Customer Service**, I wanted to talk to you about a position you might be interested in. We need an assistant customer service manager to help me with daily tasks.

W-Am Oh! I didn't know there was a position opening up. That would be great for my career, but I haven't been here that long. **42Do you think I'm really qualified for the position?**

M-Au You've done a great job handling customer inquiries, so yes, I think you're ready to take on more responsibility. **43Why don't you take a look at this job description and see what you think?**

남: 나디아, 당신이 고객 센터에서 내 부하직원으로 근무하니까 당신이 관심 있을 만한 자리에 대해 알려 주고 싶었어요. 일일 업무 관련해서 저를 도와줄 고객 서비스 부 매니저가 필요하거든요.

여: 아! 자리가 났는지 몰랐네요. 제 경력에 크게 도움이 될 것 같기는 하지만 제가 이곳에서 그리 오래 근무해 온 게 아니라서요. 제가 정말 그 자리에 적임자일까요?

남: 당신은 고객 문의를 굉장히 잘 처리해 왔기 때문에, 그래서 네, 제 생각엔 당신이 더 큰 책임을 맡을 준비가 된 것 같아요. 직무 기술서를 한번 살펴보고 당신 생각이 어떤지 보는 게 어때요?

어휘 position (일)자리, 직위 assistant 부 - (흔히 직함 앞에 쓰임) daily task 일일 업무 career 경력 be qualified for ~에 적격이다 handle 다루다, 처리하다 inquiry 문의 take on responsibility 책임을 맡다 job description 직무 기술서

41

What department does the woman work in?

(A) Marketing
(B) Customer Service
(C) Accounting
(D) Product Development

여자는 어느 부서에서 근무하는가?

(A) 마케팅
(B) 고객 서비스
(C) 회계
(D) 제품 개발

해설 전체 내용 관련 – 여자의 근무 부서

남자의 첫 번째 대사에서 여자가 회사 고객 서비스 센터에서 남자의 부하직원으로 근무하기 때문에(Nadia, since you work for me in Customer Service)라고 했으므로 정답은 (B)이다.

42
What is the woman concerned about?

(A) Her qualifications for a position
(B) A lack of staff in her department
(C) A delayed product launch
(D) A customer complaint

여자는 무엇을 걱정하는가?
(A) 직위에 대한 자신의 자격
(B) 부서 내 직원 부족
(C) 제품 출시 지연
(D) 고객 불만

해설 세부사항 관련 – 여자의 우려 사항

여자의 대사에서 자신이 정말 그 자리에 적임자일지(Do you think I'm really qualified for the position?)에 대해 남자에게 묻고 있으므로 정답은 (A)이다.

43
What does the man suggest?

(A) Revising a résumé
(B) Looking at a job description
(C) Editing a report
(D) Advertising in a professional journal

남자는 무엇을 제안하는가?
(A) 이력서 수정하기
(B) 직무 기술서 살펴보기
(C) 보고서 편집하기
(D) 전문지에 광고하기

해설 세부사항 관련 – 남자의 제안사항

남자의 마지막 대사에서 여자에게 직무 기술서를 한번 살펴보고 생각이 어떤지 보는 게 어떻겠느냐(Why don't you take a look at this job description and see what you think?)고 했으므로 정답은 (B)이다.

Questions 44 through 46 refer to the following conversation.

W-Br Hi, **44 I'm calling to get some information about your shipping services.** My company manufactures glassware, and we have clients in Mexico. Do you ship there?

M-Cn Yes, we do. **44 With us you can send your products by air or by ground transport.**

W-Br Which of those two options would be safer to use? **45 I'm worried because the glassware is so fragile.**

M-Cn Either way is safe, but if you want, **46 you can visit our Web site, and it will figure out the exact arrival date for each method.** You can choose the one that best suits your clients.

여: 안녕하세요, 귀사의 운송 서비스에 대한 정보를 얻으려고 전화했습니다. 저희 회사는 유리제품을 제조하고 멕시코에 고객들이 있습니다. 그곳으로도 운송하나요?

남: 네, 그렇습니다. 저희 회사를 통하시면 고객님은 항공 또는 육상 운송을 이용해 귀사의 제품을 보내실 수 있습니다.

여: 둘 중에 어떤 방법이 더 안전할까요? 유리제품이 매우 깨지기 쉽기 때문에 걱정이 되네요.

남: 어떤 쪽이든 안전합니다만, 원하신다면 저희 웹 사이트를 방문하셔서 각 운송 방법별로 정확한 도착 일자를 확인하실 수 있습니다. 귀사의 고객들에게 가장 적합한 방법을 선택하시면 됩니다.

어휘 shipping service 운송 서비스 manufacture 제조하다 glassware 유리제품 client 고객 by air 항공으로 by ground transport 육상 운송으로 fragile 깨지기 쉬운 figure out 알아내다, (비용 등을) 계산[산출]하다 exact 정확한 arrival 도착 choose 선택하다 suit ~에 맞다

44
Where does the man work?

(A) At a seaport
(B) At a travel agency
(C) At a shipping company
(D) At a security firm

남자는 어디에서 근무하는가?
(A) 항구
(B) 여행사
(C) 운송 회사
(D) 경비 회사

해설 전체 내용 관련 – 남자의 근무지

여자가 첫 번째 대사에서 남자에게 운송 서비스에 대한 정보를 얻으려고 전화했다(I'm calling to get some information about your shipping services)고 했다. 이에 남자가 자사를 통하면 항공 또는 육상 운송을 이용해 제품을 보낼 수 있다(With us you can send your products by air or by ground transport)고 했으므로 정답은 (C)이다.

45
Why is the woman concerned?

(A) Her employees did not receive training.
(B) An airplane ticket is too expensive.
(C) Some directions are unclear.
(D) Her products are easily breakable.

여자는 왜 걱정하는가?
(A) 직원들이 교육을 받지 않았다.
(B) 비행기표가 너무 비싸다.
(C) 일부 지시 사항들이 확실하지 않다.
(D) 제품이 깨지기 쉽다.

해설 세부사항 관련 – 여자가 우려하는 사항

여자의 두 번째 대사에서 유리제품이 매우 깨지기 쉽기 때문에 걱정이 된다(I'm worried because the glassware is so fragile)고 했으므로 정답은 (D)이다.

▶ **Paraphrasing** 대화의 so fragile → 정답의 easily breakable

46
What does the man say about the Web site?
(A) It lists pricing details.
(B) It calculates arrival dates.
(C) It provides translations.
(D) It includes packing tips.

남자는 자사 웹 사이트에 대해 무엇을 언급하는가?
(A) 가격 정보를 열거하고 있다.
(B) 도착 일자를 계산해 준다.
(C) 번역 서비스를 제공한다.
(D) 포장 비법을 제공한다.

해설 세부사항 관련 – 웹 사이트에서 제공하는 서비스
남자의 마지막 대사에서 웹 사이트를 방문해서 각 운송 방법별로 정확한 도착 일자를 확인할 수 있다(you can visit our Web site, and it will figure out the exact arrival date for each method)고 했으므로 정답은 (B)이다.

▸▸ Paraphrasing 대화의 **figure out** → 정답의 **calculate**

Questions 47 through 49 refer to the following conversation.

W-Am ⁴⁷Alex, did you get an update from Fryer Airport about our contract to run our advertising campaign in Terminal C?

M-Au Yes, their representative said that we can start our ads by the beginning of May.

W-Am OK. And what about the digital advertisements that we would run on flat-screens? ⁴⁸They have enough screens available? We need at least four around the terminal.

M-Au You know, they said they're in the process of installing additional screens right now. But ⁴⁹let me call him back right away just to make sure they'll be ready in time.

여: 알렉스, C 터미널에 캠페인 광고 게재 건 계약 관련해서 프라이어 공항으로부터 업데이트 받은 거 있나요?
남: 네, 공항 측 담당자가 5월 초에 우리 광고를 시작할 수 있다고 했어요.
여: 그래요. 평면 스크린에 게재하기로 한 디지털 광고는요? 스크린은 충분한가요? C 터미널 주위에 최소한 4개는 필요해요.
남: 그게, 프라이어 공항에서는 현재 추가로 스크린을 더 설치하는 중이라고 했어요. 그렇지만 지금 바로 담당자에게 다시 전화해서 제때 준비가 되도록 할게요.

어휘 contract 계약 run an advertising campaign 광고 캠페인을 전개하다(벌이다) representative 영업사원, 대표 flat-screen 평면 스크린 at least 최소한, 적어도 in the process of ~하는 중이다 install 설치하다 additional 추가의 right away 즉시 make sure ~을 확실히 하다 in time 제때

47
What are the speakers discussing?
(A) Plans for an advertising campaign
(B) A delay in a construction project
(C) Arranging a business trip
(D) Hosting a company party

화자들은 무엇을 논의하고 있는가?
(A) 광고 캠페인에 대한 계획
(B) 건설 프로젝트 지연
(C) 출장 계획
(D) 회사 파티 주최

해설 전체 내용 관련 – 대화 주제
여자의 첫 번째 대사에서 남자에게 C 터미널에 캠페인 광고 게재 건 계약 관련해서 프라이어 공항으로부터 업데이트를 받았느냐(Alex, did you get an update from Fryer Airport about our contract to run our advertising campaign in Terminal C?)고 묻고 있으므로 정답은 (A)이다.

48
What does the woman ask the man to confirm?
(A) The weight of some material
(B) The availability of some equipment
(C) The cost of a service
(D) The number of attendees

여자는 남자에게 무엇을 확인하라고 요청하는가?
(A) 일부 자재의 중량
(B) 일부 장비의 이용 가능 여부
(C) 서비스 비용
(D) 참석자 수

해설 세부사항 관련 – 여자의 요청사항
여자의 두 번째 대사에서 남자에게 스크린은 충분한지(They have enough screens available?) 묻고 있으므로 정답은 (B)이다.

▸▸ Paraphrasing 대화의 **flat-screens** → 정답의 **some equipment**

49
What will the man do next?
(A) Review an invoice
(B) Design an invitation
(C) Make a phone call
(D) Inspect a space

남자는 다음에 무엇을 할 것인가?
(A) 청구서 검토
(B) 초대장 디자인
(C) 전화하기
(D) 장소 점검

해설 세부사항 관련 – 남자가 다음에 할 행동
남자의 마지막 대사에서 여자에게 공항 측 광고 담당자에게 지금 바로 다시 전화해서 제때 준비가 되도록 하겠다(let me call him back right away just to make sure they'll be ready in time)고 했으므로 정답은 (C)이다.

Questions 50 through 52 refer to the following conversation.

> W-Br Hello, Mr. Hartmann? I'm calling from Lewis Home Decorating Center. ⁵⁰**The living room furniture you ordered has arrived.** Our delivery agents will be able to drop it off at your place this afternoon.
>
> M-Cn Oh, but ⁵¹**there's a small leak in my roof that I need to have repaired before any furniture can be put in the living room.**
>
> W-Br Well, our policy says we can hold orders here at the store for up to a week. When do you think the roof repair will be completed?
>
> M-Cn ⁵²**I'm meeting with a contractor at three o'clock today to discuss the repairs.** I won't be able to arrange the delivery until I see what he says.

> 여 안녕하세요, 하트만 씨? 루이스 홈 데코레이팅 센터에서 전화드립니다. 주문하신 거실 가구가 도착했습니다. 저희 배송 기사가 오늘 오후에 댁으로 배송해 드릴 수 있을 것 같네요.
>
> 남 아, 그런데 지붕에서 약간의 누수가 있어서 거실에 새 가구를 놓기 전에 수리를 해야 할 것 같아요.
>
> 여 음, 저희 회사 정책상 주문하신 가구들은 최대 일주일 동안 저희 매장에서 보관해 드릴 수 있습니다. 언제쯤이면 지붕 수리가 완료될까요?
>
> 남 오늘 3시에 수리업체 직원을 만나 수리 건에 대해 상의하기로 했어요. 그의 말을 듣기 전에는 배송일자를 정할 수가 없네요.

> 어휘 furniture 가구 delivery agent 배송 기사 leak 누수, 누출 complete 완료하다 contractor 도급업체 discuss 상의하다 arrange a delivery 배송일자를 정하다

50

Where most likely does the woman work?

(A) At a plumbing company
(B) At a furniture store
(C) At a post office
(D) At a hardware store

여자는 어디서 근무할 것 같은가?
(A) 배관 회사
(B) 가구 매장
(C) 우체국
(D) 철물점

해설 전체 내용 관련 – 여자의 근무지
여자의 첫 번째 대사에서 남자에게 주문한 거실 가구가 도착했다(The living room furniture you ordered has arrived)고 했다. 이를 통해 여자가 가구 매장에서 근무한다는 것을 알 수 있으므로 정답은 (B)이다.

51

What problem does the man indicate?

(A) Some workers arrived late.
(B) Some merchandise has been damaged.
(C) A home repair is needed.
(D) Business hours were shortened.

남자는 어떤 문제를 언급하는가?
(A) 몇몇 인부들이 늦게 도착했다.
(B) 몇몇 상품들이 파손되었다.
(C) 집 수리가 필요하다.
(D) 영업시간이 짧아졌다.

해설 세부사항 관련 – 남자가 언급하는 문제점
남자의 첫 번째 대사에서 지붕에 약간의 누수가 있으니 거실에 새 가구를 놓기 전에 수리를 해야 할 것 같다(there's a small leak in my roof that I need to have repaired before any furniture can be put in the living room)고 했으므로 정답은 (C)이다.

52

What will the man do at three o'clock?

(A) Speak with a contractor
(B) Sign a document
(C) Buy some supplies
(D) Go to a bank

남자는 3시에 무엇을 할 것인가?
(A) 업체와 상의하기
(B) 서류에 서명하기
(C) 자재 구입하기
(D) 은행에 가기

해설 세부사항 관련 – 남자가 3시에 할 일
남자의 마지막 대사에서 오늘 3시에 수리업체 직원을 만나 수리 건에 대해 상의하기로 했다(I'm meeting with a contractor at three o'clock today to discuss the repairs)고 했으므로 정답은 (A)이다.

▶ Paraphrasing 대화의 meet with → 정답의 speak with

Questions 53 through 55 refer to the following conversation.

> M-Au Hi, Fatima. ⁵³**Can I still make a change to the monthly sales report?**
>
> W-Br I'm supposed to send it out this morning.
>
> M-Au ⁵⁴**I got a call from the Farmingdale store saying that the data they sent me was wrong.** They're e-mailing me a corrected version this afternoon.
>
> W-Br All right, then. Could you send me those figures when you get them? I'll have to update the report.

M-Au	No, I'll take care of that for you. ⁵⁵Let me put together an e-mail explaining what the changes are, and I'll send it to everyone.

남: 안녕하세요, 파티마. 월례 판매 보고서를 변경할 수 있을까요?
여: 오늘 아침에 보내도록 되어 있는데요.
남: 파밍데일 매장에서 전화가 왔는데 저에게 보낸 데이터가 잘못되었다고 하네요. 오늘 오후 수정된 데이터를 이메일로 보내겠대요.
여: 좋아요, 그럼. 수정된 데이터를 받는 대로 저에게 보내 주세요. 제가 보고서를 수정해야 할 것 같네요.
남: 아니에요. 제가 처리할게요. 변경 내용을 설명하는 이메일을 작성해서 모두에게 보낼게요.

어휘 make a change 변경하다 monthly 매월의 sales report 판매 보고서 be supposed to부정사 ~하기로 되어 있다 corrected 수정된 figure 수치 update 갱신하다 take care of ~을 처리하다 put together 만들다, 준비하다

53
What does the woman imply when she says, "I'm supposed to send it out this morning"?
(A) She has misunderstood a request.
(B) An item is out of stock.
(C) She would like some help.
(D) It is too late to make a change.

여자가 "오늘 아침에 보내도록 되어 있는데요."라고 말한 의도는 무엇인가?
(A) 여자는 요청을 오해했다.
(B) 제품이 품절되었다.
(C) 여자는 도움이 필요하다.
(D) 변경하기에는 너무 늦었다.

해설 세부사항 관련 – 오늘 아침에 보내도록 되어 있다는 말의 의미
남자가 첫 번째 대사에서 월례 판매 보고서를 변경할 수 있는지(Can I still make a change to the monthly sales report?) 물어보자 여자는 오늘 아침에 보내도록 되어 있다(I'm supposed to send it out this morning)고 했다. 이는 변경하기에는 너무 늦었다는 의미이므로 정답은 (D)이다.

54
What problem does the man mention?
(A) A client is dissatisfied.
(B) A room is still occupied.
(C) Sales figures were inaccurate.
(D) A store address is incorrect.

남자는 무슨 문제를 언급하는가?
(A) 고객이 만족하지 못한다.
(B) 사람이 아직 방에 있다.
(C) 판매 수치가 부정확했다.
(D) 매장 주소가 올바르지 않다.

해설 전체 내용 관련 – 남자가 언급하는 문제
남자의 두 번째 대사에서 파밍데일 매장에서 보낸 데이터가 잘못되었다는 전화가 왔다(I got a call from the Farmingdale store saying that the data they sent me was wrong)고 했으므로 정답은 (C)이다.

55
What does the man offer to do?
(A) Call a client
(B) E-mail some coworkers
(C) Check on a delivery
(D) Reschedule a meeting

남자는 무엇을 해 주겠다고 제안하는가?
(A) 고객에게 전화하기
(B) 동료들에게 이메일 보내기
(C) 배송 확인
(D) 회의 일정 변경

해설 세부사항 관련 – 남자의 제안사항
남자의 마지막 대사에서 변경 내용을 설명하는 이메일을 작성해서 모두에게 보내겠다(Let me put together an e-mail explaining what the changes are, and I'll send it to everyone)고 했으므로 정답은 (B)이다.

Questions 56 through 58 refer to the following conversation with three speakers.

M-Cn	So, James. ⁵⁶I've shown you where all the main book sections are: fiction, nonfiction, children's. Any questions so far?
M-Au	Yes, I was wondering when the busiest times are here.
M-Cn	Well, ⁵⁷a lot of children come in Monday mornings because we have children's story time. We're usually busiest from ten to twelve.
M-Au	OK. Um ... Raj, I think this woman's looking for help.
W-Am	Yes, excuse me. ⁵⁸I was looking for the book *Wonders of the West*, but I couldn't find it in the nature section.
M-Cn	Sure. I can help you with that. James, let me take this opportunity to show you how to check whether books are in stock.

남 1: 자, 제임스. 소설, 논픽션 그리고 아동 도서 코너 등 주요 책 코너가 어디에 있는지 둘러보았는데, 여기까지 질문 있나요?
남 2: 네, 여기에서 가장 바쁜 시간이 언제인지 궁금했어요.
남 1: 음, 아이들 이야기 시간이 월요일 아침마다 있어서 그때 아이들이 많이 오지요. 보통 오전 10시에서 12시까지가 제일 바빠요.
남 2: 알겠어요. 음… 라즈, 이 분이 도움이 필요한 거 같은데요.
여: 맞아요, 실례해요. 〈서양의 불가사의〉라는 책을 찾고 있는데, 자연 코너에서 찾을 수가 없네요.
남 1: 당연히 도와 드리죠. 제임스, 이 기회에 책 재고 확인 방법을 알려줄게요.

어휘 section 코너 busiest 가장 바쁜 nature 자연 opportunity 기회 in stock 재고가 있는

56

Where most likely are the speakers?

(A) At a publishing company
(B) At a bookstore
(C) At a supermarket
(D) At a bank

화자들은 어디에 있는 거 같은가?
(A) 출판사
(B) 서점
(C) 슈퍼마켓
(D) 은행

> 해설 전체 내용 관련 – 화자들이 있는 곳
> 남자 1의 첫 번째 대사에서 남자 2에게 소설, 논픽션 그리고 아동 도서 코너 등 주요 책 코너가 어디에 있는지 둘러보았다(I've shown you where all the main book sections are: fiction, nonfiction, children's)고 했다. 이를 통해 화자들이 서점에 있다는 것을 알 수 있으므로 정답은 (B)이다.

57

Why are Monday mornings busy?

(A) Deliveries must be processed.
(B) Cleaning must be completed.
(C) There are activities for children.
(D) There are staff meetings.

월요일 아침이 바쁜 이유는?
(A) 배송이 처리되어야 한다.
(B) 청소가 완료되어야 한다.
(C) 아이들을 위한 특별활동이 있다.
(D) 직원 회의가 있다.

> 해설 세부사항 관련 – 월요일 아침이 바쁜 이유
> 남자 1의 두 번째 대사에서 아이들 이야기 시간이 월요일 아침마다 있어서 그때 아이들이 많이 온다(Well, a lot of children come in Monday mornings because we have children's story time)고 했으므로 정답은 (C)이다.

> ▸▸ Paraphrasing 대화의 **children's story time**
>   → 정답의 **activities for children**

58

What does the woman ask about?

(A) Accessing a building
(B) Finding a manager
(C) Receiving a discount
(D) Locating an item

여자는 무엇에 관하여 물어보는가?
(A) 건물에 들어가기
(B) 관리자 찾기
(C) 할인 받기
(D) 물건 찾기

> 해설 세부사항 관련 – 여자의 질문 사항
> 여자의 대사에서 〈서양의 불가사의〉라는 책을 찾고 있는데, 자연 코너에서 찾을 수가 없다(I was looking for the book *Wonders of the West*, but I couldn't find it in the nature section)고 했으므로 정답은 (D)이다.

> ▸▸ Paraphrasing 대화의 **looking for the book**
>   → 정답의 **locating an item**

Questions 59 through 61 refer to the following conversation with three speakers.

W-Am Thanks for attending this project planning meeting. As you know, ⁵⁹**our technology firm is interested in developing an electric car.** However, since we currently produce only mobile phones and computers, ⁶⁰**I think we should partner with an automobile manufacturer.**

M-Cn Since we don't have any sort of background in building cars, working with an automobile manufacturer is a good suggestion. We could combine our technical knowledge with their mechanical expertise. ⁶¹**I worry, though, that this project will cost more money than we have available.**

M-Au ⁶¹**I agree with Samuel's concern—it's too ambitious for our firm right now.** Even if we split the finances with the company we partner with, it'll take us over our budget.

여: 프로젝트 기획 회의에 참석해 주셔서 감사합니다. 아시다시피, 테크놀로지 기업인 우리 회사는 전기 자동차 개발에 관심이 있지요. 하지만 현재 휴대 전화와 컴퓨터만 생산하고 있기 때문에 자동차 제조업체와 제휴해야 한다고 생각해요.
남 1: 우리 회사가 자동차 제조에 대한 어떠한 배경지식도 없으므로 자동차 제조업체와 제휴하는 것은 좋은 제안이네요. 우리의 과학 기술 지식과 그 제조사의 기계 관련 전문 기술을 결합할 수 있을 거예요. 하지만 우리가 유용할 수 있는 비용보다 더 많은 비용이 들 텐데 걱정이에요.
남 2: 사무엘의 우려에 동의해요. 현재 우리 회사 상황에 비해 너무 무리한 계획이네요. 우리와 제휴한 회사와 재정을 분리한다고 하더라도, 예산을 초과하게 될 거예요.

> 어휘 attend 참석하다 planning 기획 firm 회사 be interested in ~에 관심이 있다 electric car 전기차 partner with ~와 협력하다 automobile manufacturer 자동차 제조업체 background (교육·경험 등의) 배경 combine 결합하다 knowledge 지식 mechanical 기계의 expertise 전문 지식[기술] available 이용[입수] 가능한 concern 우려 ambitious 야망 있는 split 나누다 finance 재정, 자금 budget 예산

59

Where do the speakers work?

(A) At a toy manufacturer
(B) At a financial institution
(C) At a car repair shop

(D) At a technology company

화자들은 어디에서 근무하는가?
(A) 장난감 제조업체
(B) 금융 기관
(C) 자동차 정비소
(D) 테크놀로지 회사

해설 전체 내용 관련 - 화자들의 근무지
여자의 대사에서 테크놀로지 기업인 화자의 회사는 전기 자동차 개발에 관심이 있다(our technology firm is interested in developing an electric car)고 했으므로 정답은 (D)이다.

60

What does the woman suggest doing?
(A) Collaborating with another company
(B) Investing in better machinery
(C) Arranging some job interviews
(D) Evaluating consumer interest

여자는 무엇을 하자고 제안하는가?
(A) 다른 회사와 협력하기
(B) 더 나은 기계에 투자하기
(C) 취업 면접을 주선하기
(D) 소비자의 관심도 평가하기

해설 세부사항 관련 - 여자의 제안사항
여자의 대사에서 자동차 제조업체와 제휴해야 한다(I think we should partner with an automobile manufacturer)고 했으므로 정답은 (A)이다.

▶ Paraphrasing 대화의 partner with
                → 정답의 collaborate with

61

Why do the men advise against pursuing the project?
(A) It will take too long to complete.
(B) It will cost too much money.
(C) A factory cannot meet production demands.
(D) A similar product is already available.

남자들은 왜 프로젝트 추진을 반대하는가?
(A) 완료하기까지 시간이 너무 오래 걸린다.
(B) 너무 많은 돈이 든다.
(C) 공장이 생산 수요를 충족시킬 수 없다.
(D) 비슷한 제품이 이미 나와 있다.

해설 세부사항 관련 - 남자들이 프로젝트를 반대하는 이유
남자 1의 대사에서 유용할 수 있는 비용보다 더 많은 비용이 들 것이 걱정된다(I worry, though, that this project will cost more money than we have available)고 했다. 이에 남자 2가 사무엘의 우려에 동의한다며 현재 회사 상황에 비해 너무 무리한 계획이다(I agree with Samuel's concern—it's too ambitious for our firm right now)라고 했으므로 정답은 (B)이다.

Questions 62 through 64 refer to the following conversation and schedule.

M-Au Welcome to City Tours. Can I help you?

W-Am I was hoping to go on the tour of the Old City Theater at one o'clock.

M-Au Oh, I'm sorry— **62we really should update our brochure. We're not doing that tour right now because the theater is closed for renovations.**

W-Am Well, **63I do have a special interest in the interior décor of historic buildings, so I'll wait and take this later tour.**

M-Au Certainly. And, **64if you'd like to get something to eat while you wait, I can recommend the Main Course Sandwich Shop.** It's just right down the street at the corner.

W-Am Thanks, **64that sounds like a great idea.**

남: 시티 투어에 오신 것을 환영합니다. 무엇을 도와 드릴까요?
여: 1시에 있을 올드 시티 극장 투어를 하고 싶어서요.
남: 오, 죄송해요. 안내 책자 업데이트를 해야 하는 건데요. 극장이 수리를 위해 문을 닫은 상태라 지금은 그 투어가 제공되지 않아요.
여: 그럼, 역사적인 건물의 실내 장식에 관심이 많으니 기다렸다가 나중에 있는 이 투어를 할게요.
남: 그러세요. 기다리는 동안 식사를 원하신다면, 메인 코스 샌드위치 가게를 추천해요. 길 바로 내려가 모퉁이에 있어요.
여: 고마워요. 아주 좋은 생각이네요.

어휘 theater 극장 renovation 수리 have an interest in ~에 흥미를 갖다 décor 실내 장식 historic 역사적인

Time	Tour
1 P.M.	Old City Theater
2 P.M.	River Cruise
3 P.M.	63Historic Homes
4 P.M.	Outdoor Art

시간	투어
오후 1시	올드 시티 극장
오후 2시	유람선
오후 3시	역사적인 건물
오후 4시	실외 미술

62
Why does the man apologize?

(A) A piece of equipment is broken.
(B) A group has already left.
(C) Some tickets are sold out.
(D) Some information is outdated.

남자는 왜 사과를 하는가?
(A) 장비가 고장 났다.
(B) 투어 그룹이 이미 떠났다.
(C) 일부 티켓이 매진되었다.
(D) 어떤 정보가 업데이트가 안 되어 있다.

해설 세부사항 관련 – 남자가 사과하는 이유
남자의 두 번째 대사에서 안내 책자 업데이트를 해야 한다(We really should update our brochure)고 하고 이어서 극장이 수리를 위해 문을 닫은 상태라 지금은 그 투어가 제공되지 않는다(We're not doing that tour right now because the theater is closed for renovations)고 했으므로 정답은 (D)이다.

63
Look at the graphic. When will the woman's tour begin?

(A) At 1 P.M.
(B) At 2 P.M.
(C) At 3 P.M.
(D) At 4 P.M.

시각정보에 의하면, 여자는 몇 시에 투어를 시작하는가?
(A) 오후 1시
(B) 오후 2시
(C) 오후 3시
(D) 오후 4시

해설 세부사항 관련 – 여자가 투어를 시작하는 시간
여자의 두 번째 대사에서 역사적인 건물의 실내 장식에 특별한 관심을 가지고 있으니 기다렸다가 나중에 있는 투어를 하겠다(I do have a special interest in the interior décor of historic buildings, so I'll wait and take this later tour)고 했는데 투어 시간표를 보면 역사적인 건물 투어는 오후 3시에 있으므로 정답은 (C)이다.

▸▸ Paraphrasing 대화의 buildings → 시각 정보의 homes

64
What will the woman most likely do before the tour?

(A) Try a restaurant
(B) Recharge a camera
(C) Make a reservation
(D) Read some instructions

여자는 투어 전에 무엇을 할 것 같은가?
(A) 식당에 가기
(B) 카메라 재충전하기
(C) 예약하기
(D) 지시사항 읽기

해설 세부사항 관련 – 여자의 다음 행동
남자의 마지막 대사에서 기다리는 동안 식사를 원한다면 메인 코스 샌드위치 가게를 추천한다(if you'd like to get something to eat while you wait, I can recommend the Main Course Sandwich Shop)고 했다. 이에 대해 여자가 좋은 생각이다(that sounds like a great idea)라고 했으므로 정답은 (A)이다.

Questions 65 through 67 refer to the following conversation and map.

M-Cn Hi, I'm John Bapkins from Bapkins Fitness Center, and ⁶⁵**I'll be speaking at the International Health Symposium on Friday.** I was told to call this event services number to ask where to park.

W-Br There is parking available at the event center, but it's expensive. ⁶⁶**I recommend the parking area at the corner of Fairview Boulevard and Eleventh Street. It's the farthest from the center,** but they're waiving their ten-dollar fee for convention participants.

M-Cn Great. Thanks! And ⁶⁷**what should I bring to show I'm there for the symposium?**

W-Br ⁶⁷**I'll make a list of names and leave it with whoever is working at the gate.** They may ask for your name, but they shouldn't need anything else.

남: 안녕하세요, 저는 뱁킨즈 피트니스 센터의 존 뱁킨즈인데, 금요일 국제 헬스 학술 토론회에서 발표할 예정이에요. 이 이벤트 서비스 번호로 전화해서 주차 장소를 물어보라고 하던데요.
여: 이벤트 센터에 주차장이 있지만 좀 비싸요. 페어뷰 대로와 11번가 모퉁이에 있는 주차장을 추천해요. 이벤트 센터에서 가장 멀지만 학술 토론회 참가자에게는 10달러 요금을 면제해주고 있어요.
남: 아주 좋아요. 감사합니다! 학술 토론회 참가를 증명하기 위해서는 무엇을 가져가야 하나요?
여: 참가자 명단 목록을 만들어서 주차장 입구에서 일하는 분에게 전달해 놓을게요. 이름은 물어볼 수도 있겠지만 다른 건 필요하지 않을 거예요.

어휘 symposium 학술 토론회 park 주차하다 available 이용 가능한 expensive 비싼 recommend 추천하다 parking area 주차장 farthest 가장 먼 waive 포기하다 participant 참가자

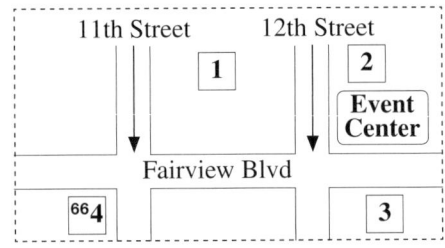

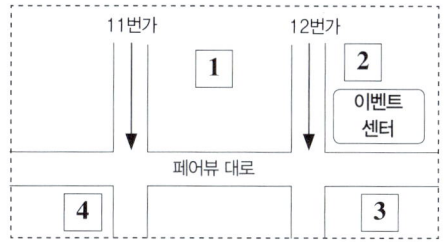

65

What does the man say he will be doing at an event?

(A) Working at a ticket booth
(B) Giving a presentation
(C) Filming a performance
(D) Leading a fitness class

남자는 행사에서 무엇을 할 것이라고 말하는가?
(A) 매표소에서 근무하기
(B) 발표하기
(C) 공연 촬영하기
(D) 운동 수업하기

해설 세부사항 관련 – 남자가 할 일
남자의 첫 번째 대사에서 금요일 국제 헬스 학술 토론회에서 발표할 예정이다 (I'll be speaking at the International Health Symposium on Friday) 라고 했으므로 정답은 (B)이다.

> Paraphrasing 대화의 speaking
> → 정답의 giving a presentation

66

Look at the graphic. Which parking area does the woman recommend using?

(A) Area 1
(B) Area 2
(C) Area 3
(D) Area 4

시각정보에 의하면, 여자는 어느 주차장을 추천하는가?
(A) 주차장 1
(B) 주차장 2
(C) 주차장 3
(D) 주차장 4

해설 세부사항 관련 – 여자가 추천하는 주차장
여자가 첫 번째 대사에서 페어뷰 대로와 11번가 모퉁이에 있는 주차장을 추천하고, 가장 먼 주차장이다(I recommend the parking area at the corner of Fairview Boulevard and Eleventh Street. It's the farthest from the center)라고 했는데 시각 정보를 보면 주차장 4가 이에 해당하므로 정답은 (D)이다.

67

What will the woman make a list of?

(A) Event participants
(B) Security personnel
(C) Nearby restaurants
(D) Conference topics

여자는 무슨 목록을 만들 것인가?
(A) 행사 참가자
(B) 보안 요원
(C) 인근 식당
(D) 회의 주제

해설 세부사항 관련 – 여자가 만들 목록
남자가 마지막 대사에서 학술 토론회 참가를 증명하기 위해서는 무엇을 가져가야 하는지(what should I bring to show I'm there for the symposium?)를 물었다. 이에 여자가 참가자 명단을 만들어서 주차장 입구에서 일하는 분에게 전달해 놓겠다(I'll make a list of names and leave it with whoever is working at the gate)고 했으므로 정답은 (A)이다.

Questions 68 through 70 refer to the following conversation and error message.

W-Br **68Technical Support, may I help you?**

M-Au Yeah, I was trying to update a spreadsheet when error code 984 popped up. I don't know what to do.

W-Br We've had lots of calls about this lately. **69Go ahead and send an error report.** We want the software developer to be aware of the problem, too. It'll also save a copy of the report on your desktop for me to look at. I'll be over to your office right away.

M-Au Thanks. I'm in office 243. **70The project I'm working on is really important, so I'm worried about my data being erased.**

W-Br I should be able to correct the problem and recover any lost data for you.

여: 기술지원 부서입니다. 무엇을 도와 드릴까요?
남: 네, 스프레드 시트 업데이트 절차 실행 중에 984번 오류 코드가 떴어요. 어떻게 해야 할지 모르겠네요.
여: 최근 이런 전화를 여러 번 받았어요. 계속 진행해서 오류 보고서를 보내세요. 소프트웨어 개발자도 이 문제를 인식해야 하니까요. 게다가 제가 살펴볼 수 있도록 컴퓨터에 오류 보고서 복사본이 저장도 되고요. 제가 지금 바로 거기로 갈게요.
남: 고마워요. 제 사무실은 243호예요. 제가 지금 아주 중요한 프로젝트를 작업 중이라서 데이터가 삭제되었을까 걱정이네요.
여: 문제를 해결하고 삭제된 데이터를 복구할 수 있어야 할 텐데요.

어휘 technical support 기술지원 pop up 튀어나오다 lately 최근에 go ahead 계속하다 developer 개발자 be aware of ~을 인식하다 desktop 탁상용 컴퓨터 erase 지우다 correct 바로잡다 recover 회복하다, 되찾다

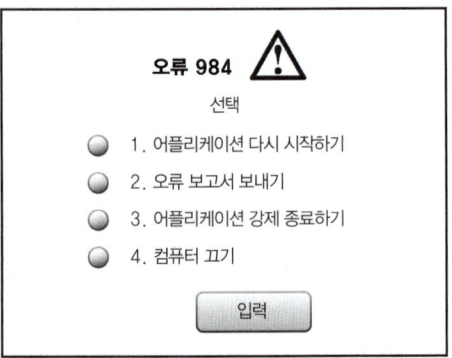

ERROR 984

Select:
1. Restart application
⁶⁹2. Send error report
3. Force quit application
4. Shut down computer

ENTER

오류 984

선택
1. 어플리케이션 다시 시작하기
2. 오류 보고서 보내기
3. 어플리케이션 강제 종료하기
4. 컴퓨터 끄기

입력

68
Who most likely is the woman?
(A) A job applicant
(B) A financial analyst
(C) A software salesperson
(D) **A computer technician**

여자는 누구일 것 같은가?
(A) 구직자
(B) 금융 분석가
(C) 소프트웨어 영업사원
(D) 컴퓨터 기술자

해설 전체 내용 관련 – 여자의 신분
여자의 첫 번째 대사에서 기술지원 부서인데, 무엇을 도와 드릴까요(Technical Support, may I help you?)라고 물어봤으므로 정답은 (D)이다.

69
Look at the graphic. Which option should the man select?
(A) Option 1
(B) **Option 2**
(C) Option 3
(D) Option 4

시각정보에 의하면, 남자는 어떤 옵션을 선택하겠는가?
(A) 옵션 1
(B) **옵션 2**
(C) 옵션 3
(D) 옵션 4

해설 세부사항 관련 – 남자가 선택할 옵션
여자가 두 번째 대사에서 계속 진행해서 오류 보고서를 보내라(Go ahead and send an error report)고 했다. 그리고 오류 984 팝업창을 보면 오류 보고서 보내기는 옵션 2이므로 정답은 (B)이다.

70
What does the man say he is worried about?
(A) Locating a laptop
(B) Meeting sales goals
(C) **Losing some data**
(D) Missing a deadline

남자는 무엇이 걱정이라고 말하는가?
(A) 노트북 찾기
(B) 판매 목표 달성
(C) **일부 데이터 손실**
(D) 데드라인을 넘기는 것

해설 세부사항 관련 – 남자의 우려 사항
남자의 두 번째 대사에서 지금 아주 중요한 프로젝트를 작업 중이라서 데이터가 삭제되었을까 걱정이다(The project I'm working on is really important, so I'm worried about my data being erased)라고 했으므로 정답은 (C)이다.

▶▶ **Paraphrasing** 대화의 **being erased** → 정답의 **losing**

PART 4

Questions 71 through 73 refer to the following advertisement.

M-Au Looking for a great place to eat? Come to Cooper's Restaurant! ⁷¹**City Sights Magazine recognized us as one of the top ten restaurants in Pearl City for using all locally grown fruits and vegetables in our dishes.** ⁷²**Cooper's is conveniently located in the heart of the entertainment district**, so it's the perfect place to enjoy a meal before a play or concert. Call today for a reservation. We're open every day from eleven A.M. to midnight. ⁷³**To see our menu and the list of daily specials, visit our Web site.** We hope to see you soon!

근사하게 식사할 만한 곳을 찾고 있나요? 쿠퍼스 식당으로 오십시오! 저희 식당은 지역에서 재배한 과일과 채소만 식재료로 사용함으로써 〈시티 사이츠 매거진〉에 펄 시티의 10대 우수 식당 중 하나로 선정되었습니다. 쿠퍼스는 오락 및 문화시설을 갖춘 지역의 중심가에 편리하게 위치해 있기 때문에 연극이나 콘서트 관람 전에 편안하게 식사하실 수 있는 완벽한 장소입니다. 오늘 전화로 예약하세요. 저희는 매일 오전 11시부터 자정까지 영업합니다. 메뉴와 오늘의 특선 요리를 보시려면 저희 웹 사이트를 방문하세요. 곧 만나뵙기를 바라겠습니다!

어휘 look for ~을 찾다 sight 명소 locally grown 지역에서 재배된 dish 요리 conveniently 편리하게 play 연극 reservation 예약 midnight 자정 daily special 일일 (오늘의) 특선

71
According to the speaker, what is the restaurant known for?

(A) Using local ingredients
(B) Providing cooking lessons
(C) Featuring international dishes
(D) Offering outdoor seating

화자에 따르면, 식당은 무엇으로 유명한가?
(A) 지역 생산물을 요리 재료로 사용
(B) 요리 강습 제공
(C) 각국의 요리 제공
(D) 야외 테이블 제공

해설 세부사항 관련 - 식당이 유명한 이유
지문 초반부에서 이 식당은 지역 농산물만을 식재료로 사용함으로써 〈시티 사이츠 매거진〉에 펄 시티의 10대 우수 식당 중 하나로 선정되었다(City Sights Magazine recognized us as one of the top ten restaurants in Pearl City for using all locally grown fruits and vegetables in our dishes)고 했으므로 정답은 (A)이다.

▶▶ Paraphrasing 대화의 locally grown fruits and vegetables → 정답의 local ingredients

72
According to the speaker, what is near the restaurant?

(A) Public transportation
(B) Several entertainment venues
(C) A popular hotel
(D) The city's waterfront

화자에 따르면, 식당 근처에는 무엇이 있는가?
(A) 대중 교통
(B) 여러 오락 및 문화시설
(C) 유명 호텔
(D) 도시의 해안가

해설 세부사항 관련 - 식당 근처에 위치한 시설
지문 중반부에서 쿠퍼스는 오락 및 문화시설을 갖춘 지역의 중심가에 위치한다(Cooper's is conveniently located in the heart of the entertainment district)고 했으므로 정답은 (B)이다.

▶▶ Paraphrasing 대화의 entertainment district → 정답의 entertainment venues

73
Why should listeners visit a Web site?

(A) To place an order
(B) To read a review
(C) To make a reservation
(D) To see a menu

청자들이 웹 사이트를 방문해야 하는 이유는?
(A) 주문을 하기 위해
(B) 평가를 읽기 위해
(C) 예약을 하기 위해
(D) 메뉴를 확인하기 위해

해설 세부사항 관련 - 웹 사이트를 방문해야 하는 이유
지문 후반부에서 메뉴와 오늘의 특선 리스트를 보려면 웹 사이트를 방문하라(To see our menu and the list of daily specials, visit our Web site)고 했으므로 정답은 (D)이다.

Questions 74 through 76 refer to the following telephone message.

W-Br Hello. **74This is Wu Yifei from West Hill Auto Rental.** I received your message about some problems you're having with a car you rented from us. I apologize for the inconvenience. We inspect each car before we rent it out, and none of our technicians noticed anything wrong with the car. Now, **75you said that the car is making an unusual noise, and that the noise is getting louder?** I'd like to arrange for someone to come out today and take a look. **76Please let me know when you're available.**

안녕하세요. 웨스트 힐 오토 렌탈의 우 이페이입니다. 저희 회사에서 대여받으신 차량에 몇 가지 문제가 있다는 연락을 받았습니다. 불편을 드려 죄송합니다. 차량 대여 전에 저희 기술자들이 점검을 실시하는데 귀하가 대여받으신 차량 관련하여 어떠한 문제점도 발견하지 못했네요. 차량에서 이상한 소음이 발생하고 그 소음이 점점 더 커진다고 말씀하셨죠? 오늘 사람을 보내서 살펴보도록 하겠습니다. 언제 시간이 나시는지 말씀해 주세요.

어휘 receive 받다 rent 빌리다 apologize for ~에 대해 사과하다 inconvenience 불편 inspect 점검하다 technician 기술자 notice 알아채다 noise 소음 loud (소리가) 큰, 시끄러운 take a look 보다, 살펴보다 available 시간이 있는

74

Where does the woman work?

(A) At an insurance company
(B) At a car rental service
(C) At an auto parts store
(D) At a manufacturing plant

여자는 어디에서 근무하는가?
(A) 보험 회사
(B) 차량 대여 서비스 회사
(C) 자동차 부품 가게
(D) 제조 공장

해설 전체 내용 관련 – 화자의 근무지
지문 초반부에서 웨스트 힐 오토 렌탈의 우 이페이입니다(This is Wu Yifei from West Hill Auto Rental)라고 했다. 이를 통해 화자가 차량 대여 서비스 회사에서 근무한다는 것을 알 수 있으므로 정답은 (B)이다.

75

Why does the woman say, "none of our technicians noticed anything wrong with the car"?

(A) She is confident that a product is ready to be sold.
(B) She is not sure what is causing a problem.
(C) She thinks employees need more training.
(D) She wonders if a document is accurate.

여자가 "귀하가 대여하신 차량 관련하여 어떠한 문제점도 발견하지 못했네요."라고 말한 의도는 무엇인가?
(A) 제품이 시판될 준비가 되었다고 확신한다.
(B) 문제의 원인이 무엇인지 확실히 모른다.
(C) 직원들이 트레이닝을 더 받아야 한다고 생각한다.
(D) 문서가 정확한지 궁금해한다.

해설 세부사항 관련 – 어떠한 문제점도 발견하지 못했다는 말의 의미
지문 후반부에서 차량에서 이상한 소음이 발생하고 그 소음이 점점 더 커진다고 말씀하셨죠(you said that the car is making an unusual noise, and that the noise is getting louder?)라고 했다. 그런 다음 오늘 사람을 보내서 살펴보도록 하겠다(I'd like to arrange for someone to come out today and take a look)고 말했는데, 이 말은 문제의 원인이 정확히 무엇인지 모르겠다는 의미이므로 정답은 (B)이다.

76

What does the woman ask the man to do?

(A) Confirm his availability
(B) Check a manual
(C) Order a replacement part
(D) Provide a receipt

여자는 남자에게 무엇을 하라고 요청하는가?
(A) 가능한 시간 확인
(B) 매뉴얼 확인
(C) 교체용 부품 주문
(D) 영수증 제공

해설 세부사항 관련 – 여자의 요청사항
지문 마지막 부분에서 여자가 남자에게 언제 시간이 나는지 말해달라(Please let me know when you're available)고 했으므로 정답은 (A)이다.

Questions 77 through 79 refer to the following instructions.

M-Cn My name is Gordon, and **77I'll be training you on how to use the company's new data-processing program.** I know all of you've been using the computer program Data Scope 3 for a while, so I'll only cover the new features of Data Scope 4. **78First, make sure you see three different documents in your personal training folders.** We'll be using those folders today. Then, try launching the Data Scope 4 program. **79If it doesn't work for you, you'll need to share a computer with the person next to you** so that we can finish quickly.

제 이름은 고든이고요, 회사의 새로운 데이터 처리 프로그램 사용법 교육을 진행하겠습니다. 여러분 모두 한동안 데이터 스코프 3라는 컴퓨터 프로그램을 사용해 오셨다는 걸 알고 있습니다. 그래서 데이터 스코프 4의 신기능에 대해서만 설명하겠습니다. 먼저, 개인 교육 폴더에 세 가지 다른 문서가 있는지 확인하세요. 오늘 그 폴더들을 사용할 거예요. 그 다음, 데이터 스코프 4 프로그램을 시작해 보세요. 실행이 안 되면 옆에 계신 분과 컴퓨터를 같이 보셔서 빨리 마칠 수 있도록 하겠습니다.

어휘 data-processing 데이터 처리 feature 특징 document 문서 work 작동하다 share 함께 쓰다 finish 마치다 quickly 빨리

77

What type of event are the listeners attending?

(A) A press conference
(B) An awards banquet
(C) A trade show
(D) A training session

청자들은 어떤 종류의 행사에 참석 중인가?
(A) 기자 회견
(B) 시상식 연회
(C) 무역 박람회
(D) 교육

해설 전체 내용 관련 – 청자들이 참석한 행사
지문 초반부에서 새로운 데이터 처리 프로그램 사용법 교육을 진행하겠다(I'll be training you on how to use the company's new data-processing program)고 했으므로 정답은 (D)이다.

78

What are the listeners asked to check first?

(A) The date of a meeting
(B) The documents in a folder
(C) A telephone number
(D) A confirmation code

청자들은 먼저 무엇을 확인해야 하는가?
(A) 회의 일자
(B) 폴더의 문서들
(C) 전화번호
(D) 확인 코드

해설 세부사항 관련 – 먼저 확인할 사항
지문의 중반부에서 먼저, 개인 교육 폴더에 세 가지 다른 문서가 있는지 확인하라(First, make sure you see three different documents in your personal training folders)고 했으므로 정답은 (B)이다.

79

According to the speaker, what might some listeners have to do?

(A) Pay a small fee
(B) Come back the next day
(C) Work with a colleague
(D) Update some files

화자에 따르면, 일부 청자들은 무엇을 해야 할 수도 있는가?
(A) 적은 액수의 수수료 납부
(B) 익일 재방문
(C) 동료와 함께 일하기
(D) 일부 파일 업데이트

해설 세부사항 관련 – 청자들이 해야 할 수도 있는 사항
지문 후반부에서 실행이 안 되면 옆 사람과 컴퓨터를 같이 보라(If it doesn't work for you, you'll need to share a computer with the person next to you)고 했으므로 정답은 (C)이다.

▶ **Paraphrasing** 대화의 share a computer with the person next to you → 정답의 work with a colleague

---

Questions 80 through 82 refer to the following telephone message.

> W-Br Hi, this is Jane Smith. **80I'm calling from Universal Construction Supplies** for Rahim Ali. We reviewed your application, and we're interested in bringing you in for an interview. **81We need someone who has experience managing a warehouse,** and we see that you're doing that at your current job. Are you available to come in Monday at three P.M. for an interview? Although you'd be working in the construction supply warehouse, we'd interview you at our headquarters. **82The office is a little tricky to find,** so if you're interested, call back and I can give you directions. The number is 555-0121.

안녕하세요, 저는 제인 스미스이고요, 유니버설 컨스트럭션 서플라이즈에서 라힘 알리 씨께 드리는 전화입니다. 제출하신 지원서를 검토한 결과, 모셔서 면접을 보고 싶습니다. 저희는 창고 관리 유경험자가 필요한데, 현 직장에서 해당 업무를 보고 계시는군요. 월요일 오후 3시에 면접 보러 오실 수 있나요? 건설 자재 창고에서 근무하게 되겠지만, 면접은 본사에서 진행돼요. 사무실 찾기가 좀 어려워서요, 면접에 응하신다면, 다시 전화 주셔서 찾아오는 길 안내를 받으세요. 전화번호는 555-0121입니다.

어휘 review 검토하다 application 지원서 warehouse 창고 construction supply 건축 자재 headquarters 본사 tricky 힘든, 까다로운 directions 길 안내

80

Where does the speaker work?

(A) At a construction supply company
(B) At an appliance manufacturer
(C) At an engineering firm
(D) At a newspaper publisher

화자는 어디서 근무하는가?
(A) 건축 자재 회사
(B) 가전제품 제조사
(C) 엔지니어링 회사
(D) 신문사

해설 전체 내용 관련 – 화자의 근무지
지문 초반부에서 화자가 유니버설 컨스트럭션 서플라이즈에서 전화한다(I'm calling from Universal Construction Supplies)고 했다. 이를 통해 화자는 건축 자재 회사에서 근무한다는 것을 알 수 있으므로 정답은 (A)이다.

81

What job experience does the speaker mention?

(A) Customer service
(B) Warehouse management
(C) Research and development
(D) Factory maintenance

화자는 어떠한 직장 근무 경력을 언급하는가?
(A) 고객 서비스
(B) 창고 관리
(C) 연구 개발
(D) 공장 유지보수

해설 세부사항 관련 – 요구되는 경력 사항
지문 중반부에서 화자의 회사에 창고 관리 유경험자가 필요하다(We need someone who has experience managing a warehouse)고 했으므로 정답은 (B)이다.

82

What does the speaker say about the company's headquarters?

(A) It is located in another city.
(B) It is closed on Saturdays.
(C) It is difficult to find.
(D) It is being remodeled.

화자는 회사 본사의 어떠한 점에 대해 언급하는가?
(A) 다른 도시에 위치해 있다.
(B) 토요일은 문을 닫는다.
(C) 찾기 어렵다.
(D) 리모델링 중이다.

해설 세부사항 관련 – 본사와 관련하여 언급된 점
지문 후반부에서 화자가 청자에게 사무실 찾기가 좀 어렵다(The office is a little tricky to find)고 했으므로 정답은 (C)이다.

▶ Paraphrasing 대화의 tricky → 정답의 difficult

청자들은 누구인가?
(A) 학술지 편집자들
(B) 법인 변호사들
(C) 세무사들
(D) 대학 교수들

해설 전체 내용 관련 – 청자들의 신분
지문 초반부에서 화자가 청자들에게 금년 세무사 협회 회의에 참석해 주신 모든 분들께 감사한다(I want to thank everyone for their participation in this year's conference of the Association of Tax Accountants)고 했으므로 정답은 (C)이다.

Questions 83 through 85 refer to the following announcement.

M-Cn ⁸³I want to thank everyone for their participation in this year's conference of the Association of Tax Accountants—it's been a very interesting couple of days in a wonderful city! Before we finish up for the weekend, I want to tell you about a new benefit of membership that the association is offering. By popular request ⁸⁴we are now offering a subscription to our monthly magazine—*Tax Accounting for Professionals*. It's an outstanding, award-winning publication, and we're now offering it free to all association members! If you haven't joined yet, ⁸⁵be sure to check your conference packet to find out more about membership fees.

금년 세무사 협회 회의에 참석해 주신 모든 분들께 감사드립니다. 멋진 도시에서 정말 흥미로웠던 며칠을 보냈습니다! 주말에 쉬실 수 있도록 마치면서 그 전에, 저희 협회가 회원님께 제공하고 있는 새로운 혜택에 대해 말씀드리겠습니다. 많은 분들의 요청으로, 현재 저희는 협회 월간지인 〈전문가를 위한 세무 회계〉 구독권을 제공하고 있습니다. 우수한데다, 수상 경력도 있는 이 월간지가 현재 무료로 모든 협회원님들께 제공되고 있습니다! 아직 회원 가입을 하지 않으셨다면 회의 자료집을 확인해 보시고 회비 관련하여 더 자세한 사항을 알아보십시오.

어휘 participation in ~에의 참석 conference 회의, 학회 (보통 여러 날 동안 대규모로 열리는) association 협회 tax accountant 세무사 by popular request 다수의 요청에 의해 subscription to ~의 구독권 monthly magazine 월간지 outstanding 뛰어난 award-winning 수상 경력이 있는 publication 출판물 join 가입하다 yet 아직 conference packet 회의 자료집 membership fee 회비

84
What do association members receive?
(A) Restaurant vouchers
(B) A magazine subscription
(C) A list of job opportunities
(D) A software application

협회 회원들은 무엇을 받는가?
(A) 식당 쿠폰
(B) 잡지 구독권
(C) 일자리 리스트
(D) 소프트웨어 어플리케이션

해설 세부사항 관련 – 회원 혜택
지문 중반부에서 화자가 청자들에게 협회에서 현재 협회 월간지인 〈전문가를 위한 세무 회계〉 구독권을 제공하고 있다(we are now offering a subscription to our monthly magazine—*Tax Accounting for Professionals*)고 했으므로 정답은 (B)이다.

85
According to the speaker, what information can be found in the conference packet?
(A) Membership fees
(B) A local map
(C) E-mail addresses
(D) A calendar of events

화자에 따르면, 회의 자료집에서 어떠한 정보를 찾을 수 있는가?
(A) 회비
(B) 현지 지도
(C) 이메일 주소
(D) 행사 달력

해설 세부사항 관련 – 회의 자료집에 수록된 정보
지문 후반부에서 화자가 청자들에게 꼭 회의 자료집을 확인해 보고 회비 관련하여 더 자세한 사항을 알아보라(be sure to check your conference packet to find out more about membership fees)고 했으므로 정답은 (A)이다.

83
Who are the listeners?
(A) Journal editors
(B) Corporate lawyers
(C) Tax accountants
(D) University professors

Questions 86 through 88 refer to the following excerpt from a meeting.

> W-Am Good afternoon. My part in today's staff meeting will be brief. I'm pleased to announce that 86**the company has had a very good year financially. We've never seen our sales so high,** and this, of course, is directly attributable to how hard all the staff has worked. I want to thank you for your efforts and let you know that all employees will receive a bonus in December. 87**You're probably wondering how much it will be, but I haven't gotten the final figures yet.** Again, many thanks, and now 88**I'll turn the meeting over to Eimi, who will talk about the recent updates to our vacation policy.** Eimi?
>
> 안녕하세요. 오늘 직원 회의에서 간단하게 알려 드릴 사항이 있습니다. 우리 회사가 올해 큰 수익을 냈다는 점을 알리게 되어 기쁩니다. 지금까지 회사가 이렇게 높은 매출액을 기록한 적이 없었고 이는 당연히 모든 직원들이 열심히 일해 준 덕분입니다. 여러분 모두의 노고에 감사한 마음을 전하며 12월에 전 직원에게 보너스가 지급될 것이라는 점도 알려 드리고 싶습니다. 보너스가 얼마일지 모두 궁금하겠지만 저도 아직 정확한 금액에 대해 보고를 받지 못했습니다. 다시 한 번 감사드립니다. 에이미가 이어서 휴가 방침의 최근 업데이트 사항에 대해 발표할 것입니다. 에이미 나와 주세요.
>
> 어휘 brief 짧은 be pleased to 부정사 ~해서 기쁘다 financially 재정적으로 be attributable to ~덕택이다 figure 수치 vacation policy 휴가 방침

86
According to the speaker, what did the company do this year?

(A) It hired many people.
(B) **It increased its sales.**
(C) It opened several branch offices.
(D) It merged with another organization.

화자에 따르면, 회사는 올해 무엇을 했는가?
(A) 많은 사람을 고용했다.
(B) **판매량을 늘렸다.**
(C) 몇몇 지점을 개설했다.
(D) 다른 조직과 합병했다.

해설 전체 내용 관련 - 회사가 올해 한 일
지문 초반부에서 회사가 올해 큰 수익을 냈고, 이렇게 높은 매출액을 기록한 적이 없었다(the company has had a very good year financially. We've never seen our sales so high)고 했으므로 정답은 (B)이다.

▸▸ Paraphrasing 지문의 **We've never seen our sales so high.** → 정답의 **It increased its sales.**

87
What does the speaker imply when she says, "I haven't gotten the final figures yet"?

(A) She is frustrated with a colleague.
(B) She is expecting a promotion.
(C) She will probably miss a project deadline.
(D) **She will give staff more information later.**

화자가 "저도 아직 정확한 금액에 대해 보고를 받지 못했습니다."라고 말한 의도는 무엇인가?
(A) 직장동료 때문에 좌절하고 있다.
(B) 승진을 기대하고 있다.
(C) 아마 프로젝트 마감시간을 놓칠 것이다.
(D) **나중에 자세한 정보를 줄 것이다.**

해설 세부사항 관련 - 정확한 수치를 받지 못했다는 말의 의미
지문 후반부에서 보너스가 얼마일지 모두 궁금하겠지만 자신도 아직 정확한 금액에 대해 보고를 받지 못했다(You're probably wondering how much it will be, but I haven't gotten the final figures yet)고 했다. 이 말은 나중에 더 많은 정보를 줄 것이라는 의미이므로 정답은 (D)이다.

88
What will Eimi talk about?

(A) **Changes to a policy**
(B) A job interview
(C) A staff luncheon
(D) A performance review

에이미는 무엇에 관해 이야기 할 것인가?
(A) **방침 변경**
(B) 취업 면접
(C) 직원 오찬
(D) 성과 검토

해설 세부사항 관련 - 에이미가 할 발표의 주제
지문의 마지막 부분에서 에이미가 이어서 휴가 방침의 최근 업데이트 사항을 발표할 것이다(I'll turn the meeting over to Eimi, who will talk about the recent updates to our vacation policy)라고 했으므로 정답은 (A)이다.

Questions 89 through 91 refer to the following advertisement.

> M-Au Are you starting a new business venture but are having trouble attracting investors? **89Advanced Ideas Incorporated can help. We specialize in creating effective business plans that help you get the funding you need to achieve your goals.** As of last year, we've helped over 2,000 clients worldwide create successful business plans. Yours could be next! **90Check out our Web site to see all the positive feedback we've received from satisfied clients. 91Call us today at 555-0107 to schedule your consultation—the first time is free.** We're ready to help your business grow!

벤처 기업을 새로 시작할 계획이지만 투자자를 끌어들이는 데 어려움을 겪고 계십니까? 어드밴스드 아이디어스 인코퍼레이티드가 도와 드리겠습니다. 저희는 귀하가 목표를 달성하기 위해 필요한 자금을 충당할 수 있도록 도움을 주는 효율적인 기업 계획 창출을 전문으로 합니다. 작년부터, 전 세계 2,000명 이상의 고객분들이 성공적인 사업 계획을 세우도록 도왔습니다. 귀하가 다음 차례입니다! 저희 회사 웹 사이트를 방문하시면 만족하셨던 고객님께서 남기신 긍정적인 피드백을 볼 수 있습니다. 오늘 바로 555-0107번으로 전화해서 최초 1회 무료 상담을 예약하십시오. 저희는 귀하의 비즈니스 성장을 도울 준비가 되어 있습니다!

어휘 venture 벤처 사업 investor 투자자 specialize in ~을 전문으로 하다 effective 효과적인 funding 자금 achieve 성취하다 worldwide 전 세계적인 positive 긍정적인 satisfied 만족하는 consultation 상담 grow 성장하다

89

What does Advanced Ideas Incorporated specialize in?

(A) Investing in real estate
(B) Producing television advertisements
(C) Developing business plans
(D) Organizing special events

어드벤스드 아이디어스 인코퍼레이티드는 무엇을 전문으로 하는가?
(A) 부동산 투자
(B) TV 광고 제작
(C) 사업 계획 개발
(D) 특별 행사 준비

해설 전체 내용 관련 – 어드밴스드 아이디어스 인코퍼레이티드의 전문 분야
지문 초반에서 어드밴스드 아이디어스 인코퍼레이티드가 도와 드리겠다(Advanced Ideas Incorporated can help)고 말했다. 이어서 저희는 귀하가 목표를 달성하기 위해 필요한 자금을 충당할 수 있도록 도움을 주는 효율적인 기업 계획 창출을 전문으로 한다(We specialize in creating effective business plans that help you get the funding you need to achieve your goals)고 했으므로 정답은 (C)이다.

90

What does the speaker say is available on the company's Web site?

(A) Registration forms
(B) Product descriptions
(C) Industry regulations
(D) Client feedback

화자는 회사 웹 사이트에서 무엇을 볼 수 있다고 말하는가?
(A) 등록 양식
(B) 제품 설명
(C) 산업 규정
(D) 고객 피드백

해설 세부사항 관련 – 회사 웹 사이트에서 볼 수 있는 것
지문 후반부에서 저희 회사 웹 사이트를 방문하시면 만족하셨던 고객님께서 남기신 긍정적인 피드백을 볼 수 있다(Check out our Web site to see all the positive feedback we've received from satisfied clients)고 했으므로 정답은 (D)이다.

91

What does the company offer free of charge?

(A) An initial consultation
(B) A trial membership
(C) Airline tickets
(D) Promotional merchandise

회사는 무엇을 무료로 제공하는가?
(A) 최초 상담
(B) 멤버십 체험
(C) 항공권
(D) 홍보 상품

해설 세부사항 관련 – 회사가 무료로 제공하는 것
지문 후반부에서 오늘 바로 555-0107번으로 전화해서 최초 1회 무료 상담을 예약하라(Call us today at 555-0107 to schedule your consultation—the first time is free)고 했으므로 정답은 (A)이다.

Questions 92 through 94 refer to the following talk.

> W-Am **92Harper Electronics welcomes you here for a tour of our Innovation Labs, where you'll see how we develop new products.** We'll start with a brief video on the history of the company. Then, you'll visit the labs to see the projects we're currently working on. **93The labs themselves are a restricted area, which means no photographs.** At 11:00 A.M., we'll move to a special visitors conference room. That isn't a restricted area. **94There, you'll meet one of Harper Electronics' lead engineers.** She'll answer any questions you have to finish up our morning together.

하퍼 일렉트로닉스의 신제품 개발 방법을 보시기 위해 이곳 혁신 연구소 투어에 오신 여러분을 환영합니다. 회사 연혁에 대한 짧은 비디오 시청으로 투어를 시작하겠습니다. 그런 다음 현재 진행 중인 프로젝트를 보기 위해 연구소를 방문하겠습니다. 연구소는 제한 구역이므로 사진 촬영이 금지되어 있습니다. 오전 11시에는 특별 방문객 회의실로 이동하겠습니다. 그곳은 제한 구역이 아닙니다. 거기에서 하퍼 일렉트로닉스의 수석 엔지니어 중 한 명을 만날 것입니다. 그녀가 여러분의 모든 질문에 답을 할 것이고 그것으로 오전 일정이 끝납니다.

> 어휘 lab 연구소 develop 개발하다 product 제품 brief 짧은 currently 현재 restricted area 제한 구역 conference room 회의실 lead engineer 수석 엔지니어

92
What is the purpose of the talk?

(A) To introduce a tour
(B) To announce a new procedure
(C) To describe a new product
(D) To welcome an employee

공지의 목적은 무엇인가?
(A) 투어를 소개하기 위해
(B) 새로운 절차를 발표하기 위해
(C) 신제품을 설명하기 위해
(D) 직원을 환영하기 위해

해설   전체 내용 관련 – 공지의 목적

지문 시작 부분에서 하퍼 일렉트로닉스의 신제품 개발 방법을 보시기 위해 이곳 혁신 연구소 투어에 오신 여러분을 환영한다(Harper Electronics welcomes you here for a tour of our Innovation Labs, where you'll see how we develop new products)고 했으므로 정답은 (A)이다.

93
What does the speaker imply when she says, "That isn't a restricted area"?

(A) Listeners will not need a badge.
(B) Listeners may take pictures.
(C) Security staff are not on duty.
(D) Product samples will be provided.

화자가 "그곳은 제한 구역이 아닙니다."라고 말한 의도는 무엇인가?
(A) 청자는 배지가 필요하지 않다.
(B) 청자들은 사진을 찍어도 된다.
(C) 보안 요원은 근무 중이 아니다.
(D) 제품 샘플이 제공된다.

해설   세부사항 관련 – 제한 구역이 아니라는 말의 의도

지문 중반부에서 연구소는 제한 구역이므로 사진 촬영이 금지되어 있다(The labs themselves are a restricted area, which means no photographs)고 했다. 이어 오전 11시에는 특별 방문객 회의실로 이동하는데 그곳은 제한 구역이 아니다(At 11:00 A.M., we'll move to a special visitors conference room. That isn't a restricted area)라고 했으므로 정답은 (B)이다.

94
What does the speaker say will happen at the end of the morning?

(A) Refreshments will be provided.
(B) Guests will visit a company gift shop.
(C) There will be a discussion with an employee.
(D) Surveys will be distributed.

화자는 오전 일정 후반부에 무엇이 있을 예정이라고 말하는가?
(A) 다과가 제공된다.
(B) 손님들이 사내 선물 가게를 방문한다.
(C) 직원과의 토론이 있다.
(D) 설문지가 배포된다.

해설   세부사항 관련 – 오전 일정 후반부

지문의 마지막 부분에 하퍼 일렉트로닉스의 수석 엔지니어 중 한 명을 만날 것이다(There, you'll meet one of Harper Electronics' lead engineers)라고 했다. 이어 그녀가 여러분의 모든 질문에 답을 할 것이고 그것으로 오전 일정이 끝난다(She'll answer any questions you have to finish up our morning together)고 했으므로 정답은 (C)이다.

> ▶▶ Paraphrasing   지문의 She'll answer any questions you have. → 정답의 There will be a discussion with an employee.

Questions 95 through 97 refer to the following telephone message and chart.

W-Br Hi, Ken. Thanks for making a chart comparing the features of the copy machines we're considering for our office. I know we've already talked about prices, so looking at this information, **95I think we can go with the one without all the extra features.** We really don't need them for the work we do. Also…uh…one question: **96should we have it shipped by express or regular delivery?** We need it by the beginning of next week. Either way, **97you'll need to talk to Pedro. He'll give you the corporate credit card to make the purchase.** Thanks for taking care of this.

안녕하세요, 켄. 우리 사무실에서 쓰려고 고려 중인 복사기의 기능을 비교하는 차트를 만들어 주어서 고마워요. 가격은 이미 이야기해서 알고 있고요, 이 차트를 보니까, 추가 기능이 하나도 없는 것으로 가야 할 것 같네요. 우리 업무에 꼭 필요한 건 아니니까요. 그리고…음…질문이 하나 있는데요, 빠른 배송과 보통 배송 중 어떤 것을 해야 할까요? 다음 주초부터는 복사기가 필요하거든요. 어느 쪽이든, 페드로와 얘기해야 할 거예요. 복사기를 구매할 때 필요한 법인 카드를 그가 줄 거예요. 처리해 주어서 고마워요.

> 어휘 compare 비교하다 feature 기능 copy machine 복사기 consider 고려하다 extra 추가의 ship 운송하다 express 신속한 regular 보통의 delivery 배달 corporate credit card 법인 카드 purchase 구매 take care of ~을 처리하다

Model	Scanning	Sorting	Stapling
Omega K	✓	✓	
Clariform X1	✓	✓	✓
⁹⁵Sanita 46-J			
Kirian XYB-4		✓	

모델	스캔 기능	분류 기능	묶음 기능
오메가 K	✓	✓	
클래리폼 X1	✓	✓	✓
새니타 46-J			
키리언 XYB-4		✓	

95
Look at the graphic. Which device would the speaker like to buy?
(A) Omega K
(B) Clariform X1
(C) Sanita 46-J
(D) Kirian XYB-4

시각정보에 의하면, 화자는 어떤 기기를 살 것 같은가?
(A) 오메가 K
(B) 클래리폼 X1
(C) 새니타 46-J
(D) 키리언 XYB-4

해설 세부사항 관련 – 화자가 구매할 기기
지문 초반부에서 추가 기능이 하나도 없는 것으로 가야 할 거 같다(I think we can go with the one without all the extra features)고 했고, 차트를 보면 새니타 46-J가 추가 기능이 하나도 없으므로 정답은 (C)이다.

96
What does the speaker ask about?
(A) The budget code for a purchase
(B) The location of a vendor
(C) The price of an item
(D) The best shipping method

화자는 무엇에 관하여 물어보는가?
(A) 구매를 위한 예산 코드
(B) 판매자의 위치
(C) 물건 가격
(D) 가장 좋은 배송 방법

해설 세부사항 관련 – 화자의 질문
지문 중반부에서 빠른 배송과 보통 배송 중 어떤 것을 해야 하느냐(should we have it shipped by express or regular delivery?)고 묻고 있으므로 정답은 (D)이다.

97
Why does the speaker mention Pedro?
(A) He will be moving offices.
(B) He services the computers.
(C) He schedules deliveries.
(D) He has a credit card.

화자가 페드로를 언급하는 이유는?
(A) 그가 사무실을 이전할 것이다.
(B) 그가 컴퓨터를 점검한다.
(C) 그가 배송 일정을 잡는다.
(D) 그가 신용 카드를 가지고 있다.

해설 세부사항 관련 – 화자가 페드로를 언급한 이유
지문 후반부에서 페드로와 얘기해야 할 거라며 복사기를 구매할 때 필요한 법인 카드를 그가 줄 것이다(you'll need to talk to Pedro. He'll give you the corporate credit card to make the purchase)라고 했으므로 정답은 (D)이다.

Questions 98 through 100 refer to the following excerpt from a meeting and graph.

M-Cn Thank you all for being here at tonight's city planning meeting. ⁹⁸**First on the agenda is the budget for the bike path project.** We have almost all the funds we need. ⁹⁹**We've applied for a grant from a private foundation that would cover the money that we still need to begin the project.** If this foundation agrees to fund our project, we'll be able to start construction of the bicycle paths next April. They'll be built along the canal and run all the way into the city center. Based on our research, ¹⁰⁰**we anticipate that our bike paths will considerably lessen the traffic congestion on our roads.**

오늘밤 도시 계획 회의에 참석해 주셔서 감사합니다. 첫 번째 안건은 자전거 도로 프로젝트를 위한 예산입니다. 우리에게 필요한 자금은 거의 다 있습니다. 프로젝트를 시작하는 데에 필요한 나머지 돈을 충당할 수 있도록 사설 재단의 보조금 지원을 신청했습니다. 이 재단이 보조금을 지원해 준다면, 내년 4월에는 자전거 도로 건설을 시작할 수 있을 것입니다. 도로는 운하를 따라 지어서 도심까지 이어질 것입니다. 우리가 실시한 연구 결과를 바탕으로, 이 자전거 도로는 교통 혼잡을 상당히 줄일 것으로 기대됩니다.

어휘 agenda 안건 budget 예산 bike path 자전거 도로 fund 자금; 자금을 대다 apply for 신청하다 grant 보조금 private foundation 사설 재단 construction 공사 canal 운하 research 연구 anticipate 예상하다 considerably 상당히 lessen 줄이다 traffic congestion 교통 혼잡

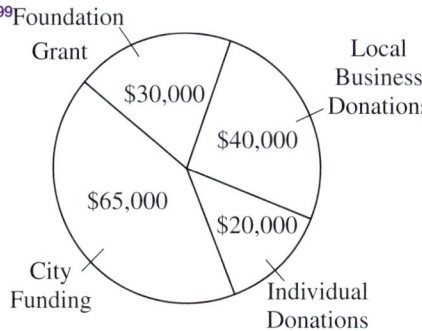

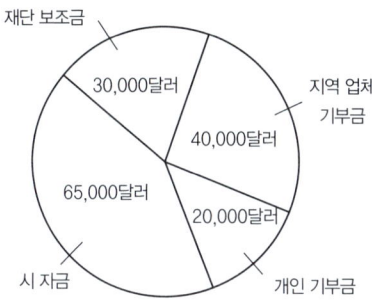

98
What type of project is the speaker discussing?

(A) A school expansion
(B) A new sports arena
(C) A bus service
(D) A bicycle route

99
Look at the graphic. How much money is still needed to begin the project?

(A) $30,000
(B) $40,000
(C) $20,000
(D) $65,000

시각정보에 의하면, 프로젝트 시작에 필요한 나머지 돈은 얼마인가?
(A) 30,000달러
(B) 40,000달러
(C) 20,000달러
(D) 65,000달러

100
According to the speaker, what major advantage will the project have?

(A) It will reduce traffic.
(B) It will bring more stores to the area.
(C) It will attract talented professionals.
(D) It will lower the cost of public transportation.

TEST 4

1 (A)	2 (C)	3 (C)	4 (D)	5 (A)
6 (D)	7 (A)	8 (C)	9 (B)	10 (A)
11 (A)	12 (A)	13 (C)	14 (B)	15 (C)
16 (C)	17 (C)	18 (B)	19 (A)	20 (B)
21 (B)	22 (B)	23 (C)	24 (A)	25 (B)
26 (B)	27 (B)	28 (A)	29 (C)	30 (B)
31 (A)	32 (C)	33 (D)	34 (B)	35 (D)
36 (A)	37 (B)	38 (A)	39 (B)	40 (A)
41 (B)	42 (C)	43 (D)	44 (B)	45 (C)
46 (C)	47 (D)	48 (B)	49 (C)	50 (A)
51 (B)	52 (C)	53 (C)	54 (D)	55 (D)
56 (B)	57 (A)	58 (C)	59 (B)	60 (D)
61 (B)	62 (A)	63 (D)	64 (C)	65 (B)
66 (A)	67 (C)	68 (B)	69 (D)	70 (C)
71 (D)	72 (B)	73 (A)	74 (C)	75 (D)
76 (A)	77 (C)	78 (A)	79 (D)	80 (B)
81 (B)	82 (D)	83 (D)	84 (A)	85 (C)
86 (C)	87 (A)	88 (B)	89 (C)	90 (B)
91 (A)	92 (D)	93 (C)	94 (B)	95 (C)
96 (A)	97 (B)	98 (A)	99 (C)	100 (B)

PART 1

1 W-Br

(A) She's wearing a hat.
(B) She's folding up a table.
(C) She's hanging some artwork.
(D) She's combing her hair.

(A) 여자가 모자를 쓰고 있다.
(B) 여자가 테이블을 접고 있다.
(C) 여자가 미술품을 걸고 있다.
(D) 여자가 머리를 빗질하고 있다.

어휘 fold up 접다   hang 걸다   artwork 미술품   comb 빗질하다

해설 1인 등장 사진 – 사람의 동작 묘사
(A) 정답. 여자가 모자를 쓰고 있는(is wearing a hat) 모습이므로 정답.
(B) 동사 오답. 여자가 테이블을 접는(is folding up a table) 모습이 아니므로 오답.
(C) 동사 오답. 여자가 미술품을 거는(is hanging some artwork) 모습이 아니므로 오답.
(D) 동사 오답. 여자가 머리를 빗질하는(is combing her hair) 모습이 아니므로 오답.

2 W-Am

(A) A man is distributing handouts.
(B) A man is closing a door.
(C) Some people are greeting one another.
(D) One of the women is writing in a notebook.

(A) 남자가 인쇄물을 나누어 주고 있다.
(B) 남자가 문을 닫고 있다.
(C) 사람들이 서로 인사하고 있다.
(D) 여자들 중 한 명이 공책에 글을 쓰고 있다.

어휘 distribute 나누어 주다   handout 인쇄물   greet one another 서로 인사하다   notebook 공책

해설 2인 이상 등장 사진 – 사람의 동작 묘사
(A) 동사 오답. 남자가 인쇄물을 나누어 주는(is distributing handouts) 모습이 아니므로 오답.
(B) 동사 오답. 남자가 문을 닫는(is closing a door) 모습이 아니므로 오답.
(C) 정답. 사람들이 서로 인사하는(are greeting one another) 모습이므로 정답.
(D) 동사 오답. 여자들 중 한 명(one of the women)이 공책에 글을 쓰는(is writing in a notebook) 모습이 아니므로 오답.

3 M-Cn

(A) They're organizing some papers.
(B) They're rearranging some chairs.
(C) They're working at computers.
(D) They're turning on lights.

(A) 사람들이 서류를 정리하고 있다.
(B) 사람들이 의자를 재배치하고 있다.
(C) 사람들이 컴퓨터로 작업하고 있다.
(D) 사람들이 전등을 켜고 있다.

어휘 organize 준비하다   rearrange 재배치하다   turn on 켜다   lights 전등, 조명

해설 2인 이상 등장 사진 – 사람의 동작 묘사
(A) 동사 오답. 사람들이 서류를 정리하는(are organizing some papers) 모습이 아니므로 오답.
(B) 동사 오답. 사람들이 의자를 재배치하는(are rearranging some chairs) 모습이 아니므로 오답.
(C) 정답. 사람들이 컴퓨터로 작업하는(are working at computers) 모습이므로 정답.
(D) 동사 오답. 사람들이 전등을 켜는(are turning on lights) 모습이 아니므로 오답.

4 M-Au

(A) She's putting on an apron.
(B) She's pushing a cart.
(C) She's removing food from shopping bags.
(D) She's placing a tray on a rack.

(A) 여자가 앞치마를 입고 있는 중이다.
(B) 여자가 카트를 밀고 있다.
(C) 여자가 쇼핑백에서 음식을 꺼내고 있다.
(D) 여자가 선반에 쟁반을 올려놓고 있다.

어휘 put on 착용하다, 입다 apron 앞치마 remove 치우다 place 놓다 tray 쟁반 rack 선반

해설 1인 등장 사진 – 사람의 동작 묘사
(A) 동사 오답. 여자가 앞치마를 입고 있는 중(is putting on an apron)이 아니라 이미 입은(is wearing an apron) 상태이므로 오답.
(B) 동사 오답. 여자가 카트를 미는(is pushing a cart) 모습이 아니므로 오답.
(C) 동사 오답. 여자가 쇼핑백에서 음식을 꺼내는(is removing food from shopping bags) 모습이 아니므로 오답.
(D) 정답. 여자가 선반에 쟁반을 올려놓는(is placing a tray on a rack) 모습이므로 정답.

5 W-Am

(A) They're pulling some suitcases.
(B) They're standing in line.
(C) They're buying some vegetables.
(D) They're loading luggage into a car.

(A) 사람들이 여행 가방을 끌고 가고 있다.
(B) 사람들이 일렬로 서 있다.
(C) 사람들이 채소를 사고 있다.
(D) 사람들이 짐을 차에 싣고 있다.

어휘 pull 끌다 suitcase 여행 가방 stand in line 일렬로 서다 vegetable 야채 load 싣다 luggage 짐

해설 2인 이상 등장 사진 – 사람의 동작 묘사
(A) 정답. 사람들이 여행 가방을 끌고 가는(are pulling some suitcases) 모습이므로 정답.
(B) 동사 오답. 사람들이 일렬로 서 있는(are standing in line) 모습이 아니므로 오답.
(C) 동사 오답. 사람들이 채소를 사는(are buying some vegetables) 모습이 아니므로 오답.
(D) 동사 오답. 사람들이 짐을 차에 싣는(are loading luggage into a car) 모습이 아니므로 오답.

6 W-Br

(A) Some trees are being trimmed.
(B) Some bricks are being replaced.
(C) A fence is decorated with flowers.
(D) A bench is located near some plants.

(A) 몇몇 나무들이 다듬어지고 있다.
(B) 몇몇 벽돌들이 교체되고 있다.
(C) 울타리가 꽃으로 장식되어 있다.
(D) 벤치가 화분 근처에 있다.

어휘 trim 다듬다 brick 벽돌 replace 교체하다 fence 울타리 be decorated with ~로 장식되다 be located 위치하다 plant 식물, 화분

해설 사물 사진 – 다양한 실외 사물의 상태 묘사
(A) 동사 오답. 나무(trees)가 다듬어지는(are being trimmed) 모습이 아니므로 오답.
(B) 동사 오답. 벽돌(bricks)이 교체되는(are being replaced) 모습이 아니므로 오답.
(C) 동사 오답. 울타리(fence)가 꽃으로 장식되어 있는(is decorated with flowers) 상태가 아니므로 오답.
(D) 정답. 벤치(bench)가 화분 근처에 있는(is located near some plants) 상태이므로 정답.

PART 2

7
W-Br When does the shuttle bus leave for the airport?
M-Cn **(A) Every hour on the hour.**
(B) In the hotel lobby.
(C) Twelve dollars.

셔틀 버스는 언제 공항으로 출발하나요?
(A) 매시간 정각에요.
(B) 호텔 로비에서요.
(C) 12달러요.

어휘 leave for ~로 떠나다 airport 공항 every hour 매시간 on the hour 정시에

해설 출발 시점을 묻는 When 의문문
(A) 정답. 셔틀 버스가 언제 공항으로 출발하는지 묻는 질문에 매시간 정각이다(Every hour on the hour)라며 구체적인 시점을 제시하고 있으므로 정답.
(B) 질문과 상관없는 오답. 셔틀 버스가 출발하는 장소를 묻는 Where 의문문에 가능한 응답이므로 오답.
(C) 질문과 상관없는 오답. 셔틀 버스 요금을 묻는 How much 의문문에 가능한 응답이므로 오답.

8

W-Am Where can I find the printer?
M-Cn (A) Thirty pages at a time.
　　　(B) Monday to Friday.
　　　(C) Down the hall to your left.

프린터는 어디에 있나요?
(A) 한 번에 30페이지요.
(B) 월요일부터 금요일까지요.
(C) 복도를 따라 가다가 왼쪽에요.

어휘　at a time 한 번에　down the hall 복도를 따라

해설　프린터의 위치를 묻는 Where 의문문
(A) 연상 단어 오답. 질문의 printer에서 연상 가능한 thirty pages를 이용한 오답.
(B) 질문과 상관없는 오답. 프린터의 위치를 묻는 질문에 월요일부터 금요일까지다(Monday to Friday)라며 논리적으로 맞지 않는 응답을 하고 있으므로 오답.
(C) 정답. 프린터의 위치를 묻는 질문에 복도를 내려가서 왼쪽이다(Down the hall to your left)라는 구체적인 장소를 제시하고 있으므로 정답.

9

M-Au Who will be going to the exposition this year?
W-Am (A) It was a good experience.
　　　(B) Several of our colleagues.
　　　(C) The beginning of October.

올해 누가 박람회에 갈 예정인가요?
(A) 좋은 경험이었어요.
(B) 몇몇 직장 동료들이요.
(C) 10월 초순요.

어휘　exposition 박람회　experience 경험　several 몇몇의　colleague 동료

해설　박람회 참석 주체를 묻는 Who 의문문
(A) 연상 단어 오답. 질문의 exposition에서 연상 가능한 good experience를 이용한 오답.
(B) 정답. 박람회에 누가 참석하는지 묻는 질문에 몇몇 직장 동료들(several of our colleagues)을 언급하고 있으므로 정답.
(C) 질문과 상관없는 오답. 박람회가 열리는 시점을 묻는 When 의문문에 가능한 응답이므로 오답.

10

W-Br Would you like me to bring you another soft drink?
M-Au **(A) That's OK, I don't want one.**
　　　(B) No, that's the first time I've heard it.
　　　(C) The dinner reservation's at eight.

음료수를 한 잔 더 드릴까요?
(A) 괜찮아요. 더 마시고 싶지 않아요.
(B) 아니요, 처음 듣는 거예요.
(C) 저녁 식사 예약은 8시에요.

어휘　bring 가지고 오다　soft drink 청량음료　reservation 예약

해설　제안/권유의 의문문
(A) 정답. 음료수를 한 잔 더 주겠다는 권유에 괜찮다(That's OK)는 응답을 한 후, 더 마시고 싶지 않다(I don't want one)며 상황에 적합한 부연 설명을 하고 있으므로 정답.
(B) 질문과 상관없는 오답. 음료수를 한 잔 더 주겠다는 권유에 처음 들었다(that's the first time I've heard it)며 상황에 적합하지 않은 응답을 하고 있으므로 오답.
(C) 연상 단어 오답. 질문의 soft drink에서 연상 가능한 dinner를 이용한 오답.

11

W-Am Is Maria going to present the sales report, or are you doing it?
M-Cn **(A) We're doing it together.**
　　　(B) It's on sale today.
　　　(C) In a couple of weeks.

매출 보고서 발표는 마리아가 하나요, 아니면 당신이 하나요?
(A) 우리 둘이 같이 해요.
(B) 오늘 할인 판매합니다.
(C) 2주 정도 후에요.

어휘　present 발표하다, 제출하다　sales report 매출[판매] 보고서　on sale 할인 중인　a couple of 둘의

해설　문장을 연결한 선택의문문
(A) 정답. 매출 보고서 발표를 마리아가 하는지, 아니면 청자가 하는지를 묻는 질문에 둘이 같이 한다(We're doing it together)고 응답하고 있으므로 정답.
(B) 유사 발음 오답. 질문의 sales(매출)와 부분적으로 발음이 유사한 sale(판매)을 이용한 오답.
(C) 질문과 상관없는 오답. 보고서 발표 시점을 묻는 When 의문문에 가능한 응답이므로 오답.

12

M-Au What's the name of the new intern in the design department?
W-Br **(A) I think it's Sammy, but I'm not sure.**
　　　(B) We sent in the blueprint.
　　　(C) Yes, I enjoyed the internship.

디자인 부서에 새로 온 인턴의 이름이 뭐죠?
(A) 새미인 거 같던데, 확실하지는 않아요.
(B) 우리가 청사진을 보냈어요.
(C) 네, 인턴 근무가 즐거웠어요.

어휘　department 부서　sure 확실한　blueprint 청사진, 설계도　internship 인턴 근무

해설　인턴 사원 이름을 묻는 What 의문문
(A) 정답. 새로 온 인턴 사원의 이름을 묻는 질문에 새미인 거 같다(I think it's Sammy)고 말한 후, 확실하지는 않다(but I'm not sure)며 불확실함을 나타내고 있으므로 정답.
(B) 연상 단어 오답. 질문의 design에서 연상 가능한 blueprint를 이용한 오답.
(C) 파생어 오답. 질문의 intern과 파생어 관계인 internship을 이용한 오답.

13
M-Cn　Are you ready for your next patient?
W-Br　(A) Usually thirty minutes.
　　　(B) I already read it.
　　　(C) Sure, send her in.

다음 환자 진찰할 준비됐나요?
(A) 보통 30분요.
(B) 이미 읽었어요.
(C) 물론이죠, 들여보내세요.

어휘　be ready for ~할 준비가 되다　patient 환자　send in 들여보내다

해설　진찰 준비 여부를 확인하는 Be동사 의문문
(A) 질문과 상관없는 오답. 환자를 진찰할 준비가 되었는지 묻는 질문에 보통 30분(Usually thirty minutes)이라며 상황에 적합하지 않은 응답을 하고 있으므로 오답.
(B) 유사 발음 오답. 질문의 ready와 부분적으로 발음이 유사한 already를 이용한 오답.
(C) 정답. 환자를 진찰할 준비가 되었는지 묻는 질문에 물론이죠(Sure)라는 긍정적인 응답을 한 후, 들여보내라(send her in)며 상황에 적합한 부연 설명을 하고 있으므로 정답.

14
W-Am　How do you turn the packaging machine on?
M-Au　(A) Next to the storage area.
　　　(B) Push the green button.
　　　(C) No, I haven't seen her.

포장 기계 전원은 어떻게 켜나요?
(A) 창고 옆에요.
(B) 녹색 버튼을 누르세요.
(C) 아니요, 그녀를 보지 못했어요.

어휘　turn on 전원을 켜다　packaging machine 포장 기계　storage area 창고

해설　전원 켜는 방법을 묻는 How 의문문
(A) 연상 단어 오답. 질문의 packaging machine에서 연상 가능한 storage area를 이용한 오답.
(B) 정답. 전원 켜는 방법을 묻는 질문에 녹색 버튼을 누르라(Push the green button)며 구체적인 방법을 제시하고 있으므로 정답.
(C) Yes/No 불가 오답. How 의문문은 Yes/No 응답이 불가능하기 때문에 오답.

15
M-Cn　You went to the soccer match last week, didn't you?
W-Am　(A) These socks don't match.
　　　(B) A local sports writer.
　　　(C) I did—my favorite team won!

지난주에 축구 경기에 갔었죠, 그렇죠?
(A) 이 양말은 짝이 맞지 않아요.
(B) 지역 스포츠 담당 기자요.
(C) 그랬죠. 제가 제일 좋아하는 팀이 이겼어요!

어휘　soccer match 축구 경기　match (모양·색깔 등이) 맞다　sports writer 스포츠 담당 기자　favorite 가장 좋아하는

해설　축구 경기 참관 여부를 확인하는 부가의문문
(A) 단어 반복 오답. 질문의 match를 반복 이용한 오답.
(B) 연상 단어 오답. 질문의 soccer에서 연상 가능한 sports를 이용한 오답.
(C) 정답. 축구 경기에 갔었냐는 질문에 그랬다(I did)라는 긍정적인 응답을 한 후, 제일 좋아하는 팀이 이겼다(my favorite team won!)며 상황에 적합한 부연 설명을 하고 있으므로 정답.

16
W-Br　Will you stay after the show to meet the musicians?
M-Au　(A) I think so too.
　　　(B) Almost as long as the previous show.
　　　(C) Don't they leave as soon as it's over?

공연 후 기다렸다가 뮤지션을 만나 볼래요?
(A) 저도 그렇게 생각해요.
(B) 이전 공연 시간과 거의 비슷한 길이예요.
(C) 끝나자마자 가버리지 않나요?

어휘　musician 음악가, 뮤지션　almost 거의　previous 이전의　leave 떠나다　be over 끝나다

해설　의향을 묻는 의문문
(A) 질문과 상관없는 오답. 공연 후 기다렸다가 뮤지션을 만날 것인지 묻는 질문에 대해 그렇게 생각한다(I think so too)며 논리적으로 맞지 않는 응답을 하고 있으므로 오답.
(B) 단어 반복 오답. 질문의 show를 반복 이용한 오답.
(C) 정답. 공연 후 기다렸다가 뮤지션을 만날 것인지 묻는 질문에 대해 끝나자마자 가버리지 않나(Don't they leave as soon as it's over?)고 되물어 관련된 정보를 얻고자 하므로 정답.

17
M-Cn　How often do you buy new glasses?
W-Am　(A) About three to five days per order.
　　　(B) The store on Robin Street.
　　　(C) I actually switched to contact lenses.

얼마나 자주 안경을 사나요?
(A) 주문당 약 3~5일이오.
(B) 로빈 스트리트에 있는 상점에서요.
(C) 사실은 콘택트렌즈로 바꾸었어요.

어휘　per order 주문당　actually 사실은　switch 바꾸다　contact lens 콘택트렌즈

해설　안경 구입 빈도를 묻는 How often 의문문
(A) 연상 단어 오답. 질문의 buy에서 연상 가능한 order를 이용한 오답.
(B) 질문과 상관없는 오답. 안경을 구입하는 장소를 묻는 Where 의문문에 가능한 응답이므로 오답.
(C) 정답. 안경 구입 빈도를 묻는 질문에 사실은 콘택트렌즈로 바꾸었다(I actually switched to contact lenses)는 우회적인 표현으로 응답하고 있으므로 정답.

18

M-Au　Didn't the clients say they'd prefer to tour the factory today?

W-Br　(A) A job application.
(B) Their schedule is already full.
(C) It's a new building.

고객들이 오늘 공장 투어를 하고 싶다고 말하지 않았나요?
(A) 입사지원서요.
(B) 스케줄이 이미 다 찼어요.
(C) 신축 건물이에요.

어휘　client 고객　prefer 선호하다　factory 공장　job application 입사지원서　full 가득 찬

해설　고객의 선호 사항을 확인하는 부정의문문
(A) 연상 단어 오답. 질문의 factory에서 연상 가능한 job을 이용한 오답.
(B) 정답. 고객들의 공장 투어 선호를 확인하는 질문에 스케줄이 이미 다 찼다(Their schedule is already full)는 우회적인 응답을 통해 투어의 불확실함을 나타내고 있으므로 정답.
(C) 연상 단어 오답. 질문의 factory에서 연상 가능한 building을 이용한 오답.

19

W-Am　I can pick up your packages while I'm at the post office.

M-Cn　(A) Thanks, but I already got them.
(B) I picked the cheapest one.
(C) Did you send it through the mail?

우체국에 있는 동안 소포를 찾을 수 있어요.
(A) 고마워요, 그런데 벌써 찾아왔어요.
(B) 가장 싼 것을 골랐어요.
(C) 우편으로 보냈나요?

어휘　pick up 찾아오다　package 소포　post office 우체국　pick 고르다, 선택하다　cheapest 가장 싼　through ~을 통해

해설　제안/권유의 평서문
(A) 정답. 소포를 찾아오겠다는 제안에 Thanks라고 응답한 후, 그런데 벌써 찾아왔다(but I already got them)는 우회적인 응답을 통해 제안을 거절하고 있으므로 정답.
(B) 파생어 오답. 질문의 pick과 파생어 관계인 picked를 이용한 오답.
(C) 연상 단어 오답. 질문의 post office에서 연상 가능한 mail을 이용한 오답.

20

M-Au　Which page should I turn to in the manual?

W-Am　(A) Make a left just past that stop sign.
(B) Wait, that's the wrong manual.
(C) Maybe several hours ago.

매뉴얼에서 어떤 페이지를 봐야 하나요?
(A) 정지 신호를 지나자마자 좌회전하세요.
(B) 잠깐만요, 잘못된 매뉴얼이에요.
(C) 아마 몇 시간 전에요.

어휘　turn to (책장을 ~로) 넘기다　make a left 좌회전하다　past ~을 지나서　stop sign 정지 신호　several 몇몇의

해설　매뉴얼의 페이지를 묻는 Which 의문문
(A) 연상 단어 오답. 질문의 turn에서 연상 가능한 left를 이용한 오답.
(B) 정답. 매뉴얼에서 봐야 할 페이지를 묻는 질문에 Wait이라고 한 후, 잘못된 매뉴얼이다(that's the wrong manual)라는 우회적인 응답을 통해 새로운 정보를 제시하고 있으므로 정답.
(C) 질문과 상관없는 오답. When 의문문에 가능한 응답이므로 오답.

21

W-Br　Where are your photographs being exhibited now?

M-Cn　(A) Only in black and white.
(B) At the community center.
(C) Almost a month.

당신이 찍은 사진이 지금 어디에서 전시되고 있나요?
(A) 흑백으로만요.
(B) 시민 문화 회관에서요.
(C) 거의 한 달이요.

어휘　exhibit 전시하다　black and white 흑백의　community center 시민 문화 회관

해설　전시 장소를 묻는 Where 의문문
(A) 연상 단어 오답. 질문의 photographs에서 연상 가능한 black and white를 이용한 오답.
(B) 정답. 사진이 전시되고 있는 장소를 묻는 질문에 시민 문화 회관(At the community center)이라는 구체적인 장소를 제시하고 있으므로 정답.
(C) 질문과 상관없는 오답. 전시 기간을 묻는 How long 의문문에 가능한 응답이므로 오답.

22

M-Au　This database could be more user-friendly.

W-Am　(A) More than five hundred surveys.
(B) We're working on updates right now.
(C) Choose a new user name and password.

이 데이터베이스는 사용이 좀 더 쉬울 수도 있을 텐데요.
(A) 500개 이상의 설문조사 응답지요.
(B) 현재 업데이트를 하고 있어요.
(C) 새 사용자 이름과 암호를 선택하세요.

어휘　user-friendly 사용하기 쉬운　survey 설문조사　work on ~에 노력을 들이다　choose 선택하다　user 사용자　password 암호

해설　사실/정보 전달의 평서문
(A) 단어 반복 오답. 질문의 more를 반복 이용한 오답.
(B) 정답. 데이터베이스 사용이 좀 더 쉬울 수도 있다, 즉 현재 훌륭하지만 개선의 여지가 있다고 말했다. 따라서 현재 업데이트를 하고 있다(We're working on updates right now)라는 응답이 상황에 적합하므로 정답.
(C) 단어 반복 오답. 질문의 user를 반복 이용한 오답.

23
M-Cn When did your company start importing steel?
W-Br (A) A nineteen percent increase.
(B) Central and South America, mostly.
(C) I'd have to check our records.

귀사는 언제 철강 수입을 시작했나요?
(A) 19퍼센트 증가요.
(B) 주로 중남미요.
(C) 기록을 확인해야겠어요.

어휘 import 수입하다 steel 강철 increase 증가 central 중앙의 mostly 주로 record 기록

해설 수입 시작 시점을 묻는 When 의문문
(A) 연상 단어 오답. 질문의 importing에서 연상 가능한 increase를 이용한 오답.
(B) 질문과 상관없는 오답. 철강을 수입하는 주체나 대상을 묻는 의문문에 가능한 응답이므로 오답.
(C) 정답. 철강 수입 시작 시점을 묻는 질문에 기록을 확인해야겠다(I'd have to check our records)는 우회적인 응답을 통해 불확실함을 나타내고 있으므로 정답.

24
M-Au We found some defects in the accounting software.
W-Am **(A) That's unfortunate.**
(B) He's on the third floor.
(C) The bank canceled it.

회계 소프트웨어에서 결함을 발견했어요.
(A) 유감스런 일이네요.
(B) 그는 3층에 있어요.
(C) 은행이 취소했어요.

어휘 defect 결함 accounting software 회계 소프트웨어 unfortunate 유감스러운, 운이 없는

해설 사실/정보 전달의 평서문
(A) 정답. 회계 소프트웨어에서 결함을 발견했다는 말에 유감스런 일이다(That's unfortunate)라고 상황에 적절한 응답을 하고 있으므로 정답.
(B) 질문과 상관없는 오답. 질문에 He를 가리킬 만한 대상이 없으므로 오답.
(C) 연상 단어 오답. 질문의 accounting에서 account(계좌)를 연상한 후, 한 단계 더해 bank를 연상하고 있으므로 오답.

25
M-Cn Why didn't you take the bus today?
W-Br (A) Outside my apartment.
(B) Because Wendy drove me.
(C) A three-day workshop.

오늘은 왜 버스를 안 탔나요?
(A) 내 아파트 밖에서요.
(B) 웬디가 태워 주었거든요.
(C) 3일간의 워크숍이요.

어휘 take a bus 버스를 타다 outside ~의 밖에 workshop 워크숍, 연수회

해설 버스를 타지 않은 이유를 묻는 Why 의문문
(A) 질문과 상관없는 오답. 버스를 탄 장소를 묻는 Where 의문문에 가능한 응답이므로 오답.
(B) 정답. 왜 버스를 안 탔는지를 묻는 질문에 웬디가 태워 주었다(Because Wendy drove me)는 구체적인 이유를 제시하고 있으므로 정답.
(C) 질문과 상관없는 오답. 왜 버스를 안 탔는지를 묻는 질문에 3일간의 워크숍(A three-day workshop)이라며 상황에 적합하지 않은 응답을 하고 있으므로 오답.

26
W-Am We can have the replacement parts by Friday, right?
M-Au (A) Put it on the lowest shelf.
(B) Yes—but shipping costs more.
(C) No, at the next traffic light.

금요일까지 교체 부품을 받을 수 있는 거죠, 그렇죠?
(A) 맨 아래 선반에 놓으세요.
(B) 네, 그런데 운송비가 더 비싸요.
(C) 아니요, 다음 신호등에서요.

어휘 replacement 교체 part 부품 shelf 선반 shipping 운송 traffic light 신호등

해설 교체 부품 배송 날짜를 확인하는 부가의문문
(A) 연상 단어 오답. 질문의 replacement parts에서 연상 가능한 put을 이용한 오답.
(B) 정답. 금요일까지 교체 부품을 받을 수 있냐는 질문에 Yes라고 긍정적인 응답을 한 후, 운송비가 더 비싸다(but shipping costs more)라며 상황에 적합한 부연 설명을 하고 있으므로 정답.
(C) 유사 발음 오답. 질문의 right와 발음이 유사한 light를 이용한 오답.

27
W-Br The CEO's presentation is in conference room C.
M-Cn (A) This book makes a great present.
(B) Oh—I was headed the wrong way.
(C) On the last page.

CEO의 프레젠테이션은 C 회의실에 있어요.
(A) 이 책은 큰 선물이에요.
(B) 오, 잘못된 방향으로 가고 있었네요.
(C) 마지막 페이지에서요.

어휘 presentation 프레젠테이션, 발표 conference room 회의실 present 선물 be headed 향하다 wrong 잘못된

해설 사실/정보 전달의 평서문
(A) 파생어 오답. 질문의 presentation과 파생어 관계인 present를 이용한 오답.
(B) 정답. CEO의 프레젠테이션은 C 회의실에서 있다는 말에 Oh라고 한 후, 잘못된 방향으로 가고 있었다(I was headed the wrong way)는 응답을 하고 있으므로 정답.
(C) 평서문과 상관없는 오답. 프레젠테이션이 C 회의실에서 있다는 말에, 마지막 페이지에서라(On the last page)라며 논리적으로 맞지 않는 응답을 하고 있으므로 오답.

28

W-Am　Isn't the gym open twenty-four hours?
M-Au　**(A) Only on the weekend.**
　　　(B) Yes, she's really helpful.
　　　(C) That's when it's due.

헬스클럽은 24시간 열지 않나요?
(A) 주말에만요.
(B) 네, 그녀는 아주 잘 도와줘요.
(C) 그때까지 하기로 되어 있어요.

어휘　gym 체육관, 헬스클럽　helpful 기꺼이 도와주는　due ~하기로 되어 있는

해설　24시간 영업 여부를 확인하는 Be동사 의문문
(A) 정답. 헬스클럽이 24시간 영업하는지를 묻는 질문에 주말에만이다(Only on the weekend)라고 구체적인 요일을 제시하고 있으므로 정답.
(B) 질문과 상관없는 오답. 질문에 she를 가리킬 만한 대상이 없으므로 오답.
(C) 질문과 상관없는 오답. 헬스클럽이 24시간 영업하는지를 묻는 질문에 그때까지 하기로 되어 있다(That's when it's due)며 논리적으로 맞지 않는 응답을 하고 있으므로 오답.

29

W-Br　Why are we starting with training module four?
M-Au　(A) At the top of page 112.
　　　(B) I'd prefer a later time if possible.
　　　(C) This is the advanced session.

왜 교육 모듈 4로 시작하는 건가요?
(A) 112쪽 상단에요.
(B) 가능하다면 나중이 더 좋아요.
(C) 고급 과정이거든요.

어휘　module 모듈, 교과목 단위　prefer 선호하다　later time 나중　if possible 가능하다면　advanced session 고급 과정

해설　교육 모듈 4로 시작하는 이유를 묻는 Why 의문문
(A) 연상 단어 오답. 질문의 숫자 four에서 연상 가능한 숫자 112를 이용한 오답.
(B) 질문과 상관없는 오답. 왜 교육 모듈 4로 시작하는지를 묻는 질문에 가능하다면 나중이 더 좋다(I'd prefer a later time if possible)며 상황에 적합하지 않은 응답을 하고 있으므로 오답.
(C) 정답. 왜 교육 모듈 4로 시작하는지를 묻는 질문에 고급 과정이다(This is the advanced session)라는 구체적인 이유를 제시하고 있으므로 정답.

30

W-Am　Who's organizing this month's book club meeting?
M-Cn　(A) At the library, of course.
　　　(B) I did it last time.
　　　(C) It's a best seller.

누가 이번 달 북클럽 모임을 준비하나요?
(A) 당연히 도서관에서요.
(B) 지난번엔 제가 했어요.
(C) 베스트 셀러예요.

어휘　organize 준비하다, 조직하다　book club meeting 북클럽 모임　library 도서관　last time 지난번

해설　모임 준비 주체를 묻는 Who 의문문
(A) 연상 단어 오답. 질문의 book에서 연상 가능한 library를 이용한 오답.
(B) 정답. 북클럽 모임을 준비하는 주체를 묻는 질문에 지난번엔 본인이 했다(I did it last time)라는 우회적인 응답을 통해 불확실함을 나타내고 있으므로 정답.
(C) 연상 단어 오답. 질문의 book에서 연상 가능한 best seller를 이용한 오답.

31

W-Br　Let's look at some rental properties today.
M-Au　**(A) I'll have more time tomorrow.**
　　　(B) Oh, congratulations!
　　　(C) I think it was Carla.

오늘은 몇몇 임대 부동산을 살펴보죠.
(A) 내일은 시간이 더 많을 거예요.
(B) 오, 축하해요!
(C) 칼라였던 거 같은데요.

어휘　look at 살피다　rental 임대의　property 부동산　congratulations 축하합니다

해설　제안/권유의 평서문
(A) 정답. 임대 부동산을 살펴보자는 제안에 내일은 시간이 더 많을 것이다(I'll have more time tomorrow)라는 우회적인 응답을 통해 제안을 거절하고 있으므로 정답.
(B) 평서문과 상관없는 오답. 임대 부동산을 살펴보자는 제안에 축하한다(Oh, congratulations!)며 논리적으로 맞지 않는 응답을 하고 있으므로 오답.
(C) 평서문과 상관없는 오답. 임대 부동산을 살펴보자는 제안에 칼라였던 거 같다(I think it was Carla)며 논리적으로 맞지 않는 응답을 하고 있으므로 오답.

PART 3

Questions 32 through 34 refer to the following conversation.

M-Cn　Hi, Rushali, **32can you tell me when the order for the new protective eyewear will be here?** We need the goggles next week because the workers on the factory floor will have to wear them to operate the new equipment.

W-Br　Oh, I'm glad you brought it up. **33The shipment of goggles is due to arrive on Monday morning and requires a manager's signature, but I'm leaving to go on vacation tomorrow. Will you be able to sign for it?**

M-Cn　No, sorry, **34I'll be busy helping the technicians install the new equipment.** Why don't you ask Morty?

남: 안녕하세요, 루시리, 주문한 새 보안경이 언제쯤 도착할까요? 작업 현장의 근무자들이 새로운 장비를 가동할 때 보안경을 써야 할 거라서 다음 주에는 그 보안경이 필요해요.

여: 마침, 그 얘기를 꺼내줘서 감사해요. 보안경은 월요일 오전에 도착 예정인데 매니저 서명이 필요해요, 그런데 제가 내일부터 휴가를 가거든요. 대신 서명 좀 해 주시겠어요?

남: 저런, 미안해요. 저는 기술자들을 도와 새로운 장비를 설치해야 해서 바쁠 거예요. 모티에게 부탁해 보는 게 어떨까요?

어휘 protective eyewear 보호 안경 goggles 고글 factory floor (공장의) 작업 현장 operate 가동하다 equipment 장비 bring up 말을 꺼내다 shipment 수송(물) due 예정인 arrive 도착하다 require 요구하다, 필요로 하다 signature 서명 go on vacation 휴가를 가다 install 설치하다 ask 부탁하다

32

What does the man ask the woman about?

(A) Travel plans
(B) Machine repairs
(C) A delivery date
(D) A payment amount

남자는 여자에게 무엇에 대해 묻고 있는가?
(A) 여행 계획
(B) 기계 수리
(C) 배송 일자
(D) 지불 금액

해설 전체 내용 관련 – 대화 주제
남자가 첫 번째 대사에서 여자에게 주문한 새 보안경이 언제쯤 도착할지 말해 달라(can you tell me when the order for the new protective eyewear will be here?)고 했으므로 정답은 (C)이다.

33

What does the woman ask the man to do?

(A) Hire additional staff
(B) Provide photo identification
(C) Make a deposit
(D) Sign for a package

여자는 남자에게 무엇을 해 달라고 요청하는가?
(A) 추가 직원 고용
(B) 사진이 있는 신분증 제공
(C) 입금
(D) 소포에 서명

해설 세부사항 관련 – 여자의 요청사항
여자의 대사에서 남자에게 보안경은 월요일에 도착 예정인데 매니저 서명이 필요하다, 그런데 자신이 내일부터 휴가를 간다(The shipment of goggles is due to arrive on Monday morning and requires a manager's signature, but I'm leaving to go on vacation tomorrow)고 한 후, 대신 서명 좀 해 주겠느냐(Will you be able to sign for it?)고 했으므로 정답은 (D)이다.

34

Why will the man be unavailable?

(A) He will be giving a factory tour to investors.
(B) He will be assisting some technicians.
(C) He will be conducting a safety inspection.
(D) He will be attending a training session.

남자는 왜 시간이 없을 것인가?
(A) 투자자들에게 공장 견학을 시켜줄 것이다.
(B) 몇몇 기술자들을 도울 것이다.
(C) 안전 점검을 실시할 것이다.
(D) 교육에 참가할 것이다.

해설 세부사항 관련 – 남자가 바쁜 이유
대화 마지막에 남자가 기술자들을 도와 새로운 장비를 설치해야 해서 바쁠 거다(I'll be busy helping the technicians install the new equipment)라고 했으므로 정답은 (B)이다.

▶▶ Paraphrasing 대화의 helping → 정답의 assisting

Questions 35 through 37 refer to the following conversation.

W-Am Hi, ³⁵I'm calling because I have a question for the pharmacist about the medicine my doctor prescribed. But ³⁶I've been waiting on hold for over ten minutes! Now I have to go to a meeting.

M-Cn I'm sorry—we've been so busy this morning. Since you don't have time to talk now, you might want to visit our Web site. ³⁷You can click on a link to chat with a pharmacist, and they can answer your questions by instant message.

W-Am OK, thanks. I'll try that out later this afternoon.

여: 안녕하세요, 제 담당 의사가 처방해준 약에 대해 약사에게 질문이 있어서 전화했어요. 그런데 기다린 지 10분이 넘었어요! 이제는 미팅에 가 봐야 하고요.

남: 죄송합니다. 오늘 아침 정말 바빠서요. 지금 얘기할 시간이 없으시면, 웹 사이트 방문도 생각해 보세요. 약사와 상담하는 링크를 클릭하면, 약사들이 메신저를 통해 손님의 질문에 답을 할 수 있어요.

여: 네, 감사합니다. 오늘 오후에 그렇게 한번 해 보죠.

어휘 pharmacist 약사 medicine 약 prescribe 처방하다 chat (인터넷으로) 대화하다 instant message 메신저 try out 한번 해 보다

35

According to the woman, what is the purpose of the call?

(A) To find out some hours of operation
(B) To schedule a doctor's appointment
(C) To ask about a discount
(D) To get information about some medicine

여자에 따르면, 전화한 목적이 무엇인가?
(A) 영업 시간을 알기 위해
(B) 진료 스케줄을 잡기 위해
(C) 할인에 대해 문의하기 위해
(D) 약에 대한 정보를 얻기 위해

해설 전체 내용 관련 – 전화의 목적

여자의 첫 번째 대사에서 남자에게 담당 의사가 처방해 준 약에 대해 약사에게 질문이 있어서 전화했다(I'm calling because I have a question for the pharmacist about the medicine my doctor prescribed)고 했으므로 정답은 (D)이다.

36
What does the woman complain about?

(A) A long wait time
(B) An unfriendly staff member
(C) An incorrect order
(D) A price increase

여자는 무엇에 대해 불만을 제기하는가?
(A) 긴 대기 시간
(B) 불친절한 직원
(C) 잘못된 주문
(D) 가격 인상

해설 세부사항 관련 – 여자의 불만 사항

여자의 첫 번째 대사에서 벌써 기다린 지 10분이 넘었다(I've been waiting on hold for over ten minutes!)고 했으므로 정답은 (A)이다.

37
What does the man suggest the woman do?

(A) Leave a voice-mail message
(B) Use an online chat service
(C) Provide medical records
(D) Cancel a payment

남자는 여자에게 무엇을 하라고 제안하는가?
(A) 음성 메시지 남기기
(B) 온라인 채팅 서비스 이용하기
(C) 진료 기록 제공하기
(D) 지불 취소하기

해설 세부사항 관련 – 남자의 제안

남자가 여자에게 약사와 상담하는 링크를 클릭하면, 약사들이 메신저를 통해 질문에 답을 할 수 있다(You can click on a link to chat with a pharmacist, and they can answer your questions by instant message)고 했으므로 정답은 (B)이다.

▸▸ **Paraphrasing** 대화의 instant message
→ 정답의 online chat

Questions 38 through 40 refer to the following conversation.

M-Au Hi, Kate, you're not leaving now, are you?

W-Br I usually leave around this time. Do you need something?

M-Au Well, ³⁸,³⁹I'm designing this Web site for a client and could you have a look at it?

W-Br The Richardson Web site?

M-Au Yes. They want a site that works on mobile devices, but the text isn't showing up correctly on the mobile site.

W-Br I do need to get going but ⁴⁰I'll be happy to have a look at it later tonight, when I get home, and see if I can get this fixed.

남: 안녕하세요, 케이트, 지금 가는 건 아니죠, 그렇죠?
여: 주로 이 시간쯤에 퇴근해요. 필요한 거라도 있나요?
남: 저, 고객의 웹 사이트를 디자인하는 중인데 이거 한번 봐 줄래요?
여: 리차드슨 웹 사이트요?
남: 네. 휴대용 기기에서도 운용되는 웹 사이트를 원하시는데, 글자가 모바일 사이트에서는 정확하게 나타나지 않네요.
여: 지금은 가봐야 해서요, 그렇지만 이따 집에 가서 밤에 살펴보고 문제를 해결할 수 있을지 볼게요.

어휘 leave 떠나다, 출발하다 usually 보통, 대개 have a look at ~을 한번 보다 work 작동되다, 기능하다 mobile device 휴대용 기기 see if ~인지 확인하다 fix 바로잡다, 해결하다

38
What does the man imply when he says, "you're not leaving now, are you"?

(A) He would like to speak with the woman.
(B) He needs a ride.
(C) A work shift has not ended.
(D) The woman has forgotten about a meeting.

남자가 "지금 가는 건 아니죠, 그렇죠?"라고 말한 의도는 무엇인가?
(A) 여자와 대화하고 싶다.
(B) 여자가 차로 태워 주길 바란다.
(C) 근무 시간이 끝나지 않았다.
(D) 여자가 미팅을 잊었다.

해설 세부사항 관련 – "지금 가는 건 아니죠, 그렇죠"의 의미

남자의 두 번째 대사에서 고객의 웹 사이트를 디자인하는 중인데, 한번 봐 달라(I'm designing this Web site for a client and could you have a look at it?)고 했다. 이 말은 여자의 의견이 어떤지 듣기를 원한다는 의미이므로 정답은 (A)이다.

39
What does the man say he is working on?

(A) A seating chart
(B) A Web site
(C) A time sheet
(D) A client presentation

남자는 무슨 일을 하고 있는 중이라고 말하는가?
(A) 좌석 배치도
(B) 웹 사이트
(C) 시간표
(D) 고객 프레젠테이션

해설 세부사항 관련 – 남자가 하고 있는 일
남자가 두 번째 대사에서 고객의 웹 사이트를 디자인하는 중이다(I'm designing this Web site for a client)라고 했으므로 정답은 (B)이다

40
What does the woman offer to do?
(A) Work on a problem
(B) Call a customer
(C) Design an illustration
(D) Hire a consultant

여자는 무엇을 해 주겠다고 제안하는가?
(A) 문제 해결을 위해 노력하기
(B) 고객에게 전화하기
(C) 삽화 디자인하기
(D) 컨설턴트 고용하기

해설 세부사항 관련 – 여자의 제안사항
대화 마지막에 여자가 남자에게 이따 집에 가서 밤에 살펴보고 문제를 해결할 수 있을지 보겠다(I'll be happy to have a look at it later tonight, when I get home, and see if I can get this fixed)고 했으므로 정답은 (A)이다.

▸▸ Paraphrasing 대화의 **see if I can get this fixed**
→ 정답의 **work on a problem**

Questions 41 through 43 refer to the following conversation.

W-Am Hi, this is Margaret from Templeton Corporation. ⁴¹**I'm calling about our catering order for this Friday.** I know we agreed on a menu last week, but ⁴²**is it too late to change one of our selections**?

M-Cn Well, I'm glad you called. I was just about to get in touch with my vendor to order the supplies we'll need for your event. What would you like to change?

W-Am I'd like to switch the meat lasagna to the vegetarian lasagna. Some of my colleagues don't eat meat, and I forgot about that when I was placing the order.

M-Cn No problem. ⁴³**I'll revise the order and e-mail you a new invoice to confirm the changes we're making.**

여: 안녕하세요, 템플턴 코퍼레이션의 마가렛입니다. 이번 주 금요일에 필요한 출장뷔페 주문 관련해서 전화했어요. 지난주에 메뉴에 대해 합의했었죠, 그런데 선택사항 중 하나를 변경하기에 너무 늦은 걸까요?
남: 아, 전화 주셔서 감사합니다. 마침 고객님 행사에 필요한 재료를 주문하려고 물품 공급 업체에 막 연락하려던 참이었거든요. 무엇을 바꾸고 싶으세요?
여: 고기 라자냐를 채소 라자냐로 바꾸고 싶어요. 몇몇 동료들이 고기를 안 먹는데 제가 주문할 때 그 사실을 깜박했네요.
남: 문제 없습니다. 주문 수정 후 변경 사항을 확인하는 새로운 청구서를 이메일로 보내 드릴게요.

어휘 catering 음식 조달(업), 출장뷔페 agree on ~에 동의하다 be about to부정사 막 ~하려는 참이다 get in touch with ~와 연락하다 vendor 물품 공급 업체 supplies 재료 vegetarian lasagna 채식주의자용 라자냐 colleague 동료 place an order 주문하다 revise 수정하다 invoice 청구서, 송장 confirm 확인하다

41
Where does the man most likely work?
(A) At an office supply company
(B) At a catering company
(C) At a warehouse
(D) At a kitchen appliance store

남자는 어디에서 근무할 것 같은가?
(A) 사무용품 회사
(B) 출장뷔페 업체
(C) 창고
(D) 주방 가전용품 가게

해설 전체 내용 관련 – 남자의 근무지
여자가 첫 번째 대사에서 남자에게 이번 주 금요일에 필요한 출장뷔페 주문 관련해서 전화했다(I'm calling about our catering order for this Friday)고 했다. 이를 통해 남자가 출장뷔페 업체에서 근무한다는 것을 알 수 있으므로 정답은 (B)이다.

42
Why does the woman call the man?
(A) To report a shipping mistake
(B) To make an appointment
(C) To change an order
(D) To negotiate a price

여자는 왜 남자에게 전화하는가?
(A) 운송 실수를 보고하기 위해
(B) 약속을 잡기 위해
(C) 주문을 변경하기 위해
(D) 가격을 협상하기 위해

해설 전체 내용 관련 – 여자가 전화를 건 이유
여자가 첫 번째 대사에서 남자에게 선택사항 중 하나를 변경하기에 너무 늦은 것인지(is it too late to change one of our selections?)를 물어봤으므로 정답은 (C)이다.

> **Paraphrasing** 대화의 one of our selections → 정답의 an order

43
What does the man promise to send?
(A) A list of vendors
(B) A lunch menu
(C) A delivery address
(D) A confirmation e-mail

남자는 무엇을 보내기로 약속하는가?
(A) 물품 공급 업체 리스트
(B) 점심 메뉴
(C) 배달 주소
(D) 확인 이메일

해설 세부사항 관련 – 남자가 보내기로 한 것
대화 마지막에서 남자가 여자에게 주문 수정 후 변경 사항을 확인하는 새로운 청구서를 이메일로 보내주겠다(I'll revise the order and e-mail you a new invoice to confirm the changes we're making)고 했으므로 정답은 (D)이다.

Questions 44 through 46 refer to the following conversation.

W-Br Hi, Eric. **44What did you think of the leadership seminar I led yesterday?** It was nice to see the new managers from across all divisions. Did it give you any good tips?

M-Cn To be honest, **45I supervise a team that works with machines in manufacturing.** So it didn't offer much for me.

W-Br Oh, really?

M-Cn Well, I know the seminar was meant for supervisors in all divisions, but it was more appropriate for those who work in an office on computers all day.

W-Br That's good to know. Actually, **46could you e-mail me some of your comments?** That'll help me improve the seminar for the future.

여: 안녕하세요, 에릭. 어제 제가 주재했던 리더십 세미나 어떠셨어요? 전체 부서의 신입 매니저들을 보니 좋았어요. 그 세미나에서 유용한 정보 좀 얻었나요?
남: 솔직히 말하면, 저는 제조 부문에서 기계를 다루는 팀을 관리해서요. 그래서 그리 큰 도움은 안 되었어요.
여: 아, 정말요?
남: 음, 저도 그 세미나가 모든 부서의 관리자들을 위한 거였다는 걸 알아요, 하지만 그 세미나는 하루 종일 사무실에서 컴퓨터로 작업하는 사람들에게 더 적합했던 것 같아요.
여: 알게 돼서 다행이네요. 음, 당신의 의견을 이메일로 보내 주시겠어요? 추후에 있을 세미나 개선하는 데 도움이 될 거예요.

어휘 leadership seminar 리더십 세미나 lead 이끌다, 주재하다 division (조직의) 부서 tip 정보, 조언 to be honest 솔직히 말하면 supervise 관리하다, 감독하다 machine 기계 manufacturing 제조(업), 생산 offer 제공하다 appropriate 적절한 comment 견해, 의견 improve 개선하다, 향상시키다

44
What event are the speakers mainly talking about?
(A) A technology convention
(B) A management seminar
(C) A corporate fund-raiser
(D) A job fair

화자들은 주로 무슨 행사에 대해 이야기하고 있는가?
(A) 기술 대회
(B) 경영 세미나
(C) 기업 모금 행사
(D) 직업 박람회

해설 전체 내용 관련 – 대화 주제
여자가 첫 번째 대사에서 어제 자신이 주재했던 리더십 세미나에 대해 어떻게 생각했느냐(What did you think of the leadership seminar I led yesterday?)고 물어봤으므로 정답은 (B)이다.

> **Paraphrasing** 대화의 leadership → 정답의 management

45
Which department does the man work in?
(A) Shipping
(B) Accounting
(C) Manufacturing
(D) Graphic design

남자는 어떤 부서에서 근무하는가?
(A) 운송
(B) 회계
(C) 제조
(D) 그래픽 디자인

해설 세부사항 관련 – 남자의 근무 부서
남자가 첫 번째 대사에서 자신은 제조 부문에서 기계를 다루는 팀을 관리한다(I supervise a team that works with machines in manufacturing)고 했으므로 정답은 (C)이다.

46
What is the man asked to do?
(A) Make an online payment
(B) Reserve computer equipment
(C) Provide written feedback
(D) Choose a catering service

남자는 무엇을 하라고 요청받는가?
(A) 온라인 납부
(B) 컴퓨터 장비 예약
(C) 서면 피드백 제공
(D) 출장뷔페 서비스 선택

해설 세부사항 관련 - 남자가 요청받은 사항

대화 마지막에서 여자가 남자에게 의견을 이메일로 보내 주겠냐(could you e-mail me some of your comments?)고 물어봤으므로 정답은 (C)이다.

> **Paraphrasing** 대화의 e-mail some of your comments
> → 정답의 provide written feedback

Questions 47 through 49 refer to the following conversation.

M-Au: Hello, I saw your ad on television, and ⁴⁷**I'd like to order 200 business cards.** Could I have my company's logo printed on them?

W-Am: Of course. All you have to do is send me an electronic copy of your company logo, and we can take care of that for you. By the way, ⁴⁸**right now we're having a special on business cards. Orders of 500 or more are ten percent off.**

M-Au: Honestly, I've just started my business.

W-Am: OK, we'll make it 200 then. Be sure to send your logo, and ⁴⁹**I'll work on a sample business card for you. I should be able to do it this afternoon.**

어휘 ad 광고 order 주문하다 business card 명함 logo 로고 electronic copy 전자 사본 take care of ~을 처리하다 special 특별 상품, 특별 할인가 be sure to부정사 반드시 ~하다 be able to부정사 ~을 할 수 있다

47
What is the man purchasing?
(A) A television
(B) A laptop computer
(C) Printing paper
(D) Business cards

남자는 무엇을 구매하는가?
(A) 텔레비전
(B) 노트북
(C) 인쇄 용지
(D) 명함

해설 전체 내용 관련 - 남자가 구매하는 것

남자가 첫 번째 대사에서 명함 200장을 주문하고 싶다(I'd like to order 200 business cards)고 했으므로 정답은 (D)이다.

48
Why does the man say, "I've just started my business"?
(A) To explain an error
(B) To reject an offer
(C) To express pride
(D) To update a friend

남자는 왜 "이제 막 사업을 시작했거든요"라고 말하는가?
(A) 오류를 설명하기 위해
(B) 제안을 거절하기 위해
(C) 자신감을 표현하기 위해
(D) 친구에게 업데이트를 해 주기 위해

해설 세부사항 관련 - 이제 막 시작했다는 말의 의미

여자가 첫 번째 대사에서 현재 명함 주문에 대해 특별 할인 행사를 진행 중이다(right now we're having a special on business cards)라며 500장 이상을 주문하면 10퍼센트 할인해 준다(Orders of 500 or more are ten percent off)고 했다. 이에 대해 남자는 이제 막 사업을 시작했다(I've just started my business)고 했는데 이것은 500장 이상이나 명함을 제작할 필요가 없다는 것을 의미하므로 정답은 (B)이다.

49
What does the woman say she will do this afternoon?
(A) Meet with a colleague
(B) Market a product
(C) Create a sample
(D) Return a phone call

여자는 오늘 오후에 무엇을 할 것이라고 말하는가?
(A) 동료와의 만남
(B) 제품 마케팅
(C) 샘플 제작
(D) 전화 답신

해설 세부사항 관련 - 여자가 오후에 할 일

대화 마지막에서 여자가 고객의 샘플 명함을 만들 거다(I'll work on a sample business card for you)라고 한 후, 오늘 오후에 작업이 가능할 거다(I should be able to do it this afternoon)라고 했으므로 정답은 (C)이다.

> **Paraphrasing** 대화의 work on a sample business card
> → 정답의 create a sample

Questions 50 through 52 refer to the following conversation with three speakers.

W-Br: Hello, thank you for coming in to meet with me. ⁵⁰**In your e-mail, you mentioned that you're looking to rent some space in an office building?**

M-Au: Yes, our current office is too small, so my business partner, Jane, and I would like your help in finding a larger one.

W-Br: Sure. Are there any requirements you have for the location?

TEST 4 **97**

M-Au　Hm. Jane, what do you think?

W-Am　**51I want to make sure we have enough parking.** Most of our employees drive to work.

M-Au　Right, and it's also important that the office has short-term lease options. **52Our office is still expanding and we don't know if the space will be large enough in the future.**

여 1: 안녕하세요, 방문해 주셔서 감사합니다. 이메일에서, 사무용 건물에 임차할 곳을 찾으신다고 하셨죠?

남: 네, 현재 저희 사무실이 너무 협소해서요, 그래서 제 사업 파트너인 제인과 저는 더 큰 장소를 찾는 데 도움을 받고 싶어요.

여 1: 물론이죠. 임차하실 장소에 대해 요구사항이 있으신가요?

남: 음, 제인, 어떻게 생각해요?

여 2: 주차 공간이 충분했으면 좋겠어요. 대부분 우리 직원들이 차를 운전해서 출근하거든요.

남: 맞아요, 그리고 또 단기 임대차 계약이어야 한다는 사실도 중요해요. 회사가 계속 커지는 중이라서 지금 임차하는 공간이 추후에도 충분히 넓을지 모르겠거든요.

어휘　meet with ~와 만나다　mention 말하다, 언급하다　rent 임차하다　space 공간, 자리, 장소　office building 사무용 건물　current 현재의　requirement 요건　location 장소, 위치　make sure 반드시 ~하도록 하다　parking 주차 공간　employee 직원　short-term 단기의　lease 임대차 계약　option 선택(권)　expand (사업이) 확장되다

50
What are the speakers discussing?

(A) Renting some office space
(B) Reserving a banquet hall
(C) Purchasing a car
(D) Finding an apartment

화자들은 무엇을 논의하고 있는가?
(A) 사무실 임차
(B) 연회장 예약
(C) 자동차 구입
(D) 아파트 구하기

해설　전체 내용 관련 – 대화 주제

여자 1이 처음에 대화 상대들에게 사무용 건물에 임차할 곳을 찾는다고 하셨죠(you mentioned that you're looking to rent some space in an office building?)라고 물어본 뒤 이후에 이와 관련된 내용이 이어지고 있으므로 정답은 (A)이다.

▸▸ Paraphrasing　대화의 some space in an office building
　　　　　　　　→ 정답의 some office space

51
What is Jane concerned about?

(A) Access to wireless Internet
(B) The availability of parking
(C) The size of a budget
(D) The proximity to a city center

제인은 무엇을 걱정하는가?
(A) 무선 인터넷 연결
(B) 이용 가능한 주차 공간
(C) 예산의 규모
(D) 도심과의 인접성

해설　세부사항 관련 – 제인이 걱정하는 사항

여자 2의 대사에서 주차 공간이 충분했으면 좋겠다(I want to make sure we have enough parking)고 했으므로 정답은 (B)이다.

▸▸ Paraphrasing　대화의 enough parking
　　　　　　　　→ 정답의 the availability of parking

52
Why does the man want a short-term contract?

(A) He needs to raise more money.
(B) He is moving to a new city.
(C) A company is growing.
(D) A business agreement may change.

남자는 왜 단기 계약을 원하는가?
(A) 더 많은 돈을 모아야 한다.
(B) 타 도시로 이전한다.
(C) 회사가 성장하고 있다.
(D) 사업 계약이 변경될 수도 있다.

해설　세부사항 관련 – 남자가 단기 계약을 원하는 이유

남자가 마지막 말에서 회사가 아직 커지는 중이라서 지금 임차하는 공간이 추후에도 충분히 넓을지 모르겠다(Our office is still expanding and we don't know if the space will be large enough in the future)고 했으므로 정답은 (C)이다.

▸▸ Paraphrasing　대화의 office is still expanding
　　　　　　　　→ 정답의 company is growing

Questions 53 through 55 refer to the following conversation.

M-Cn　Hi, I was transferred to you by the bank's customer service desk. **53I'm interested in getting a loan to do some repair work on my home.** Is that possible?

W-Am　Certainly! **54Our bank offers different types of financing for home improvement work.** Do you own the property?

M-Cn　Yes, I do.

W-Am　OK. Then the first thing I'll need you to do is fill out a loan application, so that we can check your financial history.

M-Cn　All right, **55can I find that form online**?

W-Am　**55Actually, no. But, I'll send one to you right away.** Please fill it out and send it back to me. Can I have your home address?

남: 안녕하세요, 은행 고객 서비스 센터에서 이쪽으로 연결해 주었어요. 집 수리 건으로 대출을 받고 싶은데요. 가능할까요?

여: 그럼요! 저희 은행에서는 주택 개조 공사에 대해 다양한 종류의 융자를 제공해 드립니다. 자가 주택이세요?

남: 네, 그래요.

여: 네. 그러면 우선 고객님의 금융 기록을 확인할 수 있도록 대출 신청서를 작성해 주세요.

남: 좋아요, 신청서 양식은 온라인에서 찾을 수 있나요?

여: 사실, 안 돼요. 그렇지만, 제가 지금 바로 한 부 보내 드릴게요. 신청서를 작성해서 보내 주세요. 집 주소가 어떻게 되시나요?

어휘 transfer (전화를) 연결하다 loan 대출, 융자 repair 수리, 보수 work 작업, 공사 possible 가능한, 있을 수 있는 certainly 물론 offer 제공하다 financing 자금 조달, 융자 home improvement 주택 개조[개선] property 부동산, 건물 fill out 작성하다 financial history 금융 기록 form (공식 문서의) 서식, 양식 online 온라인상에서 right away 곧바로, 즉시 address 주소

53

Why is the man calling?

(A) To open a bank account
(B) To complain about repair work
(C) To ask about a loan
(D) To interview for a job

남자가 전화하는 이유는?
(A) 은행 계좌를 개설하기 위해
(B) 수리 작업에 대해 불만을 제기하기 위해
(C) 대출을 의뢰하기 위해
(D) 취업 면접을 위해

해설 전체 내용 관련 – 남자가 전화를 건 이유

남자가 첫 번째 대사에서 집 수리 건으로 대출을 받고 싶다(I'm interested in getting a loan to do some repair work on my home)고 했으므로 정답은 (C)이다.

54

Who most likely is the woman?

(A) A building inspector
(B) A city official
(C) An interior designer
(D) A bank employee

여자는 누구일 것 같은가?
(A) 건물 감독관
(B) 시 공무원
(C) 인테리어 디자이너
(D) 은행 직원

해설 세부사항 관련 – 여자의 신분

여자가 첫 번째 대사에서 자신의 은행에서는 주택 개조 공사에 대해 다양한 종류의 융자를 제공해 준다(Our bank offers different types of financing for home improvement work)고 했으므로 정답은 (D)이다.

55

What will the woman do after the phone call?

(A) Sign a contract
(B) Speak to a manager
(C) Meet with a customer
(D) Mail a form

여자는 전화통화 후 무엇을 할 것인가?
(A) 계약서에 서명
(B) 매니저와 상의
(C) 고객과의 만남
(D) 양식 우편 발송

해설 세부사항 관련 – 여자가 통화 후에 할 일

남자의 마지막 대사에서 신청서 양식은 온라인에서 찾을 수 있는가(can I find that form online?)라고 물어봤고, 이어서 여자가 그렇게는 안 되지만 지금 바로 한 부 보내 주겠다(Actually, no. But, I'll send one to you right away)고 했으므로 정답은 (D)이다.

▸▸ **Paraphrasing** 대화의 send one → 정답의 mail a form

Questions 56 through 58 refer to the following conversation.

W-Br Luca, ⁵⁶**our client from Seattle just informed us that instead of next weekend, he's coming to town tomorrow.** I know you're in charge of organizing some activities after work for him.

M-Au Oh, that's a problem. I'd planned to take him to a concert, but that's next week.

W-Br Hmmm, ⁵⁷**there's a big baseball game at City Stadium this Thursday. What about taking him to that?**

M-Au Great idea! But ⁵⁸**I'll have to ask our account manager right away if I can spend more than we'd planned to.** Those tickets are going to be expensive.

W-Br I'm sure it'll be OK. After all, we couldn't have predicted this.

여: 루카, 시애틀의 고객으로부터 연락이 왔는데요, 다음 주말이 아니라, 내일 오신대요. 당신이 그분 퇴근 후 일정을 준비하는 일을 맡았잖아요.

남: 아, 이거 문제네요. 콘서트에 같이 갈 예정이었는데 그게 다음 주거든요.

여: 음, 이번 주 목요일에 시티 스타디움에서 큰 야구 경기가 있어요. 거기로 모시는 건 어때요?

남: 좋은 생각이네요! 그런데 계획했던 비용보다 더 많이 지출해도 되는지 지금 바로 경리부장에게 물어봐야겠어요. 그 경기 티켓이 비쌀 거예요.

여: 괜찮을 거예요. 어쨌든, 이렇게 될지 누구도 예측할 수 없었을 테니까요.

> 어휘 client 고객 inform 알리다, 통지하다 instead of ~ 대신에
> in charge of ~을 맡아서, 담당해서 organize 준비하다,
> 조직하다 plan 계획하다 take 데리고 가다, 안내하다
> account manager 경리부장 right away 곧바로, 즉시
> spend 지출하다, 소비하다 expensive 비싼 after all
> 어쨌든, 결국에는 predict 예측하다

56
According to the woman, what has happened?
(A) Some merchandise has sold out.
(B) A client has rescheduled a visit.
(C) A director has reduced a budget.
(D) A document has been lost.

여자에 따르면, 무슨 일이 일어났는가?
(A) 일부 상품이 품절되었다.
(B) 고객이 방문 스케줄을 변경했다.
(C) 임원이 예산을 축소했다.
(D) 문서가 분실되었다.

> 해설 전체 내용 관련 - 발생한 일
> 여자가 첫 번째 대사에서 시애틀의 고객으로부터 연락이 왔는데, 다음 주말이
> 아니라, 내일 온다더라(our client from Seattle just informed us that
> instead of next weekend, he's coming to town tomorrow)고 했으므로
> 정답은 (B)이다.

57
What does the woman recommend doing?
(A) Going to a sporting event
(B) Searching a Web site
(C) Inviting a company president
(D) Using a corporate credit card

여자는 무엇을 하라고 추천하는가?
(A) 스포츠 행사 관람
(B) 웹 사이트 검색
(C) 회사 사장 초대
(D) 법인 카드 사용

> 해설 세부사항 관련 - 여자가 추천하는 것
> 여자가 두 번째 대사에서 이번 주 목요일에 시티 스타디움에서 큰 야구 경기가
> 있다(there's a big baseball game at City Stadium this Thursday)고
> 하면서 거기에 가는 건 어떠냐(What about taking him to that?)고 물어봤
> 으므로 정답은 (A)이다.

> ▶ Paraphrasing 대화의 baseball game
> → 정답의 sporting event

58
What will the man do next?
(A) Pick up a rental car
(B) Check a calendar
(C) Talk to a colleague
(D) Update an online account

남자는 다음에 무엇을 할 것인가?
(A) 렌터카 픽업
(B) 달력 확인
(C) 동료와 상의
(D) 온라인 계정 업데이트

> 해설 세부사항 관련 - 남자의 다음 행동
> 남자가 마지막 대사에서 계획했던 비용보다 더 많이 지출해도 되는지 경리부
> 장에게 지금 바로 물어봐야겠다(I'll have to ask our account manager
> right away if I can spend more than we'd planned to)고 했으므로 정
> 답은 (C)이다.

> ▶ Paraphrasing 대화의 ask our account manager
> → 정답의 talk to a colleague

Questions 59 through 61 refer to the following conversation with three speakers.

> M-Au Ms. Benedetti, [59]**welcome to Humboldt Broadcasting Company. I'm Charles Jones, senior producer of the morning news program.**
>
> W-Am Thanks. I'm excited about being on the show. [60]**It'll be great exposure for my new book.**
>
> M-Au I think it will be. We typically average two and a half million viewers per episode. [59]**And let me introduce you to our production assistant, Alex Tanaka.** We'll be talking with you to prepare for your interview on the show tomorrow.
>
> M-Cn It's nice to meet you, Ms. Benedetti. I'm a big fan of your writing.
>
> W-Am Thanks. Before getting started, [61]**may I have a cup of coffee**?
>
> M-Cn Certainly. Just a moment.

> 남 1: 베네데티 씨, 홈볼트 브로드캐스팅 컴퍼니에 오신 것을 환영합니다.
> 저는 아침 뉴스 프로그램 제작 차장인 찰스 존스입니다.
> 여: 감사합니다. 그 프로그램에 출연한다니 설레네요. 제 신간을 알리는 데
> 좋을 것 같아요.
> 남 1: 저도 그럴 거라 생각해요. 저희 프로그램은 보통 에피소드당 평균 2백
> 5십만 명이 시청하지요. 알렉스 타나카 조연출을 소개할게요. 내일
> 있을 프로그램의 인터뷰 준비를 위해 이야기를 좀 나눌 거예요.
> 남 2: 베네데티 씨, 만나서 반갑습니다. 저 작가님 열성 팬이에요.
> 여: 감사해요. 시작하기 전에, 커피 한 잔 마실 수 있을까요?
> 남 2: 그럼요. 잠시만요.

> 어휘 welcome to ~에 오신 것을 환영합니다 senior
> producer 제작 차장, 선임 프로듀서 excited 들뜬, 흥분된
> exposure (언론을 통해) 알려짐, 노출 typically 보통,
> 일반적으로 average 평균 ~이 되다 viewer 시청자 per
> ~당 episode (라디오·텔레비전 연속 프로의) 1회 방송분
> introduce 소개하다 production assistant 조연출
> prepare for ~을 준비하다 writing 글 moment 잠깐,
> 순간

59

Where most likely do the men work?

(A) At a convention center
(B) At a television station
(C) At a bookstore
(D) At a theater

남자들은 어디에서 근무할 것 같은가?

(A) 컨벤션 센터
(B) 텔레비전 방송국
(C) 서점
(D) 극장

해설 전체 내용 관련 – 남자들의 근무지

남자 1이 첫 번째 대사에서 훔볼트 브로드캐스팅 컴퍼니에 오신 것을 환영한다(welcome to Humboldt Broadcasting Company)라며, 본인은 아침 뉴스 프로그램 제작 차장인 찰스 존스(I'm Charles Jones, senior producer of the morning news program)라고 했다. 이어서 두 번째 대사에서는 알렉스 타나카 조연출을 소개하겠다(And let me introduce you to our production assistant, Alex Tanaka)고 한 데다, 바로 앞에서는 시청자(viewers)를 언급한 것으로 미루어 남자들이 텔레비전 방송국에서 근무한다는 것을 알 수 있으므로 정답은 (B)이다.

60

Who is the woman?

(A) A photographer
(B) A musician
(C) An actress
(D) An author

여자는 누구인가?

(A) 사진작가
(B) 음악가
(C) 배우
(D) 작가

해설 전체 내용 관련 – 여자의 신분

여자가 첫 번째 대사에서 자신의 신간을 알리는 데 좋을 것 같다(It'll be great exposure for my new book)고 했으므로 정답은 (D)이다.

61

What does the woman request?

(A) A film ticket
(B) A beverage
(C) A pen
(D) A parking pass

여자는 무엇을 요청하는가?

(A) 영화표
(B) 음료
(C) 펜
(D) 주차권

해설 세부사항 관련 – 여자의 요청사항

여자가 마지막 대사에서 커피 한 잔 마실 수 있냐(may I have a cup of coffee?)고 물어봤으므로 정답은 (B)이다.

▶▶ **Paraphrasing** 대화의 **coffee** → 정답의 **beverage**

Questions 62 through 64 refer to the following conversation and schedule.

M-Au Hitomi, did you know that ⁶³**Andy Torino, the famous jazz musician, is performing at the Orchestra Hall on June 18th?**

W-Br I'd love to go and see him. ⁶³**But that date doesn't work.** ⁶²**My friend is getting married then, and I'll be out of town for the wedding.**

M-Au Wait, let me check. Oh, ⁶³**it looks like Andy Torino will be back for one more night of jazz a few weeks later. Do you want to go then?**

W-Br Let me see the schedule. ⁶³**Oh yeah, that's perfect.** ⁶⁴**Let's check if anyone else from our office would like to go and see the concert. I'll send out an e-mail right now.**

남: 히토미, 유명 재즈 음악가인 앤디 토리노가 6월 18일 오케스트라 홀에서 공연한다는 거 알았어요?
여: 가서 보고 싶네요. 그런데 날짜가 안 맞아요. 제 친구가 그때 결혼을 해요, 그래서 결혼식 참석차 다른 도시에 있을 거예요.
남: 잠시만요, 확인해 볼게요. 아, 앤디 토리노가 몇 주 후에 하룻밤 더 재즈 공연을 위해 다시 올 것 같네요. 그때 가고 싶어요?
여: 스케줄 좀 볼게요. 아 네, 시간 돼요. 다른 동료들도 그 콘서트를 보러 가고 싶어 하는지 알아보죠. 지금 바로 이메일을 보낼게요.

어휘 famous 유명한   jazz musician 재즈 음악가   perform 공연하다, 연주하다   get married 결혼하다   be out of town 도시를 떠나 있다   check 확인하다   later 나중에   would like to 부정사 ~을 하고 싶다   send out ~을 보내다, 발송하다

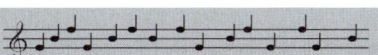

Orchestra Hall Concert Schedule

June 18	Andy Torino
June 25	Angela Ferrero
July 1	Javier Fernandez
July 12	⁶³Andy Torino

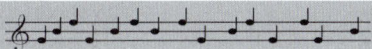

오케스트라 홀 콘서트 스케줄

6월 18일	앤디 토리노
6월 25일	안젤라 페레로
7월 1일	하비에르 페르난데스
7월 12일	앤디 토리노

62

Why will the woman be away?

(A) She is attending a wedding.
(B) She is presenting at a conference.
(C) She is going on a tour.
(D) She is leading a training event.

여자는 왜 다른 도시로 가는가?
(A) 결혼식에 참석한다.
(B) 회의에서 발표를 한다.
(C) 관광을 간다.
(D) 교육 행사를 이끈다.

해설 세부사항 관련 – 여자가 다른 도시에 가는 이유
여자가 첫 번째 대사에서 친구가 그때 결혼을 해서 결혼식 참석차 다른 도시에 있을 거다(My friend is getting married then, and I'll be out of town for the wedding)라고 했으므로 정답은 (A)이다.

▶▶ Paraphrasing 대화의 **will be out of town for the wedding**
→ 정답의 **is attending a wedding**

63

Look at the graphic. When will the speakers go to a concert?

(A) On June 18
(B) On June 25
(C) On July 1
(D) On July 12

시각정보에 의하면, 언제 화자들이 콘서트에 갈 것인가?
(A) 6월 18일
(B) 6월 25일
(C) 7월 1일
(D) 7월 12일

해설 세부사항 관련 – 화자들이 콘서트에 가는 날짜
남자가 첫 번째 대사에서 유명 재즈 음악가 앤디 토리노가 6월 18일 오케스트라 홀에서 공연한다(Andy Torino, the famous jazz musician, is performing at the Orchestra Hall on June 18th)고 하자 여자는 날짜가 안 맞는다(But that date doesn't work)고 말했다. 이어 남자가 두 번째 대사에서 앤디 토리노가 몇 주 후에 하룻밤 더 재즈 공연을 위해 다시 올 것 같다(it looks like Andy Torino will be back for one more night of jazz a few weeks later)라며 그때 가고 싶냐(Do you want to go then?)고 물어보자 여자가 시간이 된다(Oh yeah, that's perfect)고 했다. 시각 정보를 보면 앤디 토리노가 7월 12일에도 공연을 한다고 되어 있으므로 정답은 (D)이다.

64

What does the woman say she will do next?

(A) Read about a performer
(B) Update a schedule
(C) Send out an invitation
(D) Book some tickets

여자는 다음에 무엇을 할 거라고 말하는가?
(A) 공연자에 대한 정보 읽기
(B) 스케줄 업데이트
(C) 초대장 보내주기
(D) 티켓 예약

해설 세부사항 관련 – 여자의 다음 행동
대화 마지막에서 여자가 다른 동료들도 그 콘서트를 보러 가고 싶어 하는지 알아보자(Let's check if anyone else from our office would like to go and see the concert)고 한 후, 지금 바로 이메일을 보낼 거다(I'll send out an e-mail right now)라고 했으므로 정답은 (C)이다.

▶▶ Paraphrasing 대화의 **e-mail** → 정답의 **invitation**

Questions 65 through 67 refer to the following conversation and receipt.

M-Cn Welcome to Miller's Clothing Shop. May I help you?

W-Am Hi. I was in here last week. Do you remember me?

M-Cn Oh yes. I helped you pick out some clothes for work. Is there a problem?

W-Am Well, ⁶⁵my friend threw me a party yesterday because it was my birthday. And ⁶⁶someone gave me the same sweater I bought here last week! So, I'd like to return that one and get my money back.

M-Cn We can do that. But you could also exchange it for something else. We just got a brand-new shipment of pants and skirts in beautiful spring colors.

W-Am No, thanks. ⁶⁷I'd just like a refund for the sweater.

M-Cn Sure. Can I see your receipt?

남 밀러스 클로딩 샵에 오신 것을 환영합니다. 무엇을 도와 드릴까요?
여 안녕하세요. 지난주에 여기 왔었는데 기억하시겠어요?
남 아 네. 일하실 때 입으실 옷 몇 벌을 고르는 걸 도와 드렸죠. 무슨 문제라도 있나요?
여 어제가 제 생일이라서 친구가 파티를 열어 줬거든요. 그런데 지난주에 제가 여기서 산 거랑 같은 스웨터를 누가 선물로 주었어요! 그래서, 그 스웨터를 반품하고 환불받고 싶어서요.
남 그렇게 해 드릴게요. 그런데 다른 옷으로 교환도 가능한데요. 마침 예쁜 봄 색상 신상 바지와 치마가 입고되었거든요.
여 고맙지만 괜찮아요. 그냥 스웨터를 환불해 주세요.
남 물론이죠. 영수증 좀 보여주시겠어요?

어휘 remember 기억하다 pick out ~을 고르다 clothes 옷 throw a party 파티를 열다 return 돌려주다, 반품하다 exchange 교환하다 brand-new 신품의 refund 환불 receipt 영수증

102

Miller's Clothing Shop
April 6
Receipt: 00309

Item	Quantity	Price
Jacket	1	$50.00
Scarf	1	$20.00
⁶⁷Sweater	1	$45.00
	Total	$115.00

여자는 왜 옷을 반품하기를 원하는가?
(A) 동일한 물품을 선물 받았다.
(B) 다른 가게에서 더 저렴한 가격을 찾았다.
(C) 물품이 손상되었다.
(D) 물품이 잘 안 맞는다.

해설 세부사항 관련 – 여자가 반품을 원하는 이유
여자가 두 번째 대사에서 지난주에 자신이 여기서 산 거와 같은 스웨터를 누가 선물로 주었다(someone gave me the same sweater I bought here last week!)고 한 후, 그 스웨터를 반품하고 환불받고 싶다(So, I'd like to return that one and get my money back)고 했으므로 정답은 (A)이다.

▶▶ Paraphrasing   대화의 sweater → 정답의 item

67
Look at the graphic. How much will be refunded?
(A) $50
(B) $20
(C) $45
(D) $115

시각정보에 의하면, 환불받을 금액은 얼마인가?
(A) 50달러
(B) 20달러
(C) 45달러
(D) 115달러

해설 세부사항 관련 – 환불 금액
여자가 마지막 대사에서 그냥 스웨터를 환불해 달라(I'd just like a refund for the sweater)고 했고, 시각 정보를 보면 스웨터 가격은 $45.00이므로 정답은 (C)이다.

65
What type of event did the woman go to yesterday?
(A) A retirement celebration
(B) A birthday party
(C) An awards ceremony
(D) A business conference

여자는 어제 어떤 종류의 행사에 갔나?
(A) 은퇴식
(B) 생일 파티
(C) 시상식
(D) 경영 회의

해설 세부사항 관련 – 여자가 어제 참석한 행사
여자가 두 번째 대사에서 어제가 자신의 생일이라서 친구가 파티를 열어 줬다(my friend threw me a party yesterday because it was my birthday)고 했으므로 정답은 (B)이다.

66
Why does the woman want to return a piece of clothing?
(A) She received the same item as a gift.
(B) She found a better price in another store.
(C) The item was damaged.
(D) The item does not fit well.

Questions 68 through 70 refer to the following conversation and sign.

M-Au: Hi, Jin-Hee, glad to have found you! I'm so sorry I'm late.

W-Br: Oh, don't worry. I wasn't waiting that long.

M-Au: ⁶⁸I actually arrived early, but I waited in the domestic arrivals area for a while before realizing that international arrivals were in a different terminal.

W-Br: I've done that before. Anyway, I have all my bags. ⁶⁹Shall we walk down to the train now?

M-Au: OK. So, how was your flight?

W-Br: It was smooth, and I'm happy to be here for the conference. But I'm a little concerned though. ⁷⁰I just received an e-mail from my copresenter. She's not feeling well and won't be able to lead the session with me tomorrow.

남:	진희 씨, 안녕하세요. 찾아서 다행이네요! 늦어서 미안해요.	
여:	아, 괜찮아요. 그리 오래 기다리지 않았는걸요.	
남:	사실 도착은 일찍 했는데, 국내선 도착장에서 한참을 기다리다가 국제선 도착장이 다른 터미널이라는 걸 알게 됐어요.	
여:	저도 그랬던 적이 있어요. 어쨌든, 제 가방은 다 가지고 있어요. 그럼 열차를 타러 내려갈까요?	
남:	네. 저, 비행은 어떠셨어요?	
여:	괜찮았어요, 그리고 회의에 참석하러 이곳에 오게 되어 기쁘네요. 그런데 조금 걱정되는 부분이 있어요. 방금 제 공동 발표자로부터 이메일을 하나 받았는데요. 몸이 좀 안 좋아서 내일 저와 같이 발표를 진행할 수 없을 거라고 하네요.	

어휘 wait 기다리다 arrive 도착하다 early 일찍 domestic arrivals 국내선 도착장 realize 깨닫다, 알아차리다 international arrivals 국제선 도착장 train 기차 flight 비행 smooth 순조로운, 부드러운 conference 회의 concerned 걱정하는, 염려하는 though 하지만 receive 받다 copresenter 공동 발표자 feel well 건강 상태가 좋다, 컨디션이 좋다 lead 이끌다 session 회의

🍽	Restaurants	Third level
✈	International Arrivals	Second level
🧳	Baggage Claim	First level
🚆 **69**	Public Transportation	Basement level

🍽	식당	3층
✈	국제선 도착장	2층
🧳	수하물 찾는 곳	1층
🚆	대중 교통	지하층

68

Why was the man late?

(A) He was caught in traffic.
(B) He went to the wrong location.
(C) He was mistaken about an arrival time.
(D) His prior meeting did not finish on time.

남자가 늦은 이유는?
(A) 교통 체증에 걸렸다.
(B) 잘못된 장소에 갔었다.
(C) 도착 시간을 착각했다.
(D) 이전 미팅이 제시간에 끝나지 않았다.

해설 세부사항 관련 – 남자가 늦은 이유
남자가 두 번째 대사에서 사실 도착은 일찍 했는데, 국내선 도착장에서 한참을 기다리다가 국제선 도착장이 다른 터미널이라는 걸 알게 됐다(I actually arrived early, but I waited in the domestic arrivals area for a while before realizing that international arrivals were in a different terminal)고 했으므로 정답은 (B)이다.

69

Look at the graphic. Where will the speakers probably go next?

(A) The third level
(B) The second level
(C) The first level
(D) The basement level

시각정보에 의하면, 화자들은 다음에 아마도 어디로 갈 것인가?
(A) 3층
(B) 2층
(C) 1층
(D) 지하층

해설 세부사항 관련 – 화자들이 이동할 장소
여자가 두 번째 대사에서 남자에게 열차를 타러 내려가자(Shall we walk down to the train now?)고 했고 시각 정보를 보면 대중 교통은 지하층이라고 되어 있으므로 정답은 (D)이다.

70

Why does the woman say she is concerned?

(A) Her suitcase has been lost.
(B) Her connecting flight has been canceled.
(C) Her colleague is unable to help with a presentation.
(D) Her mobile phone is not working properly.

여자는 왜 걱정이 된다고 말하는가?
(A) 여행 가방이 분실되었다.
(B) 연결 비행편이 취소되었다.
(C) 동료가 발표를 도울 수 없다.
(D) 핸드폰이 제대로 작동하지 않는다.

해설 세부사항 관련 – 여자가 걱정하는 사항
대화 마지막에서 여자가 방금 공동 발표자로부터 이메일을 하나 받았다(I just received an e-mail from my copresenter)고 한 후, 공동 발표자가 몸이 좀 안 좋아서 내일 자신과 같이 발표를 진행할 수 없을 것이다(She's not feeling well and won't be able to lead the session with me tomorrow)라고 했으므로 정답은 (C)이다.

▶ **Paraphrasing** 대화의 **copresenter** → 정답의 **colleague**
대화의 **won't be able to lead the session with me** → 정답의 **is unable to help with a presentation**

PART 4

Questions 71 through 73 refer to the following announcement.

> M-Cn **71 Good afternoon shoppers, and thank you for choosing Doyle's Market for all your food shopping needs.** To help you prepare for the upcoming national holiday, **72 Doyle's will be staying open later than usual this weekend—until ten P.M.** Looking for a bargain? **73 Check out our Web site for discount coupons for many snacks, beverages, and other products.** Click on "Special Deals" to find a list of weekly coupons.

안녕하세요 고객 여러분, 필요한 식료품 쇼핑을 위해 도일스 마켓을 선택해 주셔서 감사합니다. 다가오는 공휴일 대비를 도와 드리고자, 도일스는 이번 주말에 평소보다 더 늦은 시간인 밤 10시까지 문을 열 것입니다. 할인 품목을 찾으시나요? 저희 웹 사이트에서 스낵, 음료 및 다른 제품들에 대한 할인 쿠폰을 확인해 보세요. '특가 상품'을 클릭하시면 금주의 쿠폰 리스트를 보실 수 있습니다.

어휘 prepare for ~을 준비하다, ~에 대비하다 upcoming 다가오는 national holiday 국경일, 공휴일 stay open late 늦게까지 문을 열다 until ~까지 look for ~을 찾다 bargain 싸게 사는 물건, 흥정 discount 할인 beverage 음료 product 상품 special deal 특가 상품

71
Where most likely are the listeners?
(A) At a hotel
(B) At a restaurant
(C) At a warehouse
(D) At a food market

청자들은 어디에 있을 것 같은가?
(A) 호텔
(B) 식당
(C) 창고
(D) 식료품점

해설 전체 내용 관련 – 청자들이 있는 장소

지문 초반부에서 '안녕하세요 고객 여러분, 필요한 식료품 쇼핑을 위해 도일스 마켓을 선택해 주셔서 감사합니다(Good afternoon shoppers, and thank you for choosing Doyle's Market for all your food shopping needs)'라고 했으므로 정답은 (D)이다.

72
What does the business have planned for the weekend?
(A) Construction work
(B) Extended operating hours
(C) A cooking demonstration
(D) An anniversary banquet

이 사업장은 주말을 위해 무엇을 계획하는가?
(A) 공사 작업
(B) 영업 시간 연장
(C) 조리 시연
(D) 기념일 연회

해설 세부사항 관련 – 주말 계획

지문 중반부에서 도일스는 이번 주말에 평소보다 더 늦은 시간인 밤 10시까지 문을 열 것이다(Doyle's will be staying open later than usual this weekend—until ten P.M.)라고 했으므로 정답은 (B)이다.

▶▶ Paraphrasing 지문의 staying open later than usual
→ 정답의 extended operating hours

73
According to the speaker, what can the listeners do online?
(A) Find coupons
(B) Place an order
(C) Make a reservation
(D) View a map

화자에 따르면, 청자들은 온라인상에서 무엇을 할 수 있는가?
(A) 쿠폰 찾기
(B) 주문하기
(C) 예약하기
(D) 지도 보기

해설 세부사항 관련 – 청자들이 온라인에서 할 수 있는 것

지문의 마지막 부분에서 스낵, 음료 및 다른 제품들에 대한 할인 쿠폰을 웹 사이트에서 확인해 보라(Check out our Web site for discount coupons for many snacks, beverages, and other products)고 했으므로 정답은 (A)이다.

Questions 74 through 76 refer to the following telephone message.

> W-Am Hello. **74 This is Michiko Sato from Ento Industries. We have a new type of tire you might be interested in carrying at your truck dealership.** It's called the EndurePlus. **75 The tires are made from a special type of rubber that's guaranteed to withstand heavy use.** They're significantly more durable than our other tires, so they'd be great for the industrial vehicles you sell. Since you buy tires from us regularly, we can give you 100 EndurePlus tires at half price, and **76 if they don't sell, you can return them to our factory.** But I'm sure you'll end up ordering more. Give me a call when you have the chance.

안녕하세요. 엔토 인더스트리즈의 미치코 사토입니다. 고객님의 트럭 대리점에서 취급하시면 좋을 만한 새로운 종류의 타이어가 있습니다. 인듀어플러스라고 하는데요. 이 타이어는 특수한 종류의 고무로 만들어져 빈번한 사용에도 잘 견딜 수 있다고 보장합니다. 이 타이어는 저희가 판매하는 다른 타이어들보다 훨씬 더 내구성이 우수합니다. 그래서 고객님이 판매하시는 산업용 차량에 좋을 겁니다. 고객님께서 저희 회사로부터 정기적으로 타이어를 구매하시기 때문에, 100개의 인듀어플러스 타이어를 반값에 드릴 수 있습니다. 그리고 판매가 안되면, 저희 공장에 반품하실 수 있어요. 그렇지만 장담하는데, 추가로 더 주문을 하시게 될 거예요. 시간 되실 때 전화주세요.

> **어휘** carry (가게에서 품목을) 취급하다 dealership (자동차) 대리점 be made from ~로 만들어지다 rubber 고무 guarantee 보장하다 withstand 견뎌내다 heavy use 빈번한 사용 significantly 상당히, 크게 durable 내구성이 있는 industrial vehicle 산업용 차량 regularly 정기적으로, 자주 at half price 절반 가격으로, 반값으로 return 반납하다, 반품하다 factory 공장 end up ~ing 결국 ~하게 되다

74
What does Ento Industries produce?
(A) Assembly-line equipment
(B) Vehicle engines
(C) Truck tires
(D) Rubber gloves

엔토 인더스트리즈는 무엇을 생산하는가?
(A) 조립라인 장비
(B) 차량 엔진
(C) 트럭 타이어
(D) 고무 장갑

> **해설** 전체 내용 관련 – 엔토 인더스트리즈의 생산품
> 지문 초반부에서 엔토 인더스트리즈 직원인 화자가 청자의 트럭 대리점에서 취급하면 좋을 만한 새로운 종류의 타이어가 있다(We have a new type of tire you might be interested in carrying at your truck dealership)고 했으므로 정답은 (C)이다.

75
What does the speaker emphasize about the product?
(A) Its warranty
(B) Its appearance
(C) Its size
(D) Its durability

화자는 제품의 어떠한 점에 대해 강조하는가?
(A) 품질 보증
(B) 외관
(C) 크기
(D) 내구성

> **해설** 세부사항 관련 – 화자가 제품에 대해 강조하는 점
> 지문 중반부에서 이 타이어는 특수한 종류의 고무로 만들어져 빈번한 사용에도 잘 견딜 수 있다고 보장한다(The tires are made from a special type of rubber that's guaranteed to withstand heavy use)라고 했으므로 정답은 (D)이다.

> ▶▶ **Paraphrasing** 지문의 withstand heavy use
> → 정답의 durability

76
What does the speaker say the listener can do?
(A) Return merchandise to the manufacturer
(B) Recycle used materials
(C) Have an item custom-made
(D) Request access to some study results

화자는 청자가 무엇을 할 수 있다고 말하는가?
(A) 제조사에 상품 반납
(B) 사용된 재료 재활용
(C) 물품 주문 제작
(D) 일부 연구 결과 열람 요청

> **해설** 세부사항 관련 – 청자가 할 수 있는 것
> 지문 후반부에서 화자는 청자에게 판매가 안 되면, 공장에 반품할 수 있다(if they don't sell, you can return them to our factory)고 했으므로 정답은 (A)이다.

> ▶▶ **Paraphrasing** 지문의 return them to our factory
> → 정답의 return merchandise to the manufacturer

Questions 77 through 79 refer to the following excerpt from a meeting.

W-Br Good morning. The main focus of today's meeting is our bus company's quarterly earnings. Overall, we're doing well, but **77there has been a noticeable drop in ticket sales on routes to Cooper City**. Cooper City was once a major tourist destination, but since several museums closed in the historic district, fewer passengers choose to go there. This'll now be the third quarter in a row of a steady decline in ticket purchases, so **78I think it best to reduce the number of bus trips to that location to just one a day**. **79I've created an updated schedule that reflects this change. Please look it over, and let me know what you think.**

안녕하세요. 오늘 미팅의 주요 초점은 우리 버스 회사의 분기별 수익입니다. 전반적으로, 회사가 잘되고 있어요. 그렇지만 쿠퍼 시로 가는 노선의 티켓 판매가 현저하게 하락했어요. 쿠퍼 시는 한때 주요 관광지였는데, 역사지구에 있던 몇몇 박물관들이 문을 닫아서, 그곳에 가려는 승객들이 줄어들었어요. 지금까지 연속해서 세 분기째 티켓 구매가 꾸준히 하락하고 있어요. 그래서 그곳으로 운행되는 버스를 하루 1회로 줄이는 것이 최선일 것 같네요. 이러한 변화를 반영하는 업데이트된 스케줄을 만들었어요. 한번 살펴보고 어떻게 생각하는지 말해 주세요.

> **어휘** focus 초점, 중심 quarterly earnings 분기별 수익 noticeable 뚜렷한, 현저한 drop in ~에서의 하락 tourist destination 관광지 museum 박물관 fewer 더 적은 수의 passenger 승객 quarter 사분기 in a row 연속해서 steady 꾸준한 decline in ~에서의 감소 purchase 구매, 구입 reflect 나타내다, 반영하다 look over ~을 살펴보다

77
What problem is the speaker discussing?

(A) Outdated vehicles
(B) Passenger complaints
(C) A decrease in ticket sales
(D) A staff shortage

화자는 무슨 문제를 논의하는가?
(A) 구식 차량
(B) 승객 불만
(C) 티켓 판매 하락
(D) 직원 부족

해설 전체 내용 관련 – 논의 사항
지문 초반부에서 화자는 청자들에게 쿠퍼 시로 가는 노선의 티켓 판매가 현저하게 하락했다(there has been a noticeable drop in ticket sales on routes to Cooper City)고 했으므로 정답은 (C)이다.

▶▶ Paraphrasing 지문의 drop → 정답의 decrease

78
What does the speaker suggest?

(A) Reducing the number of daily trips
(B) Offering lower bus fares
(C) Conducting a customer survey
(D) Starting an advertising campaign

화자는 무엇을 제안하는가?
(A) 일일 운행 횟수 줄이기
(B) 더 저렴한 버스 요금 제공
(C) 고객 설문조사 실시
(D) 광고 캠페인 시작

해설 세부사항 관련 – 화자의 제안
지문 후반부에서 그곳으로 운행되는 버스를 하루 1회로 줄이는 것이 최선일 것 같다(I think it best to reduce the number of bus trips to that location to just one a day)고 했으므로 정답은 (A)이다.

79
What does the speaker ask the listeners to do?

(A) Get approval for travel
(B) Review a revised budget
(C) Meet with some customers
(D) Provide feedback on a schedule

화자는 청자들에게 무엇을 하라고 요청하는가?
(A) 여행 허가 받기
(B) 조정된 예산안 검토
(C) 몇몇 고객과의 만남
(D) 스케줄에 대한 피드백 제공

해설 세부사항 관련 – 화자의 요청사항
지문의 마지막 부분에서 이러한 변화를 반영하는 업데이트된 스케줄을 만들었다(I've created an updated schedule that reflects this change)고 했다. 이어서 한번 살펴보고 어떻게 생각하는지 말해 달라(Please look it over, and let me know what you think)고 했으므로 정답은 (D)이다.

▶▶ Paraphrasing 지문의 let me know what you think → 정답의 provide feedback

Questions 80 through 82 refer to the following telephone message.

M-Au Hello. My name is Sandeep Prakash and **80I'm a reporter for the *Ridgedell Times*.** I'm calling because I'm writing an article about the new production your theater is putting on this weekend. **81I saw on your Web site that you don't allow photography during the performance**, and I was wondering whether you'd be willing to make an exception—I'd really like to take some pictures of the sets and actors to publish with my article. **82If not, I could come to one of your dress rehearsals**. I'll be out of town tomorrow morning for a celebrity interview, but I'm free to attend a rehearsal any other time this week. Please give me a call back at 555-0152. Thanks, I look forward to hearing from you.

안녕하세요. 〈리지델 타임즈〉의 산딥 프라카시 기자입니다. 이번 주말 귀하의 극장에 올라가는 새 작품에 대한 기사 때문에 전화드렸습니다. 극장 웹 사이트를 보니 공연 중에는 사진 촬영이 금지된다고 하던데, 예외를 허락해 줄 수 있는지 궁금합니다. 기사를 싣기 위해 세트와 배우들의 사진을 몇 장 찍고 싶습니다. 그게 안 된다면, 총연습 때 갈 수 있습니다. 내일 오전은 유명인사 인터뷰가 있어서 다른 지역에 있을 거예요. 하지만 이번 주 다른 시간에 하는 리허설은 참석 가능합니다. 555-0152로 전화 회신 부탁드릴게요. 감사합니다. 연락 기다리고 있겠습니다.

어휘 reporter 기자 article 기사 production 제작 theater 극장 put on 상연하다 allow 허락하다 photography 사진 촬영 performance 공연 whether ~인지 be willing to 부정사 기꺼이 ~하다 exception 예외 take a picture 사진을 찍다 publish 싣다, 게재하다 If not 그렇지 않다면 dress rehearsal 총연습, 리허설 out of town 도시를 떠나서 celebrity 유명인사 attend 참석하다 look forward to ~을 고대하다, 기다리다

80
Who most likely is the speaker?

(A) An actor
(B) A journalist
(C) A book editor
(D) A play director

화자는 누구일 것 같은가?
(A) 배우
(B) 기자
(C) 도서 편집자
(D) 연극 연출자

해설 전체 내용 관련 - 화자의 신분
지문 초반부에서 화자가 <리지델 타임즈>의 기자다(I'm a reporter for the Ridgedell Times)라고 했으므로 정답은 (B)이다.

▶▶ Paraphrasing 지문의 reporter → 정답의 journalist

81
Why is the speaker calling the theater?
(A) To obtain permission for photographs
(B) To plan for a reception
(C) To reserve seats
(D) To request a group discount

화자가 극장에 전화한 이유는?
(A) 사진 촬영 허가를 받기 위해
(B) 연회를 계획하기 위해
(C) 좌석을 예약하기 위해
(D) 단체 할인을 요청하기 위해

해설 전체 내용 관련 - 화자가 전화를 건 이유
지문 중반부에서 극장 웹 사이트를 보니 공연 중에는 사진 촬영이 금지된다고 하던데, 예외를 허락해 줄 수 있는지 궁금하다(I saw on your Web site that you don't allow photography during the performance, and I was wondering whether you'd be willing to make an exception)라고 했다. 그런 다음 기사를 싣기 위해 세트와 배우들의 사진을 몇 장 찍고 싶다(I'd really like to take some pictures of the sets and actors to publish with my article)고 했으므로 정답은 (A)이다.

82
What does the speaker say he can do?
(A) Read a script
(B) E-mail an article
(C) Give a presentation
(D) Attend a rehearsal

화자는 그가 무엇을 할 수 있다고 말하는가?
(A) 대본 읽기
(B) 기사 이메일 전송
(C) 발표
(D) 총연습 참가

해설 세부사항 관련 - 화자가 할 수 있다고 한 것
지문 후반부에서 총연습 때 갈 수 있다(If not, I could come to one of your dress rehearsals)고 했으므로 정답은 (D)이다.

▶▶ Paraphrasing 지문의 come → 정답의 attend

Questions 83 through 85 refer to the following announcement.

W-Am All right, everyone. **83I'm pleased to let you know that the renovation of our outdoor dining patio is almost finished**. We anticipate that the improvements will bring more customers. And regular customers are very excited about eating outside again! So, that means **84,85there'll be extra shifts for anyone who would like them**. **85If you're interested, you can sign up in the break room**. Write your name in the time slots that you'll be available to work. But remember, the sign-up sheet will only be there for a few days.

좋아요, 여러분. 우리 야외 테라스 식사 공간의 재단장이 거의 끝나간다는 사실을 알리게 되어 기쁩니다. 이 재단장 덕분에 더 많은 손님들이 올 거라고 기대합니다. 그리고 단골 손님들도 야외에서 다시 식사하는 것에 대해 많이 들떠 있어요! 자, 그 말은 원하는 사람은 추가 근무가 가능하다는 뜻이지요. 관심 있는 직원들은, 휴게실에서 신청할 수 있어요. 근무 가능한 시간대에 이름을 적으세요. 하지만 신청 양식은 단 며칠 동안만 거기에 둘 거라는 걸 기억하세요.

어휘 renovation 수리, 보수 outdoor 야외의 dining 식사
patio 테라스 anticipate 예상하다 improvement 개선, 개조
bring 가져오다 regular customer 단골 고객 shift 교대 근무
(시간) sign up 신청하다, 등록하다 time slot 시간대 available
시간이 있는, 이용할 수 있는 sign-up sheet 참가 신청서

83
Where does the speaker most likely work?
(A) At a furniture store
(B) At a construction company
(C) At a gardening center
(D) At a restaurant

화자는 어디에서 근무할 것 같은가?
(A) 가구 매장
(B) 건설 회사
(C) 원예 센터
(D) 식당

해설 전체 내용 관련 - 화자의 근무지
지문 초반부에서 화자가 야외 테라스 식사 공간의 재단장이 거의 끝나간다는 사실을 알리게 되어 기쁘다(I'm pleased to let you know that the renovation of our outdoor dining patio is almost finished)고 했으므로 정답은 (D)이다.

84
What is the speaker offering the listeners?
(A) Additional work shifts
(B) Free beverages
(C) Longer breaks
(D) More vacation time

화자는 청자들에게 무엇을 제안하는가?
(A) 추가 근무 시간
(B) 무료 음료
(C) 휴식 시간 연장
(D) 휴가 연장

해설 세부사항 관련 - 화자의 제안사항
지문 중반부에서 원하는 사람은 추가 근무가 가능하다(there'll be extra shifts for anyone who would like them)고 했으므로 정답은 (A)이다.

> **Paraphrasing** 대화의 extra shifts
> → 정답의 additional work shifts

85
What does the speaker imply when she says, "the sign-up sheet will only be there for a few days"?

(A) She needs clarification.
(B) She will follow the correct procedure.
(C) Employees should act soon.
(D) Employees can submit recommendations.

화자가 "신청 양식은 단 며칠 동안만 거기에 둘 거다"라고 말한 의도는 무엇인가?
(A) 명확히 할 필요가 있다.
(B) 정확한 절차를 따를 것이다.
(C) 직원들이 빨리 행동해야 한다.
(D) 직원들이 추천서를 제출할 수 있다.

해설 세부사항 관련 – "단 며칠 동안만 거기 있을 거다"의 의미
지문 중반부에서 원하는 사람은 추가 근무가 가능하다(there'll be extra shifts for anyone who would like them)고 한 후, 관심 있는 직원들은 휴게실에서 신청할 수 있다(If you're interested, you can sign up in the break room)고 했다. 그런 다음 신청 양식은 단 며칠 동안만 거기에 둘 거다(the sign-up sheet will only be there for a few days)라고 말했는데 이 말은 서둘러서 빨리 신청하라는 의미이므로 정답은 (C)이다.

Questions 86 through 88 refer to the following telephone message.

W-Br Hello, this is Xinyu Wu from the Council for the Arts. ⁸⁶**I'm calling to thank you for your generous donation during our recent fund-raiser**. Also, ⁸⁷**I wanted to ask if you'd like to write something about what inspired you to donate**. We're sending out some promotional material with a schedule of our summer programs soon, and we're including a few personal stories about what art means to our members and why they think it's important to support art. ⁸⁸**I can stop by your office some morning this week to discuss it with you**, if you'd like. I have some meetings near your office building on Tuesday and Wednesday, so let me know if that would work.

안녕하세요, 저는 예술위원회의 신유 우입니다. 최근 기금 모금행사 동안 아낌없이 기부를 해주신 것에 대해 감사드리고자 전화했습니다. 또한 어떤 계기로 기부를 하게 되었는지에 대한 글을 써 주시길 부탁드리고 싶습니다. 저희가 조만간 여름 프로그램의 일정을 포함하는 홍보 자료를 발송할 예정인데요, 이 자료에 회원님들께 예술이 의미하는 바와 예술 후원이 왜 중요하다고 생각하는지에 대한 개인적인 이야기를 담게 될 것입니다. 괜찮으시다면, 이번 주 오전에 귀하의 사무실에 들러서 이에 대하여 이야기를 나누고 싶습니다. 제가 화요일과 수요일에 귀하의 사무실 근처에서 몇몇 미팅이 있는데, 그때가 괜찮을지 알려주시길 바랍니다.

어휘 council 위원회, 의회 generous 후한, 관대한 donation 기부 recent 최근의 fund-raiser 기금 모금행사 inspire 영감을 주다 promotional material 홍보 자료 include 포함시키다 personal 개인적인 support 지원[후원]하다 stop by 잠깐 들르다 discuss 논의하다

86
What does the speaker thank the listener for?

(A) Buying her artwork
(B) Introducing her to someone
(C) Donating some money
(D) Sending some brochures

화자는 청자에게 무엇에 대하여 감사하는가?
(A) 화자의 미술품 구입
(B) 화자를 누군가에게 소개해 준 것
(C) 돈 기부
(D) 소책자 발송

해설 전체 내용 관련 – 화자가 청자에게 감사하는 이유
지문 초반부에서 최근 기금 모금행사 동안 아낌없이 기부를 해주신 것에 감사드리려 전화했다(I'm calling to thank you for your generous donation during our recent fundraiser)고 했으므로 정답은 (C)이다.

87
What does the speaker invite the listener to do?

(A) Share a story
(B) Speak at an event
(C) Attend a debate
(D) Join an organization

화자는 청자에게 무엇을 요청하는가?
(A) 이야기 공유
(B) 행사에서 연설하기
(C) 토론 참석
(D) 단체 가입

해설 세부사항 관련 – 화자가 청자에게 한 요청
지문 중반부에서 어떤 계기로 기부를 하게 되었는지에 대한 글을 써주시기를 부탁드린다(I wanted to ask if you'd like to write something about what inspired you to donate)고 했으므로 정답은 (A)이다.

> **Paraphrasing** 지문의 write something about what inspired you to donate
> → 정답의 share a story

88
Why does the speaker say, "I have some meetings near your office building on Tuesday and Wednesday"?

(A) She is accepting an invitation.
(B) She is indicating when she is available.
(C) She is offering to deliver some documents.
(D) She is suggesting a change in location.

화자는 왜 "화요일과 수요일에 귀하의 사무실 근처에서 몇몇 미팅이 있습니다."라고 말하는가?
(A) 초대를 수락하고 있다.
(B) 언제 시간이 되는지를 나타내고 있다.
(C) 몇몇 서류를 전달하려 하고 있다.
(D) 장소 변경을 제안하고 있다.

해설 세부사항 관련 – 화자가 특정 요일에 미팅이 있다고 말한 이유
지문 후반부에서 이번 주 오전에 청자의 사무실에 들러서 이에 대하여 이야기를 나누고 싶다(I can stop by your office some morning this week to discuss it with you)고 했다. 그런 다음 화요일과 수요일에 청자의 사무실 근처에서 몇몇 미팅이 있다(I have some meetings near your office building on Tuesday and Wednesday)고 말했는데, 이는 언제 시간이 되는지를 표현하기 위한 것이므로 정답은 (B)이다.

Questions 89 through 91 refer to the following excerpt from a meeting.

> M-Au Good afternoon, team. **⁸⁹I just met with the budget committee and got some disappointing news**. They turned down our request to add three more staff to our department—⁹⁰we'll be able to hire only one person to help us work on the new series of advertisements for Strike athletic shoes. Unfortunately, this means that the entire team will have to put in some overtime hours for the next few weeks. ⁹¹**However, we did get an extension on the deadlines for our other projects**. They're now due on May fifteenth, which gives us an extra month to work on them once we finish the Strike campaign.
>
> 팀원 여러분, 안녕하세요. 방금 예산위원회를 만나고 왔는데 실망스러운 소식을 전하게 되었네요. 우리 부서에 3명을 보충해 달라는 요청이 거절되었습니다. 스트라이크 운동화 새 광고 시리즈 작업을 도와줄 단 한 명만을 충원할 수 있게 되었어요. 불행히도, 모든 팀원이 다음 몇 주 동안 야근을 해야 한다는 의미이지요. 하지만, 다른 프로젝트의 마감기한은 연장할 수 있었어요. 스트라이크 광고를 끝낸 다음 한 달의 여유를 더 가지고 나머지 프로젝트를 5월 15일까지 끝내면 돼요.
>
> **어휘** budget committee 예산위원회 disappointing 실망스러운 turn down 거절하다 request 요청 add 더하다 department 부서 hire 고용하다 advertisement 광고 athletic shoes 운동화 unfortunately 불행히도 entire 전체의 overtime hours 시간외 근무 extension 연장 deadline 마감기한 due ~하기로 되어 있는 extra 여분의 campaign 캠페인

89

What problem does the speaker mention?
(A) An online network is down.
(B) A file is missing.
(C) A budget request has been denied.
(D) A scheduling error has been found.

화자는 무슨 문제를 언급하는가?
(A) 온라인 네트워크가 다운되었다.
(B) 파일이 분실되었다.
(C) 예산 요청이 거절되었다.
(D) 일정관리에서 실수가 발견되었다.

해설 전체 내용 관련 – 화자가 언급하는 문제
지문 초반부에서 방금 예산위원회를 만나고 왔는데 실망스러운 소식을 전하게 되었다(I just met with the budget committee and got some disappointing news)고 말했다. 이어서 화자의 부서에 3명을 보충해 달라는 요청이 거절되었다(They turned down our request to add three more staff to our department)고 했다. 즉 추가 고용을 위한 예산 요청이 거절되었다는 의미이므로 정답은 (C)이다.

90

What department does the speaker most likely work in?
(A) Human Resources
(B) Advertising
(C) Accounting
(D) Customer Service

화자는 어떤 부서에서 일하는 것 같은가?
(A) 인사
(B) 광고
(C) 회계
(D) 고객 서비스

해설 전체 내용 관련 – 화자가 일하는 부서
지문 중반부에서 스트라이크 운동화 새 광고 시리즈 작업을 도와 줄 단 한 명만을 충원할 수 있다(we'll be able to hire only one person to help us work on the new series of advertisements for Strike athletic shoes)고 했으므로 정답은 (B)이다.

91

What solution has been offered?
(A) A deadline will be extended.
(B) Several people will join a team.
(C) The scope of a project will be reduced.
(D) Additional computers will be available.

어떤 해결책이 제공되었나?
(A) 마감기한이 연장될 것이다.
(B) 몇몇 사람들이 팀에 합류할 것이다.
(C) 프로젝트의 범위가 축소될 것이다.
(D) 이용 가능한 컴퓨터가 추가될 것이다.

해설 세부사항 관련 – 제공된 해결책
지문 후반부에서 다른 프로젝트의 마감기한은 연장할 수 있었다(However, we did get an extension on the deadlines for our other projects)고 했으므로 정답은 (A)이다.

> ▶ **Paraphrasing** 지문의 we did get an extension on the deadlines → 정답의 A deadline will be extended.

Questions 92 through 94 refer to the following excerpt from a meeting.

W-Am ⁹²Thank you for inviting me to attend this board of directors' meeting. My name is Junko Ito, and I'm the Chief Digital Information Officer here at Lastriss Tech. As you may have heard, ⁹³some personal data from one of our clients was compromised recently. This has never happened before and it appears to have been a random occurrence. Nevertheless, ⁹⁴the technical team has already developed a new version of our software which will be released next week. It includes extra layers of encryption to protect our users' data. At the next directors' meeting I'll give you an update.

이사 회의에 초대해 주셔서 감사합니다. 제 이름은 준코 이토이고 여기 라스트리스 테크의 디지털 정보 책임자입니다. 이미 들으셨겠지만, 최근에 우리 고객 중 한 분의 개인 데이터가 위태로운 상황에 처했었습니다. 전에는 이런 일이 발생한 적이 한 번도 없었으며 임의로 발생한 것으로 보입니다. 그럼에도 불구하고, 기술팀이 새 버전의 소프트웨어를 개발했고 다음 주에 발표될 예정입니다. 여기에는 사용자의 데이터를 보호하기 위해 추가적인 암호 단계가 포함됩니다. 다음 이사회에서 이 사항에 대한 최신 정보를 알려 드리겠습니다.

어휘 invite 초대하다 attend 참석하다 board of directors 이사회 personal 개인적인 client 고객 compromise ~을 위태롭게 하다 recently 최근에 appear ~처럼 보인다 random 임의로 나타나는 occurrence 발생하는 것 nevertheless 그럼에도 불구하고 technical team 기술팀 develop 개발하다 release 발표하다 include 포함하다 extra 추가의 layer 단계 encryption 암호화 protect 보호하다 user 사용자 update 최신 정보

92
Where is the talk taking place?
(A) At a software demonstration
(B) At a certification course
(C) At a press conference
(D) At a board meeting

어디에서 연설을 하는가?
(A) 소프트웨어 시연회
(B) 자격증 과정
(C) 기자 회견
(D) 이사회

해설 전체 내용 관련 – 연설이 행해지는 장소
지문 시작 부분에서 화자가 청자에게 이사회에 초대해 주어 감사하다(Thank you for inviting me to attend this board of directors' meeting)고 했으므로 정답은 (D)이다.

93
Why does the speaker say, "This has never happened before"?
(A) To apologize for a misunderstanding
(B) To explain a new procedure
(C) To reassure the listeners
(D) To request some funding

화자는 왜 "전에는 이런 일이 발생한 적이 한 번도 없었다."고 말하는가?
(A) 오해에 대해 사과하기 위해
(B) 새로운 절차를 설명하기 위해
(C) 청자들을 안심시키기 위해
(D) 자금 지원을 요청하기 위해

해설 세부사항 관련 – 화자가 이런 일이 발생한 적이 없었다고 말한 이유
지문 중반부에서 최근에 화자 회사의 고객 중 한 분의 개인 데이터가 위태로운 상황에 처했다(some personal data from one of our clients was compromised recently)고 했다. 그런 다음 전에는 이런 일이 발생한 적이 한 번도 없었으며 임의로 발생한 것으로 보인다(This has never happened before and it appears to have been a random occurrence)고 말했는데, 이 말은 최근 사건에 대해 청자들을 안심시키기 위한 것이므로 정답은 (C)이다.

94
What will be available next week?
(A) Updated Web site photographs
(B) New software
(C) Revised instruction manuals
(D) Recent sales figures

다음 주에 무엇이 이용 가능한가?
(A) 업데이트된 웹 사이트 사진
(B) 새로운 소프트웨어
(C) 변경된 사용 설명서
(D) 최근 매출액

해설 세부사항 관련 – 다음 주에 이용 가능한 것
지문 후반부에서 기술팀이 새 버전의 소프트웨어를 개발했고 다음 주에 발표될 예정이다(the technical team has already developed a new version of our software which will be released next week)라고 했으므로 정답은 (B)이다.

Questions 95 through 97 refer to the following advertisement and Web page.

W-Br Thinking about starting your own business? The Rickson Center is here to help. ⁹⁵Since we're government funded, all resources and services are completely free to the public. Our mission? To provide guidance and counsel to individuals interested in becoming small-business owners. We have an extensive network of offices around the country. ⁹⁶Recently, we've opened one here in Keene Township. For a list of workshops that are going to be held in Keene, go to our Web site, ricksoncenter.com. We're offering topics such as "Business Plans" and "Networking Tactics." But don't hesitate! ⁹⁷**The April eighth workshop is already filled**, so take the opportunity to register for any of the others now.

사업을 시작하려고 생각하고 계십니까? 릭슨 센터가 도와 드리겠습니다. 정부 지원으로 운영되기 때문에, 모든 재원과 서비스가 대중에게 무료입니다. 저희의 임무는 소규모 자영업 경영에 관심 있는 분들께 지침과 조언을 제공하는 것입니다. 저희 센터는 전국에 광범위한 사무소 네트워크를 가지고 있습니다. 최근에, 이곳 킨 타운십에 사무소를 열었고요. 저희 웹 사이트 ricksoncenter.com에 가셔서 킨에서 열릴 워크숍 리스트를 확인하세요. 사업 계획이나 네트워크 형성 전술과 같은 주제를 제공합니다. 그런데 주저하지 마세요! 4월 8일 워크숍은 벌써 자리가 다 찼고, 남아 있는 워크숍 등록의 기회를 잡으세요.

어휘 government 정부 fund 자금을 대다 resource 재원, 자원 completely 완전히 free 공짜의 public 대중(의) mission 임무 guidance 지도 counsel 조언 individual 개인 interested in ~에 관심이 있는 small-business owner 소규모 자영업자 extensive 대규모의 recently 최근에 workshop 연수회 offer 제공하다 topic 주제 networking 네트워크[인맥] 형성 tactic 전술 hesitate 주저하다 fill 채우다 opportunity 기회 register for ~에 등록하다

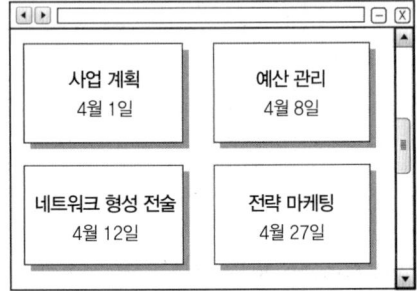

95
What does the speaker say about the cost of Rickson Center services?

(A) It is reduced for members.
(B) It will increase next month.
(C) The government pays for it.
(D) Payment is due before April.

화자는 릭슨 센터 서비스의 비용에 대해 무엇이라고 말하는가?
(A) 회원들에게 할인된다.
(B) 다음 달에 늘어난다.
(C) **정부가 지불한다.**
(D) 4월 전에 지불해야 한다.

해설 세부사항 관련 – 화자가 서비스 가격에 대해 언급한 점
지문 초반부에서 정부 지원으로 운영되기 때문에, 모든 재원과 서비스는 무료이다(Since we're government funded, all resources and services are completely free to the public)라고 했으므로 정답은 (C)이다.

96
What recently happened in Keene Township?

(A) A new office location opened.
(B) A government policy was changed.
(C) A small-business contract was signed.
(D) A networking event was held for business owners.

최근 킨 타운십에서 무슨 일이 있었나?
(A) **새 사무소를 열었다.**
(B) 정부 정책이 변경되었다.
(C) 소규모 기업 계약이 체결되었다.
(D) 사업주를 위한 인맥 형성 행사가 개최되었다.

해설 세부사항 관련 – 킨 타운십에서 발생한 일
지문 중반부에서 킨 타운십에 사무소를 열었다(Recently, we've opened one here in Keene Township)고 했으므로 정답은 (A)이다.

▶▶ Paraphrasing 지문의 we've opened one
→ 정답의 A new office location opened.

97
Look at the graphic. Which workshop is currently full?

(A) Business Plans
(B) **Budget Management**
(C) Networking Tactics
(D) Strategic Marketing

시각정보에 의하면, 어떤 워크숍이 자리가 다 찼는가?
(A) 사업 계획
(B) **예산 관리**
(C) 네트워크 형성 전술
(D) 전략 마케팅

해설 세부사항 관련 – 정원이 마감된 워크숍
지문의 마지막 부분에서 4월 8일 워크숍은 벌써 자리가 다 찼다(The April eighth workshop is already filled)고 했고, 시각 정보를 보면 4월 8일 워크숍은 예산 관리(Budget Management)라고 되어 있으므로 정답은 (B)이다.

Questions 98 through 100 refer to the following broadcast and chart.

M-Cn This is Bert Johnson with another installment of *Modern Music Today*. Before starting the show, I want to remind listeners of this weekend's jazz festival. ⁹⁸**Be sure to visit our Web site to buy discounted tickets**. So ⁹⁹**the topic of today's show is movie soundtracks**. Last week, we asked listeners to respond to a survey indicating the composer of their favorite movie soundtrack, and the survey results are in. We're fortunate that one of the top composers lives here in the area, and she was kind enough to accept our offer to come in for an interview. ¹⁰⁰**Joining me now to discuss her latest work is the composer who received almost 6,000 of your votes.**

오늘도 여러분과 함께할 〈모던 뮤직 투데이〉의 버트 존슨입니다. 쇼를 시작하기 전에, 이번 주말에 재즈 페스티벌이 있다는 것을 한 번 더 알려드리고 싶습니다. 저희 웹 사이트를 방문하셔서 할인된 표를 구입하세요. 자, 오늘의 주제는 영화 사운드 트랙입니다. 지난 주, 청취자들에게 자신이 좋아하는 영화 사운드 트랙의 작곡가를 묻는 설문 조사에 응답해 주실 것을 요청했고 결과가 제 손에 있습니다. 운이 좋게도 제일 인기 많은 작곡가 중 한 명이 이 지역에 살고 있고 친절하게도 이곳에 오셔서 인터뷰에 응해 주신다고 했습니다. 거의 6000표 정도를 득표한 작곡가분을 모시고 최근 작품에 대해 이야기를 나누어 보겠습니다.

어휘 another 또 다른 installment (연재물 등의) 1회분 remind A of B A에게 B를 상기시키다 movie soundtrack 영화 음악 respond to ~에 응답하다 survey 설문조사 indicate 나타내다 composer 작곡가 fortunate 운이 좋은 kind 친절한 accept 받아들이다, 수락하다 offer 제안 discuss 논의하다 latest 가장 최근의 receive 받다 almost 거의 vote 투표, 표

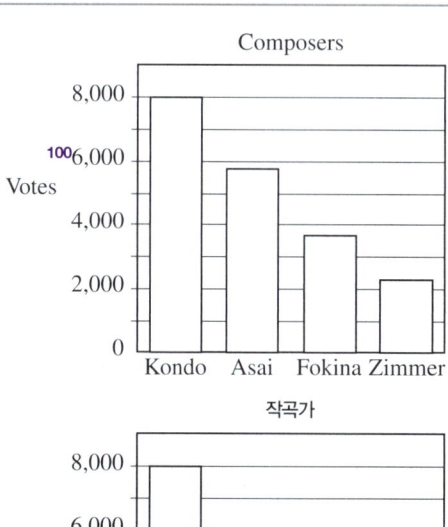

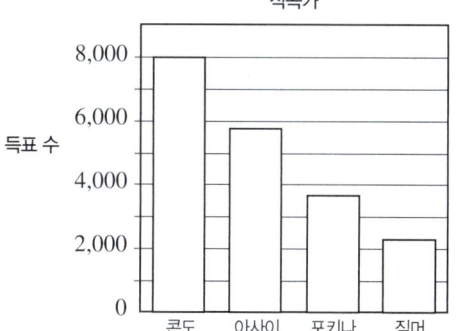

98
Why are the listeners told to visit a Web site?
(A) To purchase tickets
(B) To download recordings
(C) To read concert reviews
(D) To sign up for notifications

청자가 웹 사이트를 방문해야 하는 이유는?
(A) 표를 구매하기 위해
(B) 음악을 다운받기 위해
(C) 콘서트 평가를 읽기 위해
(D) 알림 신청을 위해

해설 세부사항 관련 – 웹 사이트를 방문해야 하는 이유
지문 초반부에서 웹 사이트를 방문해 할인된 표를 구입하라(Be sure to visit our Web site to buy discounted tickets)고 했으므로 정답은 (A)이다.

▶▶ Paraphrasing   지문의 buy → 정답의 purchase

99
What is the topic of today's broadcast?
(A) A museum exhibit
(B) Lives of celebrities
(C) Music in movies
(D) Popular musical instruments

오늘 방송의 주제는 무엇인가?
(A) 박물관 전시
(B) 유명 인사들의 삶
(C) 영화 음악
(D) 인기 있는 악기

해설 전체 내용 관련 – 방송의 주제
지문 중반부에서 오늘의 주제는 영화 사운드 트랙이다(the topic of today's show is movie soundtracks)라고 했으므로 정답은 (C)이다.

▶▶ Paraphrasing   지문의 movie soundtracks → 정답의 music in movies

100
Look at the graphic. Which person will be interviewed?
(A) Ms. Kondo
(B) Ms. Asai
(C) Ms. Fokina
(D) Ms. Zimmer

시각정보에 의하면, 누구를 인터뷰할 것인가?
(A) 콘도 씨
(B) 아사이 씨
(C) 포키나 씨
(D) 짐머 씨

해설 세부사항 관련 – 인터뷰 대상
지문의 마지막 부분에서 6000표 정도를 득표한 작곡가분을 모시고 최근 작품에 대해 이야기를 나누어 보겠다(Joining me now to discuss her latest work is the composer who received almost 6,000 of your votes)고 했고, 시각 정보를 보면 6000표 정도를 얻은 작곡가는 아사이(Asai)로 되어 있으므로 정답은 (B)이다.

TEST 5

1 (B)	2 (C)	3 (B)	4 (D)	5 (A)
6 (D)	7 (C)	8 (C)	9 (B)	10 (A)
11 (A)	12 (B)	13 (B)	14 (C)	15 (B)
16 (A)	17 (B)	18 (C)	19 (A)	20 (B)
21 (A)	22 (B)	23 (C)	24 (C)	25 (B)
26 (A)	27 (A)	28 (C)	29 (C)	30 (A)
31 (B)	32 (C)	33 (C)	34 (B)	35 (D)
36 (C)	37 (B)	38 (B)	39 (D)	40 (D)
41 (B)	42 (D)	43 (D)	44 (B)	45 (B)
46 (D)	47 (D)	48 (B)	49 (C)	50 (A)
51 (C)	52 (D)	53 (D)	54 (B)	55 (C)
56 (B)	57 (A)	58 (B)	59 (A)	60 (D)
61 (C)	62 (A)	63 (D)	64 (C)	65 (B)
66 (C)	67 (A)	68 (C)	69 (A)	70 (B)
71 (A)	72 (B)	73 (C)	74 (C)	75 (B)
76 (A)	77 (A)	78 (B)	79 (D)	80 (D)
81 (B)	82 (A)	83 (C)	84 (D)	85 (A)
86 (C)	87 (B)	88 (D)	89 (C)	90 (D)
91 (B)	92 (D)	93 (B)	94 (B)	95 (D)
96 (C)	97 (A)	98 (C)	99 (D)	100 (C)

PART 1

1 M-Cn

(A) The women are talking to each other.
(B) **A woman is holding a magazine in her lap.**
(C) A woman is putting away some books.
(D) A woman is getting up from a chair.

(A) 여자들이 서로 이야기하고 있다.
(B) **여자가 무릎에 잡지를 올려 놓고 있다.**
(C) 여자가 책들을 제자리에 가져다 놓고 있다.
(D) 여자가 의자에서 일어나고 있다.

어휘 each other 서로   hold 잡고 있다   magazine 잡지   lap 무릎
put away (원래 있던 장소에) 넣다

해설 2인 이상 등장 사진 – 사람의 동작 묘사
(A) 동사 오답. 여자들이 서로 이야기하는(are talking to each other) 모습이 아니므로 오답.
(B) 정답. 여자가 무릎에 잡지를 올려 놓은(is holding a magazine in her lap) 모습이므로 정답.
(C) 동사 오답. 여자가 책들을 제자리에 가져다 놓는(is putting away some books) 모습이 아니므로 오답.
(D) 동사 오답. 여자가 의자에서 일어나는(is getting up from a chair) 모습이 아니므로 오답.

2 M-Au

(A) A bench is being painted.
(B) A walkway is being swept.
(C) **Some umbrellas have been opened.**
(D) Some people are waiting in line.

(A) 벤치가 페인트칠 되고 있다.
(B) 보도가 빗자루로 쓸려지고 있다.
(C) **몇몇 파라솔이 펼쳐져 있다.**
(D) 몇몇 사람들이 줄을 서서 기다리고 있다.

어휘 bench 벤치, 긴 의자   walkway 보도   be swept 빗자루로 쓸려지다
umbrella 우산, 파라솔   wait in line 줄을 서서 기다리다

해설 사물 사진 – 다양한 실외 사물의 상태 묘사
(A) 동사 오답. 벤치(bench)가 페인트칠 되는(is being painted) 모습이 아니므로 오답.
(B) 동사 오답. 보도(walkway)가 빗자루로 쓸려지는(is being swept) 모습이 아니므로 오답.
(C) 정답. 파라솔(umbrellas)이 펼쳐져 있는(have been opened) 상태이므로 정답.
(D) 사진에 없는 명사를 이용한 오답. 사진에 줄을 서서 기다리는 사람들(people waiting in line)이 보이지 않으므로 오답.

3 W-Am

(A) A man is looking out a window.
(B) **A man is sorting papers at a desk.**
(C) Office furniture is being arranged in a circle.
(D) Filing cabinets are being moved into an office.

(A) 남자가 창밖을 내다 보고 있다.
(B) **남자가 책상에서 서류를 정리하고 있다.**
(C) 사무용 가구가 원형으로 배열되고 있다.
(D) 서류 캐비닛이 사무실 안으로 옮겨지고 있다.

어휘 look out a window 창밖을 내다 보다   sort 분류하다, 정리하다
office furniture 사무용 가구   arrange 배열하다, 정돈하다   in a circle 원형을 이루어   filing cabinet 서류 캐비닛   be moved into ~로 옮겨지다

해설 1인 등장 사진 – 사람의 동작 묘사
(A) 동사 오답. 남자가 창밖을 내다 보는(is looking out a window) 모습이 아니므로 오답.
(B) 정답. 남자가 책상에서 서류를 정리하는(is sorting papers at a desk) 모습이므로 정답.

(C) 동사 오답. 사무용 가구(office furniture)가 원형으로 배열되는(is being arranged in a circle) 모습이 아니므로 오답.
(D) 사진에 없는 명사를 이용한 오답. 사진에 사무실 안으로 옮겨지는 서류 캐비닛(filing cabinets being moved into an office)이 보이지 않으므로 오답.

해설 2인 이상 등장 사진 – 사람의 동작 묘사
(A) 정답. 사람들이 미팅을 위해 모여 있는(are gathered for a meeting) 모습이므로 정답.
(B) 동사 오답. 사람들이 악수하는(are shaking hands) 모습이 아니므로 오답.
(C) 동사 오답. 남자들 중 한 명(one of the men)이 공책을 나누어 주는(is distributing notebooks) 모습이 아니므로 오답.
(D) 동사 오답. 여자들 중 한 명(one of the women)이 방에서 나가는(is exiting the room) 모습이 아니므로 오답.

4 M-Cn

(A) The grass is being watered.
(B) There is a sign next to a bicycle rack.
(C) Some trees are being trimmed.
(D) Bicycles are parked on the grass.

(A) 잔디에 물을 주고 있다.
(B) 표지판이 자전거 보관대 옆에 있다.
(C) 몇몇 나무들이 다듬어지고 있다.
(D) 자전거들이 잔디 위에 세워져 있다.

어휘 water 물을 주다 bicycle rack 자전거 보관대 trim 다듬다, 손질하다 park 주차하다

해설 사물 사진 – 다양한 실외 사물의 상태 묘사
(A) 동사 오답. 잔디(grass)에 물을 주는(is being watered) 모습이 아니므로 오답.
(B) 사진에 없는 명사를 이용한 오답. 사진에 표지판(sign)이 보이지 않으므로 오답.
(C) 동사 오답. 나무들(trees)이 다듬어지는(are being trimmed) 모습이 아니므로 오답.
(D) 정답. 자전거(bicycles)가 잔디 위에 세워져 있는(are parked on the grass) 상태이므로 정답.

6 W-Am

(A) There's a stone wall behind a counter.
(B) A cart is being wheeled into a kitchen.
(C) Cups have been stored inside a cabinet.
(D) Some metal pitchers have been set on a shelf.

(A) 돌벽이 계산대 뒤에 있다.
(B) 카트가 부엌 안으로 굴려져 가고 있다.
(C) 컵이 캐비닛 안에 보관되어 있다.
(D) 몇몇 금속 물주전자들이 선반에 놓여 있다.

어휘 stone wall 돌벽 counter 계산대, 판매대 wheel (바퀴 달린 것을) 밀다, 끌다 store 보관하다 metal 금속의 pitcher 물주전자 set 놓다 shelf 선반

해설 사물 사진 – 다양한 실외 사물의 상태 묘사
(A) 사진에 없는 명사를 이용한 오답. 사진에 계산대(counter)가 보이지 않으므로 오답.
(B) 동사 오답. 카트(cart)가 부엌 안으로 굴려져 가는(is being wheeled into a kitchen) 모습이 아니므로 오답.
(C) 사진에 없는 명사를 이용한 오답. 사진에 캐비닛(cabinet)이 보이지 않으므로 오답.
(D) 정답. 금속 물주전자(metal pitchers)가 선반에 놓여 있는(have been set on a shelf) 상태이므로 정답.

5 W-Br

(A) They are gathered for a meeting.
(B) They are shaking hands.
(C) One of the men is distributing notebooks.
(D) One of the women is exiting the room.

(A) 사람들이 미팅을 위해 모여 있다.
(B) 사람들이 악수하고 있다.
(C) 남자들 중 한 명이 공책을 나누어 주고 있다.
(D) 여자들 중 한 명이 방에서 나가고 있다.

어휘 be gathered 모이다 shake hands 악수하다 distribute 배포하다 notebook 공책 exit 나가다

PART 2

7
W-Am Takumi's going to the conference, isn't he?
W-Br (A) How many were there?
       (B) It was nice, thanks.
       (C) Yes, he's leading a workshop.

타쿠미는 학회에 참석할 예정이죠, 그렇죠?
(A) 몇 명이나 있었나요?
(B) 좋았어요, 고마워요.
(C) 네, 그가 워크숍을 이끌 거예요.

어휘 conference 회의, 학회　lead 이끌다
해설 학회 참석 여부를 확인하는 부가의문문
(A) 질문과 상관없는 오답. 타쿠미가 학회에 참석할 예정인지 확인하는 질문에 몇 명이나 있었는가(How many were there?)라며 논리적으로 맞지 않는 질문을 하고 있으므로 오답.
(B) 질문과 상관없는 오답. 학회가 어땠는지를 묻는 How 의문문에 가능한 응답이므로 오답.
(C) 정답. 타쿠미가 학회에 참석할 예정인지 확인하는 질문에 Yes라는 긍정적인 응답을 한 후, 그가 워크숍을 이끌 거다(he's leading a workshop)라며 상황에 적합한 부연 설명을 하고 있으므로 정답.

8
M-Au Could I have a look at the most recent data?
W-Br (A) The accounting department.
(B) It looks like most dates are taken.
(C) Sure, I can send that to you.

가장 최근 데이터를 볼 수 있을까요?
(A) 회계 부서요.
(B) 대부분의 날짜가 다 찬 거 같네요.
(C) 물론이죠, 제가 보내 줄 수 있어요.

어휘 have a look at ~을 보다　recent 최근의　accounting department 회계 부서　be taken 점유되다
해설 부탁/요청의 의문문
(A) 질문과 상관없는 오답. 최근 데이터를 볼 수 있는지를 묻는 질문에 회계 부서다(The accounting department)라며 논리적으로 맞지 않는 응답을 하고 있으므로 오답.
(B) 유사 발음 오답. 의문문의 data와 발음이 유사한 dates를 이용한 오답.
(C) 정답. 최근 데이터를 볼 수 있는지를 묻는 질문에 물론이다(Sure)라는 긍정적인 응답을 한 후, 보내 줄 수 있다(I can send that to you)며 상황에 적합한 부연 설명을 하고 있으므로 정답.

9
W-Br When is our business trip to Tokyo?
M-Cn (A) Please wait at the gate.
(B) Not until next month.
(C) A pharmaceutical company.

우리 언제 도쿄로 출장을 가나요?
(A) 출입구에서 기다리세요.
(B) 다음 달이나 되어야 할 걸요.
(C) 제약 회사요.

어휘 business trip 출장　gate 출입구　not A ... until B B가 되어서야 비로소 A하다　pharmaceutical company 제약 회사
해설 출장 시기를 묻는 When 의문문
(A) 연상 단어 오답. 질문의 trip to Tokyo에서 공항을 연상한 후, 출입구에서 기다려 달라(Please wait at the gate)고 한 단계 더 연상하고 있으므로 오답.
(B) 정답. 출장 시기를 묻는 질문에 다음 달이나 되어야 한다(Not until next month)며 예상 시점을 제시하고 있으므로 정답.
(C) 연상 단어 오답. 질문의 business trip에서 연상 가능한 company를 이용한 오답.

10
M-Cn Did you book a morning flight or an afternoon one?
W-Am (A) I'm hoping to do that before lunch.
(B) Yesterday's flight was on time.
(C) The weather forecast is clear.

아침 비행기를 예약했나요, 아니면 오후 비행기를 예약했나요?
(A) 점심 전에 하기를 희망해요.
(B) 어제 비행기는 정시에 도착했어요.
(C) 일기 예보가 명확해요.

어휘 book 예약하다　flight 비행(편)　on time 정시에　weather forecast 일기 예보　clear 확실한, 명확한
해설 단어를 연결한 선택의문문
(A) 정답. 아침 비행기를 예약했는지, 아니면 오후 비행기를 예약했는지를 묻는 질문에 점심 전에 하기를 희망한다(I'm hoping to do that before lunch)라며, 아직 못했지만 곧 하고 싶다는 표현을 하고 있으므로 정답.
(B) 단어 반복 오답. 질문의 flight를 반복 이용한 오답.
(C) 연상 단어 오답. 질문의 flight에서 연상 가능한 weather forecast를 이용한 오답.

11
W-Br Where can I buy some boxes for shipping?
M-Cn (A) Check the supply closet first.
(B) Yes, overnight service please.
(C) It's a pretty large shipment.

배송 상자는 어디에서 구입할 수 있나요?
(A) 물품 보관실을 먼저 확인하세요.
(B) 네, 당일배송 서비스로요.
(C) 꽤 큰 선적물이에요.

어휘 shipping (해상) 운송　supply closet 물품 보관실　overnight service 당일배송 서비스　pretty 꽤　shipment 선적품, 적하물
해설 구입 장소를 묻는 Where 의문문
(A) 정답. 배송 상자 구입 장소를 묻는 질문에 물품 보관실을 먼저 확인하라(Check the supply closet first)며 박스를 구할 수 있을 만한 장소를 제시하고 있으므로 정답.
(B) 연상 단어 오답. 질문의 shipping에서 연상 가능한 overnight service를 이용한 오답.
(C) 파생어 오답. 질문의 shipping과 파생어 관계인 shipment를 이용한 오답.

12
W-Am How did you get to the train station?
M-Au (A) Training ended weeks ago.
(B) My friend dropped me off.
(C) Yes, I just made it.

기차역에 어떻게 갔나요?
(A) 교육은 몇 주 전에 끝났어요.
(B) 친구가 태워 주었어요.
(C) 네, 방금 왔어요.

어휘 train station 기차역 training 교육 drop off (차에서) 내려 주다 make it 시간 맞춰 가다, 참석하다

해설 도착 방법을 묻는 How 의문문
(A) 파생어 오답. 질문의 train과 파생어 관계인 training을 이용한 오답.
(B) 정답. 기차역 도착 방법을 묻는 질문에 친구가 태워 주었다(My friend dropped me off)며 구체적인 방법을 제시하고 있으므로 정답.
(C) Yes/No 불가 오답. How 의문문은 Yes/No 응답이 불가능하기 때문에 오답.

13

M-Au Did you notice the new posters on the bulletin board?
W-Am (A) I'll print them out.
(B) No, what are they for?
(C) To the post office.

게시판에 있는 새 포스터 보았나요?
(A) 제가 출력할게요.
(B) 아니요, 무엇에 대한 거죠?
(C) 우체국으로요.

어휘 notice 알아채다 poster 포스터, 벽보 bulletin board 게시판 print out 출력하다 post office 우체국

해설 사실 여부를 확인하는 의문문
(A) 질문과 상관없는 오답. 새 포스터를 보았는지 묻는 질문에 출력하겠다(I'll print them out)라며 상황에 적합하지 않은 응답을 하고 있으므로 오답.
(B) 정답. 새 포스터를 보았는지 묻는 질문에 No라는 부정적인 응답을 한 후, 무엇에 대한 것인가(what are they for?)라고 되물어 관련된 정보를 얻고자 하므로 정답.
(C) 유사 발음 오답. 질문의 posters와 부분적으로 발음이 동일한 post를 이용한 오답.

14

W-Br Why haven't the pastries been delivered yet?
M-Cn (A) Yes, I asked for permission.
(B) About three and a half hours.
(C) There's a lot of traffic today.

페이스트리는 왜 아직 배달되지 않았나요?
(A) 네, 제가 허가를 요청했어요.
(B) 약 3시간 30분이오.
(C) 오늘 교통이 혼잡해서요.

어휘 pastry 페이스트리(빵의 종류) deliver 배달하다 yet 아직, 벌써 permission 허가 traffic 교통량

해설 배달이 늦는 이유를 묻는 Why 의문문
(A) Yes/No 불가 오답. Why 의문문은 Yes/No 응답이 불가능하기 때문에 오답.
(B) 질문과 상관없는 오답. 페이스트리가 배달되는 데 걸리는 시간을 묻는 How long 의문문에 가능한 응답이므로 오답.
(C) 정답. 페이스트리가 왜 배달되지 않고 있는지를 묻는 질문에 교통이 혼잡하다(There's a lot of traffic today)는 구체적인 이유를 제시하고 있으므로 정답.

15

M-Au We don't have any more hats in stock.
W-Br (A) No, she left for the day.
(B) There's an order form on the desk.
(C) I bought a shirt yesterday.

모자 재고가 하나도 없네요.
(A) 아니요, 그녀는 퇴근했어요.
(B) 주문서는 책상에 있어요.
(C) 어제 셔츠를 샀어요.

어휘 in stock 재고로 leave for the day 퇴근하다 order form 주문서, 주문 양식

해설 사실/정보 전달의 평서문
(A) 질문과 상관없는 오답. 질문에 she를 가리킬 만한 대상이 없으므로 오답.
(B) 정답. 모자 재고가 하나도 없다는 말에 주문서는 책상에 있다(There's an order form on the desk)는 우회적인 표현으로 대응 방안을 제시하고 있으므로 정답.
(C) 연상 단어 오답. 질문의 hats에서 연상 가능한 shirt를 이용한 오답.

16

W-Am Try adding some salt to the meat.
M-Au (A) OK, I'll do that.
(B) No, I didn't see the advertisement.
(C) She'll be at the meeting.

고기에 소금을 좀 넣어 보세요.
(A) 알았어요, 그렇게 할게요.
(B) 아니요, 광고를 보지 못했어요.
(C) 그녀는 미팅에 참석할 거예요.

어휘 add 첨가하다, 넣다 salt 소금 meat 고기 advertisement 광고

해설 의견 제시의 평서문
(A) 정답. 소금을 넣으라는 말에 OK라는 긍정적인 응답을 한 후, 그렇게 하겠다(I'll do that)라며 상황에 적합한 부연 설명을 하고 있으므로 정답.
(B) 연상 단어 오답. 질문의 adding에서 ads(광고)를 연상한 후, 광고를 보지 못했다(I didn't see the advertisement)고 한 단계 더 연상하고 있으므로 오답.
(C) 유사 발음 오답. 질문의 meat와 발음이 유사한 meeting을 이용한 오답.

17

W-Br Eun-Hee already scheduled her interview with Human Resources, didn't she?
M-Cn (A) How about noon?
(B) Yes, it'll be on the fifteenth.
(C) Isn't it longer than that?

은희는 이미 인사부와 인터뷰 일정을 잡았죠, 그렇죠?
(A) 낮 12시는 어때요?
(B) 네, 15일에 할 거예요.
(C) 그것보다 더 길지 않나요?

어휘 already 이미 schedule 일정을 잡다 human resources 인사부 noon 정오, 낮 12시 fifteenth 15일, 15번째 longer 더 긴

해설 인터뷰 확정 여부를 확인하는 부가의문문
(A) 연상 단어 오답. 질문의 scheduled에서 연상 가능한 noon을 이용한 오답.
(B) 정답. 인사부와의 인터뷰 확정 여부를 묻는 질문에 Yes라는 긍정적인 응답을 한 후, 15일에 할 것이다(it'll be on the fifteenth)라며 상황에 적합한 부연 설명을 하고 있으므로 정답.
(C) 질문과 상관없는 오답. 인사부와의 인터뷰 확정 여부를 묻는 질문에 그것보다 더 길지 않는가(Isn't it longer than that?)라며 상황에 적합하지 않은 질문을 하고 있으므로 오답.

18
W-Am Has the maintenance department finished testing the escalators yet?
M-Au (A) The late shift.
(B) That's the tenant's contract.
(C) I've been in my office all afternoon.

관리부가 에스컬레이터 테스트를 벌써 끝냈나요?
(A) 늦은 교대 근무요.
(B) 그건 세입자 계약서예요.
(C) 저는 오후 내내 사무실에 있었어요.

어휘 maintenance department (수리·보수 등을 담당하는) 관리부 shift 교대 근무 tenant 세입자 contract 계약서 all afternoon 오후 내내

해설 테스트 완료 여부를 묻는 조동사(Have) 의문문
(A) 질문과 상관없는 오답. 에스컬레이터 테스트가 끝났는지를 묻는 질문에 늦은 교대 근무다(The late shift)라며 논리적으로 맞지 않는 응답을 하고 있으므로 오답.
(B) 질문과 상관없는 오답. 에스컬레이터 테스트가 끝났는지를 묻는 질문에 그건 세입자 계약서다(That's the tenant's contract)라며 논리적으로 맞지 않는 응답을 하고 있으므로 오답.
(C) 정답. 에스컬레이터 테스트가 끝났는지를 묻는 질문에 오후 내내 사무실에 있었다(I've been in my office all afternoon)라며 잘 모른다는 것을 우회적으로 나타내고 있으므로 정답.

19
W-Br Who was the last person to get funding for a research project?
M-Au (A) I think it was Jorge.
(B) Send it to the laboratory.
(C) Not since this morning.

누가 마지막으로 연구 프로젝트 지원금을 받았나요?
(A) 호르헤였던 거 같아요.
(B) 그걸 실험실로 보내세요.
(C) 오늘 아침부터는 안 그래요.

어휘 funding 재정 지원 research 연구 laboratory 실험실

해설 지원금 수혜자를 묻는 Who 의문문
(A) 정답. 연구 프로젝트 지원금 수혜자를 묻는 질문에 호르헤(Jorge)를 특정하여 언급하고 있으므로 정답.
(B) 연상 단어 오답. 질문의 research에서 연상 가능한 laboratory를 이용한 오답.

(C) 질문과 상관없는 오답. 연구 프로젝트 지원금 수혜자를 묻는 질문에 오늘 아침부터는 안 그렇다(Not since this morning)라며 상황에 적합하지 않은 응답을 하고 있으므로 오답.

20
M-Cn When did you send the blueprints for the building?
W-Am (A) Seven extra copies.
(B) Earlier this week.
(C) To Ms. Tanaka.

건물 청사진은 언제 보냈나요?
(A) 여분으로 일곱 장이요.
(B) 이번 주초예요.
(C) 타나카 씨에게요.

어휘 blueprint 청사진 extra 여분의 copy 복사본

해설 청사진 발송 시점을 묻는 When 의문문
(A) 질문과 상관없는 오답. 보낸 건물 청사진의 수량을 묻는 How many 의문문에 가능한 응답이므로 오답.
(B) 정답. 청사진 발송 시점을 묻는 질문에 이번 주초(Earlier this week)라는 구체적인 시점을 제시하고 있으므로 정답.
(C) 질문과 상관없는 오답. 건물 청사진의 수령인을 묻는 Who 의문문에 가능한 응답이므로 오답.

21
M-Au Didn't the manager just hire a new office assistant?
M-Cn (A) Right, his name's Hiroshi.
(B) Here, let me help you.
(C) Yes, I did try it.

매니저가 사무 보조원을 이제 막 새로 고용하지 않았나요?
(A) 맞아요, 이름이 히로시예요.
(B) 여기요, 도와 드릴게요.
(C) 네, 시도해 보았어요.

어휘 hire 고용하다 office assistant 사무 보조원

해설 고용 여부를 확인하는 부정의문문
(A) 정답. 사무 보조원 고용 여부를 확인하는 질문에 맞다(Right)고 한 후, 이름이 히로시다(his name's Hiroshi)라며 상황에 적합한 부연 설명을 하고 있으므로 정답.
(B) 연상 단어 오답. 질문의 assistant에서 연상 가능한 help를 이용한 오답.
(C) 질문과 상관없는 오답. manager(he or she)가 아니라 본인(I)이 한 일을 제시하고 있으므로 오답.

22
M-Cn I'd be happy to turn in your time sheet for you.
W-Br (A) It was nice meeting you, too.
(B) Thanks, but I just did it.
(C) I haven't turned the lights off.

근무 시간 기록표를 대신 제출해 줄 수 있어요.
(A) 저도 만나서 반가웠어요.
(B) 고마워요, 그런데 제가 방금 했어요.
(C) 저는 전등을 끄지 않았어요.

어휘 turn in 제출하다, 돌려주다　time sheet 근무 시간 기록표　lights 전등

해설 제안/권유의 평서문
(A) 연상 단어 오답. 질문의 happy에서 happy to see you를 연상한 후, 자기도 만나서 반가웠다(It was nice meeting you, too)고 한 단계 더 연상하고 있으므로 오답.
(B) 정답. 근무 시간 기록표를 대신 제출해 주겠다는 제안에 Thanks라고 응답한 후, 자기가 방금 했다(but I just did it)며 상황에 적합한 부연 설명을 하고 있으므로 정답.
(C) 유사 발음 오답. 질문의 turn과 부분적으로 발음이 유사한 turned를 이용한 오답.

23
M-Au　Where are those paint samples I ordered?
W-Am　(A) Fifty euros each.
　　　(B) I don't have a receipt.
　　　(C) I took them to Jin-Sook.

제가 주문했던 페인트 샘플이 어디에 있나요?
(A) 각각 50유로요.
(B) 영수증은 저한테 없어요.
(C) 그거 진숙한테 가져다 주었어요.

어휘 order 주문하다　euro 유로(화)　receipt 영수증　take 가지고 가다

해설 페인트 샘플 위치를 묻는 Where 의문문
(A) 질문과 상관없는 오답. 페인트 샘플 가격을 묻는 How much 의문문에 가능한 응답이므로 오답.
(B) 연상 단어 오답. 질문의 ordered에서 연상 가능한 receipt를 이용한 오답.
(C) 정답. 페인트 샘플이 어디에 있는지 묻는 질문에 진숙한테 가져다 주었다(I took them to Jin-Sook)라며 페인트의 소재를 우회적으로 밝히고 있으므로 정답.

24
M-Cn　I can give you a discount if you order 500 brochures.
W-Br　(A) The Davison account.
　　　(B) Usually 30 minutes.
　　　(C) Talk to Clarissa, please.

500장의 소책자를 주문하면 할인 혜택이 있어요.
(A) 데이비슨 계정이요.
(B) 보통 30분이요.
(C) 클라리사와 이야기하세요.

어휘 discount 할인　brochure 소책자　account 계정

해설 제안/권유의 평서문
(A) 유사 발음 오답. 질문의 discount와 부분적으로 발음이 동일한 account를 이용한 오답.
(B) 평서문과 상관없는 오답. 할인 혜택을 주겠다는 제안에 보통 30분이다 (Usually 30 minutes)라며 논리적으로 맞지 않는 응답을 하고 있으므로 오답.
(C) 정답. 할인 혜택을 주겠다는 제안에 클라리사에게 이야기하라(Talk to Clarissa, please)는 우회적인 응답을 통해 불확실함을 나타내고 있으므로 정답.

25
W-Am　How did Haoming's presentation go?
M-Au　(A) Yeah, I'm going too.
　　　(B) Better than I expected.
　　　(C) I'll write you a recommendation.

하우밍의 발표는 어땠나요?
(A) 네, 저도 갈 거예요.
(B) 기대했던 것보다 더 괜찮았어요.
(C) 제가 추천서를 써 줄게요.

어휘 presentation 발표　go (일의 진행이 어떻게) 되다　expect 기대하다　recommendation 추천서

해설 발표의 진행 상황을 묻는 How 의문문
(A) 파생어 오답. 질문의 go와 파생어 관계인 going을 이용한 오답.
(B) 정답. 발표가 어땠는지를 묻는 질문에 기대했던 것보다 더 괜찮았다 (Better than I expected)는 긍정적인 응답을 하고 있으므로 정답.
(C) 질문과 상관없는 오답. 발표가 어땠는지를 묻는 질문에 추천서를 써 주겠다(I'll write you a recommendation)며 상황에 적합하지 않은 응답을 하고 있으므로 오답.

26
M-Cn　Is the television advertisement being filmed tomorrow?
W-Br　**(A) Yes, in the early afternoon.**
　　　(B) No, she was watching television.
　　　(C) He went to the cinema.

TV 광고는 내일 촬영하나요?
(A) 네, 이른 오후에요.
(B) 아니요, 그녀는 TV를 보고 있었어요.
(C) 그는 영화관에 갔어요.

어휘 advertisement 광고　film 촬영하다　cinema 영화관

해설 광고 촬영 여부를 묻는 Be동사 의문문
(A) 정답. TV 광고를 내일 촬영할지를 묻는 질문에 Yes라는 긍정적인 응답을 한 후, 이른 오후에(in the early afternoon)라며 상황에 적합한 부연 설명을 하고 있으므로 정답.
(B) 단어 반복 오답. 질문에 나온 television을 반복 이용한 오답.
(C) 연상 단어 오답. 질문의 filmed에서 연상 가능한 cinema를 이용한 오답.

27
M-Cn　What did the sales director discuss in yesterday's staff meeting?
W-Am　**(A) Today's my first day back from vacation.**
　　　(B) I applied for that position, too.
　　　(C) Before the client arrives.

영업 부장은 어제 직원 회의에서 무엇에 대해 논의했나요?
(A) 오늘이 휴가 끝나고 첫 출근이에요.
(B) 저도 그 직책에 지원했어요.
(C) 고객이 도착하기 전에요.

어휘 sales director 영업 부장 discuss 논의하다 staff meeting 직원 회의 vacation 휴가 apply for ~에 지원하다 position 직위, 직책 client 고객

해설 논의 주제를 묻는 What 의문문
(A) 정답. 직원 회의에서 영업 부장이 논의한 주제를 묻는 질문에 오늘이 휴가 끝나고 첫 출근이다(Today's my first day back from vacation)라는 말로 잘 모른다는 것을 우회적으로 나타내고 있으므로 정답.
(B) 연상 단어 오답. 질문의 sales director에서 연상 가능한 position을 이용한 오답.
(C) 질문과 상관없는 오답. 직원 회의를 하는 시점을 묻는 When 의문문에 가능한 응답이므로 오답.

28
W-Br I'll give you the contact information for my editor.
M-Cn (A) A long-distance telephone call.
(B) No, I haven't read that book.
(C) I think I've already met him.

저희 편집장님 연락처를 드릴게요.
(A) 장거리 전화요.
(B) 아니요, 그 책 읽지 않았어요.
(C) 벌써 그 분은 만난 거 같은데요.

어휘 contact information 연락처 editor 편집장 long-distance 장거리의

해설 제안/권유의 평서문
(A) 연상 단어 오답. 질문의 contact information에서 연상 가능한 telephone call을 이용한 오답.
(B) 연상 단어 오답. 질문의 editor에서 연상 가능한 book을 이용한 오답.
(C) 정답. 연락처를 주겠다는 제안에 벌써 그 분을 만난 거 같다(I think I've already met him)는 우회적인 응답을 통해 불확실함을 나타내고 있으므로 정답.

29
M-Au Who do you think they'll pick for the new manager position?
W-Am (A) Yes, they will very soon.
(B) A résumé and cover letter.
(C) Amal has the most experience.

그들이 새로운 매니저 직책으로 누구를 뽑을 거 같아요?
(A) 네, 곧 그럴 거예요.
(B) 이력서와 자기소개서요.
(C) 어말이 가장 경험이 많아요.

어휘 manager 매니저 position 직위, 직책 résumé 이력서 cover letter 자기소개서 experience 경험

해설 매니저로 뽑힐 인물을 묻는 Who 의문문
(A) Yes/No 불가 오답. Who 의문문은 Yes/No 응답이 불가능하기 때문에 오답.
(B) 연상 단어 오답. 질문의 position에서 연상 가능한 résumé를 이용한 오답.
(C) 정답. 매니저로 뽑힐 인물을 묻는 질문에 어말이 가장 경험이 많다(Amal has the most experience)는 우회적인 응답을 하고 있으므로 정답.

30
W-Am When will the computer software be updated?
M-Cn (A) Check with tech support.
(B) I like the changes, too.
(C) Yes, it was.

컴퓨터 소프트웨어는 언제 업데이트되나요?
(A) 기술 지원팀에 확인하세요.
(B) 저도 바뀐 게 좋아요.
(C) 네, 그랬어요.

어휘 update 업데이트하다, 갱신하다 tech support 기술 지원팀

해설 업데이트 시점을 묻는 When 의문문
(A) 정답. 컴퓨터 소프트웨어 업데이트 시점을 묻는 질문에 기술 지원팀에 확인하라(Check with tech support)는 우회적인 표현을 통해 불확실함을 나타내고 있으므로 정답.
(B) 연상 단어 오답. 질문의 updated에서 연상 가능한 changes를 이용한 오답.
(C) Yes/No 불가 오답. When 의문문은 Yes/No 응답이 불가능하기 때문에 오답.

31
W-Br Don't you want to look at the available space in that office building?
M-Au (A) There's room on the top shelf.
(B) The rent is too high.
(C) Look in the file cabinet.

저 건물 사무실을 둘러보고 싶지 않나요?
(A) 맨 위 선반에 공간이 있어요.
(B) 임대료가 너무 비싸요.
(C) 서류 캐비닛을 보세요.

어휘 look at ~을 보다 available 이용 가능한 space 공간 office building 사무실 건물 room 공간, 자리 shelf 선반 rent 임대료

해설 사무실을 둘러볼 의향을 확인하는 부정의문문
(A) 연상 단어 오답. 질문의 space에서 연상 가능한 room을 이용한 오답.
(B) 정답. 사무실을 둘러볼 의향을 묻는 질문에 임대료가 너무 비싸다(The rent is too high)는 우회적인 표현을 통해 부정적인 응답을 하고 있으므로 정답.
(C) 단어 반복 오답. 질문에 나온 look을 반복 이용한 오답.

PART 3

Questions 32 through 34 refer to the following conversation.

W-Br: Hi, Ricardo. ³²I'm going to go to the data analysis workshop this weekend—what about you? Mr. Yun and the other managers sent us an e-mail encouraging us to go for the extra professional development.

M-Cn: Well, I checked out the program, and it looks interesting. ³³The only thing is the registration fee. I don't think I can afford it.

W-Br: We can get reimbursed. ³⁴Mr. Yun said the company would pay for training as long as we submit a report of what we learned. Why don't you talk to him about it?

M-Cn: Oh, that's right. I'll go see him this afternoon.

여: 안녕하세요, 리카도. 이번 주말에 데이터 분석 워크숍에 가려고 하는데, 리카도도 가나요? 윤 매니저와 다른 매니저들이 우리한테 이메일을 보내서 전문성 개발을 좀 더 해 보라고 권했어요.

남: 음, 저도 그 프로그램 확인해 보았어요. 괜찮은 거 같아요. 한 가지 맘에 걸리는 건 등록비예요. 저한테는 좀 무리인 것 같아요.

여: 비용은 지원 받을 수 있어요. 윤 매니저가 그러는데 교육 보고서만 제출하면 회사에서 비용을 지불해 준대요. 윤 매니저와 얘기해 보는 게 어때요?

남: 아, 그렇군요. 오늘 오후에 가 봐야겠네요.

어휘 data analysis 데이터 분석 encourage 권장하다, 장려하다 extra 여분의, 추가의 professional development 전문성 개발 check out 확인하다 registration fee 등록비 afford 여유가 되다, 형편이 되다 reimburse 상환하다 (쓴 돈을) 되돌려주다 pay for ~를 지불하다 training 교육 as long as ~하는 한 submit a report 보고서를 제출하다 learn 배우다 go see 가보다, 보러 가다

32
What is the woman planning to do this weekend?
(A) Interview a job candidate
(B) Plan an agenda
(C) Visit a friend
(D) Attend a workshop

이번 주말에 여자는 무엇을 하려고 계획하는가?
(A) 입사 지원자 면접
(B) 안건 계획
(C) 친구 방문
(D) 워크숍 참가

해설 전체 내용 관련 - 여자의 계획
여자가 첫 번째 대사에서 이번 주에 데이터 분석 워크숍에 간다(I'm going to go to the data analysis workshop this weekend)고 했으므로 정답은 (D)이다.

▶ Paraphrasing 대화의 **go to the data analysis workshop**
→ 정답의 **attend a workshop**

33
What problem does the man mention?
(A) He has a scheduling conflict.
(B) He missed a deadline.
(C) A fee is too high.
(D) A conference room is unavailable.

남자는 무슨 문제를 언급하는가?
(A) 스케줄이 겹친다.
(B) 마감 기한을 놓쳤다.
(C) 요금이 너무 비싸다.
(D) 회의실을 사용할 수 없다.

해설 세부사항 관련 - 남자의 문제
남자가 첫 번째 대사에서 한 가지 맘에 걸리는 건 등록비다(The only thing is the registration fee)라고 말한 후, 이어서 좀 무리인 것 같다(I don't think I can afford it)고 했으므로 정답은 (C)이다.

34
What does the woman suggest the man do?
(A) Speak to a manager
(B) Postpone an event
(C) Make copies of a document
(D) Submit a proposal

여자는 남자에게 무엇을 하라고 제안하는가?
(A) 매니저와 상의
(B) 행사 미루기
(C) 서류 복사
(D) 제안서 제출

해설 세부사항 관련 - 여자의 제안사항
여자가 두 번째 대사에서 윤 매니저가 교육 보고서만 제출하면 회사에서 비용을 지불해 준다고 했다(Mr. Yun said the company would pay for training as long as we submit a report of what we learned)라고 하면서 윤 매니저와 얘기해 보는 게 어떠냐(Why don't you talk to him about it?)고 물었으므로 정답은 (A)이다.

▶ Paraphrasing 대화의 **talk to him**
→ 정답의 **speak to a manager**

Questions 35 through 37 refer to the following conversation.

M-Au: Ms. Samara, welcome! My name's Oscar, and ³⁵I'll be taking you on a tour of our candle factory today. ³⁶We're so happy that you're writing an article about our fragrant candles for your magazine.

W-Am: Thanks, Oscar! Our readers know how important scent is to making a home feel comfortable. This article about your creation process will be very popular. I'd especially like to see the new sandalwood candles you're working on.

M-Au	I'm sorry. ³⁷I can tell you about our marketing plans for that line, but because of privacy concerns, the new-product-development area won't be part of the tour. I hope you understand.
남	사마라 씨, 어서 오세요. 제 이름은 오스카고요, 오늘 제가 저희 양초 공장 견학을 시켜 드릴게요. 귀사의 잡지에 저희 회사의 향초에 대한 기사를 써 주신다니 정말 기쁘네요.
여	감사합니다, 오스카! 저희 독자들은 집을 편안한 느낌이 들게 만드는 데 향기가 얼마나 중요한지 알고 있지요. 귀사의 제조 공정에 대한 이 기사는 굉장히 인기 있을 거예요. 작업 중이신 새로운 백단향 양초를 특히 보고 싶네요.
남	죄송해요. 그 계열 제품에 대한 저희 마케팅 계획을 말씀드릴 수는 있지만, 보안상의 문제로 신상품 개발 구역은 오늘 견학에서 제외돼요. 양해 부탁드릴게요.
어휘	tour 견학 candle 양초 factory 공장 write an article 기사를 쓰다 fragrant 향기로운 magazine 잡지 reader 독자 important 중요한 scent 향기 comfortable 편안한 creation process 제작 과정 popular 인기 있는 especially 특히 work on ~에 애쓰다, 공을 들이다 marketing plan 마케팅 계획서 line (상품의) 종류 privacy concerns 개인 정보 보호에 대한 우려 new-product-development area 신제품 개발 구역 understand 이해하다

35

Why is the woman visiting the man?

(A) To get his signature on a contract
(B) To take pictures for an advertisement
(C) To pick up some samples
(D) To tour a facility

여자는 왜 남자를 방문하는가?
(A) 계약서에 서명을 받기 위해
(B) 광고용 사진 촬영을 위해
(C) 몇몇 샘플을 받기 위해
(D) 시설 견학을 위해

해설 전체 내용 관련 – 여자가 남자를 방문한 이유
남자가 첫 번째 대사에서 여자에게 오늘 자신이 양초 공장 견학을 시켜 주겠다(I'll be taking you on a tour of our candle factory today)고 했으므로 정답은 (D)이다.

▶▶ Paraphrasing   대화의 our candle factory → 정답의 a facility

36

Who most likely is the woman?

(A) A graphic designer
(B) A safety inspector
(C) A journalist
(D) A caterer

여자는 누구일 것 같은가?
(A) 그래픽 디자이너
(B) 안전 감독관
(C) 기자
(D) 출장 뷔페 업자

해설 전체 내용 관련 – 여자의 신분
남자의 첫 번째 대사에서 여자가 잡지에 남자 회사의 향초에 대한 기사를 써 줘서 정말 기쁘다(We're so happy that you're writing an article about our fragrant candles for your magazine)고 했다. 이를 통해 여자가 잡지사 기자라는 것을 알 수 있으므로 정답은 (C)이다.

37

Why does the man apologize?

(A) He is behind schedule.
(B) He forgot some information.
(C) An area is restricted.
(D) A package is damaged.

남자는 왜 사과를 하는가?
(A) 예정보다 늦어져서
(B) 일부 정보를 잊어서
(C) 구역 출입이 제한되어서
(D) 소포가 손상되어서

해설 세부사항 관련 – 남자가 사과하는 이유
대화 마지막에서 남자가 여자에게 그 계열 제품에 대해서는 마케팅 계획을 말할 수는 있지만, 보안상 신상품 개발 구역은 오늘 견학에서 제외된다(I can tell you about our marketing plans for that line, but because of privacy concerns, the new-product-development area won't be part of the tour)라고 했다. 그런 다음 양해 부탁한다(I hope you understand)고 했으므로 정답은 (C)이다.

▶▶ Paraphrasing   대화의 the new-product-development area won't be part of the tour → 정답의 an area is restricted

Questions 38 through 40 refer to the following conversation.

M-Cn	Hey, Emma—³⁸a group of us are heading to the city after work for the International Film Festival. We're going to see that Italian drama by Elena Costa.
W-Br	Oh, ³⁸I read about that on the festival's Web site! It's won several awards already.
M-Cn	Right. It's supposed to be excellent. ³⁹Do you want to come?
W-Br	Well, all of my sales reports are due today.
M-Cn	Hmm… you know what? ⁴⁰Let me see if I can preorder tickets on the Web site. Then we could probably leave a little later and you could join us.
W-Br	Oh, that would be great! Let me know.

남:	엠마, 퇴근 후 몇몇 직원들이랑 국제 영화제 보러 시내에 가려고 해요. 엘레나 코스타가 나오는 이탈리아 영화를 볼 거예요.
여:	아, 영화제 웹 사이트에서 그 영화에 대해 읽어 봤어요! 이미 몇 개씩이나 상을 탔더라고요.
남:	맞아요. 아주 뛰어난 작품일 거예요. 같이 갈래요?
여:	글쎄요, 매출 보고서 제출 기한이 모두 오늘까지라서요.
남:	음... 있잖아요. 웹 사이트에서 티켓 사전 구매가 가능한지 알아볼게요. 그러면 조금 나중에 출발해도 되니까 함께 갈 수 있을 거예요.
여:	아, 그러면 좋겠네요! 알려 주세요.

어휘	head to ~로 향하다 after work 퇴근 후 international film festival 국제 영화제 win an award 수상하다 already 이미 be supposed to 부정사 ~하기로 되어 있다 excellent 우수한 sales report 매출 보고서 due 예정인 see if ~인지 확인하다 preorder 사전 구매하다 probably 아마 leave 출발하다 later 나중에 join 함께하다, 합류하다

38
What type of event are the speakers discussing?
(A) An awards ceremony
(B) A film festival
(C) A sales conference
(D) A gallery opening

화자들은 어떤 종류의 행사에 대해 논의하는가?
(A) 시상식
(B) 영화제
(C) 영업 회의
(D) 미술관 개관

해설 전체 내용 관련 – 대화 주제
남자가 첫 번째 대사에서 여자에게 자신은 몇몇 직원들이랑 국제 영화제 보러 시내에 갈 거다(a group of us are heading to the city after work for the International Film Festival)라고 했다. 그런 다음 엘레나 코스타가 나오는 이탈리아 영화를 볼 거다(We're going to see that Italian drama by Elena Costa)라고 했더니, 이에 여자가 영화제 웹 사이트에서 그 영화에 대해 읽어 봤다(I read about that on the festival's Web site!)고 말했으므로 정답은 (B)이다.

39
Why does the woman say, "all of my sales reports are due today"?
(A) To decline an invitation
(B) To extend a deadline
(C) To request help with a project
(D) To correct some information

여자는 왜 "모든 매출 보고서 제출 기한이 오늘까지예요."라고 말하는가?
(A) 초대를 거절하기 위해
(B) 마감 기한 연장을 위해
(C) 프로젝트에 대해 도움을 요청하기 위해
(D) 일부 정보를 정정하기 위해

해설 세부사항 관련 – 제출 기한이 오늘까지라는 말의 의미
남자가 두 번째 대사에서 같이 가겠느냐(Do you want to come?)라며 권유하자 여자는 모든 매출 보고서 제출 기한이 오늘까지다(all of my sales reports are due today)라고 했다. 이는 오늘 할 일이 많아서 같이 갈 수가 없다는 의미이므로 정답은 (A)이다.

40
What does the man say he will try to do?
(A) Contact a supervisor
(B) Change a reservation
(C) Fix a computer problem
(D) Order some tickets

남자는 무엇을 해 보겠다고 말하는가?
(A) 관리자에게 연락
(B) 예약 변경
(C) 컴퓨터 문제 해결
(D) 티켓 주문

해설 세부사항 관련 – 남자가 해 보겠다고 하는 것
남자가 세 번째 대사에서 웹 사이트에서 티켓 사전 구매가 가능한지 알아보겠다(Let me see if I can preorder tickets on the Web site)고 했으므로 정답은 (D)이다.

▶▶ Paraphrasing 대화의 preorder tickets
→ 정답의 order some tickets

Questions 41 through 43 refer to the following conversation.

W-Am	Good morning, Mr. Perez. Good news! **41We had a fifteen percent increase in passengers on domestic flights last month.**
M-Au	That's good to hear. Still, **42I think we can see an even higher increase if we offer some summer vacation packages.**
W-Am	Well, Travel Plus Hotels is interested in partnering with us on travel packages. They have budget hotels in several cities where we offer flights.
M-Au	Hmm . . . that's worth looking into. **43Please send me a list of the cities where they operate.**

여:	안녕하세요, 페레즈 씨. 좋은 소식이 있어요! 지난달 우리 회사 국내선 승객이 15퍼센트 증가했어요.
남:	잘됐네요. 그런데 제 생각에는 우리가 여름 휴가 패키지를 제공한다면 승객이 훨씬 더 많이 늘 것 같아요.
여:	음, 트래블 플러스 호텔이 우리와 여행 패키지 관련해서 함께 일해 보고 싶어 해요. 우리 항공사가 운항하는 몇몇 도시에 저가 호텔을 가지고 있고요.
남:	음... 고려해 볼 만하네요. 트래블 플러스가 운영하는 호텔이 위치한 도시 리스트를 제게 보내 주세요.

어휘	increase in ~에서의 증가 passenger 승객 domestic flight 국내선 still 그런데도 even 훨씬 offer 제공하다 vacation package 휴가 패키지 be interested in ~에 관심이 있다 partner with ~와 협력[제휴]하다 travel 여행 budget hotel 저가 호텔 several 몇몇의 flight 비행편 worth ~ing ~할 만한 가치가 있는

TEST 5 123

41

Where do the speakers most likely work?

(A) At an advertising firm
(B) At an airline company
(C) At a budget hotel
(D) At a shipping company

화자들은 어디에서 근무할 것 같은가?
(A) 광고 회사
(B) 항공사
(C) 저가 호텔
(D) 운송 회사

해설 전체 내용 관련 – 화자들의 근무지
여자가 첫 번째 대사에서 남자에게 지난달 자사의 국내선 승객이 15퍼센트 증가했다(We had a fifteen percent increase in passengers on domestic flights last month)고 했으므로 정답은 (B)이다.

42

What does the man suggest?

(A) Hiring more staff
(B) Replacing some equipment
(C) Opening a new branch
(D) Offering vacation packages

남자는 무엇을 제안하는가?
(A) 추가 직원 고용
(B) 일부 장비 교체
(C) 신규 지점 오픈
(D) 휴가 패키지 제공

해설 세부사항 관련 – 남자의 제안사항
남자가 첫 번째 대사에서 자신의 생각에 여름 휴가 패키지를 제공한다면 승객이 훨씬 더 많이 늘 것 같다(I think we can see an even higher increase if we offer some summer vacation packages)고 했으므로 정답은 (D)이다.

43

What does the man ask the woman to do?

(A) Review some sales figures
(B) Revise a contract
(C) Arrange a conference call
(D) Send a list of locations

남자는 여자에게 무엇을 하라고 요청하는가?
(A) 일부 매출 실적 검토
(B) 계약서 수정
(C) 전화 회의 준비
(D) 장소 리스트 발송

해설 세부사항 관련 – 남자의 요청사항
대화 마지막에서 남자가 여자에게 트래블 플러스가 운영하는 호텔이 위치한 도시 리스트를 보내달라(Please send me a list of the cities where they operate)고 했으므로 정답은 (D)이다.

> **▶▶ Paraphrasing** 대화의 a list of the cities where they operate → 정답의 a list of locations

Questions 44 through 46 refer to the following conversation.

M-Au Teresa, ⁴⁴I got a call from a client saying that the real estate contract I asked you to mail last week never reached him.

W-Br Oh… The contract for the Mercer Building?

M-Au Yeah, that's the one. ⁴⁵Is there a way to check if the postal service delivered it?

W-Br Sure, ⁴⁵I still have the receipt with the tracking number on it. Let me pull up the record.

M-Au Great. Thanks.

W-Br Hmmm… It looks like it got there on Monday morning. Someone named John Gruban signed for it.

M-Au Ah, at least we know it arrived. ⁴⁶I'll get back to the client now with this information.

남: 테레사, 고객으로부터 전화를 받았는데, 지난주 제가 당신에게 우편 발송 부탁했던 부동산 계약서를 받지 못했다고 하네요.
여: 아… 머서 빌딩 계약서요?
남: 네, 그거요. 우체국에서 배송했는지 확인할 수 있나요?
여: 네, 배송 조회 번호가 적혀 있는 영수증이 있어요. 기록을 확인해 볼게요.
남: 좋아요. 고마워요.
여: 음… 월요일 오전에 도착한 걸로 나오는데요. 존 그루반이라는 사람이 서명했네요.
남: 아, 적어도 계약서가 도착했다는 건 알았네요. 고객에게 이 사실을 알려야겠어요.

어휘 client 고객 real estate contract 부동산 계약서 mail 우편물, 우편 발송하다 never 결코 ~않다 reach 도달하다 way 방법 postal service 우체국 deliver 배달하다, 배송하다 receipt 영수증 tracking number 배송 조회 번호 pull up a record 기록을 확인하다 look like ~인 것 같다 named ~라는 이름의 sign for ~에 서명하다 at least 적어도 arrive 도착하다 get back to ~에게 다시 연락하다 information 정보

44

What is the topic of the conversation?

(A) A missing document
(B) An incorrect bill
(C) A vendor price list
(D) A building location

대화의 주제는 무엇인가?
(A) 분실 서류
(B) 잘못된 고지서
(C) 판매자 가격 리스트
(D) 건물 위치

해설 전체 내용 관련 – 대화 주제
남자가 첫 번째 대사에서 지난주 여자에게 우편 발송 부탁했던 부동산 계약서를 받지 못했다는 고객의 전화를 받았다(I got a call from a client saying that the real estate contract I asked you to mail last week never reached him)고 했으므로 정답은 (A)이다.

> **Paraphrasing** 대화의 **the real estate contract**
> → 정답의 **a document**

45
How does the woman help the man?
(A) By giving some driving directions
(B) By checking some tracking information
(C) By printing out a credit card statement
(D) By confirming an updated address

여자는 어떻게 남자를 돕는가?
(A) 자동차로 오는 길 안내
(B) 배송 조회 정보 확인
(C) 신용카드 명세서 출력
(D) 업데이트된 주소 확인

해설 세부사항 관련 – 여자의 도움 방법
남자가 두 번째 대사에서 우체국에서 배송했는지 확인할 수 있냐(Is there a way to check if the postal service delivered it?)고 물었고, 이어서 여자가 남자에게 배송 조회 번호가 적혀 있는 영수증이 있다(I still have the receipt with the tracking number on it)고 했다. 그런 다음 기록을 확인해 보겠다(Let me pull up the record)고 했으므로 정답은 (B)이다.

46
What will the man do next?
(A) Make a complaint
(B) Revise some contracts
(C) Open some mail
(D) Contact a client

남자는 다음에 무엇을 할 것인가?
(A) 불만 제기
(B) 일부 계약서 수정
(C) 우편물 개봉
(D) 고객에게 연락

해설 세부사항 관련 – 남자의 다음 행동
대화 마지막에서 남자가 고객에게 이 사실을 알려 주겠다(I'll get back to the client now with this information)고 했으므로 정답은 (D)이다.

> **Paraphrasing** 대화의 **get back to the client**
> → 정답의 **contact a client**

Questions 47 through 49 refer to the following conversation.

W-Br: Hello, ⁴⁷**Werther's Outfitters, Deborah speaking**. How may I help you?

M-Cn: Hi, I'm calling because ⁴⁷, ⁴⁸**I was shopping at your store this morning, but I realized when I got home that** I don't have my glasses.

W-Br: Hmm, could you describe them?

M-Cn: Sure, they've got frames that are black around the top and silver around the bottom. Have you seen them?

W-Br: Unfortunately, no. But, ⁴⁹**let me ask the manager to see if anything's been turned in to the Lost and Found**. Please stay on the line.

M-Cn: Of course. Thanks for doing this.

여: 안녕하세요, 워더스 아웃피터스의 데보라입니다. 무엇을 도와 드릴까요?
남: 안녕하세요, 오늘 오전에 거기서 쇼핑을 했는데요, 집에 와서 보니 제 안경이 없어서 전화했어요.
여: 음, 안경에 대해 설명해 주실래요?
남: 네, 위 테는 검은색이고 아래 테는 은색이에요. 본 적 있나요?
여: 안타깝지만, 아니오. 그렇지만 분실물 보관소에 습득된 게 있는지 매니저에게 물어볼게요. 끊지 말고 기다려 주세요.
남: 그럴게요. 감사해요

어휘 shop 쇼핑하다 store 가게 this morning 오늘 아침 realize 깨닫다 get home 귀가하다 glasses 안경 describe 설명하다 frame 안경테 around 주위에 top 위 silver 은색 bottom 아래 unfortunately 안타깝게도 see if ~인지 확인하다 be turned in 습득되다, 돌려주다 Lost and Found 분실물 보관소 stay on the line (전화를) 끊지 않고 기다리다

47
Who most likely is the woman?
(A) A security officer
(B) A postal worker
(C) A bank employee
(D) A store clerk

여자는 누구일 것 같은가?
(A) 경비원
(B) 우편 배달원
(C) 은행 직원
(D) 점원

해설 전체 내용 관련 – 여자의 신분
여자의 첫 번째 대사에서 워더스 아웃피터스의 데보라이다(Werther's Outfitters, Deborah speaking)라고 했고, 이어서 남자가 오늘 오전에 여자의 가게에서 쇼핑을 했다(I was shopping at your store this morning)고 했으므로 정답은 (D)이다.

48

What does the man mean when he says, "I don't have my glasses"?

(A) He must reschedule an appointment.
(B) He has lost an item.
(C) He is unable to drive.
(D) He cannot answer a question.

남자가 "안경이 없다"라고 말한 의도는 무엇인가?
(A) 약속 스케줄을 다시 잡아야 한다.
(B) 물품을 분실했다.
(C) 운전이 불가능하다.
(D) 질문에 답을 할 수가 없다.

해설 세부사항 - 안경이 없다고 말한 의미
남자가 첫 번째 대사에서 여자에게 오늘 오전에 거기서 쇼핑을 했는데, 집에 와서 보니 안경이 없었다(I was shopping at your store this morning, but I realized when I got home that I don't have my glasses)고 했다. 이 말은 남자가 안경을 가게에서 쇼핑 중에 분실한 것 같다는 의미이므로 정답은 (B)이다.

▶▶ Paraphrasing 대화의 don't have my glasses → 정답의 lost an item

49

What does the woman say she will do?

(A) Send an e-mail
(B) Refund a charge
(C) Check with a manager
(D) Look up a telephone number

여자는 무엇을 할 것이라고 말하는가?
(A) 이메일 발송
(B) 요금 환불
(C) 매니저에게 확인
(D) 전화번호 찾기

해설 세부사항 - 여자의 다음 행동
여자가 마지막 대사에서 남자에게 분실물 보관소에 습득된 게 있는지 매니저에게 물어보겠다(let me ask the manager to see if anything's been turned in to the Lost and Found)고 했으므로 정답은 (C)이다.

▶▶ Paraphrasing 대화의 ask → 정답의 check with

Questions 50 through 52 refer to the following conversation.

W-Am Hi, Daniel. Are you busy? ⁵⁰**I wanted to talk to you about the article you're working on for the magazine.** The one on Katherine Sullivan, the violinist? It's due at the end of the week.

M-Cn Actually, ⁵¹**is it OK if we move the deadline to the end of next week?**

W-Am Why? Is there a problem?

M-Cn Well, the interview with Katherine went really well, and I'm almost finished writing the article. But because of a scheduling conflict, she had to cancel the photo shoot I'd set up.

W-Am Have you been able to schedule another one?

M-Cn Yes. ⁵²**Katherine's agreed to meet me on Saturday morning so I can take some photos before her afternoon performance.**

여: 안녕하세요, 다니엘. 바쁜가요? 잡지에 실릴 당신의 기사에 대해서 이야기를 좀 나누고 싶었어요. 바이올리니스트 캐서린 설리번에 대한 기사요. 이번 주말까지죠.
남: 사실, 마감 기한을 다음 주말로 옮겨도 될까요?
여: 왜요? 무슨 문제라도 있나요?
남: 그게, 캐서린과의 인터뷰는 잘 진행되었어요. 그리고 기사 작성도 거의 다 끝나 가요. 그런데 스케줄이 겹쳐서, 제가 잡아 놓은 사진 촬영 스케줄을 그녀가 취소해야 했어요.
여: 다른 스케줄 잡는 건 가능했나요?
남: 네. 캐서린이 토요일 오전에 만나는 데 동의했어요. 그래서 그녀의 오후 공연 전에 사진 촬영을 할 수 있어요.

어휘 busy 바쁜 article 기사 work on ~에 애쓰다, 착수하다 magazine 잡지 violinist 바이올린 연주자 due 예정인 actually 사실 deadline 마감 기한 go well 순조롭게 진행되다 almost 거의 scheduling conflict 일정이 겹치는 것 cancel 취소하다 photo shoot 사진 촬영 set up 마련하다 be able to부정사 ~을 할 수 있다 another 또 하나(의) agree 동의하다 take a photo 사진을 찍다 performance 공연

50

What are the speakers mainly discussing?

(A) A magazine article
(B) A printed advertisement
(C) A musical performance
(D) A press conference

화자들은 주로 무엇에 대해 논의하는가?
(A) 잡지 기사
(B) 인쇄 광고
(C) 음악 공연
(D) 기자 회견

해설 전체 내용 관련 - 대화 주제
여자가 첫 번째 대사에서 남자에게 잡지에 실릴 당신의 기사에 대해서 이야기를 좀 나누고 싶다 (I wanted to talk to you about the article you're working on for the magazine)고 했으므로 정답은 (A)이다.

51

What does the man ask about?

(A) Leaving work early
(B) Canceling a project
(C) Changing a deadline
(D) Purchasing a camera

남자는 무엇에 대해 묻고 있는가?
(A) 조기 퇴근
(B) 프로젝트 취소
(C) 마감 기한 변경
(D) 카메라 구입

해설 세부사항 관련 – 남자의 질문

남자가 첫 번째 대사에서 여자에게 마감 기한을 다음 주말로 옮겨도 되는지(is it OK if we move the deadline to the end of next week?)를 묻고 있으므로 정답은 (C)이다.

▶ Paraphrasing 대화의 move → 정답의 change

52

What does the man plan to do on Saturday?
(A) Travel to a conference
(B) Participate in a research study
(C) Meet a colleague at the office
(D) Take some photographs

남자는 토요일에 무엇을 하려고 계획하는가?
(A) 회의 참석하러 가기
(B) 조사 연구 참여하기
(C) 사무실에서 동료 만나기
(D) 사진 촬영하기

해설 세부사항 관련 – 남자의 계획

대화 마지막에서 남자가 여자에게 캐서린이 토요일 오전에 만나는 데 동의했다, 그래서 그녀의 오후 공연 전에 사진 촬영을 할 수 있다(Katherine's agreed to meet me on Saturday morning so I can take some photos before her afternoon performance)고 했으므로 정답은 (D)이다.

Questions 53 through 55 refer to the following conversation with three speakers.

M-Cn **53**I'm glad we finally got seated—it's really crowded! When did your friend Gretchen open this restaurant?

M-Au I'm not sure, but here she comes now. Let's ask her.

W-Am Welcome! I'm glad you could stop by.

M-Au Me too! It looks like your restaurant's doing really well. Oh—this is my colleague, Bob.

W-Am Nice to meet you.

M-Cn You too—congratulations!

M-Au **54**How long have you been open?

W-Am **54**Only about two months, so I'm pleased with how busy we are, but it's kind of loud in here in the front. Give me a few minutes, and **55**I'll find you a better table.

M-Cn Great—thanks.

남 1: 드디어 자리를 잡았네요. 정말 붐벼요! 당신 친구 그레첸이 언제 이 식당을 열었대요?
남 2: 확실히 모르겠어요. 아 저기 친구가 오네요. 물어보죠.
여: 어서 오세요! 이렇게 와 주셔서 고마워요.
남 2: 나도요. 식당이 정말 잘 되는 것 같네요. 어, 내 동료 밥이에요.
여: 만나서 반가워요.
남 1: 저도요. 축하드려요!
남 2: 언제부터 이 식당을 운영한 거예요?
여: 이제 두 달 정도 되었어요. 그래서 이렇게 바쁜 게 정말 흐뭇해요. 그런데 여기 앞쪽은 좀 시끄럽네요. 잠시만요, 좀 더 나은 자리를 잡아 드릴게요.
남 1: 좋아요, 고마워요.

어휘 finally 마침내 get seated 자리를 얻다 crowded 붐비는, 복잡한 stop by 들르다 do well 잘 하다, 성공하다 colleague 동료 be pleased with ~을 기뻐하다 kind of 약간, 어느 정도 loud (소리가) 큰, 시끄러운

53

Where are the speakers?
(A) In a hotel lobby
(B) In a bookstore
(C) In a theater
(D) In a restaurant

화자들은 어디에 있는가?
(A) 호텔 로비
(B) 서점
(C) 극장
(D) 식당

해설 전체 내용 관련 – 화자들이 있는 장소

남자 1이 첫 번째 대사에서 남자 2에게 드디어 자리를 잡았다, 정말 붐빈다(I'm glad we finally got seated—it's really crowded!)고 한 후, 이어서 남자 2의 친구 그레첸이 언제 이 식당을 열었느냐(When did your friend Gretchen open this restaurant?)고 물었으므로 정답은 (D)이다.

54

What does the woman say she did two months ago?
(A) She published a book.
(B) She started a business.
(C) She moved to a new house.
(D) She attended a concert.

여자는 두 달 전에 무엇을 했다고 하는가?
(A) 도서 출판
(B) 사업 시작
(C) 새 집으로 이사
(D) 콘서트 관람

해설 세부사항 관련 – 여자가 두 달 전에 한 일

남자 2가 세 번째 대사에서 여자에게 언제부터 이 식당을 운영했는가(How long have you been open?)라고 물어보았고, 이어서 여자가 이제 두 달 정도 되었다(Only about two months)고 대답했으므로 정답은 (B)이다.

55

What does the woman offer to do?

(A) Give a recommendation
(B) Provide a discount
(C) Arrange for different seating
(D) Make a reservation

여자는 무엇을 하겠다고 제안하는가?
(A) 추천하기
(B) 할인 제공
(C) 다른 자리 마련
(D) 예약하기

해설 　세부사항 관련 – 여자의 제안

여자가 세 번째 대사에서 좀 더 나은 자리를 잡아 주겠다(I'll find you a better table)고 했으므로 정답은 (C)이다.

> **Paraphrasing** 　대화의 find you a better table
> → 정답의 arrange for different seating

Questions 56 through 58 refer to the following conversation.

W-Br	⁵⁶Welcome to Principle Chartered Bank. How can I help you?
M-Au	Hi. I'm applying for a small-business loan with your bank. I have the application documents here, but ⁵⁷I was hoping someone could explain to me how to fill out a section of the personal financial statement. For my income, should I include any investments that I own as a source of income?
W-Br	Yes, you should include income from any investments on Line 2. Let's see, other than that I think your application looks good. Oh, but ⁵⁸do you have a copy of your business plan? It's very important that you include that.
M-Au	Right. I have my business plan in my briefcase. Thanks for checking.

여: 프린시플 차터드 뱅크에 오신 걸 환영합니다. 무엇을 도와 드릴까요?
남: 안녕하세요. 중소기업 대출을 신청하려고요. 신청 서류는 여기 있어요, 그런데 개인 금융 기록란을 어떻게 작성해야 하는지 누가 좀 설명해 주면 좋겠어요. 소득란에 소득원으로 제 명의 투자를 포함시켜도 될까요?
여: 네, 두 번째 줄에 투자 소득을 포함시키면 돼요. 어디 한번 볼게요, 그것 말고는 신청서 작성을 잘 하신 것 같아요. 아, 그런데 사업 계획서 사본 한 부 가지고 오셨나요? 그걸 포함시키는 게 정말 중요해요.
남: 맞아요. 서류가방에 사업 계획서가 있어요. 확인시켜 주셔서 감사해요.

어휘 　apply for ~을 신청하다 　small-business loan 중소기업 대출 　application document 신청 서류 　explain 설명하다 　how to ~하는 방법 　fill out 작성하다 　section 란 　personal financial statement 개인 금융 기록 　income 소득 　include 포함하다 　investment 투자 　own 소유하다 　source of income 소득원 　other than ~외에 　a copy of ~의 사본 　business plan 사업 계획서 　briefcase 서류가방

56

Where does the woman work?

(A) At a library
(B) At a bank
(C) At a community center
(D) At a research foundation

여자는 어디에서 근무하는가?
(A) 도서관
(B) 은행
(C) 시민 문화 회관
(D) 연구 재단

해설 　전체 내용 관련 – 여자의 근무지

여자가 첫 번째 대사에서 프린시플 차터드 뱅크에 오신 걸 환영한다(Welcome to Principle Chartered Bank)고 한 후, 이어서 무엇을 도와 드릴까요(How can I help you?)라고 했으므로 정답은 (B)이다.

57

What does the man want help with?

(A) Completing some paperwork
(B) Registering for a workshop
(C) Inspecting some equipment
(D) Editing an article

남자는 무엇에 대해 도움이 필요한가?
(A) 서류 작성하기
(B) 워크숍 등록하기
(C) 일부 장비 점검하기
(D) 기사 편집하기

해설 　세부사항 관련 – 남자가 도움이 필요한 사항

남자가 첫 번째 대사에서 개인 금융 기록란을 어떻게 작성해야 하는지 누가 좀 설명해 주면 좋겠다(I was hoping someone could explain to me how to fill out a section of the personal financial statement)고 했으므로 정답은 (A)이다.

> **Paraphrasing** 　대화의 fill out a section of the personal financial statement
> → 정답의 completing some paperwork

58

What documentation does the woman say is important?

(A) A list of investors
(B) A business plan
(C) An identification card
(D) A utility bill

여자는 무슨 서류가 중요하다고 말하는가?
(A) 투자자 리스트
(B) 사업 계획서
(C) 신분증
(D) 공과금 고지서

해설 세부사항 관련 – 중요한 서류
여자가 두 번째 대사에서 남자에게 사업 계획서 사본 한 부 가지고 왔느냐(do you have a copy of your business plan?)라고 했고, 이어서 사업 계획서 사본을 포함시키는 게 정말 중요하다(It's very important that you include that)고 했으므로 정답은 (B)이다.

Questions 59 through 61 refer to the following conversation with three speakers.

M-Au: Fiona, Klaus, thanks for meeting with me. **59You know we're going to start using a new software system for scheduling customer orders. The new program should really improve our factory's efficiency. And...uh... we've decided to start using the software next week.**

W-Br: Really? But that means we have to learn the new system as we manage customer orders. **60I'm worried we won't be able to handle both tasks at the same time.**

M-Au: I understand. But the software company is providing us with an on-site coordinator. His name is Mario Jones. He'll help us transition to the new software.

M-Cn: OK, good. Does he know our old system, too?

M-Au: Yes, that's the best part. **61Mario has experience with both programs, so things should go smoothly.**

남 1: 피오나, 클라우스, 미팅에 참석해 줘서 고마워요. 고객 주문 스케줄 잡는 것 관련해서 새로운 소프트웨어 시스템을 사용하기 시작할 거라는 것은 알고 있죠. 새로운 프로그램은 우리 공장의 효율성을 많이 향상시켜 줄 거예요. 그리고 다음 주부터 새 소프트웨어를 사용하기로 결정했어요.
여: 정말요? 그런데 그 말은 고객 주문을 관리하면서 새로운 시스템을 배워야 한다는 뜻이네요. 동시에 그 두 가지 일을 할 수 있을지 걱정이에요.
남 1: 이해해요. 그렇지만 소프트웨어 회사에서 우리에게 현장에서 도움을 줄 사람을 보내줄 거예요. 그의 이름은 마리오 존스예요. 그는 우리가 새로운 소프트웨어로 전환하도록 도울 거예요.
남 2: 네, 좋아요. 그가 우리 기존 시스템도 알고 있나요?
남 1: 네, 그게 가장 좋은 점이죠. 마리오는 두 프로그램 모두 사용 경험이 있어서 일이 순조롭게 진행될 거예요.

어휘 schedule 일정을 잡다 customer 고객 order 주문 improve 개선시키다 factory 공장 efficiency 효율성 decide 결정하다 learn 배우다 manage 관리하다, 다루다 be worried 걱정하다 be able to부정사 ~할 수 있다 handle 처리하다 both 둘 다 task 업무 at the same time 동시에 provide A with B A에게 B를 제공하다 on-site 현장의 coordinator (조화로운 진행을 돕는) 조정자 transition 전환(하다) experience 경험 go smoothly 순조롭게 진행되다

59
What is the conversation mainly about?
(A) Using new software
(B) Marketing products
(C) Opening a second factory
(D) Attending a convention

대화는 주로 무엇에 관한 것인가?
(A) 새로운 소프트웨어 사용
(B) 제품 마케팅
(C) 제2공장 개장
(D) 대회 참석

해설 전체 내용 관련 – 대화 주제
남자 1이 첫 번째 대사에서 여자와 남자 2에게 고객 주문 스케줄 잡는 것 관련해서 새로운 소프트웨어 시스템을 사용하기 시작할 거라는 것은 알고 있죠(You know we're going to start using a new software system for scheduling customer orders)라고 한 후, 이어서 새로운 프로그램은 자사 공장의 효율성을 향상시켜 줄 것(The new program should really improve our factory's efficiency)이며 새 소프트웨어를 다음 주부터 사용할 거다(we've decided to start using the software next week)라고 했으므로 정답은 (A)이다.

60
What is the woman concerned about?
(A) Keeping costs down
(B) Recruiting new staff
(C) Answering some difficult questions
(D) Handling multiple tasks

여자는 무엇을 걱정하는가?
(A) 낮은 비용 유지
(B) 신규 직원 채용
(C) 몇몇 어려운 질문에 대답하기
(D) 동시에 다수의 업무 처리하기

해설 세부사항 관련 – 여자의 우려 사항
여자가 남자 1에게 동시에 그 두 가지 일을 할 수 있을지 걱정이다(I'm worried we won't be able to handle both tasks at the same time)라고 했으므로 정답은 (D)이다.

▶▶ Paraphrasing 대화의 both → 정답의 multiple

61
What is Mario's most important qualification?
(A) He has worked overseas.
(B) He has owned his own company.
(C) He is familiar with two computer programs.
(D) He can fix many types of equipment.

마리오의 가장 중요한 자질은 무엇인가?
(A) 해외 근무 경험이 있다.
(B) 자신의 회사를 운영해 왔다.
(C) **두 가지 컴퓨터 프로그램에 정통하다.**
(D) 여러 종류의 장비를 수리할 수 있다.

> **해설** 세부사항 관련 – 마리오의 중요 자질
> 대화 마지막에서 남자 1이 마리오는 두 프로그램 모두 사용 경험이 있고 그래서 일이 순조롭게 진행될 거다(Mario has experience with both programs, so things should go smoothly)라고 했으므로 정답은 (C)이다.

> ▸ Paraphrasing   대화의 has experience with both programs → 정답의 is familiar with two computer programs

Questions 62 through 64 refer to the following conversation and schedule.

M-Cn	Helen, ⁶²would you mind being here by yourself for about an hour? The conference planner said one of us needs to stay here at our booth to answer questions, but I'd like to step away if possible.
W-Am	That depends on when. I don't mind working at the booth by myself, but ⁶³I'm one of the speakers at the twelve o'clock session, so I can't be here at that time.
M-Cn	OK, thanks. ⁶⁴There's someone I used to work with who's leading the marketing workshop this morning, and I'd like to go see him. I'll be back in plenty of time for you to leave for your noon session.

남: 헬렌, 한 시간 정도만 혼자 있을 수 있겠어요? 회의 계획자가 우리 중 한 사람은 부스에서 질문에 답을 해 줘야 한다고 했는데 혹시 가능하다면 저는 나갔다 왔으면 해요.
여: 언제냐에 따라서 달라요. 혼자서 부스에서 일하는 건 상관없는데, 12시에 열리는 행사에서 발표를 하거든요. 그래서 그때는 여기 있을 수가 없어요.
남: 좋아요, 고마워요. 전에 같이 일했던 동료가 있는데 오늘 오전 마케팅 워크숍을 주재할 거에요. 가서 그를 좀 보고 올게요. 12시 회의에 맞춰 출발할 수 있도록 넉넉하게 돌아올게요.

어휘	mind ~ing ~을 꺼리다 by yourself 혼자 conference planner 회의 계획자 stay 머무르다 step away 떨어져 있다 if possible 가능하다면 depend on ~에 달려 있다 session 회의 at that time 그때 used to부정사 한때 ~했다 lead 이끌다, 주재하다 plenty of 많은

TIME	EVENT	ROOM
8:00	Breakfast	302
9:00	Welcome presentation	304
10:30	Marketing workshop	307
⁶³12:00	Panel discussion	315

시간	행사	호실
8시	조찬	302
9시	환영 프레젠테이션	304
10시 30분	마케팅 워크숍	307
12시	공개 토론회	315

62
What does the man ask the woman to do?
(A) **Work alone for a short time**
(B) Pick up a client at the airport
(C) Deliver a package
(D) Help set up a booth

남자는 여자에게 무엇을 하라고 요청하는가?
(A) **잠깐 동안 혼자 근무하기**
(B) 공항에서 고객 마중하기
(C) 소포 배달
(D) 부스 설치 돕기

> **해설** 세부사항 관련 – 남자의 요청사항
> 남자가 첫 번째 대사에서 여자에게 한 시간 정도만 혼자 있을 수 있겠는가(would you mind being here by yourself for about an hour?)라고 했으므로 정답은 (A)이다.

> ▸ Paraphrasing   대화의 be here by yourself for about an hour → 정답의 work alone for a short time

63
Look at the graphic. Which event will the woman participate in?
(A) The breakfast
(B) The welcome presentation
(C) The marketing workshop
(D) **The panel discussion**

시각정보에 의하면, 여자는 어떤 행사에 참여할 것인가?
(A) 조찬
(B) 환영 프레젠테이션
(C) 마케팅 워크숍
(D) **공개 토론회**

> **해설** 세부사항 관련 – 여자가 참여할 행사
> 여자가 남자에게 자신이 12시에 열리는 행사에서 발표를 한다(I'm one of the speakers at the twelve o'clock session)고 했다. 그리고 시각 정보를 보면 12시에 공개 토론회(panel discussion)가 있으므로 정답은 (D)이다.

64
Who does the man say he would like to go see?
(A) An industry leader
(B) A job candidate
(C) **A former colleague**
(D) A potential client

남자는 누구를 만나고 싶다고 하는가?
(A) 업계 리더
(B) 입사 지원자
(C) 예전 동료
(D) 잠재 고객

해설   세부사항 관련 – 남자가 만나고 싶어 하는 사람

대화 마지막에서 남자가 여자에게 전에 같이 일했던 동료가 있는데 오늘 오전 마케팅 워크숍을 주재할 거다. 가서 그를 좀 보고 오겠다(There's someone I used to work with who's leading the marketing workshop this morning, and I'd like to go see him)라고 했으므로 정답은 (C)이다.

▶ Paraphrasing   대화의 someone I used to work with
→ 정답의 a former colleague

Questions 65 through 67 refer to the following conversation and floor plan.

W-Am I'm glad the renovations on the first floor are finished. Have you moved into your new office yet?

M-Cn Not yet. **65 I've been really busy organizing the technology conference.** It's been a lot of work. But it's next week, so after that, I should have time to start moving my things.

W-Am Well, **66 if you need any help, I could take a few boxes down for you. 67 Where is your new office anyway?**

M-Cn **67 It's right next to the kitchen**

여: 1층 보수 공사가 끝나서 좋네요. 새 사무실로 벌써 이전했나요?
남: 아니요, 아직이오. 기술 회의를 준비하느라 정말 바빴어요. 일이 아주 많네요. 그래도 다음 주니까 그 후에는 제 짐을 옮길 시간이 있을 거 같아요.
여: 저, 도움이 필요하면 몇 박스 옮겨 줄게요. 그건 그렇고 당신의 새 사무실이 어디죠?
남: 탕비실 바로 옆이에요.

어휘 renovation 보수 공사 first floor 1층 finish 끝내다 move into ~로 옮기다 yet 벌써, 아직 busy ~ing ~하느라 바쁜 organize 조직하다, 준비하다 technology conference 기술 회의 a lot of 많은 take down 옮기다, 치우다 anyway 어쨌든 right next to ~의 바로 옆에

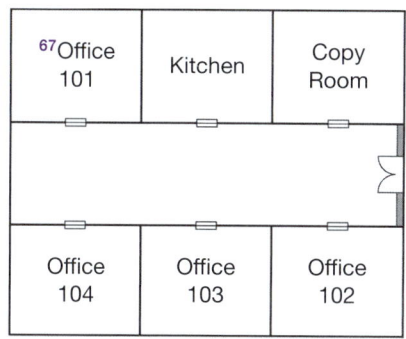

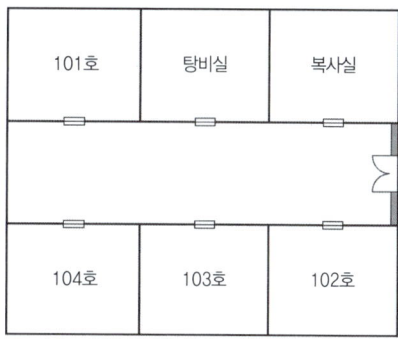

65
What has the man been doing recently?
(A) Installing new computers
(B) Traveling for business
(C) Preparing for a conference
(D) Supervising a renovation

남자는 최근 무엇을 하고 있는가?
(A) 새 컴퓨터 설치
(B) 출장
(C) 회의 준비
(D) 보수 공사 감독

해설   세부사항 관련 – 남자가 최근 한 일

남자가 첫 번째 대사에서 기술 회의를 준비하느라 정말 바빴다(I've been really busy organizing the technology conference)고 했으므로 정답은 (C)이다.

▶ Paraphrasing   대화의 organize → 정답의 prepare for

66
What does the woman offer to do?
(A) Order packing supplies
(B) Print a floor plan
(C) Move some boxes
(D) Get a cost estimate

여자는 무엇을 하겠다고 제안하는가?
(A) 포장재 주문하기
(B) 평면도 인쇄하기
(C) 상자 옮기기
(D) 비용 견적서 받기

해설   세부사항 관련 – 여자의 제안사항

여자가 두 번째 대사에서 남자에게 도움이 필요하면 몇 박스 옮겨 주겠다(if you need any help, I could take a few boxes down for you)고 했으므로 정답은 (C)이다.

▶ Paraphrasing   대화의 take a few boxes down
→ 정답의 move some boxes

67
Look at the graphic. Which office is the man's?
(A) Office 101
(B) Office 102
(C) Office 103
(D) Office 104

시각정보에 의하면, 남자의 사무실은 어디인가?
(A) 101호
(B) 102호
(C) 103호
(D) 104호

해설 세부사항 관련 – 남자의 사무실 위치
여자가 두 번째 대사에서 남자의 새 사무실이 어디인가(Where is your new office anyway?)라고 묻자 남자가 탕비실 바로 옆이다(It's right next to the kitchen)라고 했다. 그리고 시각 정보를 보면 탕비실(kitchen) 바로 옆 사무실은 101호이므로 정답은 (A)이다.

어휘 check in 수속하다 passport 여권 flight to ~행 비행기 be overbooked 초과 예약되다 airline 항공사 offer 제공하다 be willing to부정사 기꺼이 ~하다 take a flight 비행기를 타다 instead 대신에 be in a rush 서두르다 flexible 유연한, 융통성 있는 boarding pass 탑승권 depart 출발하다 wonder 궁금해하다 seat 좌석 available 이용 가능한 at the moment 지금, 현재는 later 후에 agent 직원 board 탑승하다

Pierre-Jean, Antoine
Flight
AC56
⁷⁰Seat
34B
Departure Time
9:15
Gate Number
D44

피에르-장, 앙트완
비행편
AC56
좌석
34B
출발 시각
9:15
탑승구
D44

Questions 68 through 70 refer to the following conversation and boarding pass.

M-Au Hi, I need to check in for my flight.
W-Am ⁶⁸**May I see your passport, please?**
M-Au Sure.
W-Am Ah, Mr. Pierre-Jean. I'm sorry, but ⁶⁹**your flight to Madrid's overbooked.** The airline's offering 100 euros of travel credit if you'd be willing to take the flight at nine fifteen P.M. instead. Would you be able to do that?
M-Au Um. Yeah, that's fine. I'm not in a rush to get there.
W-Am Great! Thanks for being flexible. Here's your new boarding pass. The flight departs at nine fifteen from gate D44.
M-Au Oh, I was wondering... ⁷⁰**are there any seats available in business class?**
W-Am ⁷⁰**Not at the moment, but there might be later. Check in with the gate agent before you board.**

남: 안녕하세요, 비행기 탑승 수속을 하려고요.
여: 여권 좀 볼 수 있을까요?
남: 네.
여: 아, 피에르-장 씨. 죄송하지만 고객님의 마드리드행 비행기가 초과 예약이 되었네요. 대신 고객님이 밤 9시 15분 비행기를 타신다면 저희 항공사가 100 유로를 여행 적립금으로 제공해 드릴 거예요. 그렇게 하시겠어요?
남: 음. 네, 괜찮아요. 서두를 필요는 없어요.
여: 잘됐네요! 일정을 조정해 주셔서 감사합니다. 여기 새로 발급한 탑승권이에요. 비행기는 D44번 탑승구에서 9시 15분에 출발합니다.
남: 아, 궁금한 게 있는데요... 비즈니스석에 좌석이 있나요?
여: 지금은 없지만 조금 후에는 있을 수도 있어요. 탑승 전에 탑승구에 있는 직원에게 확인해 보세요.

68
What does the woman ask the man for?
(A) His booking number
(B) His seating preference
(C) His passport
(D) His itinerary

여자는 남자에게 무엇을 요청하는가?
(A) 예약 번호
(B) 선호 좌석
(C) 여권
(D) 여행 일정

해설 세부사항 관련 – 여자의 요청사항
여자가 첫 번째 대사에서 남자에게 여권 좀 볼 수 있을까요(May I see your passport, please?)라고 했으므로 정답은 (C)이다.

69

What does the woman say about the man's original flight?

(A) It is overbooked.
(B) It is delayed for an hour.
(C) Only aisle seats are available.
(D) A fee applies to checked luggage.

여자는 남자의 원래 비행편에 대해 뭐라고 말하는가?

(A) 초과 예약되었다.
(B) 1시간 지연된다.
(C) 통로 쪽 좌석만 가능하다.
(D) 탁송 화물에 수수료가 부과된다.

해설 세부사항 관련 – 남자의 원래 비행편에 관한 사항
여자가 두 번째 대사에서 남자의 마드리드행 비행기가 초과 예약이 되었다(your flight to Madrid's overbooked)고 했으므로 정답은 (A)이다.

70

Look at the graphic. What information may change?

(A) AC56
(B) 34B
(C) 9:15
(D) D44

시각정보에 의하면, 무슨 정보가 변경될 수도 있는가?

(A) AC56
(B) 34B
(C) 9:15
(D) D44

해설 세부사항 관련 – 변경 가능한 정보
남자가 네 번째 대사에서 여자에게 비즈니스석에 좌석이 있느냐(are there any seats available in business class?)고 물었고, 이어서 여자가 지금은 없지만 조금 후에는 있을 수도 있다(Not at the moment, but there might be later)고 했다. 그런 다음 탑승 전에 게이트에 있는 직원에게 확인해 보라(Check in with the gate agent before you board)고 했는데 시각 정보를 보면 좌석(seat) 번호는 34B이므로 정답은 (B)이다.

PART 4

Questions 71 through 73 refer to the following telephone message.

M-Au Hi, Ms. Watkins, this is Lewis Phillips from Lambert Technologies. I'm calling because **71some more of our employees have decided to attend the Alternative Technologies Trade Show in March,** so **72I need to update our company's reservation.** Instead of the original 15 attendees, we'll now have 25 employees at the show. So, we'll need to add 10 tickets—and we'd like the option that includes both the breakfast and lunch buffets. **73Could you please e-mail me the invoice with the updated price?** Thank you.

안녕하세요 왓킨스 씨, 램버트 테크놀로지스의 루이스 필립스입니다. 3월에 열리는 얼터너티브 테크놀로지스 무역 박람회에 직원 몇 명이 더 참가하기로 결정했기 때문에 저희 회사 예약 사항을 업데이트할 필요가 있어서 전화했습니다. 원래대로 15명의 참석자가 아니라 25명의 직원들이 그 박람회에 참석할 거예요. 그래서 티켓 10장이 추가로 필요하고요, 조식과 중식 뷔페 모두 포함되는 옵션을 선택하고 싶습니다. 업데이트된 가격이 반영된 청구서를 이메일로 보내 줄 수 있나요? 감사합니다.

어휘 employee 직원 decide 결정하다 attend 참석하다 trade show 무역 박람회 reservation 예약 instead of ~ 대신에 original 원래의 attendee 참석자 add 추가하다 option 선택권 include 포함하다 buffet 뷔페 invoice 청구서, 송장

71

According to the speaker, what is happening in March?

(A) A trade show
(B) A company banquet
(C) A charity fund-raiser
(D) A product launch

화자에 따르면, 3월에 무슨 일이 있는가?

(A) 무역 박람회
(B) 회사 연회
(C) 자선 기금 모금 행사
(D) 제품 출시

해설 전체 내용 관련 – 3월에 있을 행사
지문 초반부에서 3월에 열리는 얼터너티브 테크놀로지스 무역 박람회에 직원 몇 명이 더 참가하기로 결정했다(some more of our employees have decided to attend the Alternative Technologies Trade Show in March)고 했으므로 정답은 (A)이다.

72

What is the purpose of the message?

(A) To recommend a vendor
(B) To change a reservation
(C) To extend an invitation
(D) To accept an offer

메시지의 목적은 무엇인가?

(A) 판매 업체 추천
(B) 예약 변경
(C) 초대하기
(D) 제안 수락

해설 전체 내용 관련 – 메시지의 목적
지문 중반부에서 화자의 회사 예약 사항을 업데이트할 필요가 있다(I need to update our company's reservation)고 했으므로 정답은 (B)이다.

▶▶ Paraphrasing   지문의 update our company's reservation
→ 정답의 change a reservation

73
What does the speaker request from the listener?
(A) Directions to an event
(B) A catering menu
(C) An updated invoice
(D) A list of guests

화자는 청자로부터 무엇을 요청하는가?
(A) 행사장 가는 길 안내
(B) 출장 뷔페 메뉴
(C) 업데이트된 청구서
(D) 손님 명단

해설 세부사항 관련 – 화자의 요청사항
지문 후반부에서 업데이트된 가격이 반영된 청구서를 이메일로 보내주겠냐 (Could you please e-mail me the invoice with the updated price?)라고 물었으므로 정답은 (C)이다.

▶▶ Paraphrasing 지문 the invoice with the updated price
→ 정답 an updated invoice

Questions 74 through 76 refer to the following tour information.

W-Am Welcome everyone. ⁷⁴I'll be taking you on a guided tour of the Lakeside Art Museum today. In the nineteenth century, the breathtaking scenery and mild climate attracted many artists to this area. That's why you'll find such an extensive collection of oil paintings from that era. Before we start, ⁷⁵I see many of you have cameras out. Please note that this is a private collection. Don't worry, though, you can buy postcards with images of the paintings. So thanks in advance for your cooperation. ⁷⁶Later this afternoon, make sure to visit our café located on the outdoor terrace, where you can enjoy a delicious lunch. So, let's begin.

여러분 환영합니다. 오늘 제가 레이크사이드 아트 뮤지엄을 안내해 드릴 겁니다. 19세기에는 숨 막히도록 아름다운 경치와 온화한 기후 덕분에 이곳으로 많은 예술가들이 모여들었습니다. 그래서 방대한 양의 그 시대 유화 작품들을 볼 수 있죠. 시작 전에, 많은 분들께서 카메라를 꺼내 놓고 계신 게 보이네요. 이 작품들은 개인 소장품이라는 걸 유념해 주세요. 그래도 걱정 마세요. 그림이 담긴 우편엽서를 구입하실 수 있습니다. 협조에 미리 감사 드립니다. 이따 오후에는, 맛있는 점심식사를 할 수 있는 야외 테라스의 저희 카페를 꼭 방문해 보세요. 그러면 시작하겠습니다.

어휘 guided tour 가이드가 있는 여행, 견학 art museum 미술관 century 세기 breathtaking scenery 숨 막히는 절경 mild climate 온화한 기후 attract 끌어들이다 such 그 정도의, 매우 ~한 extensive 대규모의, 방대한 oil painting 유화 era 시대 note that ~을 유념하다 private collection 개인 소장품 though 하지만 postcard 우편엽서 in advance 미리, 사전에 cooperation 협조 later this afternoon 오늘 오후 늦게 make sure to 부정사 반드시 ~하다 located 위치한 outdoor 야외

74
Where is the talk taking place?
(A) At a botanical garden
(B) At a university library
(C) At an art museum
(D) At an antiques store

이 안내는 어디에서 이루어지고 있는가?
(A) 식물원
(B) 대학 도서관
(C) 미술관
(D) 골동품 가게

해설 전체 내용 관련 – 안내 장소
지문 초반부에서 화자가 레이크사이드 아트 뮤지엄을 안내하겠다(I'll be taking you on a guided tour of the Lakeside Art Museum today)고 했으므로 정답은 (C)이다.

75
What does the speaker imply when she says, "this is a private collection"?
(A) Objects cannot be touched.
(B) Photography is not allowed.
(C) Artwork cannot be purchased.
(D) Visiting hours are limited.

화자가 "개인 소장품이다"라고 말한 의도는 무엇인가?
(A) 물건을 만지면 안 된다.
(B) 사진 촬영이 금지된다.
(C) 미술품 구입이 불가능하다.
(D) 입장 시간이 제한적이다.

해설 세부사항 관련 – "개인 소장품이다"의 의미
지문 중반부에서 많은 분들께서 카메라를 꺼내 놓고 계신 게 보인다(I see many of you have cameras out)라면서 이 작품들은 개인 소장품이라는 걸 유념해 달라(Please note that this is a private collection)고 말했다. 이 말은 사진 촬영을 하지 말아 달라는 의미이므로 정답은 (B)이다.

76
What activity does the speaker suggest that the listeners do later?
(A) Purchase a meal
(B) Sign up for a class
(C) Take a catalog
(D) Talk to an artist

화자는 청자들에게 나중에 무엇을 하라고 제안하는가?
(A) 음식 사 먹기
(B) 수업 등록하기
(C) 카탈로그 가져가기
(D) 예술가와 대화하기

해설 세부사항 관련 - 화자의 제안사항
지문 후반부에서 오늘 오후에 야외 테라스에 위치한 미술관의 카페를 방문하면 그곳에서 맛있는 점심식사를 할 수 있다(Later this afternoon, make sure to visit our café located on the outdoor terrace, where you can enjoy a delicious lunch)고 했으므로 정답은 (A)이다.

▶▶ **Paraphrasing** 지문의 visit our café
→ 정답의 purchase a meal

Questions 77 through 79 refer to the following telephone message.

W-Br Hello, Ms. Robertson. This is Wilma Keller at Charger Enterprises. ⁷⁷I'm calling to offer you the position of head of the marketing department. You were definitely our top applicant. ⁷⁸We were especially impressed by your five years of overseas experience in Malaysia, where we're planning to start doing business. I know you have to move here if you accept this position, so ⁷⁹I'll give you more information about how we would help you relocate. Please call me back at 555-0195. Thank you.

안녕하세요, 로버트슨 씨. 차저 엔터프라이즈의 윌마 켈러입니다. 마케팅 부서장 자리를 제안하고자 전화드렸어요. 확실히 귀하가 가장 우수했던 지원자였습니다. 특히 우리 회사가 새로 사업을 시작하려고 계획 중인 말레이시아에서 5년간 근무했다는 점이 인상 깊었고요. 만약 이 자리를 수락하신다면 여기로 이사를 오셔야 한다는 걸 알고 있습니다. 그래서 이사하시는 데 저희가 어떻게 도울 수 있을지에 대한 정보를 드리려 합니다. 555-0195로 전화 주시기 바랍니다. 감사합니다.

어휘 enterprise 기업, 회사 offer 제공하다 position 자리, 직위 definitely 분명히 applicant 지원자 especially 특히 be impressed by ~에 감명 받다 overseas 해외의 experience 경험 Malaysia 말레이시아 accept 받아들이다 relocate 이전하다

77
Why is the speaker calling?

(A) To extend a job offer
(B) To announce a business merger
(C) To describe a company's products
(D) To ask about an itinerary

화자가 전화한 이유는?
(A) 일자리 제안을 하기 위해
(B) 사업 합병 발표를 위해
(C) 회사의 제품 설명을 위해
(D) 여행 일정에 대해 문의하기 위해

해설 전체 내용 관련 - 화자가 전화한 이유
지문 초반부에서 마케팅 부서장 자리를 제안하고자 전화했다(I'm calling to offer you the position of head of the marketing department)고 했으므로 정답은 (A)이다.

▶▶ **Paraphrasing** 지문의 offer you the position of head of the marketing department
→ 정답의 extend a job offer

78
What does the speaker say the company is planning to do?

(A) Develop a new product line
(B) Expand into an overseas market
(C) Offer courses in negotiating
(D) Host an international conference

화자는 회사가 무엇을 계획한다고 말하는가?
(A) 신제품 라인 개발
(B) 해외 시장으로 확대 진출
(C) 협상에 대한 강좌 제공
(D) 국제 회의 주최

해설 세부사항 관련 - 회사의 계획
지문 중반부에서 화자의 회사가 새로 사업을 시작하려고 계획 중인 말레이시아에서 5년간 근무했다는 점이 인상 깊다(We were especially impressed by your five years of overseas experience in Malaysia, where we're planning to start doing business)고 했으므로 정답은 (B)이다.

79
What will the speaker give more information about?

(A) A client visit
(B) A payment policy
(C) A regional conference
(D) A relocation process

화자는 무엇에 대해 정보를 더 제공할 것인가?
(A) 고객 방문
(B) 지급 정책
(C) 지역 회의
(D) 이사 절차

해설 세부사항 관련 - 화자가 제공할 정보
지문 후반부에서 청자가 이사하는 데 회사가 어떻게 도울 수 있을지에 대한 정보를 주겠다(I'll give you more information about how we would help you relocate)고 했으므로 정답은 (D)이다.

Questions 80 through 82 refer to the following announcement.

M-Cn Before you leave for your first service calls of the day, I have an important announcement. ⁸⁰Here at Quality Plumbing, we've been using paper invoices for years. ⁸⁰, ⁸¹Unfortunately, we've had some billing errors because the information you write down on your invoices is often hard to read. ⁸⁰So, each technician will be provided with a laptop computer to use while at the job site. It'll

TEST 5   135

allow you to enter all the information for the work invoice. Training sessions on how to use the new system will begin next week. **82Sometime today, please stop by my office to sign up for a session.**

오늘 첫 업무 방문을 떠나기 전에, 중대 발표가 있습니다. 여기 퀄리티 플러밍에서는 수년간 종이 청구서를 사용해 왔습니다. 안타깝게도, 종종 여러분이 청구서에 작성한 정보를 읽기가 어려워서 청구서상의 오류가 발생했습니다. 그래서, 업무 현장에서 사용할 노트북이 각 기술자들에게 지급될 것입니다. 작업 청구서에 대한 모든 정보를 노트북에 입력하면 됩니다. 새로운 시스템 사용법에 대한 교육 과정이 다음 주에 시작될 것입니다. 오늘 안으로, 제 사무실에 들르셔서 교육 참가 신청을 해 주세요.

어휘 leave for ~로 출발하다 service call (수리 기술자의) 현장 방문 quality 품질; 고품질의 plumbing 배관 invoice 송장, 청구서 for years 수년간 unfortunately 안타깝게도 billing error 청구서 오류 write down on ~에 쓰다 technician 기술자, 기사 be provided with ~을 제공받다 laptop computer 노트북 컴퓨터 while ~하는 동안에 at the job site 현장에서 allow 가능하게 하다, 허락하다 enter 입력하다 training session 교육 (과정) stop by 들르다 sign up for ~에 등록하다

80
What is the main purpose of the announcement?
(A) To request employee comments
(B) To celebrate the signing of a contract
(C) To ask staff to check their work for errors
(D) To describe a new company procedure

발표의 주요 목적은 무엇인가?
(A) 직원들의 의견 요청
(B) 계약 체결 축하
(C) 직원들에게 업무상 오류 확인 요청
(D) 새로운 회사 절차 설명

해설 전체 내용 관련 – 발표의 목적
지문 초반부에서 퀄리티 플러밍에서는 수년간 종이 청구서를 사용해 왔다(Here at Quality Plumbing, we've been using paper invoices for years)고 한 후, 청자들이 청구서에 작성한 정보를 읽기가 너무 어려워서 청구서상의 오류가 발생했다(Unfortunately, we've had some billing errors because the information you write down on your invoices is often hard to read)고 했다. 그런 다음 각 기술자들에게 업무 현장에서 사용할 노트북이 지급될 것이다(So, each technician will be provided with a laptop computer to use while at the job site)라고 했으므로 정답은 (D)이다.

81
What has caused a problem?
(A) Repair calls are taking too long.
(B) Some handwriting is unclear.
(C) Employees are misusing equipment.
(D) A computer program is not working properly.

무엇이 문제를 초래하였나?
(A) 수리 방문이 너무 오래 걸린다.
(B) 일부 필체가 불확실하다.
(C) 직원들이 장비를 함부로 쓴다.
(D) 컴퓨터 프로그램이 제대로 작동하지 않는다.

해설 세부사항 관련 – 문제의 원인
지문 중반부에서 청자들이 청구서에 작성한 정보를 읽기가 너무 어려워서 청구서상의 오류가 발생했다(Unfortunately, we've had some billing errors because the information you write down on your invoices is often hard to read)고 했으므로 정답은 (B)이다.

> ▶▶ Paraphrasing 지문의 the information you write down on your invoices is often hard to read → 정답의 Some handwriting is unclear.

82
What are the listeners asked to do by the end of the day?
(A) Sign up for a training session
(B) Turn in outstanding paperwork
(C) Pick up some new equipment
(D) Report the number of repairs done

청자들은 오늘 퇴근 전까지 무엇을 하라고 요청받는가?
(A) 교육 신청
(B) 밀린 서류 제출
(C) 새로운 장비 픽업
(D) 수리 작업 건수 보고

해설 세부사항 관련 – 화자의 요청사항
지문의 마지막 부분에서 오늘 안으로 화자의 사무실에 들러서 교육 참가 신청을 해달라(Sometime today, please stop by my office to sign up for a session)고 했으므로 정답은 (A)이다.

Questions 83 through 85 refer to the following telephone message.

M-Au Hi, Jamie. The vice president just called to say **83, 84the competition, namely Golden, is going to release a new mobile phone similar to ours. Naturally, we want to get our phone on the market first, so we're going to release our Serena model earlier than originally planned. And that means we really need to get moving on the advertising campaign. 85The TV commercials have to be finished a month ahead of the phone's new release date.** That does mean our advertising team will be working some long hours. I think we should find some way of rewarding the team once the ads are finished. Let me know what you think.

안녕하세요, 제이미. 부회장님이 방금 전화하셔서 경쟁사인 골든이 우리 제품과 유사한 신제품 휴대 전화를 출시할 거라고 하셨어요. 당연히, 우리 전화를 시장에 먼저 내놓아야 하니 계획했던 것보다 더 일찍 세레나 모델을 출시하려고 합니다. 그 말은 우리가 광고 캠페인을 정말 서둘러야 할 필요가 있다는 거죠. 휴대 전화의 신규 출시 일자보다 한 달 앞서 TV 광고가 끝나야 해요. 그건 우리 광고 팀이 연장 근무를 해야 할 거라는 뜻이죠. 그 광고가 끝나면 광고 팀에게 보상을 해 줄 방안을 찾아야 한다고 생각해요. 어떻게 생각하는지 알려주세요.

어휘 vice president 부회장 competition 경쟁, 경쟁 상대 namely 즉, 다시 말해 release 출시하다; 출시 mobile phone 휴대 전화 similar to ~와 유사한 naturally 당연히 earlier than ~보다 더 일찍 originally 원래 get moving on ~을 서두르다 commercial 광고 ahead of ~보다 앞선 reward 보상하다 once 일단 ~하면

83
What product is the speaker discussing?
(A) A navigation system
(B) A tablet computer
(C) A mobile phone
(D) A wide-screen television

화자는 무슨 제품에 대해 논의하는가?
(A) 네비게이션 시스템
(B) 태블릿 컴퓨터
(C) 휴대 전화
(D) 와이드 스크린 텔레비전

해설 전체 내용 관련 – 화자가 논의하는 주제

지문 초반부에 경쟁사인 골든이 화자의 회사 제품과 유사한 새로운 휴대 전화를 출시할 거다(the competition, namely Golden, is going to release a new mobile phone similar to ours)라고 하면서, 화자 회사의 전화를 시장에 먼저 내놓아야 하니 계획했던 것보다 더 일찍 세레나 모델을 출시할 것이다(Naturally, we want to get our phone on the market first, so we're going to release our Serena model earlier than originally planned)라고 했으므로 정답은 (C)이다.

84
Why does the speaker's company plan to release a product early?
(A) Work is ahead of schedule.
(B) Current models are not profitable.
(C) Many pre-orders were placed.
(D) A competitor will market a similar item.

화자의 회사는 왜 제품을 조기 출시하려고 하는가?
(A) 작업이 일정보다 앞섰다.
(B) 현재 모델들이 수익성이 없다.
(C) 사전 예약 주문이 많다.
(D) 경쟁사가 유사 제품을 출시할 것이다.

해설 세부사항 관련 – 제품 조기 출시 이유

지문 초반부에서 경쟁사인 골든이 화자의 회사 제품과 유사한 신제품 휴대 전화를 출시할 거다(the competition, namely Golden, is going to release a new mobile phone similar to ours)라고 하면서, 화자 회사의 전화를 시장에 먼저 내놓아야 하니 계획했던 것보다 더 일찍 세레나 모델을 출시할 것이다(Naturally, we want to get our phone on the market first, so we're going to release our Serena model earlier than originally planned)라고 했으므로 정답은 (D)이다.

▶▶ **Paraphrasing** 지문의 the competition is going to release a new mobile phone similar to ours → 정답의 a competitor will market a similar item

85
Why does the speaker say, "That does mean our advertising team will be working some long hours"?
(A) To acknowledge a difficult situation
(B) To suggest hiring more employees
(C) To congratulate the listener for signing a contract
(D) To stress the importance of satisfying a client

화자는 왜 "그 말은 우리 광고 팀이 연장 근무를 하게 될 거라는 뜻이다"라고 말하는가?
(A) 어려운 상황임을 인정하기 위해
(B) 추가 직원 고용을 제안하기 위해
(C) 청자의 계약 체결을 축하하기 위해
(D) 고객 만족의 중요성을 강조하기 위해

해설 세부사항 관련 – "연장 근무를 하게 될 것이라는 뜻이다"의 의미

지문 후반부에서 휴대 전화의 신규 출시 일자보다 한 달 앞서 TV 광고가 끝나야 한다(The TV commercials have to be finished a month ahead of the phone's new release date)고 한 후, 이어서 그 말은 화자 회사의 광고 팀이 연장 근무를 하게 될 것이라는 뜻이다(That does mean our advertising team will be working some long hours)라고 했다. 이 말은 짧은 시간에 많은 업무를 처리해야 하는 어려운 상황임을 인정한다는 의미이므로 정답은 (A)이다.

Questions 86 through 88 refer to the following excerpt from a meeting.

W-Br **86The last item on the agenda is the upcoming financial consultations that we offer to all our employees once a year. These consultations are free,** one-on-one meetings with certified financial specialists who help people plan for retirement. Keep in mind, **87this program is purely voluntary, but** we receive excellent feedback on this every year. If you're interested, **88there are meeting times available after work hours.** You'll need to sign up for one on the Human Resources benefits Web page before Friday.

안건의 마지막 사항은 일 년에 한 번 우리 전 직원들에게 제공되는 다가오는 재무 상담입니다. 이 무료 상담은 직원들이 은퇴 계획을 세울 수 있도록 도와주는 공인 재무 전문가와의 1대 1 미팅입니다. 이 프로그램은 의무적인 것은 아니지만 매년 아주 좋은 반응을 얻고 있다는 점을 명심해 주세요. 관심이 있다면, 근무 시간 이후에 미팅 시간을 잡으실 수 있습니다. 금요일 이전에 직원 후생 웹 사이트에서 미팅 시간을 등록하시길 바랍니다.

TEST 5

어휘 agenda 의제, 안건 upcoming 다가오는 financial 재정의 consultation 상담 once a year 일 년에 한 번 one-on-one 1대 1의 certified 공인된 specialist 전문가 retirement 은퇴 keep in mind 명심하다 voluntary 자발적인 receive 받다 excellent 뛰어난 interested 관심 있는 available 이용 가능한 work hours 근무 시간 sign up for ~에 가입하다, 등록하다 benefit 혜택, 복지

86
What is the purpose of the talk?
(A) To invite employees to apply for a position
(B) To clarify changes to a vacation policy
(C) To inform employees about free consultations
(D) To ask for volunteers to organize a party

담화의 목적은 무엇인가?
(A) 직원들에게 어떤 직위에 지원하도록 독려하기 위해
(B) 휴가 방침 변경을 확실히 하기 위해
(C) 직원들에게 무료 상담을 알리기 위해
(D) 자원봉사자들에게 파티 준비를 부탁하기 위해

해설 전체 내용 관련 – 이야기의 목적

지문 초반부에서 안건의 마지막 사항은 일 년에 한 번 우리 전 직원들에게 제공되는 곧 있을 재무 상담이다(The last item on the agenda is the upcoming financial consultations that we offer to all our employees once a year)라고 했다. 그런 다음 이 상담은 무료(These consultations are free)라고 했으므로 정답은 (C)이다.

87
What does the speaker imply when she says, "we receive excellent feedback on this every year"?
(A) Listeners will be surprised by survey results.
(B) Listeners will be pleased with a service.
(C) A product is expected to sell well.
(D) A budget for a program will not be cut.

화자가 "매년 아주 좋은 반응을 얻고 있다"라고 말한 의도는 무엇인가?
(A) 청자들은 설문 조사 결과에 놀랄 것이다.
(B) 청자들은 서비스에 만족할 것이다.
(C) 제품이 잘 팔릴 것으로 예상된다.
(D) 프로그램 예산은 삭감되지 않을 것이다.

해설 세부사항 관련 – "좋은 반응을 얻는다"는 의미

지문 중반부에서 이 프로그램은 의무적인 것은 아니다(this program is purely voluntary)라고 하면서, 매년 아주 좋은 반응을 얻고 있다(but we receive excellent feedback on this every year)고 말했다. 이 말은 청자들이 서비스에 만족할 것이라는 의미이므로 정답은 (B)이다.

88
According to the speaker, what can the listeners do on a Web page?
(A) Enter vacation time
(B) Read a job description
(C) Vote on a proposal
(D) Schedule a meeting

화자에 따르면, 청자들은 웹 사이트에서 무엇을 할 수 있는가?
(A) 휴가 시간 입력하기
(B) 직무 기술서 읽기
(C) 제안서에 투표하기
(D) 미팅 일정 잡기

해설 세부사항 관련 – 청자들이 할 수 있는 일

지문 후반부에서 근무 시간 이후에 미팅 시간을 잡을 수 있다(there are meeting times available after work hours)고 했다. 그런 다음 금요일 이전에 직원 후생 웹 사이트에서 미팅 시간을 등록해야 한다(You'll need to sign up for one on the Human Resources benefits Web page before Friday)고 했으므로 정답은 (D)이다.

▶▶ Paraphrasing 지문의 sign up for one
→ 정답의 schedule a meeting

Questions 89 through 91 refer to the following excerpt from a meeting.

W-Am **89In today's managers' meeting we need to address some comments we've received from customers about our health-food store.** Over the last month customers have complained that weekly sale items are not available—so they're leaving the store without being able to purchase those items. **90This is a concern because we do have more of the items in our storage area, but the shelves are not being restocked in a timely manner. 91One solution is to hire some additional employees** to assist in keeping the shelves full during our busiest shopping hours. **91We'll begin advertising for the new positions** starting next week.

오늘의 관리자 미팅에서는 건강 식품 매장에 대해 고객들로부터 받은 의견들을 다뤄야 합니다. 지난달 주간 할인 품목들이 없어서 구입하지 못한 채 가게를 나서야 했다는 고객들의 불만이 있었습니다. 문제는 그 품목들의 재고가 창고에 있었는데도 제때에 매장 판매대에 진열하지 못했다는 겁니다. 한 가지 해결책은 가장 바쁜 쇼핑 시간대에 판매대를 채우는 작업을 도울 추가 직원들을 채용하는 것입니다. 다음 주부터 이 새 직책에 대한 구인광고를 시작할 것입니다.

어휘 address 다루다 comment 비판, 의견 receive 받다 customer 고객 complain 불평하다 weekly 주간의 available 이용 가능한, 구할 수 있는 purchase 구입하다 concern 우려, 관심사 storage area 보관 창고 shelves 선반들(shelf의 복수형) restock 다시 채우다 in a timely manner 시기 적절하게 solution 해결책 hire 고용하다 additional 추가의 assist 보조하다 full 가득 찬 advertise 광고하다 position 직위, 직책

89
What is the speaker discussing?
(A) A monthly budget
(B) Some new food items
(C) Some customer feedback
(D) A training program

화자는 무엇을 논의하는가?
(A) 월 예산
(B) 새로운 식품 품목
(C) 고객 의견
(D) 교육 프로그램

해설 전체 내용 관련 – 화자가 논의하는 주제
지문 시작 부분에서 오늘의 관리자 미팅에서는 건강 식품 매장에 대해 고객들로부터 받은 불만사항을 다루어야 한다(In today's managers' meeting we need to address some comments we've received from customers about our health-food store)고 했으므로 정답은 (C)이다.

▸▸ **Paraphrasing** 지문의 comments we've received from customers → 정답의 customer feedback

90
What problem does the speaker point out?
(A) Employees have been arriving late.
(B) Uniforms still need to be ordered.
(C) Company profits have been declining.
(D) Certain products cannot be found on the shelves.

화자는 어떤 문제를 지적하는가?
(A) 직원들이 늦게 출근하고 있다.
(B) 유니폼을 주문해야 한다.
(C) 회사 이익이 감소하고 있다.
(D) 특정 제품들이 판매대에 없다.

해설 세부사항 관련 – 화자가 지적하는 문제
지문 중반부에서 문제는 그 품목들의 재고가 창고에 있었음에도 제때에 매장 판매대에 진열되지 못했다(This is a concern because we do have more of the items in our storage area, but the shelves are not being restocked in a timely manner)라고 했으므로 정답은 (D)이다.

▸▸ **Paraphrasing** 지문의 the shelves are not being restocked → 정답의 certain products cannot be found on the shelves

91
What is the speaker planning to do?
(A) Publicize an upcoming sale
(B) Hire more staff
(C) Improve recycling procedures
(D) Meet with individual employees

화자는 무엇을 하려고 계획하는가?
(A) 다가오는 할인 판매 홍보
(B) 직원 추가 고용
(C) 재활용 절차 개선
(D) 직원 개별 면담

해설 세부사항 관련 – 화자의 계획
지문 후반부에서 한 가지 해결책은 추가 직원들을 채용하는 것이다(One solution is to hire some additional employees)라면서, 새 직책에 대한 구인광고를 시작할 것이다(We'll begin advertising for the new positions)라고 했으므로 정답은 (B)이다.

▸▸ **Paraphrasing** 지문의 additional employees → 정답의 more staff

---

Questions 92 through 94 refer to the following talk.

M-Cn Good morning. I'm Jordan Mustafa, and I work in the Information Technology department here at Migden Contractors. Thanks for attending today's training session. **92Today I'll be showing you some important steps that you'll be required to take when e-mailing confidential information.** In a few minutes, **93you'll learn about a software program that's installed on all of our work computers.** This software enables employees to lock any type of electronic document and put a password on it for security. But, let's first discuss the types of information that we need to protect. **94Now, I've given you a packet with some examples of office documents. Please look through it** and identify the information you would consider confidential.

안녕하세요. 저는 여기 미그던 컨트랙터스의 IT부서에서 근무하는 조던 무스타파입니다. 오늘 교육에 참석해 주셔서 감사합니다. 오늘은 기밀 정보를 전자 메일로 보낼 때 취해야 할 중요 절차를 보여 드리겠습니다. 몇 분 후에, 여러분은 우리 업무용 컴퓨터 전체에 설치된 소프트웨어 프로그램에 대해 배우게 될 것입니다. 이 소프트웨어로 직원들은 모든 유형의 전자 문서에 제어 장치를 해 두고 보안을 위해 암호를 걸 수 있습니다. 그러나 먼저 보호해야 할 정보의 유형에 대해 논의해 보겠습니다. 지금, 사무용 문서의 몇 가지 유형이 들어 있는 패킷을 나누어 드렸습니다. 검토해 보시고 여러분이 기밀이라고 여기는 정보를 찾아 보세요.

어휘 attend 참석하다 training session 교육 step 절차, 조치 (take steps 조치를 취하다) require 요구하다 confidential 기밀의 information 정보 install 설치하다 enable 가능하게 해 주다 lock 제어 장치를 해 두다 electronic document 전자 문서 password 암호 security 보안 packet 패킷, 묶음 office document 사무용 문서 look through 검토하다 identify 식별하다, 찾다 consider 여기다, 고려하다

92
What is the topic of the training?
(A) Product sales
(B) Machine operation
(C) Marketing strategies
(D) Information security

교육 주제는 무엇인가?
(A) 제품 판매
(B) 기계 작동
(C) 마케팅 전략
(D) 정보 보안

해설 전체 내용 관련 – 교육 주제
지문 초반부에서 기밀 정보를 전자 메일로 보낼 때 필요한 중요한 절차를 보여 주겠다(Today I'll be showing you some important steps that you'll be required to take when e-mailing confidential information)고 했으므로 정답은 (D)이다.

93
What will the listeners learn how to do?
(A) Recruit new employees
(B) Use special software
(C) Report technical problems
(D) Identify client needs

청자들은 무슨 방법을 배울 것인가?
(A) 신입 사원 모집
(B) 특수 소프트웨어 사용
(C) 기술적 문제 보고
(D) 고객 요구 파악

해설 세부사항 관련 – 청자들이 배우는 것
지문 중반부에서 업무용 컴퓨터에 설치된 프로그램에 대해 배우게 될 것이다(you'll learn about a software program that's installed on all of our work computers)라고 했으므로 정답은 (B)이다.

94
What will the listeners do next?
(A) Create a project calendar
(B) Review sample documents
(C) Watch a training video
(D) Meet session attendees

청자들은 다음에 무엇을 할 것인가?
(A) 프로젝트 캘린더 만들기
(B) 견본 문서 검토
(C) 교육 비디오 보기
(D) 교육 참석자 만나기

해설 세부사항 관련 – 청자들이 다음에 할 일
지문의 마지막 부분에서 사무용 문서의 몇 가지 유형이 들어 있는 패킷을 주었다(Now, I've given you a packet with some examples of office documents)고 했다. 그런 다음, 검토해 보라(Please look through it)고 했으므로 정답은 (B)이다.

▶ Paraphrasing 지문의 **look through it**
→ 정답의 **review sample documents**

Questions 95 through 97 refer to the following excerpt from a meeting and pie chart.

W-Am To start this board of directors meeting, I'd like to talk about the results of last year's energy study for our supermarket chain. If you look at this chart, you won't be surprised to see that we spent most of our money on refrigeration. Unfortunately, there's not much we can do about that as a grocery store. But **95, 96 I think we can reduce our heating costs by starting to purchase and install new energy-efficient heaters next quarter.** To tell us more about these heaters, **97 I'd like to introduce Jeff Smith who's a consultant from Johnstown Energy.** Jeff's here to answer any questions you may have.

작년 우리 슈퍼마켓 체인의 에너지 연구 결과에 대하여 이야기하면서 이사 회의를 시작하겠습니다. 이 차트를 보면, 우리가 대부분의 돈을 냉동 보관에 사용했음을 알 수 있는데 여러분께서 놀라지는 않으실 겁니다. 유감스럽게도, 식료품점으로서 이에 대해 할 수 있는 일은 별로 없습니다. 하지만 다음 분기에 에너지 효율이 높은 새 히터들을 구입하여 설치하는 것을 필두로 난방 비용을 줄일 수 있다고 생각합니다. 이 히터에 대해 좀 더 자세히 알아보기 위해, 존스타운 에너지 컨설턴트인 제프 스미스를 소개하겠습니다. 제프가 여러분의 모든 질문에 답을 해줄 것입니다.

어휘 board of directors meeting 이사 회의 result 결과 spend 소비하다 refrigeration 냉동 보관 unfortunately 불행히도 grocery 식료품 reduce 줄이다 heating cost 난방비 purchase 구입하다 install 설치하다 energy-efficient 에너지 효율적인 quarter 사분기 introduce 소개하다 consultant 상담가

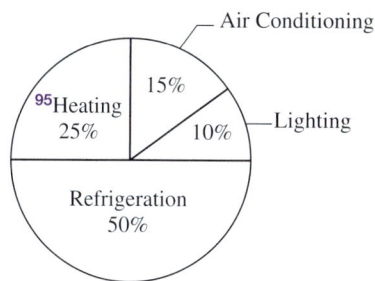

ANNUAL ENERGY COSTS

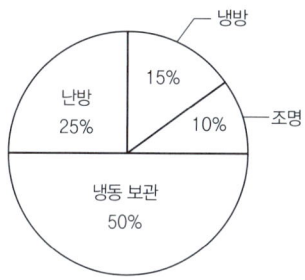

연간 에너지 비용

95
Look at the graphic. Which percentage will most likely change in the future?
(A) 15%
(B) 10%
(C) 50%
(D) 25%

시각정보에 의하면, 향후 어떤 비율이 변할 것 같은가?
(A) 15%
(B) 10%
(C) 50%
(D) 25%

해설 세부사항 관련 – 변할 것 같은 비율
지문 중반부에서 다음 분기에 에너지 효율이 높은 새 히터들을 구입하여 설치하는 것을 필두로 난방 비용을 줄일 수 있다고 생각한다(I think we can reduce our heating costs by starting to purchase and install new energy-efficient heaters next quarter)고 했고, 시각 정보를 보면 난방(heating)은 25%라고 되어 있으므로 정답은 (D)이다.

96
What does the speaker suggest doing?
(A) Closing a branch location
(B) Decreasing the amount of inventory
(C) Upgrading some equipment
(D) Conducting a customer survey

화자는 무엇을 제안하는가?
(A) 지점 폐쇄
(B) 재고량 감소
(C) 일부 장비 업그레이드
(D) 고객 설문조사 실시

해설 세부사항 관련 – 화자의 제안사항
지문 중반부에서 다음 분기에 에너지 효율이 높은 새 히터들을 구입하여 설치하는 것을 필두로 난방 비용을 줄일 수 있다고 생각한다(I think we can reduce our heating costs by starting to purchase and install new energy-efficient heaters next quarter)고 했으므로 정답은 (C)이다.

▶▶ Paraphrasing   지문의 purchase and install new energy-efficient heaters
→ 정답의 upgrade some equipment

97
Who is Jeff Smith?
(A) An energy consultant
(B) A construction manager
(C) A product designer
(D) A marketing analyst

제프 스미스는 누구인가?
(A) 에너지 컨설턴트
(B) 건축 관리자
(C) 제품 디자이너
(D) 마케팅 분석가

해설 세부사항 관련 – 제프 스미스의 신분
지문 후반부에서 존스타운 에너지 컨설턴트인 제프 스미스를 소개하겠다(I'd like to introduce Jeff Smith who's a consultant from Johnstown Energy)고 했으므로 정답은 (A)이다.

Questions 98 through 100 refer to the following telephone message and assembly instructions.

M-Au Hi. I bought a set of dining chairs from your online store—the Dove model? They arrived yesterday, and **98I assembled the first one, but when I opened the last box some of the parts were missing—there weren't any screws included.** **99So I'm calling to see if you can send some to me by Friday.** **100I'm having some friends over to dinner this weekend**, and I really need to have my new chairs ready by then. Please call me as soon as possible. This is Dave Hastings, and my phone number's 555-0186.

안녕하세요. 온라인 스토어에서 식탁 의자 세트를 구입한 사람이에요. 도브 모델이었나요? 어제 도착해서 의자 조립을 시작했는데 마지막 박스를 열었더니 일부 부품들이 없더라고요. 동봉된 나사가 하나도 없었답니다. 그래서 금요일까지 나사를 보내줄 수 있는지 알아보고자 전화했어요. 이번 주말에 친구들을 저녁식사에 초대했기 때문에 그때까지는 새 의자가 준비되어야 하거든요. 가능한 빨리 전화 주세요. 제 이름은 데이브 헤이스팅스이고 전화번호는 555-0186이에요.

어휘 dining chair 식탁 의자 assemble 조립하다 part 부품 missing 빠진, 분실된 screw 나사 include 포함하다 have ~ over ~를 손님으로 맞이하다 by then 그때까지 as soon as possible 가능한 한 빨리

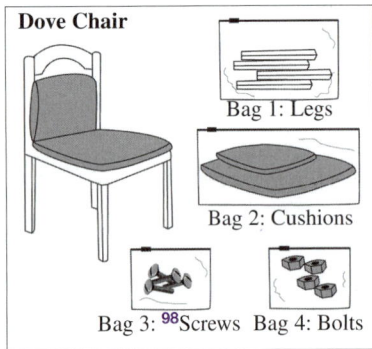

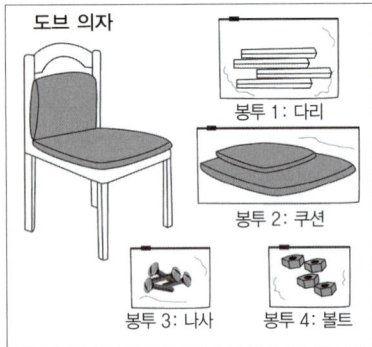

98
Look at the graphic. Which bag is the speaker referring to?
(A) Bag 1
(B) Bag 2
(C) Bag 3
(D) Bag 4

시각정보에 의하면, 화자는 어떤 봉투를 언급하는가?
(A) 봉투 1
(B) 봉투 2
(C) 봉투 3
(D) 봉투 4

해설 세부사항 관련 - 화자가 언급하는 봉투
지문 초반부에서 어제 도착해서 의자 조립을 시작했는데 마지막 박스를 열었을 때 일부 부품인 나사가 하나도 없는 걸 발견했다(I assembled the first one, but when I opened the last box some of the parts were missing—there weren't any screws included)고 했고, 시각 정보를 보면 봉투 3에 나사(screws)가 있으므로 정답은 (C)이다.

99
What is the speaker asking about?
(A) A store location
(B) A refund
(C) Damaged goods
(D) Missing parts

화자는 무엇에 대하여 물어보는가?
(A) 매장 위치
(B) 환불
(C) 손상된 물건
(D) 누락된 부품

해설 세부사항 관련 - 화자가 묻고 있는 것
지문 중반부에서 금요일까지 나사를 보내줄 수 있는지 알아보고자 전화했다(So I'm calling to see if you can send some to me by Friday)고 했으므로 정답은 (D)이다.

100
What does the speaker say he will do this weekend?
(A) Visit a factory
(B) Travel for work
(C) Host a dinner party
(D) Write a review

화자는 이번 주말에 무엇을 할 것이라고 말하는가?
(A) 공장 방문
(B) 출장
(C) 저녁 파티 개최
(D) 평가 쓰기

해설 세부사항 관련 - 화자의 주말 계획
지문 후반부에서 이번 주말에 친구들을 저녁식사에 초대했다(I'm having some friends over to dinner this weekend)고 했으므로 정답은 (C)이다.

▶▶ **Paraphrasing** 지문의 having some friends over to dinner → 정답의 host a dinner party

ETS® 토익 정기시험 예상 출제문제 독점공개

토익 시험 판도를 읽을 수 있는
최신 ETS 적중 예상 문제 전격 공개!

각권 12,500원

공개된 적 없는 출제기관 ETS All New 최신 5세트!

- 실제 시험과 똑같은 최신 성우 MP3!
- ETS 검증을 통과한 정확한 해설
- 온라인/모바일 무료 학습 지원

02.2000.0515 / www.ybmbooks.com

*toeic.
TOEIC® Test
공식문제집 LC

더 이상의 최신 경향은 없다!
ETS가 가장 최근 개발한 문제로만 구성

고사장에서 듣는 ETS 성우의 목소리
정기시험 성우의 발음과 억양으로 시험 완벽 대비

한국의 토익 수험자 여러분께,

토익 시험은 세계적인 직무 영어능력 평가 시험으로, 지난 40여 년간 비즈니스 현장에서 필요한 영어능력 평가의 기준을 제시해 왔습니다. 토익 시험 및 토익스피킹, 토익라이팅 시험은 세계에서 가장 널리 통용되는 영어능력 검증 시험으로, 160여 개국 14,000여 기관이 토익 성적을 의사결정에 활용하고 있습니다.

YBM은 한국의 토익 시험을 주관하는 ETS 독점 계약사입니다.

ETS는 한국 수험자들의 효과적인 토익 학습을 돕고자 YBM을 통하여 'ETS 토익 공식 교재'를 독점 출간하고 있습니다. 또한 'ETS 토익 공식 교재' 시리즈에 기출문항을 제공해 한국의 다른 교재들에 수록된 기출을 복제하거나 변형한 문항으로 인하여 발생할 수 있는 수험자들의 혼동을 방지하고 있습니다.

복제 및 변형 문항들은 토익 시험의 출제의도를 벗어날 수 있기 때문에 기출문항을 수록한 'ETS 토익 공식 교재'만큼 시험에 잘 대비할 수 없습니다.

'ETS 토익 공식 교재'를 통하여 수험자 여러분의 영어 소통을 위한 노력에 큰 성취가 있기를 바랍니다.

감사합니다.

Dear TOEIC Test Takers in Korea,

The TOEIC program is the global leader in English-language assessment for the workplace. It has set the standard for assessing English-language skills needed in the workplace for more than 40 years. The TOEIC tests are the most widely used English language assessments around the world, with 14,000+ organizations across more than 160 countries trusting TOEIC scores to make decisions.

YBM is the ETS Country Master Distributor for the TOEIC program in Korea and so is the exclusive distributor for TOEIC Korea.

To support effective learning for TOEIC test-takers in Korea, ETS has authorized YBM to publish the only Official TOEIC prep books in Korea. These books contain actual TOEIC items to help prevent confusion among Korean test-takers that might be caused by other prep book publishers' use of reproduced or paraphrased items.

Reproduced or paraphrased items may fail to reflect the intent of actual TOEIC items and so will not prepare test-takers as well as the actual items contained in the ETS TOEIC Official prep books published by YBM.

We hope that these ETS TOEIC Official prep books enable you, as test-takers, to achieve great success in your efforts to communicate effectively in English.

Thank you.

입문부터 실전까지 수준별 학습을 통해 최단기 목표점수 달성!

ETS TOEIC® 공식수험서
스마트 학습 지원

www.ybmbooks.com에서도 무료 MP3를 다운로드 받을 수 있습니다.

ETS 토익 모바일 학습 플랫폼!
ETS 토익기출 수험서 앱

　　　　　　　　구글플레이　앱스토어

교재 학습 지원	• LC 음원 MP3 • 교재 해설 동영상 강의 • 교재/부록 모의고사 채점 분석 • 단어 암기장
부가 서비스	• 데일리 학습(토익 기출문제 풀이) • 토익 최신 경향 무료 특강 • 토익 타이머
모의고사 결과 분석	• 파트별/문항별 정답률 • 파트별/유형별 취약점 리포트 • 전체 응시자 점수 분포도

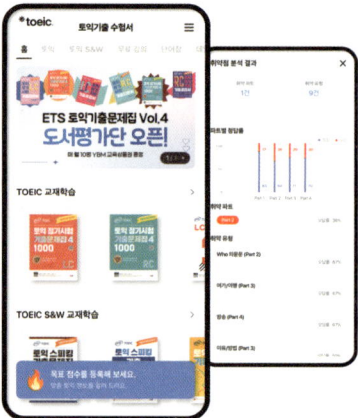

ETS 토익 학습 전용 온라인 커뮤니티!
ETS TOEIC® Book 공식카페

etstoeicbook.co.kr

강사진의 학습 지원	토익 대표강사들의 학습 지원과 멘토링
교재 학습관 운영	교재별 학습게시판을 통해 무료 동영상 강의 등 학습 지원
학습 콘텐츠 제공	토익 학습 콘텐츠와 정기시험 예비특강 업데이트

토익,
실력과 점수를 한 번에!
출제기관이 만든
진짜 문제로 승부하라!

왜 **출제기관에서 만든 문제**여야 할까요?

2,300명의 시험개발 전문가!

교육, 심리, 통계, 인문학, 사회학 등 2,300여 명의 전문 연구원이 모인 ETS. 토익 한 세트가 완성되려면 문제 설계 및 집필, 내용 검토, 문항의 공정성 및 타당성 검증, 난이도 조정, 모의시험 등 15단계의 개발공정에서 수많은 전문가의 손을 거쳐야 합니다.

2,300

싱크로율 100%

ETS TOEIC 교재의 모든 예문과 문항 및 해설은 100% ETS TOEIC 정기시험 개발부서에서 개발되고 검수되었습니다. 그러므로 사진, LC 음원, 문항 유형 및 난이도 등 모든 면에서 실제 시험과 싱크로율 100%입니다.

100%

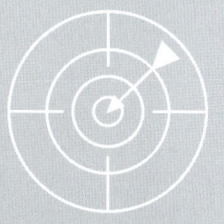

높은 정기시험 적중률!

기출 문항을 변형한 복제 문항이 아닌, ETS 토익 출제팀이 만든 원본 문항 100%로, 시중의 어느 교재보다 압도적으로 높은 적중률을 보장합니다.

↑ 적중률 UP

47.7%의 선호도!

정기시험과 동일한 유형 및 난이도와 문제 퀄리티, 정기시험 성우가 실제 시험과 동일하게 녹음한 LC문항으로 2016년 스펙업&펀미디어 20대 랭킹 어워즈에서 교재 선호도 47.7%를 기록했습니다.

47.7%

왜 ETS 교재를 선택 할까요?

전국 학원·대학의 토익 전문강사를 대상으로 한 YBM 자체 설문조사 결과, ETS 토익 시리즈가 최고의 토익 수험서임이 입증되었습니다!

출처: 전국 토익 전문 강사 106명 대상 | 2016.10.18-21

타사 교재 대비
시험 적중률 및 교재 품질, 압도적 1위!

■ ETS
■ H교재
■ Y교재

A 교재 품질 만족도 비교조사 1위
시험 대비전략의 유용성 | 교재 구성의 편의성 | 해설집 품질 만족도

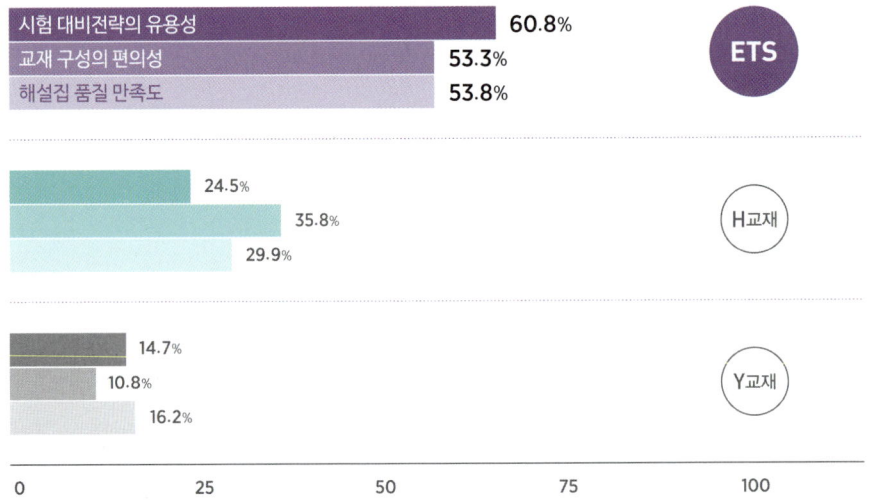

ETS
- 시험 대비전략의 유용성: 60.8%
- 교재 구성의 편의성: 53.3%
- 해설집 품질 만족도: 53.8%

H교재
- 24.5%
- 35.8%
- 29.9%

Y교재
- 14.7%
- 10.8%
- 16.2%

B   **토익 정기시험 적중률**

각 교재별로 정기시험 적중률이
70% 이상이라고 응답한 비율

ETS   **61.7%**
H교재   28.4%
Y교재   9.9%

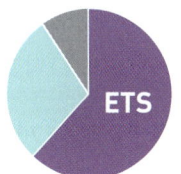

C   **문항의 난이도**

교재 문항의 난이도가 정기시험과
유사한 정도가 70% 이상이라고
응답한 비율

ETS   **57.7%**
H교재   29.8%
Y교재   12.5%

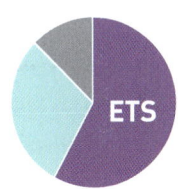

D   **신유형 문항 분석 및
대응전략의 정확성**

교재의 신유형 분석 및 전략이 정기시험
출제 포인트와 얼마나 일치하는가?
70% 이상 일치한다고 응답한 비율

ETS   **51.8%**
H교재   27.7%
Y교재   20.4%

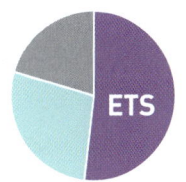

E 시각자료가 정기시험과 유사한 정도

Part 1 사진, Part 3, 4 시각정보 등 시각자료가 정기시험과 비교하여 유사한 정도가 **70%** 이상이라고 응답한 비율

ETS **63.4%**

H교재 23.7%
Y교재 12.9%

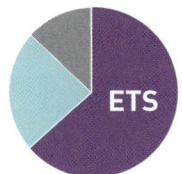

F Part 7 지문이 정기시험과 유사한 정도

Part 7 지문이 정기시험과 비교하여 유사한 정도가 **70%** 이상이라고 응답한 비율

ETS **58.4%**

H교재 28.8%
Y교재 12.8%

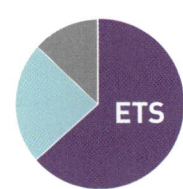

G ETS 토익 교재를 강의 교재로 선택한 이유는?

■ 출제기관이 개발 **36.2%**

■ 정기시험과 동일한 품질의 음원 — 23.6%
■ 높은 시험 적중률 — 15.9%
■ 문항의 품질이 좋음 — 14.6%
■ 교재 구성이 좋음 — 9.7%

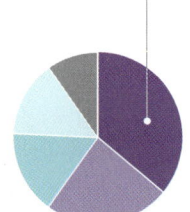

> 한눈에 보는
> 신토익

2017 신토익 평균 점수, 685점
2016년 신토익 평균 685점

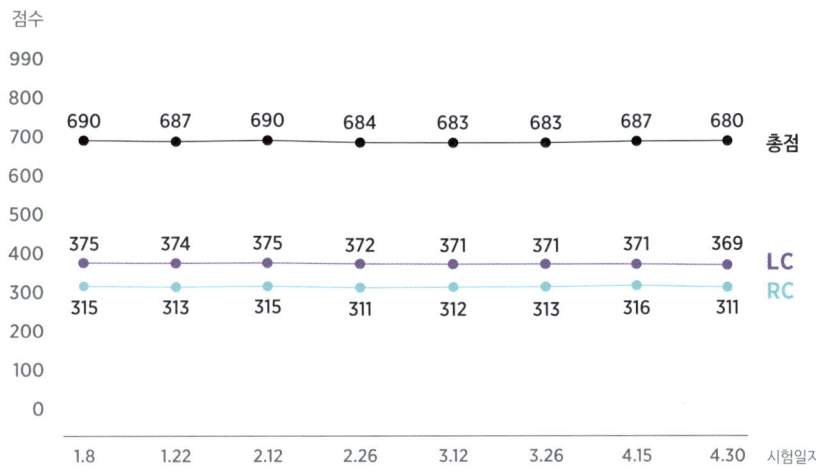

신토익 점수대별 인원 분포

50%가 705점 이상에 분포해 있었으며, 점수대별로는
705~800점(22.1%), 805~900점(19.7%),
605~700점 (19.7%), 505~600점 (14.2%),
405~500점(8.8%) 순으로 나타났습니다.

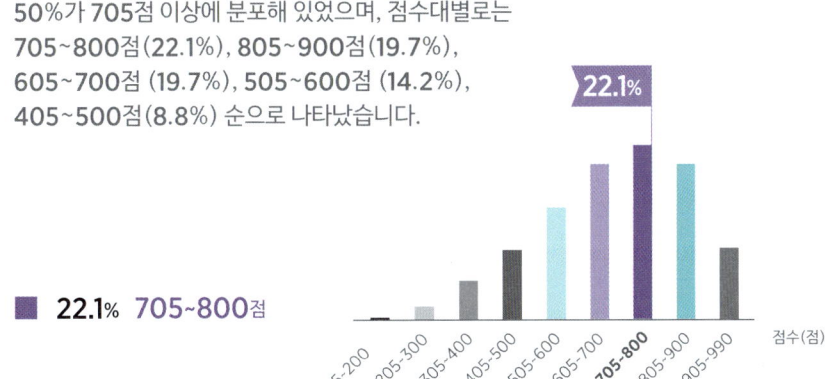

TOEIC Test 공식문제집
LC

발행인	허문호
발행처	YBM

편집	최정현
디자인	김혜경
마케팅	고영노, 김동진, 박찬경, 하재희, 문근호, 고은

초판발행	2017년 6월 8일
23쇄발행	2025년 12월 1일

신고일자	1964년 3월 28일
신고번호	제 1964-000003호
주소	서울시 종로구 종로 104
전화	(02) 2000-0515 [구입문의] / (02) 2000-0563 [내용문의]
팩스	(02) 2285-1523
홈페이지	www.ybmbooks.com

ISBN 978-89-17-22806-9

ETS, the ETS logo, TOEIC and 토익 are registered trademarks of Educational Testing Service, Princeton, New Jersey, U.S.A., used in the Republic of Korea under license.

Copyright © 2017 by Educational Testing Service, Princeton, New Jersey, U.S.A. All rights reserved. Reproduced under license for limited use by YBM. These materials are protected by United States Laws, International Copyright Laws and International Treaties. In the event of any discrepancy between this translation and official ETS materials, the terms of the official ETS materials will prevail.

All items were created by ETS. All item annotations and test-taking tips were reviewed by ETS.

서면에 의한 저자와 출판사의 허락 없이 내용의 일부 혹은 전부를 인용 및 복제하거나 발췌하는 것을 금합니다.
낙장 및 파본은 교환해 드립니다.
구입 철회는 구매처 규정에 따라 교환 및 환불 처리됩니다.

TOEIC® Test
공식문제집

LC

Preface

Dear test taker,

Here is a test preparation book created to help you succeed in using English as a tool for communication both in Korea and around the world.

This book will provide you with practical steps that you can take right now to improve your English proficiency and your TOEIC® test score. Now more than ever, your TOEIC score is a respected professional credential and an indicator of how well you can use English in a wide variety of situations to get the job done. As always, your TOEIC score is recognized globally as evidence of your English-language proficiency.

With the TOEIC® Test Official Prep Book, you can make sure you have the best and most thorough preparation for the TOEIC® test. This book contains key study points that will familiarize you with the test format and content, and you will be able to practice at your own pace. The test questions are developed by the same test specialists who develop the TOEIC® test and are carefully selected for inclusion in this book. They are reviewed as rigorously as the questions in the TOEIC® test itself.

The TOEIC® Test Official Prep Book includes the following key features.
- New TOEIC questions of the same quality and difficulty level as those in operational TOEIC® test forms
- Specific explanations for learners
- The same voice actors that you will hear in an ETS test administration

Use the TOEIC® Test Official Prep Book to help you prepare to use English in an ever-globalizing workplace. You will become familiar with the test, including the new test tasks, content, and format. These learning materials have been carefully crafted to help you advance in proficiency and gain a score report that will show the world what you know and what you can do.

대한민국 토익 응시자가 믿고 선택하는 이유!

유일무이

'출제기관이 직접 개발한' 문항이 담긴 유일한 교재니까!

이 책에는 총 5세트의 신토익 실전 문제가 수록되어 있다. 모든 문제는 토익 출제기관인 ETS가 직접 개발한 것으로, 문제 품질 및 난이도가 정기시험과 동일하다. 오래된 기출문제를 변형하여 구성한 교재로는 익힐 수 없는 '실전 감각'을 ETS® TOEIC® Test 공식문제집을 통해 얻어 보자!

최신 문항

'진짜 신토익'을 다룬 최신 실전문제집이니까!

이 책에 수록된 5세트의 LC 문제는 모두 ETS가 새로 개발한 최신 신토익 문항들이다. 신토익 유형을 가장 정확하게 반영한 최신 개발 문항으로 신토익에 대비해 보자! ETS® TOEIC® Test 공식문제집과 함께라면 유형이 바뀌어도 문제될 것이 전혀 없다!

국내 최고

'정기 시험과 동일한 음성'으로 준비하는 최고의 토익 리스닝 교재니까!

이 책에 수록된 5세트의 LC 문제는 모두 정기 시험과 동일한 성우가 실제 시험과 동일한 발음과 속도로 녹음하였다. 시험장에서 실제로 듣게 될 음성으로 공부하면 까다로운 영국·호주식 발음도 걱정 없다. ETS® TOEIC® Test 공식문제집으로 리스닝 울렁증도 떨쳐 버리고, 실제 시험에 완벽히 대비해 보자!

What is the TOEIC?

TOEIC은 어떤 시험인가요?

Test of English for International Communication(국제적 의사소통을 위한 영어 시험)의 약자로서, 영어가 모국어가 아닌 사람들이 일상생활 또는 비즈니스 현장에서 꼭 필요한 실용적 영어 구사 능력을 갖추었는가를 평가하는 시험이다.

시험 구성

구성	Part	내용		문항수	시간	배점
듣기 (L/C)	1	사진 묘사		6	45분	495점
	2	질의 & 응답		25		
	3	짧은 대화		39		
	4	짧은 담화		30		
읽기 (R/C)	5	단문 빈칸 채우기(문법/어휘)		30	75분	495점
	6	장문 빈칸 채우기		16		
	7	독해	단일 지문	29		
			이중 지문	10		
			삼중 지문	15		
Total		7 Parts		200문항	120분	990점

TOEIC 접수는 어떻게 하나요?

TOEIC 접수는 한국 토익 위원회 사이트(www.toeic.co.kr)에서 온라인 상으로만 접수가 가능하다. 사이트에서 매월 자세한 접수 일정과 시험 일정 등의 구체적 정보 확인이 가능하니, 미리 일정을 확인하여 접수하도록 한다.

시험장에 반드시 가져가야 할 준비물은요?

신분증 : 규정 신분증만 가능 (주민등록증, 운전면허증, 기간 만료 전의 여권, 공무원증 등)
필기구 : 연필, 지우개 (볼펜이나 사인펜은 사용 금지)

시험은 어떻게 진행되나요?

09:20	입실 (09:50 이후는 입실 불가)
09:30 - 09:45	답안지 작성에 관한 오리엔테이션
09:45 - 09:50	휴식
09:50 - 10:05	신분증 확인
10:05 - 10:10	문제지 배부 및 파본 확인
10:10 - 10:55	듣기 평가 (Listening Test)
10:55 - 12:10	독해 평가 (Reading Test)

TOEIC 성적 확인은 어떻게 하죠?

시험일로부터 10-11일 후 인터넷과 ARS(060-800-0515)로 성적을 확인할 수 있다.
TOEIC 성적표는 우편이나 온라인으로 발급 받을 수 있다(시험 접수시, 양자 택일). 우편으로 발급받을 경우는 성적 발표 후 대략 일주일이 소요되며, 온라인 발급을 선택하면 유효기간 내에 홈페이지에서 본인이 직접 1회에 한해 무료 출력할 수 있다. TOEIC 성적은 시험일로부터 2년간 유효하다.

TOEIC은 몇 점 만점인가요?

TOEIC 점수는 듣기영역(LC) 점수, 읽기 영역(RC) 점수, 그리고 이 두 영역을 합계한 전체 점수
세 부분으로 구성된다. 각 부분의 점수는 5점 단위이며, 5점에서 495점에 걸쳐 주어지고, 전체 점수는
10점에서 990점까지이며, 만점은 990점이다. TOEIC 성적은 각 문제 유형의 난이도에 따른
점수 환산표에 의해 결정된다.

점수 환산표

■ 이 책에 수록된 각 Test를 풀고 난 후, 맞은 개수를 세어 점수를 환산해 보세요.

LISTENING Raw Score (맞은 개수)	LISTENING Scaled Score (환산 점수)	READING Raw Score (맞은 개수)	READING Scaled Score (환산 점수)
96-100	475-495	96-100	460-495
91-95	435-495	91-95	425-490
86-90	405-470	86-90	400-465
81-85	370-450	81-85	375-440
76-80	345-420	76-80	340-415
71-75	320-390	71-75	310-390
66-70	290-360	66-70	285-370
61-65	265-335	61-65	255-340
56-60	240-310	56-60	230-310
51-55	215-280	51-55	200-275
46-50	190-255	46-50	170-245
41-45	160-230	41-45	140-215
36-40	130-205	36-40	115-180
31-35	105-175	31-35	95-150
26-30	85-145	26-30	75-120
21-25	60-115	21-25	60-95
16-20	30-90	16-20	45-75
11-15	5-70	11-15	30-55
6-10	5-60	6-10	10-40
1-5	5-50	1-5	5-30
0	5-35	0	5-15

점수 산출 방법

아래의 방식으로 점수를 산출할 수 있다.

Step 1

자신의 답안을 수록된 정답과 대조하여 채점한다. 각 Section의 맞은 개수가 본인의 Section별 '실제 점수 (통계 처리하기 전의 점수, raw score)'이다. Listening Test와 Reading Test의 정답 수를 세어, 자신의 실제 점수를 아래의 해당란에 기록한다.

	정답 수	환산 점수대
LISTENING		
READING		
총점	

Section별 실제 점수가 그대로 Section별 TOEIC 점수가 되는 것은 아니다. TOEIC은 시행할 때마다 별도로 특정한 통계 처리 방법을 사용하며 이러한 실제 점수를 환산 점수(converted[scaled] score)로 전환하게 된다. 이렇게 전환함으로써, 매번 시행될 때마다 문제는 달라지지만 그 점수가 갖는 의미는 같아지게 된다. 예를 들어 어느 한 시험에서 총점 550점의 성적으로 받는 실력이라면 다른 시험에서도 거의 550점대의 성적을 받게 되는 것이다.

Step 2

실제 점수를 위 표에 기록한 후 왼쪽 페이지의 점수 환산표를 보도록 한다. TOEIC이 시행될 때마다 대개 이와 비슷한 형태의 표가 작성되는데, 여기 제시된 환산표는 본 교재에 수록된 Test용으로 개발된 것이다. 이 표를 사용하여 자신의 실제 점수를 환산 점수로 전환하도록 한다. 즉, 예를 들어 Listening Test의 실제 정답 수가 61~65개이면 환산 점수는 240점에서 285점 사이가 된다. 여기서 실제 정답 수가 61개이면 환산 점수가 240점이고, 65개이면 환산 점수가 285점 임을 의미하는 것은 아니다. 본 책의 Test를 위해 작성된 이 점수 환산표가 자신의 영어 실력이 어느 정도인지 대략적으로 파악하는 데 도움이 되긴 하지만, 이 표가 실제 TOEIC 성적 산출에 그대로 사용된 적은 없다는 사실을 밝혀 둔다.

LC
TEST

LISTENING TEST

In the Listening test, you will be asked to demonstrate how well you understand spoken English. The entire Listening test will last approximately 45 minutes. There are four parts, and directions are given for each part. You must mark your answers on the separate answer sheet. Do not write your answers in your test book.

PART 1

Directions: For each question in this part, you will hear four statements about a picture in your test book. When you hear the statements, you must select the one statement that best describes what you see in the picture. Then find the number of the question on your answer sheet and mark your answer. The statements will not be printed in your test book and will be spoken only one time.

Statement (C), "They're sitting at a table," is the best description of the picture, so you should select answer (C) and mark it on your answer sheet.

1.

2.

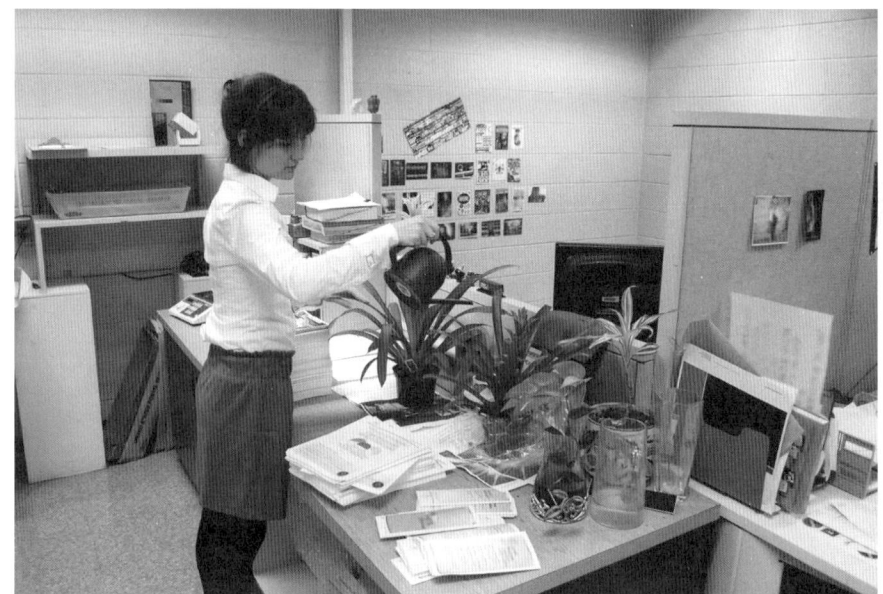

3.

4.

5.

6.

PART 2

Directions: You will hear a question or statement and three responses spoken in English. They will not be printed in your test book and will be spoken only one time. Select the best response to the question or statement and mark the letter (A), (B), or (C) on your answer sheet.

7. Mark your answer on your answer sheet.
8. Mark your answer on your answer sheet.
9. Mark your answer on your answer sheet.
10. Mark your answer on your answer sheet.
11. Mark your answer on your answer sheet.
12. Mark your answer on your answer sheet.
13. Mark your answer on your answer sheet.
14. Mark your answer on your answer sheet.
15. Mark your answer on your answer sheet.
16. Mark your answer on your answer sheet.
17. Mark your answer on your answer sheet.
18. Mark your answer on your answer sheet.
19. Mark your answer on your answer sheet.
20. Mark your answer on your answer sheet.
21. Mark your answer on your answer sheet.
22. Mark your answer on your answer sheet.
23. Mark your answer on your answer sheet.
24. Mark your answer on your answer sheet.
25. Mark your answer on your answer sheet.
26. Mark your answer on your answer sheet.
27. Mark your answer on your answer sheet.
28. Mark your answer on your answer sheet.
29. Mark your answer on your answer sheet.
30. Mark your answer on your answer sheet.
31. Mark your answer on your answer sheet.

PART 3

Directions: You will hear some conversations between two or more people. You will be asked to answer three questions about what the speakers say in each conversation. Select the best response to each question and mark the letter (A), (B), (C), or (D) on your answer sheet. The conversations will not be printed in your test book and will be spoken only one time.

32. Where does the woman most likely work?
    (A) At a restaurant
    (B) At a ticket office
    (C) At a bank
    (D) At a hotel

33. Why is the man calling?
    (A) To get directions
    (B) To ask for a discount
    (C) To change a reservation
    (D) To check an address

34. What will the woman e-mail the man?
    (A) A confirmation
    (B) A discount code
    (C) An application form
    (D) A menu

35. Who most likely is the woman?
    (A) A florist
    (B) A bus driver
    (C) A travel agent
    (D) A postal worker

36. What does the man say he cannot find?
    (A) A credit card
    (B) A delivery notice
    (C) A trip itinerary
    (D) A revised invoice

37. What does the woman ask the man to bring with him?
    (A) Proof of payment
    (B) An account number
    (C) Photo identification
    (D) Some packaging supplies

38. What does the woman want to do at the art gallery?
    (A) Display her paintings
    (B) Interview an artist
    (C) Apply for a job
    (D) Register for a class

39. What problem does the man mention?
    (A) A room is not big enough.
    (B) A director is not available.
    (C) A signature is missing.
    (D) A frame is broken.

40. What does the man offer to do for the woman?
    (A) Add her name to a list
    (B) Print out a schedule
    (C) Refund a deposit
    (D) Contact a repair person

41. What type of business does the man work for?
    (A) An architecture firm
    (B) A construction company
    (C) A real estate agency
    (D) A bank

42. Why is the woman pleased?
    (A) An apartment is conveniently located.
    (B) A job position is opening soon.
    (C) Some funding has been approved.
    (D) Some renovations have been completed.

43. What does the woman plan to do tomorrow afternoon?
    (A) Sign some documents
    (B) View a property
    (C) Attend a trade show
    (D) Make a presentation

GO ON TO THE NEXT PAGE

44. What does the woman say will happen today?
  (A) An inspection will take place.
  (B) Repair work will begin.
  (C) A private party will be held.
  (D) Some equipment will be installed.

45. What is the woman worried about?
  (A) Delayed deliveries
  (B) Power interruptions
  (C) Paying extra fees
  (D) Losing customers

46. What does the man offer to do?
  (A) Put out a sign
  (B) Call some customers
  (C) Extend business hours
  (D) Pick up some supplies

47. What are the speakers celebrating?
  (A) An increase in sales
  (B) A company merger
  (C) A product launch
  (D) A job promotion

48. What does the man imply when he says, "That string quartet performs all over the world"?
  (A) He will be seeing the show again in another country.
  (B) A music group is often mistaken for a different one.
  (C) Some musicians are very accomplished.
  (D) Some tickets are difficult to find.

49. What do the women agree to do in the morning?
  (A) Arrange a press conference
  (B) Test some equipment
  (C) Complete some paperwork
  (D) Present a proposal

50. What are the speakers trying to do?
  (A) Organize a filing system
  (B) Review some résumés
  (C) Schedule a training session
  (D) Revise a budget

51. What does the man suggest?
  (A) Dividing some work
  (B) Clarifying a procedure
  (C) Moving a deadline
  (D) Placing an advertisement

52. What does the man ask the woman to do?
  (A) Edit a journal article
  (B) Develop a Web design
  (C) Send a résumé
  (D) Print some documents

53. Why is the man selling his car?
  (A) He will be getting a car from his company.
  (B) He plans to take public transportation.
  (C) He needs a bigger vehicle.
  (D) He is moving overseas.

54. According to the woman, why will buyers like the car?
  (A) It is fuel efficient.
  (B) It has all new tires.
  (C) The model is very popular now.
  (D) The outside is in good condition.

55. What will the woman most likely do next?
  (A) Visit her friend
  (B) Find a business card
  (C) Check a catalog
  (D) Measure some fabric

56. What does the man want to purchase?
    (A) Company stationery
    (B) Advertising space in a newspaper
    (C) Promotional clothing
    (D) Web site design tools

57. How can the man receive a discount?
    (A) By referring potential customers
    (B) By signing up for a newsletter
    (C) By paying in advance
    (D) By placing a large order

58. What does the woman tell the man to do?
    (A) Speak with a manager
    (B) Visit a Web site
    (C) Make an appointment
    (D) Request a sample

59. Where do the speakers work?
    (A) At a radio station
    (B) At a recording studio
    (C) At an electronics manufacturer
    (D) At a newspaper

60. Why did Colby Media contact the speakers' workplace?
    (A) To offer a training workshop
    (B) To promote some new products
    (C) To request some photographs
    (D) To ask for a reference

61. What does the woman imply when she says, "I never actually worked with him"?
    (A) She cannot fulfill a request.
    (B) She would prefer to work alone.
    (C) She is surprised a colleague is leaving.
    (D) She is disappointed with an assignment.

LUNCH MENU
Roast Chicken $9.99
Salad $5.00
Vegetable Soup $3.50
Daily Special (ask server) $6.99

62. Why does the woman say she is at the restaurant?
    (A) To celebrate a contract
    (B) To evaluate a business
    (C) To prepare for a meeting
    (D) To interview for a job

63. Look at the graphic. How much will the woman pay for her menu item?
    (A) $9.99
    (B) $5.00
    (C) $3.50
    (D) $6.99

64. What does the man say is on the back of the menu?
    (A) A dessert list
    (B) A password
    (C) A Web site address
    (D) Nutrition information

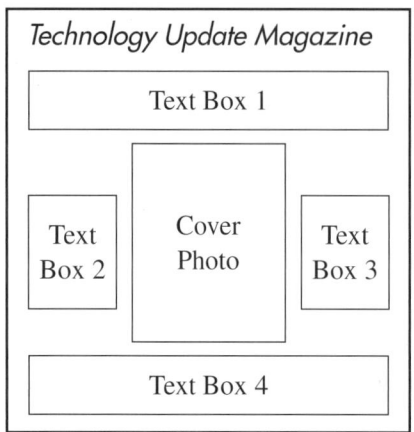

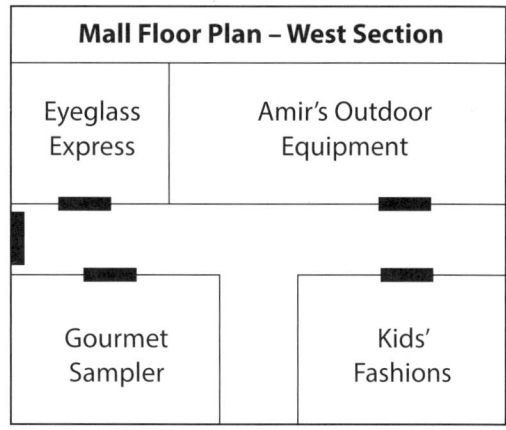

65. According to the woman, what is the topic of this month's issue?
    (A) Mobile phone technology
    (B) Computer training classes
    (C) Improving photography skills
    (D) Online self-publishing tips

66. According to the man, why should Reiko's story be included on the cover?
    (A) Reiko is a famous writer.
    (B) The photos are colorful.
    (C) The topic could attract new readers.
    (D) The story is time-sensitive.

67. Look at the graphic. Where will the title of Reiko's story be?
    (A) In text box 1
    (B) In text box 2
    (C) In text box 3
    (D) In text box 4

68. What does the man ask the woman about?
    (A) The amount of a refund
    (B) The location of a store
    (C) The date of a delivery
    (D) The name of a business owner

69. Look at the graphic. Where does the woman work?
    (A) Eyeglass Express
    (B) Amir's Outdoor Equipment
    (C) Gourmet Sampler
    (D) Kids' Fashions

70. What does the woman say about Amir?
    (A) He is moving abroad.
    (B) He is not working today.
    (C) He is starting a new job soon.
    (D) He is hiring an assistant.

PART 4

Directions: You will hear some talks given by a single speaker. You will be asked to answer three questions about what the speaker says in each talk. Select the best response to each question and mark the letter (A), (B), (C), or (D) on your answer sheet. The talks will not be printed in your test book and will be spoken only one time.

71. Where does the caller work?
    (A) At a farm
    (B) At a department store
    (C) At a restaurant
    (D) At a bakery

72. What problem does the caller describe?
    (A) An order was not filled correctly.
    (B) An appliance is not working properly.
    (C) A shipment has been lost.
    (D) An account has been closed.

73. What is the listener asked to do?
    (A) Consult an expert
    (B) Indicate a preference
    (C) Contact another vendor
    (D) Pay an additional fee

74. What is the purpose of the announcement?
    (A) To introduce an employee
    (B) To ask for volunteers
    (C) To name an award winner
    (D) To organize a client visit

75. What does Ms. Lee plan to do?
    (A) Open an overseas branch
    (B) Promote some staff
    (C) Lend money to local businesses
    (D) Join a banking association

76. What does the speaker imply when he says, "We only have the room until two o'clock"?
    (A) The listeners must finish their task quickly.
    (B) There is not enough time for questions.
    (C) There has been a scheduling error.
    (D) The listeners should arrive on time.

77. Who most likely is the speaker?
    (A) A flower shop owner
    (B) A city employee
    (C) A landscape architect
    (D) A construction worker

78. What does the speaker say about butterflies?
    (A) They have declined in number recently.
    (B) They can be viewed in an indoor exhibit.
    (C) They are protected by park regulations.
    (D) They will be drawn to the flowers.

79. What has been provided for the listeners?
    (A) Some tools
    (B) Some bird food
    (C) A picnic lunch
    (D) A map of the park

80. Where most likely is this announcement being made?
    (A) At an airport
    (B) At a train station
    (C) At a shopping center
    (D) At an amusement park

81. What does the speaker say is now available?
    (A) An expanded cafeteria
    (B) A renovated waiting area
    (C) Complimentary Internet access
    (D) Automated ticketing machines

82. What is mentioned about the user instructions?
    (A) They are available on the Web site.
    (B) They are offered in different languages.
    (C) They are written on each ticket.
    (D) They can be found inside the merchandise packaging.

83. What does the business produce?
    (A) Lightbulbs
    (B) Portable radios
    (C) Automobile tires
    (D) Airplane engines

84. According to the speaker, what will the business do in September?
    (A) Implement a recycling program
    (B) Launch an advertising campaign
    (C) Open a new manufacturing plant
    (D) Raise the salary of its employees

85. What does the mayor anticipate will happen in Laxton?
    (A) More traffic laws will be passed.
    (B) Employment opportunities will increase.
    (C) An energy policy will be revised.
    (D) Public transportation services will improve.

86. What type of work are listeners training for?
    (A) Maintenance
    (B) Manufacturing
    (C) Research
    (D) Sales

87. What problem is the speaker hoping to avoid?
    (A) High energy costs
    (B) Long lines for the elevators
    (C) Damage to artwork
    (D) Noise in the galleries

88. What does the speaker imply when she says, "I look at least twice a shift"?
    (A) Listeners should follow her recommendation.
    (B) Listeners should sign up for more shifts.
    (C) She has already checked some equipment.
    (D) She will be conducting surprise inspections.

89. What aspect of the taxi business did most customers comment on?
    (A) Speed of service
    (B) Cleanliness of vehicles
    (C) Employee friendliness
    (D) Driver safety

90. What does the speaker mean when she says, "everyone can see our ratings online"?
    (A) She is happy some information is easy to find.
    (B) She is concerned about the company's reputation.
    (C) She wants the company Web site to be fixed.
    (D) She is sure there is no need to collect additional feedback.

91. What does the speaker suggest?
    (A) Hiring additional drivers
    (B) Modifying a schedule
    (C) Starting a bonus program
    (D) Upgrading some vehicles

92. What is the topic of the workshop?
    (A) Applying for a job
    (B) Making effective presentations
    (C) Creating a business plan
    (D) Designing advertisements

93. According to the speaker, why is it important to make a good first impression?
    (A) To attract new customers
    (B) To keep listeners' attention
    (C) To gain a manager's respect
    (D) To get investors' support

94. What does the speaker ask members of the group to do?
    (A) Work together in teams
    (B) Describe past work experience
    (C) Give a demonstration
    (D) Make a list of questions

Fitness Center Schedule		
	Exercise Room 1	Exercise Room 2
5:30 P.M.	Weight lifting	
6:30 P.M.	~~Yoga~~ [canceled]	Indoor cycling
7:30 P.M.	Dance workout	Core strengthening

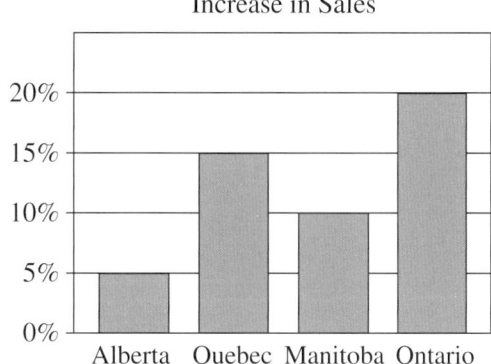

Increase in Sales

95. Look at the graphic. Which class does the speaker plan to take?
    (A) Weight lifting
    (B) Indoor cycling
    (C) Dance workout
    (D) Core strengthening

96. Why is the speaker going to Reynold's Café?
    (A) It is conveniently located.
    (B) It has outdoor seating.
    (C) The food is delicious.
    (D) A musical group is performing.

97. What does the speaker offer to do?
    (A) Make a reservation
    (B) Give a friend a ride
    (C) Pay for a meal
    (D) Respond to an e-mail

98. What kind of products does the speaker's company sell?
    (A) Kitchen appliances
    (B) Camping supplies
    (C) Men's clothing
    (D) Used cars

99. Look at the graphic. In which province will the company begin a direct-mail advertising campaign?
    (A) Alberta
    (B) Quebec
    (C) Manitoba
    (D) Ontario

100. What will the listeners most likely do next?
    (A) Try out a product
    (B) Tour a showroom
    (C) Arrange some displays
    (D) Watch a presentation

This is the end of the Listening test. Turn to Part 5 in your test book.

LC
TEST

2

LISTENING TEST

In the Listening test, you will be asked to demonstrate how well you understand spoken English. The entire Listening test will last approximately 45 minutes. There are four parts, and directions are given for each part. You must mark your answers on the separate answer sheet. Do not write your answers in your test book.

PART 1

Directions: For each question in this part, you will hear four statements about a picture in your test book. When you hear the statements, you must select the one statement that best describes what you see in the picture. Then find the number of the question on your answer sheet and mark your answer. The statements will not be printed in your test book and will be spoken only one time.

Statement (C), "They're sitting at a table," is the best description of the picture, so you should select answer (C) and mark it on your answer sheet.

1.

2.

3.

4.

5.

6.

GO ON TO THE NEXT PAGE

PART 2

Directions: You will hear a question or statement and three responses spoken in English. They will not be printed in your test book and will be spoken only one time. Select the best response to the question or statement and mark the letter (A), (B), or (C) on your answer sheet.

7. Mark your answer on your answer sheet.
8. Mark your answer on your answer sheet.
9. Mark your answer on your answer sheet.
10. Mark your answer on your answer sheet.
11. Mark your answer on your answer sheet.
12. Mark your answer on your answer sheet.
13. Mark your answer on your answer sheet.
14. Mark your answer on your answer sheet.
15. Mark your answer on your answer sheet.
16. Mark your answer on your answer sheet.
17. Mark your answer on your answer sheet.
18. Mark your answer on your answer sheet.
19. Mark your answer on your answer sheet.
20. Mark your answer on your answer sheet.
21. Mark your answer on your answer sheet.
22. Mark your answer on your answer sheet.
23. Mark your answer on your answer sheet.
24. Mark your answer on your answer sheet.
25. Mark your answer on your answer sheet.
26. Mark your answer on your answer sheet.
27. Mark your answer on your answer sheet.
28. Mark your answer on your answer sheet.
29. Mark your answer on your answer sheet.
30. Mark your answer on your answer sheet.
31. Mark your answer on your answer sheet.

PART 3

Directions: You will hear some conversations between two or more people. You will be asked to answer three questions about what the speakers say in each conversation. Select the best response to each question and mark the letter (A), (B), (C), or (D) on your answer sheet. The conversations will not be printed in your test book and will be spoken only one time.

32. Where do the speakers work?
    (A) At a department store
    (B) At a pharmacy
    (C) At a restaurant
    (D) At a dry cleaner

33. What change does the woman mention?
    (A) Employees will have to wear ID badges.
    (B) Credit cards will now be accepted.
    (C) Work shifts will be more flexible.
    (D) Staff will receive different uniforms.

34. What does the woman need to know?
    (A) The name of a bank
    (B) The size of some clothing
    (C) The day of a delivery
    (D) The color of an item

35. What does the woman want to do?
    (A) Reduce the cost of operations
    (B) Organize a team-building event
    (C) Open a second warehouse
    (D) Try an advertising strategy

36. What solution does Frank propose?
    (A) Hosting a business seminar
    (B) Reducing overtime hours
    (C) Hiring an outside company
    (D) Promoting a product on television

37. What will Ming prepare for Thursday?
    (A) Some corrected numbers
    (B) Some meeting notes
    (C) A list of companies
    (D) A floor plan

38. What does the woman say about tours in September?
    (A) They are held on weekends only.
    (B) They are very popular.
    (C) Their price will be increased.
    (D) They have live music.

39. What does the woman tell the man to do?
    (A) Make an online reservation
    (B) View a brochure
    (C) Provide photo identification
    (D) Read some reviews

40. What does the woman imply when she says, "You can't miss it"?
    (A) The tour is highly rated.
    (B) A map should be used.
    (C) The man must arrive on time.
    (D) A calendar is easy to find.

41. What does the woman ask the man to do?
    (A) Send an e-mail
    (B) Revise a report
    (C) Schedule a repair
    (D) Hang a painting

42. Why is the woman unable to complete the task?
    (A) She has a computer problem.
    (B) She has to consult with a coworker.
    (C) She has to give a presentation.
    (D) She has a business trip.

43. What will happen on Friday afternoon?
    (A) Some furniture will be installed.
    (B) Some walls will be painted.
    (C) A conference will begin.
    (D) A luncheon will take place.

GO ON TO THE NEXT PAGE

44. What are the speakers discussing?
   (A) Interviewing job applicants
   (B) Making promotion decisions
   (C) Preparing for an urgent project
   (D) Attracting international clients

45. What does the woman say staff should be able to do?
   (A) Work on weekends
   (B) Handle multiple accounts
   (C) Speak a foreign language
   (D) Travel frequently

46. What does the woman remind the man about?
   (A) Her letter of recommendation
   (B) Her upcoming vacation
   (C) A limited budget
   (D) A contract deadline

47. What is the man's problem?
   (A) He cannot find a file.
   (B) He is late for an appointment.
   (C) His workplace is very noisy.
   (D) His phone is not working properly.

48. What does the woman ask the man about?
   (A) Who he is trying to contact
   (B) When he made a purchase
   (C) Whether he damaged a device
   (D) What the model number of an item is

49. What does the woman offer to do?
   (A) Provide a replacement
   (B) Give a discount
   (C) Call a supervisor
   (D) Check a storage room

50. Why is a product unavailable?
   (A) A machine part is broken.
   (B) An ingredient is not in season.
   (C) A shipment was delayed.
   (D) A manufacturer went out of business.

51. What does the woman inquire about?
   (A) The date of an event
   (B) The recipe for some baked goods
   (C) The availability of a catering service
   (D) The location of a business meeting

52. What will the man most likely do on Tuesday?
   (A) Change a display
   (B) Buy some supplies
   (C) Close a shop early
   (D) Make a delivery

53. Where does the woman most likely work?
   (A) At a bank
   (B) At a home goods store
   (C) At a utility company
   (D) At an apartment management agency

54. Why is the man calling?
   (A) To open an account
   (B) To request a fee reduction
   (C) To cancel an inspection
   (D) To reserve some materials

55. What does the woman ask the man to send?
   (A) A copy of a warranty
   (B) A completed survey
   (C) A receipt for a repair
   (D) A deposit payment

56. What has the woman recently accomplished?
    (A) She designed a new line of shoes.
    (B) She founded an organization.
    (C) She advanced to an executive position.
    (D) She secured a large order from a client.

57. What does the woman mean when she says, "I know you did most of the market analysis"?
    (A) She looks forward to reading a report.
    (B) She wants to take on a new task.
    (C) She is thankful for the man's help.
    (D) She needs some advice from the man.

58. What policy change does the man tell the woman about?
    (A) How to book flights
    (B) How to submit receipts
    (C) How to enter data
    (D) How to pay vendors

59. What is the company planning to do in July?
    (A) Announce a new president
    (B) Participate in a product exhibition
    (C) Hold a company picnic
    (D) Buy some printing equipment

60. What problem does the woman mention?
    (A) A document is not printing correctly.
    (B) Some expenses have not been approved.
    (C) Some inventory is not selling well.
    (D) An invitation was not received.

61. What does the man suggest?
    (A) Writing some new product descriptions
    (B) Rearranging some photographs
    (C) Getting consumer feedback
    (D) Using a professional service

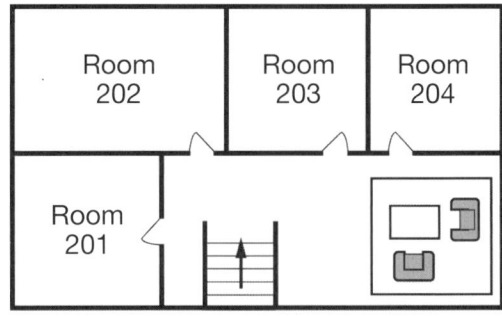

62. Why is the man at Manzi Technology?
    (A) To lead a workshop
    (B) To pick up an application form
    (C) To have an interview
    (D) To start an internship

63. How did the man learn about Manzi Technology?
    (A) From a university professor
    (B) From a family member
    (C) From a career fair
    (D) From an online advertisement

64. Look at the graphic. Which room will the man go to next?
    (A) 201
    (B) 202
    (C) 203
    (D) 204

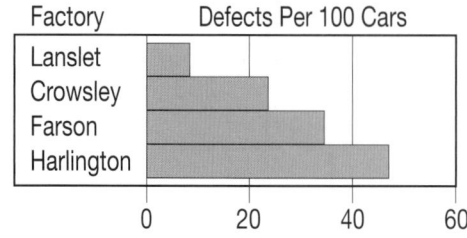

65. Why is the woman meeting with the man?
    (A) To select conference participants
    (B) To finalize an agreement
    (C) To research a news article
    (D) To purchase an automobile

66. What happened recently at Mr. Polk's factory?
    (A) Better equipment was installed.
    (B) Additional employees were hired.
    (C) An office was renovated.
    (D) A production process was improved.

67. Look at the graphic. Which factory does Mr. Polk most likely manage?
    (A) Lanslet
    (B) Crowsley
    (C) Farson
    (D) Harlington

CONTRACT OF SALE for a COMMERCIAL building	
Location:	1420 Pine Drive
Buyer:	Malt Industries
Seller:	Stampard Group

68. Look at the graphic. According to the man, which information is incorrect?
    (A) The type of property
    (B) The address
    (C) The buyer's name
    (D) The seller's name

69. What does the man say he is worried about?
    (A) The proximity of a highway
    (B) The condition of an electrical system
    (C) The cost of interior decorating
    (D) The lack of parking space

70. What does the woman offer to do?
    (A) Negotiate with a seller
    (B) Show an alternate property
    (C) Study some regulations
    (D) Contact a construction company

PART 4

Directions: You will hear some talks given by a single speaker. You will be asked to answer three questions about what the speaker says in each talk. Select the best response to each question and mark the letter (A), (B), (C), or (D) on your answer sheet. The talks will not be printed in your test book and will be spoken only one time.

71. What is the purpose of the announcement?
    (A) To acknowledge a coworker
    (B) To introduce a guest
    (C) To explain a department policy
    (D) To discuss sales techniques

72. What has Janet Kalasky been working on recently?
    (A) Finalizing a conference agenda
    (B) Developing mobile phone software
    (C) Updating training manuals
    (D) Creating promotional displays

73. Where does the speaker encourage the listeners to go?
    (A) To the security desk
    (B) To the employee lounge
    (C) To a training session
    (D) To a trade show

74. Where is the speaker reporting from?
    (A) A movie theater
    (B) An opera house
    (C) A shopping mall
    (D) A convention center

75. What does the speaker imply when he says, "It's located right next to historic city hall, the oldest building in the city"?
    (A) An old building needs to be repaired.
    (B) A historic landmark is worth visiting.
    (C) A new building contrasts with older ones.
    (D) A building is not difficult to get to.

76. What can the listeners do on a Web site?
    (A) Purchase event merchandise
    (B) Read reviews
    (C) Register for a newsletter
    (D) View a performance schedule

77. Why is the speaker calling?
    (A) To report an accident
    (B) To inquire about an advertisement
    (C) To point out a mistake
    (D) To give driving directions

78. What does the speaker say she is concerned about?
    (A) A selling price
    (B) The cost of a delivery
    (C) An application requirement
    (D) The time of an event

79. What does the speaker offer to do?
    (A) Test a product
    (B) E-mail a contract
    (C) Pick up an item
    (D) Provide a photograph

80. Who most likely are the listeners?
    (A) Marketing specialists
    (B) Fashion models
    (C) Interior designers
    (D) Hairstylists

81. What does the speaker imply when she says, "I placed some surveys by the door"?
    (A) Her documents are missing.
    (B) She hopes to receive feedback.
    (C) Participants should depart promptly.
    (D) A task has already been completed.

82. What does the speaker remind the listeners about?
    (A) Contacting clients
    (B) Signing up for a workshop
    (C) Submitting a personal profile
    (D) Taking a brochure

83. According to the speaker, what will happen next Saturday?
    (A) A recording session
    (B) A fund-raising dinner
    (C) A grand opening
    (D) An anniversary celebration

84. What does the speaker tell the listeners they can do?
    (A) Vote for their favorite songs
    (B) Take a quiz
    (C) Post questions
    (D) Donate money to the radio station

85. What will Ezra Ortiz be discussing next?
    (A) His song-writing process
    (B) The release of a new song
    (C) An upcoming tour
    (D) Music programs in schools

86. What does the speaker imply when he says, "That's a very big order"?
    (A) He cannot fill an order in time.
    (B) He will charge more than usual.
    (C) He needs a favor from the listener.
    (D) He thinks a request may be incorrect.

87. What will the speaker send the listener?
    (A) A signed paper
    (B) A product sample
    (C) A color printer
    (D) A catalog

88. What does the speaker say he has changed?
    (A) The color of a design
    (B) The placement of some information
    (C) The time of an appointment
    (D) The location of a sign

89. What is the announcement mainly about?
    (A) Finishing a team project
    (B) Reporting work hours
    (C) Issuing ID badges
    (D) Hiring more workers

90. According to the speaker, how can employees get more information?
    (A) By watching a video
    (B) By reading a file
    (C) By filling out a form
    (D) By speaking with a representative

91. What is an advantage of the new system?
    (A) Company sales will increase.
    (B) Computer security will improve.
    (C) Staff will be paid more quickly.
    (D) Project timelines will be updated electronically.

92. What department does the speaker most likely work in?
    (A) Product Development
    (B) Advertising
    (C) Legal Affairs
    (D) Finance

93. What are customers' complaints about Tucker Treats?
    (A) The ingredient list is inaccurate.
    (B) The food amount has decreased.
    (C) The packaging is hard to open.
    (D) The new flavor does not taste good.

94. What task does the speaker assign to the listeners?
    (A) Creating some designs
    (B) Conducting market research
    (C) Demonstrating a procedure
    (D) Finding potential vendors

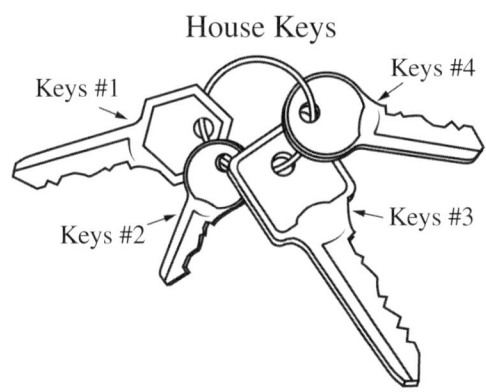

House Keys
Keys #1
Keys #2
Keys #3
Keys #4

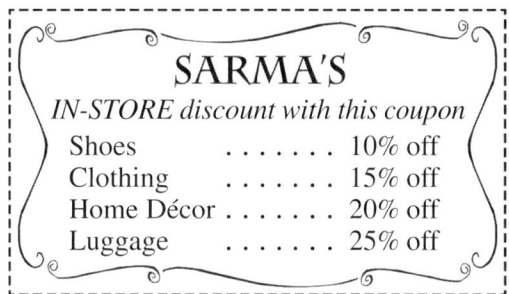

SARMA'S
IN-STORE discount with this coupon
Shoes .... 10% off
Clothing .... 15% off
Home Décor .... 20% off
Luggage .... 25% off

95. Why is the speaker traveling to Singapore?
  (A) To see family
  (B) To go sightseeing
  (C) To purchase supplies
  (D) To meet overseas clients

96. Look at the graphic. Which key is for the store?
  (A) Key #1
  (B) Key #2
  (C) Key #3
  (D) Key #4

97. What did the speaker send in an e-mail?
  (A) Special care instructions
  (B) A travel itinerary
  (C) Store blueprints
  (D) A technology article

98. What does the speaker ask the listeners to do?
  (A) Take inventory
  (B) Decorate the store
  (C) Work extra hours
  (D) Hand out coupons

99. Look at the graphic. According to the speaker, what merchandise has not sold well?
  (A) Shoes
  (B) Clothing
  (C) Home décor
  (D) Luggage

100. According to the speaker, what will happen in April?
  (A) New merchandise will be arriving.
  (B) A store department will be expanded.
  (C) A Web site will be improved.
  (D) Employee work schedules will change.

This is the end of the Listening test. Turn to Part 5 in your test book.

LC TEST

3

LISTENING TEST

In the Listening test, you will be asked to demonstrate how well you understand spoken English. The entire Listening test will last approximately 45 minutes. There are four parts, and directions are given for each part. You must mark your answers on the separate answer sheet. Do not write your answers in your test book.

PART 1

Directions: For each question in this part, you will hear four statements about a picture in your test book. When you hear the statements, you must select the one statement that best describes what you see in the picture. Then find the number of the question on your answer sheet and mark your answer. The statements will not be printed in your test book and will be spoken only one time.

Statement (C), "They're sitting at a table," is the best description of the picture, so you should select answer (C) and mark it on your answer sheet.

1.

2.

3.

4.

5.

6.

PART 2

Directions: You will hear a question or statement and three responses spoken in English. They will not be printed in your test book and will be spoken only one time. Select the best response to the question or statement and mark the letter (A), (B), or (C) on your answer sheet.

7. Mark your answer on your answer sheet.
8. Mark your answer on your answer sheet.
9. Mark your answer on your answer sheet.
10. Mark your answer on your answer sheet.
11. Mark your answer on your answer sheet.
12. Mark your answer on your answer sheet.
13. Mark your answer on your answer sheet.
14. Mark your answer on your answer sheet.
15. Mark your answer on your answer sheet.
16. Mark your answer on your answer sheet.
17. Mark your answer on your answer sheet.
18. Mark your answer on your answer sheet.
19. Mark your answer on your answer sheet.
20. Mark your answer on your answer sheet.
21. Mark your answer on your answer sheet.
22. Mark your answer on your answer sheet.
23. Mark your answer on your answer sheet.
24. Mark your answer on your answer sheet.
25. Mark your answer on your answer sheet.
26. Mark your answer on your answer sheet.
27. Mark your answer on your answer sheet.
28. Mark your answer on your answer sheet.
29. Mark your answer on your answer sheet.
30. Mark your answer on your answer sheet.
31. Mark your answer on your answer sheet.

PART 3

Directions: You will hear some conversations between two or more people. You will be asked to answer three questions about what the speakers say in each conversation. Select the best response to each question and mark the letter (A), (B), (C), or (D) on your answer sheet. The conversations will not be printed in your test book and will be spoken only one time.

32. Where does the woman most likely work?
    (A) At a theater
    (B) At a restaurant
    (C) At a gardening store
    (D) At a convention center

33. Why is the man calling?
    (A) To apply for a job
    (B) To file a complaint
    (C) To make a reservation
    (D) To inquire about prices

34. What is the man willing to wait for?
    (A) A meeting with a manager
    (B) A monthly sale
    (C) A Web site relaunch
    (D) A preferred location

35. What is the man planning to do?
    (A) See a friend
    (B) Meet with some clients
    (C) Purchase a bus pass
    (D) Find a recipe

36. Why does the woman say, "I have to drive to the city center"?
    (A) To express frustration with her schedule
    (B) To suggest a meeting place
    (C) To decline the man's invitation
    (D) To offer the man a ride

37. What does the woman confirm?
    (A) A meeting location
    (B) A departure time
    (C) The number of travelers
    (D) The length of an event

38. What problem is the man calling about?
    (A) A flight cancellation
    (B) A computer malfunction
    (C) A billing error
    (D) Lost luggage

39. What event is the man planning to attend?
    (A) A training session
    (B) A conference
    (C) A grand opening
    (D) A musical performance

40. What will the woman probably do next?
    (A) Schedule a repair
    (B) Check a receipt
    (C) Issue a refund
    (D) Make an announcement

41. What department does the woman work in?
    (A) Marketing
    (B) Customer Service
    (C) Accounting
    (D) Product Development

42. What is the woman concerned about?
    (A) Her qualifications for a position
    (B) A lack of staff in her department
    (C) A delayed product launch
    (D) A customer complaint

43. What does the man suggest?
    (A) Revising a résumé
    (B) Looking at a job description
    (C) Editing a report
    (D) Advertising in a professional journal

GO ON TO THE NEXT PAGE

44. Where does the man work?
- (A) At a seaport
- (B) At a travel agency
- (C) At a shipping company
- (D) At a security firm

45. Why is the woman concerned?
- (A) Her employees did not receive training.
- (B) An airplane ticket is too expensive.
- (C) Some directions are unclear.
- (D) Her products are easily breakable.

46. What does the man say about the Web site?
- (A) It lists pricing details.
- (B) It calculates arrival dates.
- (C) It provides translations.
- (D) It includes packing tips.

47. What are the speakers discussing?
- (A) Plans for an advertising campaign
- (B) A delay in a construction project
- (C) Arranging a business trip
- (D) Hosting a company party

48. What does the woman ask the man to confirm?
- (A) The weight of some material
- (B) The availability of some equipment
- (C) The cost of a service
- (D) The number of attendees

49. What will the man do next?
- (A) Review an invoice
- (B) Design an invitation
- (C) Make a phone call
- (D) Inspect a space

50. Where most likely does the woman work?
- (A) At a plumbing company
- (B) At a furniture store
- (C) At a post office
- (D) At a hardware store

51. What problem does the man indicate?
- (A) Some workers arrived late.
- (B) Some merchandise has been damaged.
- (C) A home repair is needed.
- (D) Business hours were shortened.

52. What will the man do at three o'clock?
- (A) Speak with a contractor
- (B) Sign a document
- (C) Buy some supplies
- (D) Go to a bank

53. What does the woman imply when she says, "I'm supposed to send it out this morning"?
- (A) She has misunderstood a request.
- (B) An item is out of stock.
- (C) She would like some help.
- (D) It is too late to make a change.

54. What problem does the man mention?
- (A) A client is dissatisfied.
- (B) A room is still occupied.
- (C) Sales figures were inaccurate.
- (D) A store address is incorrect.

55. What does the man offer to do?
- (A) Call a client
- (B) E-mail some coworkers
- (C) Check on a delivery
- (D) Reschedule a meeting

56. Where most likely are the speakers?
    (A) At a publishing company
    (B) At a bookstore
    (C) At a supermarket
    (D) At a bank

57. Why are Monday mornings busy?
    (A) Deliveries must be processed.
    (B) Cleaning must be completed.
    (C) There are activities for children.
    (D) There are staff meetings.

58. What does the woman ask about?
    (A) Accessing a building
    (B) Finding a manager
    (C) Receiving a discount
    (D) Locating an item

59. Where do the speakers work?
    (A) At a toy manufacturer
    (B) At a financial institution
    (C) At a car repair shop
    (D) At a technology company

60. What does the woman suggest doing?
    (A) Collaborating with another company
    (B) Investing in better machinery
    (C) Arranging some job interviews
    (D) Evaluating consumer interest

61. Why do the men advise against pursuing the project?
    (A) It will take too long to complete.
    (B) It will cost too much money.
    (C) A factory cannot meet production demands.
    (D) A similar product is already available.

Time	Tour
1 P.M.	Old City Theater
2 P.M.	River Cruise
3 P.M.	Historic Homes
4 P.M.	Outdoor Art

62. Why does the man apologize?
    (A) A piece of equipment is broken.
    (B) A group has already left.
    (C) Some tickets are sold out.
    (D) Some information is outdated.

63. Look at the graphic. When will the woman's tour begin?
    (A) At 1 P.M.
    (B) At 2 P.M.
    (C) At 3 P.M.
    (D) At 4 P.M.

64. What will the woman most likely do before the tour?
    (A) Try a restaurant
    (B) Recharge a camera
    (C) Make a reservation
    (D) Read some instructions

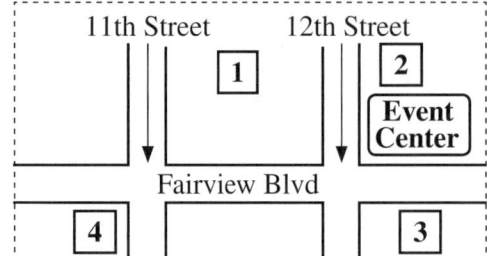

65. What does the man say he will be doing at an event?
    (A) Working at a ticket booth
    (B) Giving a presentation
    (C) Filming a performance
    (D) Leading a fitness class

66. Look at the graphic. Which parking area does the woman recommend using?
    (A) Area 1
    (B) Area 2
    (C) Area 3
    (D) Area 4

67. What will the woman make a list of?
    (A) Event participants
    (B) Security personnel
    (C) Nearby restaurants
    (D) Conference topics

ERROR 984

Select:
○ 1. Restart application
○ 2. Send error report
○ 3. Force quit application
○ 4. Shut down computer

[ENTER]

68. Who most likely is the woman?
    (A) A job applicant
    (B) A financial analyst
    (C) A software salesperson
    (D) A computer technician

69. Look at the graphic. Which option should the man select?
    (A) Option 1
    (B) Option 2
    (C) Option 3
    (D) Option 4

70. What does the man say he is worried about?
    (A) Locating a laptop
    (B) Meeting sales goals
    (C) Losing some data
    (D) Missing a deadline

PART 4

Directions: You will hear some talks given by a single speaker. You will be asked to answer three questions about what the speaker says in each talk. Select the best response to each question and mark the letter (A), (B), (C), or (D) on your answer sheet. The talks will not be printed in your test book and will be spoken only one time.

71. According to the speaker, what is the restaurant known for?
    (A) Using local ingredients
    (B) Providing cooking lessons
    (C) Featuring international dishes
    (D) Offering outdoor seating

72. According to the speaker, what is near the restaurant?
    (A) Public transportation
    (B) Several entertainment venues
    (C) A popular hotel
    (D) The city's waterfront

73. Why should listeners visit a Web site?
    (A) To place an order
    (B) To read a review
    (C) To make a reservation
    (D) To see a menu

74. Where does the woman work?
    (A) At an insurance company
    (B) At a car rental service
    (C) At an auto parts store
    (D) At a manufacturing plant

75. Why does the woman say, "none of our technicians noticed anything wrong with the car"?
    (A) She is confident that a product is ready to be sold.
    (B) She is not sure what is causing a problem.
    (C) She thinks employees need more training.
    (D) She wonders if a document is accurate.

76. What does the woman ask the man to do?
    (A) Confirm his availability
    (B) Check a manual
    (C) Order a replacement part
    (D) Provide a receipt

77. What type of event are the listeners attending?
    (A) A press conference
    (B) An awards banquet
    (C) A trade show
    (D) A training session

78. What are the listeners asked to check first?
    (A) The date of a meeting
    (B) The documents in a folder
    (C) A telephone number
    (D) A confirmation code

79. According to the speaker, what might some listeners have to do?
    (A) Pay a small fee
    (B) Come back the next day
    (C) Work with a colleague
    (D) Update some files

80. Where does the speaker work?
    (A) At a construction supply company
    (B) At an appliance manufacturer
    (C) At an engineering firm
    (D) At a newspaper publisher

81. What job experience does the speaker mention?
    (A) Customer service
    (B) Warehouse management
    (C) Research and development
    (D) Factory maintenance

82. What does the speaker say about the company's headquarters?
    (A) It is located in another city.
    (B) It is closed on Saturdays.
    (C) It is difficult to find.
    (D) It is being remodeled.

GO ON TO THE NEXT PAGE

83. Who are the listeners?

    (A) Journal editors
    (B) Corporate lawyers
    (C) Tax accountants
    (D) University professors

84. What do association members receive?

    (A) Restaurant vouchers
    (B) A magazine subscription
    (C) A list of job opportunities
    (D) A software application

85. According to the speaker, what information can be found in the conference packet?

    (A) Membership fees
    (B) A local map
    (C) E-mail addresses
    (D) A calendar of events

86. According to the speaker, what did the company do this year?

    (A) It hired many people.
    (B) It increased its sales.
    (C) It opened several branch offices.
    (D) It merged with another organization.

87. What does the speaker imply when she says, "I haven't gotten the final figures yet"?

    (A) She is frustrated with a colleague.
    (B) She is expecting a promotion.
    (C) She will probably miss a project deadline.
    (D) She will give staff more information later.

88. What will Eimi talk about?

    (A) Changes to a policy
    (B) A job interview
    (C) A staff luncheon
    (D) A performance review

89. What does Advanced Ideas Incorporated specialize in?

    (A) Investing in real estate
    (B) Producing television advertisements
    (C) Developing business plans
    (D) Organizing special events

90. What does the speaker say is available on the company's Web site?

    (A) Registration forms
    (B) Product descriptions
    (C) Industry regulations
    (D) Client feedback

91. What does the company offer free of charge?

    (A) An initial consultation
    (B) A trial membership
    (C) Airline tickets
    (D) Promotional merchandise

92. What is the purpose of the talk?

    (A) To introduce a tour
    (B) To announce a new procedure
    (C) To describe a new product
    (D) To welcome an employee

93. What does the speaker imply when she says, "That isn't a restricted area"?

    (A) Listeners will not need a badge.
    (B) Listeners may take pictures.
    (C) Security staff are not on duty.
    (D) Product samples will be provided.

94. What does the speaker say will happen at the end of the morning?

    (A) Refreshments will be provided.
    (B) Guests will visit a company gift shop.
    (C) There will be a discussion with an employee.
    (D) Surveys will be distributed.

Model	Scanning	Sorting	Stapling
Omega K	✓	✓	
Clariform X1	✓	✓	✓
Sanita 46-J			
Kirian XYB-4		✓	

95. Look at the graphic. Which device would the speaker like to buy?
(A) Omega K
(B) Clariform X1
(C) Sanita 46-J
(D) Kirian XYB-4

96. What does the speaker ask about?
(A) The budget code for a purchase
(B) The location of a vendor
(C) The price of an item
(D) The best shipping method

97. Why does the speaker mention Pedro?
(A) He will be moving offices.
(B) He services the computers.
(C) He schedules deliveries.
(D) He has a credit card.

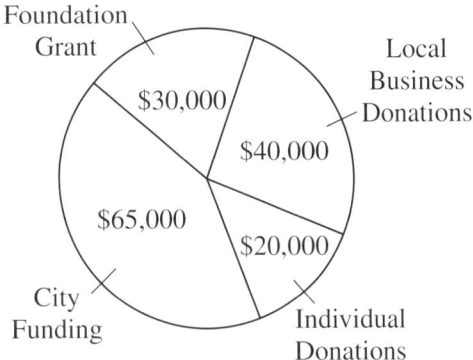

PROJECT FUNDS

98. What type of project is the speaker discussing?
(A) A school expansion
(B) A new sports arena
(C) A bus service
(D) A bicycle route

99. Look at the graphic. How much money is still needed to begin the project?
(A) $30,000
(B) $40,000
(C) $20,000
(D) $65,000

100. According to the speaker, what major advantage will the project have?
(A) It will reduce traffic.
(B) It will bring more stores to the area.
(C) It will attract talented professionals.
(D) It will lower the cost of public transportation.

This is the end of the Listening test. Turn to Part 5 in your test book.

LC
TEST

4

LISTENING TEST

In the Listening test, you will be asked to demonstrate how well you understand spoken English. The entire Listening test will last approximately 45 minutes. There are four parts, and directions are given for each part. You must mark your answers on the separate answer sheet. Do not write your answers in your test book.

PART 1

Directions: For each question in this part, you will hear four statements about a picture in your test book. When you hear the statements, you must select the one statement that best describes what you see in the picture. Then find the number of the question on your answer sheet and mark your answer. The statements will not be printed in your test book and will be spoken only one time.

Statement (C), "They're sitting at a table," is the best description of the picture, so you should select answer (C) and mark it on your answer sheet.

1.

2.

3.

4.

5.

6.

PART 2

Directions: You will hear a question or statement and three responses spoken in English. They will not be printed in your test book and will be spoken only one time. Select the best response to the question or statement and mark the letter (A), (B), or (C) on your answer sheet.

7. Mark your answer on your answer sheet.
8. Mark your answer on your answer sheet.
9. Mark your answer on your answer sheet.
10. Mark your answer on your answer sheet.
11. Mark your answer on your answer sheet.
12. Mark your answer on your answer sheet.
13. Mark your answer on your answer sheet.
14. Mark your answer on your answer sheet.
15. Mark your answer on your answer sheet.
16. Mark your answer on your answer sheet.
17. Mark your answer on your answer sheet.
18. Mark your answer on your answer sheet.
19. Mark your answer on your answer sheet.
20. Mark your answer on your answer sheet.
21. Mark your answer on your answer sheet.
22. Mark your answer on your answer sheet.
23. Mark your answer on your answer sheet.
24. Mark your answer on your answer sheet.
25. Mark your answer on your answer sheet.
26. Mark your answer on your answer sheet.
27. Mark your answer on your answer sheet.
28. Mark your answer on your answer sheet.
29. Mark your answer on your answer sheet.
30. Mark your answer on your answer sheet.
31. Mark your answer on your answer sheet.

PART 3

Directions: You will hear some conversations between two or more people. You will be asked to answer three questions about what the speakers say in each conversation. Select the best response to each question and mark the letter (A), (B), (C), or (D) on your answer sheet. The conversations will not be printed in your test book and will be spoken only one time.

32. What does the man ask the woman about?
    (A) Travel plans
    (B) Machine repairs
    (C) A delivery date
    (D) A payment amount

33. What does the woman ask the man to do?
    (A) Hire additional staff
    (B) Provide photo identification
    (C) Make a deposit
    (D) Sign for a package

34. Why will the man be unavailable?
    (A) He will be giving a factory tour to investors.
    (B) He will be assisting some technicians.
    (C) He will be conducting a safety inspection.
    (D) He will be attending a training session.

35. According to the woman, what is the purpose of the call?
    (A) To find out some hours of operation
    (B) To schedule a doctor's appointment
    (C) To ask about a discount
    (D) To get information about some medicine

36. What does the woman complain about?
    (A) A long wait time
    (B) An unfriendly staff member
    (C) An incorrect order
    (D) A price increase

37. What does the man suggest the woman do?
    (A) Leave a voice-mail message
    (B) Use an online chat service
    (C) Provide medical records
    (D) Cancel a payment

38. What does the man imply when he says, "you're not leaving now, are you"?
    (A) He would like to speak with the woman.
    (B) He needs a ride.
    (C) A work shift has not ended.
    (D) The woman has forgotten about a meeting.

39. What does the man say he is working on?
    (A) A seating chart
    (B) A Web site
    (C) A time sheet
    (D) A client presentation

40. What does the woman offer to do?
    (A) Work on a problem
    (B) Call a customer
    (C) Design an illustration
    (D) Hire a consultant

41. Where does the man most likely work?
    (A) At an office supply company
    (B) At a catering company
    (C) At a warehouse
    (D) At a kitchen appliance store

42. Why does the woman call the man?
    (A) To report a shipping mistake
    (B) To make an appointment
    (C) To change an order
    (D) To negotiate a price

43. What does the man promise to send?
    (A) A list of vendors
    (B) A lunch menu
    (C) A delivery address
    (D) A confirmation e-mail

GO ON TO THE NEXT PAGE

44. What event are the speakers mainly talking about?
    (A) A technology convention
    (B) A management seminar
    (C) A corporate fund-raiser
    (D) A job fair

45. Which department does the man work in?
    (A) Shipping
    (B) Accounting
    (C) Manufacturing
    (D) Graphic design

46. What is the man asked to do?
    (A) Make an online payment
    (B) Reserve computer equipment
    (C) Provide written feedback
    (D) Choose a catering service

47. What is the man purchasing?
    (A) A television
    (B) A laptop computer
    (C) Printing paper
    (D) Business cards

48. Why does the man say, "I've just started my business"?
    (A) To explain an error
    (B) To reject an offer
    (C) To express pride
    (D) To update a friend

49. What does the woman say she will do this afternoon?
    (A) Meet with a colleague
    (B) Market a product
    (C) Create a sample
    (D) Return a phone call

50. What are the speakers discussing?
    (A) Renting some office space
    (B) Reserving a banquet hall
    (C) Purchasing a car
    (D) Finding an apartment

51. What is Jane concerned about?
    (A) Access to wireless Internet
    (B) The availability of parking
    (C) The size of a budget
    (D) The proximity to a city center

52. Why does the man want a short-term contract?
    (A) He needs to raise more money.
    (B) He is moving to a new city.
    (C) A company is growing.
    (D) A business agreement may change.

53. Why is the man calling?
    (A) To open a bank account
    (B) To complain about repair work
    (C) To ask about a loan
    (D) To interview for a job

54. Who most likely is the woman?
    (A) A building inspector
    (B) A city official
    (C) An interior designer
    (D) A bank employee

55. What will the woman do after the phone call?
    (A) Sign a contract
    (B) Speak to a manager
    (C) Meet with a customer
    (D) Mail a form

56. According to the woman, what has happened?
    (A) Some merchandise has sold out.
    (B) A client has rescheduled a visit.
    (C) A director has reduced a budget.
    (D) A document has been lost.

57. What does the woman recommend doing?
    (A) Going to a sporting event
    (B) Searching a Web site
    (C) Inviting a company president
    (D) Using a corporate credit card

58. What will the man do next?
    (A) Pick up a rental car
    (B) Check a calendar
    (C) Talk to a colleague
    (D) Update an online account

59. Where most likely do the men work?
    (A) At a convention center
    (B) At a television station
    (C) At a bookstore
    (D) At a theater

60. Who is the woman?
    (A) A photographer
    (B) A musician
    (C) An actress
    (D) An author

61. What does the woman request?
    (A) A film ticket
    (B) A beverage
    (C) A pen
    (D) A parking pass

Orchestra Hall Concert Schedule

June 18	Andy Torino
June 25	Angela Ferrero
July 1	Javier Fernandez
July 12	Andy Torino

62. Why will the woman be away?
    (A) She is attending a wedding.
    (B) She is presenting at a conference.
    (C) She is going on a tour.
    (D) She is leading a training event.

63. Look at the graphic. When will the speakers go to a concert?
    (A) On June 18
    (B) On June 25
    (C) On July 1
    (D) On July 12

64. What does the woman say she will do next?
    (A) Read about a performer
    (B) Update a schedule
    (C) Send out an invitation
    (D) Book some tickets

Miller's Clothing Shop		
April 6		
Receipt: 00309		
Item	**Quantity**	**Price**
Jacket	1	$50.00
Scarf	1	$20.00
Sweater	1	$45.00
	Total	$115.00

🍽	Restaurants	Third level
✈	International Arrivals	Second level
🧳	Baggage Claim	First level
🚆	Public Transportation	Basement level

65. What type of event did the woman go to yesterday?
    (A) A retirement celebration
    (B) A birthday party
    (C) An awards ceremony
    (D) A business conference

66. Why does the woman want to return a piece of clothing?
    (A) She received the same item as a gift.
    (B) She found a better price in another store.
    (C) The item was damaged.
    (D) The item does not fit well.

67. Look at the graphic. How much will be refunded?
    (A) $50
    (B) $20
    (C) $45
    (D) $115

68. Why was the man late?
    (A) He was caught in traffic.
    (B) He went to the wrong location.
    (C) He was mistaken about an arrival time.
    (D) His prior meeting did not finish on time.

69. Look at the graphic. Where will the speakers probably go next?
    (A) The third level
    (B) The second level
    (C) The first level
    (D) The basement level

70. Why does the woman say she is concerned?
    (A) Her suitcase has been lost.
    (B) Her connecting flight has been canceled.
    (C) Her colleague is unable to help with a presentation.
    (D) Her mobile phone is not working properly.

PART 4

Directions: You will hear some talks given by a single speaker. You will be asked to answer three questions about what the speaker says in each talk. Select the best response to each question and mark the letter (A), (B), (C), or (D) on your answer sheet. The talks will not be printed in your test book and will be spoken only one time.

71. Where most likely are the listeners?
    (A) At a hotel
    (B) At a restaurant
    (C) At a warehouse
    (D) At a food market

72. What does the business have planned for the weekend?
    (A) Construction work
    (B) Extended operating hours
    (C) A cooking demonstration
    (D) An anniversary banquet

73. According to the speaker, what can the listeners do online?
    (A) Find coupons
    (B) Place an order
    (C) Make a reservation
    (D) View a map

74. What does Ento Industries produce?
    (A) Assembly-line equipment
    (B) Vehicle engines
    (C) Truck tires
    (D) Rubber gloves

75. What does the speaker emphasize about the product?
    (A) Its warranty
    (B) Its appearance
    (C) Its size
    (D) Its durability

76. What does the speaker say the listener can do?
    (A) Return merchandise to the manufacturer
    (B) Recycle used materials
    (C) Have an item custom-made
    (D) Request access to some study results

77. What problem is the speaker discussing?
    (A) Outdated vehicles
    (B) Passenger complaints
    (C) A decrease in ticket sales
    (D) A staff shortage

78. What does the speaker suggest?
    (A) Reducing the number of daily trips
    (B) Offering lower bus fares
    (C) Conducting a customer survey
    (D) Starting an advertising campaign

79. What does the speaker ask the listeners to do?
    (A) Get approval for travel
    (B) Review a revised budget
    (C) Meet with some customers
    (D) Provide feedback on a schedule

80. Who most likely is the speaker?
    (A) An actor
    (B) A journalist
    (C) A book editor
    (D) A play director

81. Why is the speaker calling the theater?
    (A) To obtain permission for photographs
    (B) To plan for a reception
    (C) To reserve seats
    (D) To request a group discount

82. What does the speaker say he can do?
    (A) Read a script
    (B) E-mail an article
    (C) Give a presentation
    (D) Attend a rehearsal

GO ON TO THE NEXT PAGE

83. Where does the speaker most likely work?
    (A) At a furniture store
    (B) At a construction company
    (C) At a gardening center
    (D) At a restaurant

84. What is the speaker offering the listeners?
    (A) Additional work shifts
    (B) Free beverages
    (C) Longer breaks
    (D) More vacation time

85. What does the speaker imply when she says, "the sign-up sheet will only be there for a few days"?
    (A) She needs clarification.
    (B) She will follow the correct procedure.
    (C) Employees should act soon.
    (D) Employees can submit recommendations.

86. What does the speaker thank the listener for?
    (A) Buying her artwork
    (B) Introducing her to someone
    (C) Donating some money
    (D) Sending some brochures

87. What does the speaker invite the listener to do?
    (A) Share a story
    (B) Speak at an event
    (C) Attend a debate
    (D) Join an organization

88. Why does the speaker say, "I have some meetings near your office building on Tuesday and Wednesday"?
    (A) She is accepting an invitation.
    (B) She is indicating when she is available.
    (C) She is offering to deliver some documents.
    (D) She is suggesting a change in location.

89. What problem does the speaker mention?
    (A) An online network is down.
    (B) A file is missing.
    (C) A budget request has been denied.
    (D) A scheduling error has been found.

90. What department does the speaker most likely work in?
    (A) Human Resources
    (B) Advertising
    (C) Accounting
    (D) Customer Service

91. What solution has been offered?
    (A) A deadline will be extended.
    (B) Several people will join a team.
    (C) The scope of a project will be reduced.
    (D) Additional computers will be available.

92. Where is the talk taking place?
    (A) At a software demonstration
    (B) At a certification course
    (C) At a press conference
    (D) At a board meeting

93. Why does the speaker say, "This has never happened before"?
    (A) To apologize for a misunderstanding
    (B) To explain a new procedure
    (C) To reassure the listeners
    (D) To request some funding

94. What will be available next week?
    (A) Updated Web site photographs
    (B) New software
    (C) Revised instruction manuals
    (D) Recent sales figures

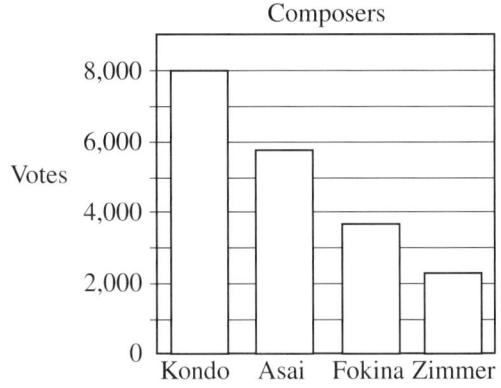

95. What does the speaker say about the cost of Rickson Center services?
(A) It is reduced for members.
(B) It will increase next month.
(C) The government pays for it.
(D) Payment is due before April.

96. What recently happened in Keene Township?
(A) A new office location opened.
(B) A government policy was changed.
(C) A small-business contract was signed.
(D) A networking event was held for business owners.

97. Look at the graphic. Which workshop is currently full?
(A) Business Plans
(B) Budget Management
(C) Networking Tactics
(D) Strategic Marketing

98. Why are the listeners told to visit a Web site?
(A) To purchase tickets
(B) To download recordings
(C) To read concert reviews
(D) To sign up for notifications

99. What is the topic of today's broadcast?
(A) A museum exhibit
(B) Lives of celebrities
(C) Music in movies
(D) Popular musical instruments

100. Look at the graphic. Which person will be interviewed?
(A) Ms. Kondo
(B) Ms. Asai
(C) Ms. Fokina
(D) Ms. Zimmer

This is the end of the Listening test. Turn to Part 5 in your test book.

LC TEST

LISTENING TEST

In the Listening test, you will be asked to demonstrate how well you understand spoken English. The entire Listening test will last approximately 45 minutes. There are four parts, and directions are given for each part. You must mark your answers on the separate answer sheet. Do not write your answers in your test book.

PART 1

Directions: For each question in this part, you will hear four statements about a picture in your test book. When you hear the statements, you must select the one statement that best describes what you see in the picture. Then find the number of the question on your answer sheet and mark your answer. The statements will not be printed in your test book and will be spoken only one time.

Statement (C), "They're sitting at a table," is the best description of the picture, so you should select answer (C) and mark it on your answer sheet.

1.

2.

3.

4.

5.

6.

PART 2

Directions: You will hear a question or statement and three responses spoken in English. They will not be printed in your test book and will be spoken only one time. Select the best response to the question or statement and mark the letter (A), (B), or (C) on your answer sheet.

7. Mark your answer on your answer sheet.
8. Mark your answer on your answer sheet.
9. Mark your answer on your answer sheet.
10. Mark your answer on your answer sheet.
11. Mark your answer on your answer sheet.
12. Mark your answer on your answer sheet.
13. Mark your answer on your answer sheet.
14. Mark your answer on your answer sheet.
15. Mark your answer on your answer sheet.
16. Mark your answer on your answer sheet.
17. Mark your answer on your answer sheet.
18. Mark your answer on your answer sheet.
19. Mark your answer on your answer sheet.
20. Mark your answer on your answer sheet.
21. Mark your answer on your answer sheet.
22. Mark your answer on your answer sheet.
23. Mark your answer on your answer sheet.
24. Mark your answer on your answer sheet.
25. Mark your answer on your answer sheet.
26. Mark your answer on your answer sheet.
27. Mark your answer on your answer sheet.
28. Mark your answer on your answer sheet.
29. Mark your answer on your answer sheet.
30. Mark your answer on your answer sheet.
31. Mark your answer on your answer sheet.

PART 3

Directions: You will hear some conversations between two or more people. You will be asked to answer three questions about what the speakers say in each conversation. Select the best response to each question and mark the letter (A), (B), (C), or (D) on your answer sheet. The conversations will not be printed in your test book and will be spoken only one time.

32. What is the woman planning to do this weekend?
    (A) Interview a job candidate
    (B) Plan an agenda
    (C) Visit a friend
    (D) Attend a workshop

33. What problem does the man mention?
    (A) He has a scheduling conflict.
    (B) He missed a deadline.
    (C) A fee is too high.
    (D) A conference room is unavailable.

34. What does the woman suggest the man do?
    (A) Speak to a manager
    (B) Postpone an event
    (C) Make copies of a document
    (D) Submit a proposal

35. Why is the woman visiting the man?
    (A) To get his signature on a contract
    (B) To take pictures for an advertisement
    (C) To pick up some samples
    (D) To tour a facility

36. Who most likely is the woman?
    (A) A graphic designer
    (B) A safety inspector
    (C) A journalist
    (D) A caterer

37. Why does the man apologize?
    (A) He is behind schedule.
    (B) He forgot some information.
    (C) An area is restricted.
    (D) A package is damaged.

38. What type of event are the speakers discussing?
    (A) An awards ceremony
    (B) A film festival
    (C) A sales conference
    (D) A gallery opening

39. Why does the woman say, "all of my sales reports are due today"?
    (A) To decline an invitation
    (B) To extend a deadline
    (C) To request help with a project
    (D) To correct some information

40. What does the man say he will try to do?
    (A) Contact a supervisor
    (B) Change a reservation
    (C) Fix a computer problem
    (D) Order some tickets

41. Where do the speakers most likely work?
    (A) At an advertising firm
    (B) At an airline company
    (C) At a budget hotel
    (D) At a shipping company

42. What does the man suggest?
    (A) Hiring more staff
    (B) Replacing some equipment
    (C) Opening a new branch
    (D) Offering vacation packages

43. What does the man ask the woman to do?
    (A) Review some sales figures
    (B) Revise a contract
    (C) Arrange a conference call
    (D) Send a list of locations

GO ON TO THE NEXT PAGE

44. What is the topic of the conversation?
    (A) A missing document
    (B) An incorrect bill
    (C) A vendor price list
    (D) A building location

45. How does the woman help the man?
    (A) By giving some driving directions
    (B) By checking some tracking information
    (C) By printing out a credit card statement
    (D) By confirming an updated address

46. What will the man do next?
    (A) Make a complaint
    (B) Revise some contracts
    (C) Open some mail
    (D) Contact a client

47. Who most likely is the woman?
    (A) A security officer
    (B) A postal worker
    (C) A bank employee
    (D) A store clerk

48. What does the man mean when he says, "I don't have my glasses"?
    (A) He must reschedule an appointment.
    (B) He has lost an item.
    (C) He is unable to drive.
    (D) He cannot answer a question.

49. What does the woman say she will do?
    (A) Send an e-mail
    (B) Refund a charge
    (C) Check with a manager
    (D) Look up a telephone number

50. What are the speakers mainly discussing?
    (A) A magazine article
    (B) A printed advertisement
    (C) A musical performance
    (D) A press conference

51. What does the man ask about?
    (A) Leaving work early
    (B) Canceling a project
    (C) Changing a deadline
    (D) Purchasing a camera

52. What does the man plan to do on Saturday?
    (A) Travel to a conference
    (B) Participate in a research study
    (C) Meet a colleague at the office
    (D) Take some photographs

53. Where are the speakers?
    (A) In a hotel lobby
    (B) In a bookstore
    (C) In a theater
    (D) In a restaurant

54. What does the woman say she did two months ago?
    (A) She published a book.
    (B) She started a business.
    (C) She moved to a new house.
    (D) She attended a concert.

55. What does the woman offer to do?
    (A) Give a recommendation
    (B) Provide a discount
    (C) Arrange for different seating
    (D) Make a reservation

56. Where does the woman work?
    (A) At a library
    (B) At a bank
    (C) At a community center
    (D) At a research foundation

57. What does the man want help with?
    (A) Completing some paperwork
    (B) Registering for a workshop
    (C) Inspecting some equipment
    (D) Editing an article

58. What documentation does the woman say is important?
    (A) A list of investors
    (B) A business plan
    (C) An identification card
    (D) A utility bill

59. What is the conversation mainly about?
    (A) Using new software
    (B) Marketing products
    (C) Opening a second factory
    (D) Attending a convention

60. What is the woman concerned about?
    (A) Keeping costs down
    (B) Recruiting new staff
    (C) Answering some difficult questions
    (D) Handling multiple tasks

61. What is Mario's most important qualification?
    (A) He has worked overseas.
    (B) He has owned his own company.
    (C) He is familiar with two computer programs.
    (D) He can fix many types of equipment.

TIME	EVENT	ROOM
8:00	Breakfast	302
9:00	Welcome presentation	304
10:30	Marketing workshop	307
12:00	Panel discussion	315

62. What does the man ask the woman to do?
    (A) Work alone for a short time
    (B) Pick up a client at the airport
    (C) Deliver a package
    (D) Help set up a booth

63. Look at the graphic. Which event will the woman participate in?
    (A) The breakfast
    (B) The welcome presentation
    (C) The marketing workshop
    (D) The panel discussion

64. Who does the man say he would like to go see?
    (A) An industry leader
    (B) A job candidate
    (C) A former colleague
    (D) A potential client

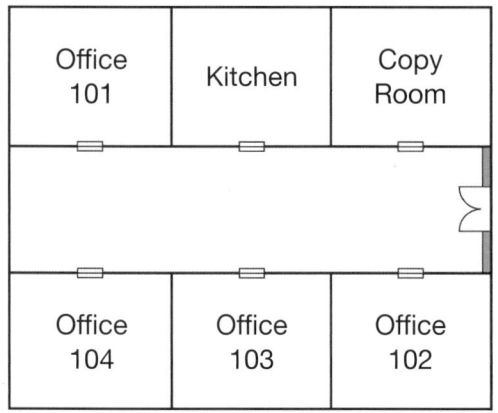

Pierre-Jean, Antoine
Flight
AC56
Seat
34B
Departure Time
9:15
Gate Number
D44

65. What has the man been doing recently?

   (A) Installing new computers
   (B) Traveling for business
   (C) Preparing for a conference
   (D) Supervising a renovation

66. What does the woman offer to do?

   (A) Order packing supplies
   (B) Print a floor plan
   (C) Move some boxes
   (D) Get a cost estimate

67. Look at the graphic. Which office is the man's?

   (A) Office 101
   (B) Office 102
   (C) Office 103
   (D) Office 104

68. What does the woman ask the man for?

   (A) His booking number
   (B) His seating preference
   (C) His passport
   (D) His itinerary

69. What does the woman say about the man's original flight?

   (A) It is overbooked.
   (B) It is delayed for an hour.
   (C) Only aisle seats are available.
   (D) A fee applies to checked luggage.

70. Look at the graphic. What information may change?

   (A) AC56
   (B) 34B
   (C) 9:15
   (D) D44

PART 4

Directions: You will hear some talks given by a single speaker. You will be asked to answer three questions about what the speaker says in each talk. Select the best response to each question and mark the letter (A), (B), (C), or (D) on your answer sheet. The talks will not be printed in your test book and will be spoken only one time.

71. According to the speaker, what is happening in March?
    (A) A trade show
    (B) A company banquet
    (C) A charity fund-raiser
    (D) A product launch

72. What is the purpose of the message?
    (A) To recommend a vendor
    (B) To change a reservation
    (C) To extend an invitation
    (D) To accept an offer

73. What does the speaker request from the listener?
    (A) Directions to an event
    (B) A catering menu
    (C) An updated invoice
    (D) A list of guests

74. Where is the talk taking place?
    (A) At a botanical garden
    (B) At a university library
    (C) At an art museum
    (D) At an antiques store

75. What does the speaker imply when she says, "this is a private collection"?
    (A) Objects cannot be touched.
    (B) Photography is not allowed.
    (C) Artwork cannot be purchased.
    (D) Visiting hours are limited.

76. What activity does the speaker suggest that the listeners do later?
    (A) Purchase a meal
    (B) Sign up for a class
    (C) Take a catalog
    (D) Talk to an artist

77. Why is the speaker calling?
    (A) To extend a job offer
    (B) To announce a business merger
    (C) To describe a company's products
    (D) To ask about an itinerary

78. What does the speaker say the company is planning to do?
    (A) Develop a new product line
    (B) Expand into an overseas market
    (C) Offer courses in negotiating
    (D) Host an international conference

79. What will the speaker give more information about?
    (A) A client visit
    (B) A payment policy
    (C) A regional conference
    (D) A relocation process

80. What is the main purpose of the announcement?
    (A) To request employee comments
    (B) To celebrate the signing of a contract
    (C) To ask staff to check their work for errors
    (D) To describe a new company procedure

81. What has caused a problem?
    (A) Repair calls are taking too long.
    (B) Some handwriting is unclear.
    (C) Employees are misusing equipment.
    (D) A computer program is not working properly.

82. What are the listeners asked to do by the end of the day?
    (A) Sign up for a training session
    (B) Turn in outstanding paperwork
    (C) Pick up some new equipment
    (D) Report the number of repairs done

83. What product is the speaker discussing?
    (A) A navigation system
    (B) A tablet computer
    (C) A mobile phone
    (D) A wide-screen television

84. Why does the speaker's company plan to release a product early?
    (A) Work is ahead of schedule.
    (B) Current models are not profitable.
    (C) Many pre-orders were placed.
    (D) A competitor will market a similar item.

85. Why does the speaker say, "That does mean our advertising team will be working some long hours"?
    (A) To acknowledge a difficult situation
    (B) To suggest hiring more employees
    (C) To congratulate the listener for signing a contract
    (D) To stress the importance of satisfying a client

86. What is the purpose of the talk?
    (A) To invite employees to apply for a position
    (B) To clarify changes to a vacation policy
    (C) To inform employees about free consultations
    (D) To ask for volunteers to organize a party

87. What does the speaker imply when she says, "we receive excellent feedback on this every year"?
    (A) Listeners will be surprised by survey results.
    (B) Listeners will be pleased with a service.
    (C) A product is expected to sell well.
    (D) A budget for a program will not be cut.

88. According to the speaker, what can the listeners do on a Web page?
    (A) Enter vacation time
    (B) Read a job description
    (C) Vote on a proposal
    (D) Schedule a meeting

89. What is the speaker discussing?
    (A) A monthly budget
    (B) Some new food items
    (C) Some customer feedback
    (D) A training program

90. What problem does the speaker point out?
    (A) Employees have been arriving late.
    (B) Uniforms still need to be ordered.
    (C) Company profits have been declining.
    (D) Certain products cannot be found on the shelves.

91. What is the speaker planning to do?
    (A) Publicize an upcoming sale
    (B) Hire more staff
    (C) Improve recycling procedures
    (D) Meet with individual employees

92. What is the topic of the training?
    (A) Product sales
    (B) Machine operation
    (C) Marketing strategies
    (D) Information security

93. What will the listeners learn how to do?
    (A) Recruit new employees
    (B) Use special software
    (C) Report technical problems
    (D) Identify client needs

94. What will the listeners do next?
    (A) Create a project calendar
    (B) Review sample documents
    (C) Watch a training video
    (D) Meet session attendees

ANNUAL ENERGY COSTS

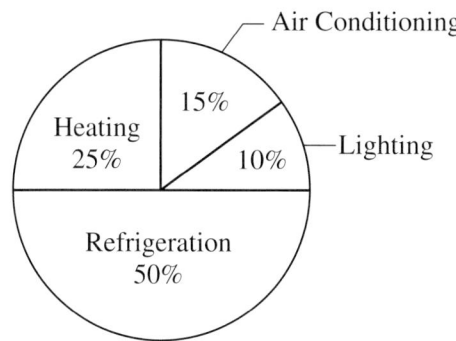

Dove Chair

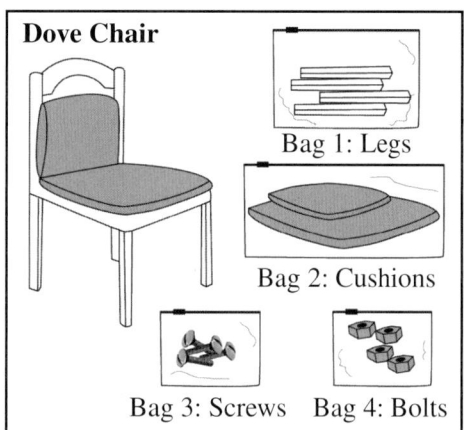

95. Look at the graphic. Which percentage will most likely change in the future?
    (A) 15%
    (B) 10%
    (C) 50%
    (D) 25%

96. What does the speaker suggest doing?
    (A) Closing a branch location
    (B) Decreasing the amount of inventory
    (C) Upgrading some equipment
    (D) Conducting a customer survey

97. Who is Jeff Smith?
    (A) An energy consultant
    (B) A construction manager
    (C) A product designer
    (D) A marketing analyst

98. Look at the graphic. Which bag is the speaker referring to?
    (A) Bag 1
    (B) Bag 2
    (C) Bag 3
    (D) Bag 4

99. What is the speaker asking about?
    (A) A store location
    (B) A refund
    (C) Damaged goods
    (D) Missing parts

100. What does the speaker say he will do this weekend?
    (A) Visit a factory
    (B) Travel for work
    (C) Host a dinner party
    (D) Write a review

This is the end of the Listening test. Turn to Part 5 in your test book.

ANSWER SHEET

TOEIC® Test 공식문제집

Test 01 (Part 1~4)

Test 02 (Part 1~4)

ANSWER SHEET

TOEIC Test 공식문제집

Test 03 (Part 1~4)

Test 04 (Part 1~4)

ANSWER SHEET

TOEIC Test 공식문제집

수험번호

응시일자 : 20   년   월   일

성명 한글/한자/영자

Test 05 (Part 1~4)